서한의 유학사상

저자 약력

청풍명월의 고장인 대전에서 출생하고 성장기의 대부분을 그곳에서 보냈다. 유년시절과 청소년시절을 동서양의 고전을 탐독하며 보낸다. 특히 당시에 읽었던 고대 중국의 다양한 고전들은 이후 필자의 진로를 중국학자로 만든 직접적인 요인이 되었다고 할 수 있다. 아울러 이와 같은 중국 고전에 대한 심취는 고등학교에 진학한 후 중국 유학에 대한 구체적인 목표로 자리매김하게 된다. 그 후 충남대학 철학과에 진학한 후 4년 동안 꾸준히 중국어 공부를 하였으며, 동서양의 고대 지적전통에 대한 공부 역시 소홀히 하지 않으며 보냈다.

대학에 다니다가 입대하여 군복무를 마치고 다시 대학에 복학하기 전까지 6개월 동안 臺灣에서 중국어를 배우며 중국 유학의 꿈을 좀 더 구체화 시킨다. 대학 졸업 후에는 臺灣으로 유학을 떠나 中國文化大學 대학원 철학과에서 석사학위를 취득하고, 그 뒤에 다시 중국 본토로 유학을 가서 北京大學 대학원 철학과에서 박사학위를 취득하였다.

8년 동안의 유학생활을 마치고 귀국하여 충남대학교 유학연구소, 남서울대학교 중국학과를 거쳐 현재 전남대학교 중국학과 교수로 재직하면서 전남대학교 이순신해양문화연구소장을 겸직하고 있다. 지난 2012년도와 2014년도에 전남대학교 교육우수교수에 두 차례에 걸쳐 선정되었다. 2016년에는 제20회 용봉학술상을 수상 받았다. 대외적으로는 중국 浙江大學 한국연구소의 객원연구원 및 寧夏大學 학술고문을 겸직하고 있으며, 해군사관학교 충무공연구회 자문위원 역시 겸직하고 있다.

그 동안 집필한 저서로는『東吳哲學』,『哲學·宗教與人文』(中國出版),『半生緣』(영화로 배우는 중국어),『맹자의 도덕사상과 정치사상』,『고대중국의 사유세계』,『동아시아의 유학사상』,『선진유가의 사상』,『맹자의 철학사상』,『공자의 철학사상』,『순자의 철학사상』,『맹자와 도덕의 이상』 등이 있으며, 외국에 발표한 논문으로는「韓昌黎的天人關係論」 등을 포함하여 다수가 있으며 국내에 발표한 논문에는「孟子의 經濟思想에 관한 硏究」 등을 포함하여 다수가 있다. 고대 중국의 철학사상과 중국의 전통신화 분야에 대하여 지속적으로 관심을 가지고 연구하고 있으며 또한 고대 중국의 역사와 인문지리 및 전통문화 그리고 동남아시아 화교문화에 대해서도 흥미를 가지고 연구를 진행하고 있다.

서한의 유학사상

인　쇄　2017년 2월 25일
발　행　2017년 2월 28일

저　자__조원일
발행인__정병석
발행처__전남대학교출판부
등　록__1981. 5. 21. 제53호
주　소__61186 광주광역시 북구 용봉로 77
전　화__(062) 530-0571~2
영업부__(062) 530-0573
팩　스__(062) 530-0579
홈페이지__http://www.cnup.co.kr
이메일__cnup0571@hanmail.net

값 19,000 원

ISBN　978-89-6849-381-2 (93820)

이 도서의 국립중앙도서관 출판예정도서목록(CIP)은 e-CIP홈페이지(http://www.nl.go.kr/ecip)와 국가자료공동목록시스템(http://www.nl.go.kr/kolisnet)에서 이용하실 수 있습니다.
(CIP제어번호: CIP2017004286)

서한의 유학사상

조원일 지음

전남대학교출판부

서한시기 전반기라고 하면 유방이 한나라를 건국한 뒤부터 한무제 건원建元 연간까지에 해당된다고 할 수 있다. 이 시기에는 진나라가 폭정으로 인하여 단명하게 된 것을 교훈으로 삼는 한편 사회적으로 오랜 전란을 겪으면서 피폐해질 대로 피폐해진 민심을 추스르기 위해서 통치자들은 황노사상을 기반으로 제국을 통치 하면서 사회와 정치의 안정적인 기틀을 마련했다. 이처럼 황노학설은 한나라 초기 통치자들의 선택과 장려 속에서 한나라 초기의 주류사상이 되었던 것이다.

한나라 초기의 사상계는 백가쟁명이면서 다양한 사상체계가 융합되어가는 추세를 보이고 있었으며, 사회적으로나 경제적으로는 매우 피폐한 상황이었기 때문에 백성들은 휴식의 시간을 절박하게 염원했었다. 이러한 시대적 상황 속에서 육가陸賈의 사상은 당시의 사상적 조류의 영향으로 인하여 유가와 도가 및 음양가 그리고 법가의 사상이 잡다하게 혼재되어 있었지만, 유가와 도가의 사상이 그 주요한 토대를 이루고 있었으며, 이러한 사상을 바탕으로 당시의 시대적 문제에 대한 해결 방안을 모색했던 것이라고 할 수 있다. 이러한 육가의 사상과 같은 경우에는 한대 초기의 유학을 이해하는데 있어서 가의賈誼의 사상과 함께 빠져서는 안 될 관건적인 사상이라고 할 수 있다. 한나라 초기 국가의 시스템을 갖추는데 지대한 영향력을 발휘했으며, 한무제 시기의 유가사상의 부흥에 있어서 그 단초의 역할을 했던 육가의 사상에 대한 조명은 매우 중요하다고 볼 수 있다. 즉 양한시기의 유학사상에 대한 이해에 있어서 선진시기의 유학사상이 어떻게 양한시기로 계승되고 발전되는 가에 관련하여 육가의 사상은 매우 중요한 연결고리의 역할을 한다고 볼 수 있는 것이다.

서한 초기 문제文帝 재위시기에 이르러 서한의 사회적·경제적 모순 현상은 이미 매우 심각한 지경에 도달하게 된다. 가의賈誼는 당시의 사회적 풍조 즉 근본을 버리고 말단을 추구하며, 백성들이 서로 앞을 다퉈 사치를 일삼고 또한 농업생산 인구가 감소하는 한편 생산 활동에 종사할 수 없는 인구가 증가하고 있는 상황 속에서 심각한 문제의식을 갖게 된다. 가의가 갖게 되는 문제의식을 구체적으로 언급하자면, 서한 사회의 사회경제적 질서의 붕괴와 도덕적 타락에 대한 염려와 국가재정 고갈의 위험성에 대한 것들이었다. 이러한 사항들 외에도 더욱 심각한 문제들은 바로 문제 재위시기에 자행된 민간에서의 불법적인 화폐 주조 및 유통으로 인하여 촉발된 경제시스템의 대혼란이었다. 만일 이러한 혼란을 그대로 방치했을 경우 서한제국의 운명은 그야말로 풍전등화의 지경에 처하게 될 것은 자명한 사실이었다. 이와 같이 서한 사회가 갖고 있는 문제점들을 해소하기 위해서 가의는 유학사상을 통하여 구체적이고 체계적인 해결방안을 제시하게 된다.

서한제국은 중기 이후에 들어서 점진적으로 안정된 궤도에 오른 반면 학술과 정치의 경계는 매우 모호해지게 된다. 이러한 현상은 점진적으로 만연되어 특히 전제정치체제가 확고히 자리를 잡게 되는 통일된 제국이 건립된 후부터는 학술의 자유는 그 빛이 퇴색되어 갔다고 할 수 있다. 학자들은 자신의 학설을 확대시키기 위해 자신의 학설을 황제에게 추천했으며, 더한 경우는 자신의 학설을 황제의 통치에 필수 불가결한 정책으로 만들기 위해 많은 노력을 기울이기도 했다. 그리하여 사상과 현실사무의 관계는 융합의 양상을 띠게 된다. 동중서董仲舒의 사상 역시 이러한 환경 속에서 형성되어진다. 또한 동중서의 사상은 현실 문제를 그 사상의 귀착점으로 삼는다고 할 수 있으며, 한편으로는 추상적인 천인관계天人關係의 문제를 자신의 사상체계 정립의 기초로 삼는다. 동중서는 서한시기의 사상가로 그가 제창한 유가사상의 학설만을 존숭해야 한다고 하는 '독존유술獨尊儒術'은 중국학술사상에 중대한 영향을 끼쳤다. 그래서 일부학자들은 공자, 주자와 함께 동중서를 중국학술사상사에 있어서 지대한 영향을 끼쳤던 주요한 삼대 사상가의 하나로 꼽기도 한다. 동중서 사상의 체계는 당시 유행하고 있었던 음양오행학설이 그 기본적인 골격을 이루고 있으며, 천인감응설天人感應說로 특징을 지울 수 있는 천인관계론으로 완성되었다고 할 수 있다. 동중서는 이러한 이론들을 바탕으로 선진유학의 인성론, 윤리론, 정치론 등의 문제에 대한 해석 작업을 통하여 새로운 의미를 부여한다.

서한제국 말기 성제 재위시기에 장락궁과 임화전, 그리고 미앙궁의 동사마문에 화재가 발생하고, 다시 몇 개월 뒤에 패릉의 성덕원 동궐에 또 화재가 발생했다. 당시의 한나라 조정은 성제의 모후인 왕태후의 동생 세 사람이 차례로 정권을 장악하여 왕씨 일족이 전횡을 일삼고 있었는데, 이러한 화재는 왕씨 일족의 전횡에 대한 경고이자 그들이 장차 국가에 큰 피해를 준다고 하는 징조라고 생각하게 되었다. 이와 같이 서한말기 대변혁의 시대를 살아가고 있었던 양웅揚雄은 당시 사회에서 발생했던 다양한 형태의 사건들과 관련하여 자신만의 독창적인 견해를 제기한다. 특히 그는 당시 사회에서 유행하고 있었던 여러 종류의 학설이나 주장들이 성인의 가르침이나 도리에 위배되며, 심지어는 일반 백성들을 호도하고 있음을 목격하고 이러한 현상을 바로잡기 위하여 『법언』을 저술했다. 양웅은 『법언』을 통하여 자신의 정치 · 경제 · 사회 · 역사 · 문화 · 교육 · 군사 등 제반 제도와 문물에 대한 견해를 밝히고 있는데, 그 가운데 특히 정치와 역사 및 교육에 관한 그의 사상은 눈여겨 볼만 하다고 할 수 있다.

현재 국내의 학술계에서 양한시기의 유학에 관한 연구는 매우 미미한 상황이라고 할 수 있다. 대부분의 중국유학 관련 연구가 선진유학이나 송명리학에 집중되어 있는 것이 오늘날 한국 학술계의 현실이라고 할 수 있다. 양한시기의 유학은 그동안 학술계의 주목을 받지 못했을 뿐만 아니라 심지어 외면을 받아왔다고까지 말할 수 있다. 선진유학이 송명리학으로 발전해나가는 과정 속에서 누락되어서는 안 될 관건적인 역할을 하고 있는 것이 양한 시기의 유학이라고 할 수 있는데, 그동안 이 분야에 대한 연구가 소홀했던 것은 시대상황의 한계 때문이었을 것이라고 생각한다. 이제 국내에서도 양한유학의 연구가 좀 더 활성화될 수 있기를 기대하면서 자그마한 저작을 내놓게 됨을 기쁘게 생각한다.

본서는 서한시기 유학사상에 대하여 육가, 가의, 동중서, 양웅의 사상 등을 중심으로 분석 정리한 글이라고 할 수 있다.

먼저 제1장은 서한 초기의 유학사상에 대하여 서한 이전의 시경학 현황에 대한 분석과 서한 초기 시경학의 지위에 대한 고찰 및 서한 초기 유학과 제자학의 관계에 대한 문제를 중심으로 살펴보았다. 이 글은 원래 『온지논총』 제24집(2010년)에 게재했던 문장을 수정과 보완작업을 거쳐 수록한 것이다.

제2장은 육가의 유학사상에 대하여 인성론에 대한 고찰과 역취순수 이론에 대한 조명 및 진나라 멸망에 대한 반성적 회고를 담은 역사철학에 대한 분석 그리고 천도와 기론을 중심으로 한 천인관계론에 대한 서술과 무위의 숭상과 덕치를 제창한 정치론에 대한 분석 및 군주의 도덕수양과 그것의 효용성을 살펴본 군주론을 중심으로 논의를 진행하였다. 이 글은 원래 『퇴계학논총』 제28집(2016년), 『중국학논총』 제48집(2015년), 『온지논총』 제41집(2014

년), 『온지논총』 제45집(2015년), 『동서철학연구』 제79집(2016년), 『동양철학연구』 제88집(2016년)에 게재했던 문장들을 수정과 보완작업을 거쳐 수록한 것이다.

제3장은 가의의 유학사상에 대하여 인성론에 대한 고찰과 국가기간산업 육성 및 각종 규제에 대하여 주장한 정치론에 대한 조명 그리고 예禮에 대한 연원과 예의 가치와 효용성 및 예의 특성을 분석한 예론禮論에 대한 서술을 하였으며, 또한 중농억상의 주장과 민간의 화폐주조 금지정책을 표방한 경제론을 중심으로 살펴보았다. 이 글은 원래 『동양철학연구』 제88집(2016년), 『동양철학연구』 제84집(2015년), 『동서철학연구』 제73집(2014년), 『동양고전연구』 제50집(2013년)에 게재했던 문장들을 수정과 보완작업을 거쳐 수록한 것이다.

제4장은 동중서의 유학사상에 대하여 천인감응설의 이론적 기반과 천인감응설의 구체적인 내용에 대한 분석을 통한 천인관계론에 대하여 조명을 했으며, 하늘과 군주의 권력 및 백성에 대한 통치방식 그리고 군주와 지식인의 관계설정과 제후에 대한 정책과 대외정책에 관한 내용을 기술한 정치론을 중심으로 논의를 진행하였다. 이 글은 원래 『중국학논총』 제38집(2013년), 『중국학논총』 제42집(2014년)에 게재했던 문장들을 수정과 보완작업을 거쳐 수록한 것이다.

제5장은 양웅의 유학사상에 대하여 인성론에 기초한 교육론에 대한 서술 및 교육의 기능과 목표 그리고 오경과 공자의 가르침에 근거한 교육을 중심으로 교육사상에 대하여 조명을 했으며, 아울러 성인의 통치와 예악교화를 통한 치국에 대한 분석을 통한 정치

사상에 관한 논의를 서술했으며, 또한 도덕실천의 문제와 성인을 본받은 본성의 수양 및 군자의 덕에 관한 분석을 한 인성론 사상을 중심으로 살펴보았다. 이 글은 원래 『퇴계학논총』 제24집(2014년), 『중국학논총』 제44집(2014년), 『중국학논총』 제45집(2015년)에 게재했던 문장들을 수정과 보완작업을 거쳐 수록한 것이다.

필자는 중학교 시절에 학급의 독서부장을 하면서 많은 책들을 접할 수 있었다. 그 시기는 필자가 동서양의 고전을 두루 섭렵할 수 있었던 매우 소중한 시간들이었던 것으로 기억한다. 특히 당시에 읽었던 고대 중국의 다양한 고전들은 이후 필자의 진로를 중국학자로 만든 직접적인 요인이 되었다고 할 수 있다. 중국 고전에 대한 심취는 필자가 고등학교에 진학한 후 중국 유학에 대한 구체적인 목표로 자리매김하게 된다. 그러나 당시 한국과 중국은 아직 수교가 되지 않은 시기였기 때문에 북경대학에서 공부하고자 하는 열망은 그저 막연한 염원이었다. 그래도 막연히 언젠가는 가능하겠지 하면서 대학에 진학 후 4년 동안 꾸준히 중국어 공부를 하였으며, 동서양의 고대 지적전통에 대한 공부 역시 소홀히 하지 않으며 보냈다.

대학을 졸업하고 드디어 타이완으로 유학을 떠났다. 그 후 강산이 한 차례 바뀔 세월동안 타이완 중국문화대학 대학원에서 석사과정을 공부한 후 중국의 북경대학 대학원에서 박사과정을 졸업했다. 유학 기간 동안 타이완과 중국의 석학들로부터 엄정하게 학문을 연구하는 자세에 대한 소중한 가르침을 전수 받았다. 이러한 가르침은 평생의 자산이라고 생각한다. 소중한 가르침을 전해주신 타이완과 북경의 은사님들에 대하여 항상 감사한 마음을 가지고 있다. 또한 타이완과 북경에서 함께 유학을 했으며 오랜 세월 동안 학문과 인생에 대하여 많은 가르침을 주시고 부족한 후배를 일깨워 주셔서 오늘의 나를 있게 만들어주신 도중만, 박영종 선배님께 평생 감사하는 마음을 올린다. 그리고 장기간의 유학을 마치고 귀국하여 각박한 현실에 직면하여 좌절하고 있는 후학에게 대학 강단에 설 수 있는 기회를 마련해주시고, 학계로 이끌어 주셨으며 부족한 후학을 항상 따뜻하게 배려해주셨던 은사님과 같은 권용옥 선생님께 늘 감사하는 마음과 존경의 뜻을 올린다. 이러한 분들의 소중한 가르침과 질책이 있었기 때문에 후학이 지금 이 자리에 있을 수 있었다고 생각한다.

지난 이십여 년 동안 대학원생시절부터 지금에 이르기까지 공부하는 사위를 항상 신뢰해주시고 늘 변함없이 든든한 지주가 되어주신 장인·장모님께 깊은 감사의 뜻을 올리며 두 분께서 항상 건강하시길 염원하는 마음을 올린다. 그리고 공부하는 남편을 한결같이 성원해주었으며, 힘들거나 어려울 때를 막론하고 항상 곁에서 함께 고생을 감내해준 아내에게 감사한 마음과, 어린 시절에 행복한 추억을 만들어 주지 못한 무심한 아빠를 묵묵히 기다리며 바르게 커준 딸 수현에게 미안함과 고마움을 함께 전한다. 내가 사랑하는 모든 분들이 항상 건강하고 행복하길 기원하는 마음으로 이 조그마한 책을 바친다.

2016년 겨울
남녘땅 屯德齋에서
조원일

제3장 가의의 유학사상

제5장 양웅의 유학사상

제1장

서한 전기의 시경학

1. 시작하는 말

유방劉邦이 한漢나라의 초대 황제로 등극한 이후부터 한漢나라 경제景帝가 세상을 뜨기까지의 기간을 한나라 초기라고 말한다. 이 시기에 대해서 학계에서는 '황노학黃老學'이 대세를 이루었던 시기로 보기도 한다. 또한 당시 정치권력을 등에 업은 '황노학'의 막강한 무소불위의 영향력 속에서 다른 학파의 사상들은 매우 미약한 영향력을 행사할 수밖에 없었다고 보는 견해도 있다. 그러나 과연 이러한 견해들이 당시에 '황노학'이 독존의 지위를 차지했었다는 것을 의미하거나 '황노학'이 다른 제자諸子의 학술사상을 배척했다는 사실을 입증할 수 있는 것일까?

한 걸음 더 나아가 한漢나라 초기의 유학사상 역시 다른 제자의 학문처럼 '황노학' 때문에 정치권과 세인의 주목을 받지 못하는 상황에 처해 있었던 것은 아니었을까?

이러한 의문들에 대하여 본문에서는 한대漢代초기 『시경』 연구에 관한 몇 가지 문제로부터 출발하여 한대초기 유학의 상황에 관하여 면밀한 분석을 통하여 해결의 실마리를 찾아보도록 하겠다. 그러기 위해서는 먼저 한대이전의 '시경학詩經學'에 관한 상황들을 공자와 맹자 그리고 순자 및 한비자를 중심으로 고찰해볼 것이며, 그 다음에는 한대초기 유학의 지위문제에 대하여 '시경학'을 근간으로 해서 역사적인 측면에서 살펴볼 것이다. 끝으로 한대초기 유학의 상황에 대하여 제자학과의 관계 속에서 과연 유학이 제자학과 어떻게 상호 영향을 주고받으며 새로운 틀을 형성해 갔는지의 문제에 관하여 분석을 해보도록 하겠다.

2. 서한 이전의 시경학

『시경詩經』은 중국에서 가장 오래된 시가집詩歌集이라고 할 수 있다. 또한 그것이 중국문화의 형성에 끼친 영향은 실로 지대하다고 말할 수 있다. 『시경』은 춘추시대에 이미 광범위하게 전파되었으며, 당시 『시경』의 시를 인용하여 사실을 증명하고 시에 가탁하여 자신의 뜻을 나타내는 현상은 지식인 사회에 만연했던 풍조라고 할 수 있다. 동치안董治安의 통계에 의하면 『춘추좌전春秋左傳』과 『국어國語』에 수록되어 있는 역사적인 인물들 가운데 『시경』을 인용한 횟수는 『춘추좌전』에 122회 나타나 있고 『국어』에는 26회 나타나 있다고 했다.[1)] 그는 한 걸음 더나가 "일찍이 삼백 수의 시가 한 권의 시가집으로 만들어지기 이전과 이후의 시간들 그리고 유가 학파의 창시자가 출현하기 이전에 이미 많은 시가 광범위하게 전파되어 사회적으로 매우 중시되고 있었으며, 사람들의 주목을 받아 정치와 문학에 많은 영향을 끼쳤다."[2]라고 말했다.

그러므로 『시경』이 춘추시대에 유가 한 학파만의 전유물이 아닌 모든 지식인 사회의 공동 전유물이었다는 사실을 알 수 있다. 전국시대에 『시경』 삼백 편의 연구와 활용은 유가에만 국한되지 않았을 뿐만 아니라, 묵가의 저작 가운데서도 자주 논증의 근거로 인용되고 있으며 『관자管子』·『장자莊子』·『여씨춘추呂氏春秋』·『한비자韓非子』에서도 시를 인용하고 시에 대하여 언급하고 있다. 그렇지만 유가의 『시경』에 대한 중시의 정도는 기타의 제자백가에 비해 월등하게 높았다고 할 수 있다.

공자는 춘추시대 후기에 생존했는데 이 시기는 『시경』에 대한 연구와 활용이 매우 활발했던 시기였다고 할 수 있다. 공자는 『시경』의 인식에 대하여 이성적인 태도를 견지하며 "시 삼백 편은 한 마디로 표현하면, 생각에 사악함이 없는 것이다."[3]라고 했다. 이러한 언급은 공자의 『시경』에 대한 강령성의 주장임과 동시에 그가 『시경』의 도덕적 윤리적 효용에 대하여 매우 중요시하고 있음을 표명한 것이라 할 수 있다.

다른 한편으로 공자는 『시경』의 정치적 효용에 대해서도 강조하여 "시에서 인생에 대한 관심을 일으키게 되고, 예로써 자립하게 되고, 음악에서 자신을 완성시키는 것이다."[4], "애들아 왜 시경

1) 상기 인용 횟수는 공자를 제외한 역사적인 인물들을 총망라한 것임.
2) 董治安, 『先秦文獻與先秦文學』, 濟南, 齊魯書社, 1994년, 78쪽 참조.
3) 『論語』, 「爲政」, "詩三百, 一言而蔽之, 曰: 思无邪."
4) 『論語』, 「爲政」, "興於詩, 立於禮, 成於樂."

을 공부하지 않느냐? 시경의 시들은 사람의 감흥을 일으켜 줄 수 있고, 사물을 올바로 볼 수 있게 하며, 남과 잘 어울릴 수 있게 하고, 잘못을 원망할 수 있게 하며, 가까이는 아버지를 섬기게 하고, 멀리는 임금을 섬기게 하며, 새와 짐승과 풀과 나무의 이름도 많이 알게 하는 것이다."[5]라고 주장한다. 공자의 이러한 '시경학'이론은 삼백 편의 시가 시에서 경전으로 바뀌어 가는데 있어서 관건적인 작용을 했다고 할 수 있다.

전국시대 중기의 저작인 『맹자孟子』에 수록되어 있는 『시경』의 작품들이 논증의 근거로 자주 인용되고 있는 사실에서 알 수 있듯이, 맹자는 『시경』에 대하여 매우 정확한 이해를 가지고 있었으며 심도 있는 연구를 했었다. 사마천의 "일선에서 물러나 만장 및 다른 제자들과 시경과 서경을 차례에 따라 서술하여 공자의 가르침을 계승하고 '맹자' 일곱 편을 저작했다."[6]라는 언급과 조기趙岐의 「맹자제사孟子題辭」에 있는 "유학의 도리를 잘 익혔는데, 특히 시경과 서경에 뛰어났다."라는 언급 속에서 알 수 있듯이 맹자는 『시경』의 효용을 매우 중시했다. 그러나 맹자는 『시경』을 인의仁義의 도리와 연계하여 유가 사상의 색채를 띤 방향으로 해석함으로써 『시경』의 유학화를 더욱 심화 시켰다.

맹자의 뒤를 이은 순자는 학문을 연마하는 과정에 『시경』을 외우는 것과 『예기禮記』를 정독하는 것과 직접 연결시켜 "학문이란 어디에서 시작하여 어디에서 끝나는가? 학문을 하는 순서는 먼저

---

5) 『論語』, 「陽貨」, "小子何莫學夫詩? 詩可以興, 可以觀, 可以群, 可以怨. 邇之事父, 遠之事君. 多識於鳥獸草木之名."

6) 『史記』, 「孟子荀卿列傳」, "退而與萬章之徒序詩書, 述仲尼之意, 作孟子七篇."

시경과 서경 등 경전을 외우는 데서 비롯하고, 『예기』를 정독하는 데서 끝나는 것이며, 그 목적은 군자가 되는 것을 비롯하여 성인이 되는 데서 끝나는 것이다."[7]라고 말하고 있다. 『순자荀子』 속에 『시경』에 관하여 기록된 것은 대부분 예禮를 중심으로 하여 언급된 것이다. 순자는 '육경六經'에 기록되어 있는 성인의 뜻과 행적 등은 천하의 도道를 포함하고 있기 때문에 "그러므로 일체의 언론과 효·불효 등의 명목은 다 성왕을 모범으로 하지 않은 것이 하나도 없다."[8]라는 사실을 제기한다. 또한 순자의 저작 곳곳에서 '육경六經'을 인용한 부분을 찾아볼 수 있으며, 『시경』을 인용한 곳만 해도 무려 82 곳이 있다. 이는 전국시대 제자백가 가운데 순자가 가장 많이 『시경』을 인용한 사상가라는 사실을 입증해 주는 것이다.

춘추시대로부터 전국시대에 이르는 문헌들 속에 공자와 그의 후학들이 매우 적극적으로 『시경』을 학습하고 전수한 사실들이 잘 나타나 있다. 또한 전국시대의 중·후기에 이르러 『시경』은 점진적으로 유가 학파의 경전으로 자리 매김을 하게된다. 그러나 이러한 현상은 당시의 도가를 비롯한 법가 등의 학파로부터 유가가 공격을 받게되는 빌미를 제공하게 된다. 즉 장자나 한비자 같은 경우 유학에 대한 공세의 돌파구로서 이론과 실천적인 측면에서 『시경』을 폄하하거나 부정하는 방법을 취한다. 구체적으로 말하면 『장자莊子』에서는 유가에서 언급하는 『시경』과 『상서尙書』를 신랄하게

7) 『荀子』, 「勸學」, "學惡乎始? 惡乎終? 曰: 其數則始乎誦經, 終乎讀禮; 其義則始乎爲士, 終乎爲聖人."

8) 『荀子』, 「正論」, "故凡言議期命, 是非以聖王爲師."

반대하고 있으며, 『한비자韓非子』에서는 "유가는 학문으로써 법률을 문란하게 한다."[9]고 했는데, 이는 군주가 "학문을 일삼으며, 논평하기를 좋아하는"[10] 사람을 예우 해주면 국가가 멸망하게 되는 지름길이 될 것이라는 말이다. 여기에서의 "학문"은 유가에서 떠받들고 있는 『시경』과 『서경』 등의 경전을 의미한다.

진시황 시기에 자행된 '분서갱유' 때 『시경』은 제거되어야 할 유가 경전 가운데의 하나였다. 이에 대해서는 『사기史記』의 "『시경』이나 『서경』을 이야기하는 자들은 저자거리에서 모두 사형에 처해야 하며, 옛날 것으로 현재의 것을 비판하고 공격하는 자는 모두 멸족시키며, 이를 알고도 검거하지 않는 관리도 같은 죄로 다스리십시오."[11]라는 언급 속에 잘 나타나 있다.

이상과 같이 『시경』은 유가 경전의 전습과 연구의 전범이 되어 한나라 시기의 유학의 기본 상황을 반영하는 이정표가 되는 것이다.

3. 서한 초기 시경학의 지위

선진시기에 있어서의 유학은 매우 유명한 학문의 하나로 자리매김을 하고 있었지만, 그 발전은 그렇게 순조로운 것만은 아니었다. 당시의 유학은 묵가와 법가 등의 여러 학파들로부터 공격과 비판의 대상이었으며, 후일 진시황에 의해 자행된 '분서갱유'는

9) 『韓非子』, 「五蠹」, "儒以文亂法."

10) 『韓非子』, 「顯學」, "服文學而議說."

11) 『史記』, 「秦始皇本紀」, "有敢偶語詩書者棄市. 以古非今者族, 吏見知不擧者, 與同罪."

유학에 더욱 심한 타격을 준다. 그러나 이러한 요소들은 결코 유학의 전파에 심각한 장애요인이 될 수가 없었다.

한나라가 건국된 후 '시경학'은 매우 빠른 속도로 발전을 한다. 『한서漢書』에는 "시경에 대하여 언급하는 사람에는 옛날 노나라 땅의 신배공과 옛 제나라 땅의 원고생 그리고 옛 연나라 땅의 한태부가 있다."[12]라는 기록과 하간헌왕河間獻王 유덕劉德이 "모씨시와 좌씨춘추 박사를 설립했다."[13]라는 기록이 있다. 한漢나라 초기에 『시경』을 전수한 사람은 『한서』에 나타나 있는 바와 같이 신배공, 원고생, 한태부, 유덕 네 사람이다. 이들 네 사람은 모두 제각기 다른 지역에서 출현하였는데 이는 당시 『시경』을 배우는 사람이 많았음을 의미함과 동시에 매우 광범위한 지역에 걸쳐 학습자들이 분포되었음을 의미하는 것이라고 할 수 있을 것이다.

한나라 시기에 가장 먼저 출현한 『시경』의 판본은 『노시魯詩』인데, 이는 서한西漢이 멸망될 때까지 그 영향력이 가장 컸던 판본이다. 『노시』라는 이름은 전수한 사람의 출신지에 맞춰서 정해진 것으로 신공에서 비롯되었다. 『사기』에는 "신공은 옛날 노나라 땅 사람이다."[14]라고 기록되어 있으며, 『한서』에는 "신공이 전한 시경을 노시라고 불렀다."[15]라고 기록되어 있는 점을 미루어 볼 때 역대로 학자들이 말하는 『노시』는 신공이 전수한 『시경』이라고 할 수 있는 것이다.

---

12) 『漢書』, 「儒林傳」, "言詩, 於魯則申培公, 於齊則轅固生, 於燕則韓太傅."
13) 『漢書』, 「景十三王傳」, "立毛氏詩·左氏春秋博士."
14) 『史記』, 「儒林傳」, "申公, 魯人也."
15) 『漢書』, 「楚元王傳」, "申公爲詩傳, 號魯詩."

> 젊었을 때 초楚원왕 유교와 함께 부구백에게 『시경』을 배웠다. 한漢나라가 건국된 뒤 고조가 노나라 땅을 지나갈 때 신공은 학생의 신분으로 선생님을 따라서 노나라 남행궁에서 고조를 알현했다. 여태후가 집권하던 시기에 부구백은 장안에 있었는데, 초원왕이 그의 아들 유영을 신공과 함께 부구백에게 학업을 마치게 했다. 초원왕이 죽고 유영이 왕위를 계승하자 신공을 태자 유무의 스승으로 모셨다. 유무는 학문연마를 좋아하지 않아 신공을 난처하게 했다. 후에 유무가 왕위를 계승하자 신공을 잡아들여 노역장으로 보냈다. 신공은 수치감을 느끼고 노나라 땅으로 돌아가 집에 은거하며 학생들을 가르치며 평생 동안 대문 밖을 나가지 않는다. 또한 손님도 받지 않고 왕명으로 부를 때만 문 밖으로 나섰다. 먼 곳으로부터 찾아온 학생만 해도 천여 명이 넘었는데 신공은 『시경』의 뜻을 구술로만 가르쳤을 뿐 문장으로 남기지 않았다. 혹자는 문장이 있었으나 유실되어 전해지지 않는다고 생각했다.[16]

위에 인용한 문장을 비춰볼 때 신공이 『시경』을 배움으로써 한나라의 상류층 인사들과의 교류에 어느 정도 영향을 끼쳤음을 알 수 있다. 또한 한나라 초기의 상류사회에는 유학을 숭상하는 인사들이 적지 않았다는 사실을 알 수 있다.

신공이 생존하던 시대는 한나라 초기의 몇 십 년 정도였다. 신공은 초원왕楚元王과의 교류 외에도 문제文帝와 경제景帝 및 무제武帝

16) 『漢書』, 「儒林傳」, "少與楚元王交俱事齊人浮丘佰受詩. 漢興, 高祖過魯, 申公以弟子從師入見於魯南宮. 呂太后時, 浮丘的在長安, 楚元王遣子郢與申公俱卒學. 元王薨, 郢嗣立爲楚王, 令申公傳太子戊. 戊不好學, 病申公. 及戊立爲王胥靡申公. 申公愧之, 歸魯退居家教, 終身不出門. 復謝賓客, 獨王命召之乃王. 弟子自遠方至受業者千餘人, 申公獨以詩經爲訓詁以教, 亡傳, 疑者則闕弗傳."

와도 교류가 있었다. 이러한 사실은 『한서』의 “난릉 사람 왕장이 신공에게 『시경』을 배워 경학에 통달했다. 그래서 경제 치하에서 태자의 소부의 직분을 맡았으나 후에 파면된다. 무제가 막 즉위했을 때 왕장은 궁중에서 경비를 설 수 있게 해달라고 상소를 여러 차례 올린 끝에 낭중령에 임명되었다. 대군 사람 조관 역시 신공에게 『시경』을 배우고 후에 어사대부의 지위에 오른다. 조관과 왕장은 조정에 명당을 건립하여 제후들이 황제를 알현하는 장소로 사용하자고 주청 하였으나 이루지 못해 황제에게 스승을 천거했다. 그래서 황제는 비단 묶음과 벽옥을 포함한 예물을 지닌 관리들과 네 필의 말이 끄는 수레를 보내 신공을 모셔오게 했다. 두 제자 역시 수행했다. 신공이 도성에 이르러 황제를 알현하자 황제는 신공에게 국가의 안정과 동란에 대해 물었다.”[17]라고 하는 기록에 잘 드러나 있다.

『제시齊詩』는 원고생이 전수했다고 할 수 있다. 『한서』에는 “무제가 처음 즉위하자 현명하고 훌륭함을 들어 원고생을 다시 불렀다. 그러나 여러 유생들이 모두 원고가 늙었다고 헐뜯어 말하자 그만두고 돌려보냈다. 이때 원고는 이미 90세였다.”[18]라는 기록이 있는데, 이것은 만일 무제가 즉위한 시기에 원고생의 나이가 정말로 90세였을 경우 그는 신공과 마찬가지로 한漢나라 초기에 생존

17) 『漢書』, 「儒林傳」, “蘭陵王臧旣從受詩, 已通, 事景帝爲太子少傅, 免去. 武帝初卽位臧乃上書宿衛, 累遷, 一歲至郎中領. 及代趙綰亦嘗受詩申公, 爲御使大夫. 綰·臧請立明堂以朝諸侯, 不能就其事, 乃言師申公. 於是上使吏束帛加璧, 安車以蒲裹輪, 駕駟迎申公, 弟子兩人乘軺傳從. 至, 見上, 上問治亂之事.”

18) 『漢書』, 「儒林傳」, “武帝初卽位, 復以賢良徵. 諸儒多嫉曰固老, 罷歸之. 時固已九十餘矣.”

했었음을 반증하는 것이다. 원고생의 인생사에서 가장 치욕스러웠던 사건은 '돼지 찌르기'였을 것이다.

『사기』의 "두태후竇太后는 노자라는 책을 좋아하여 원고생을 불러 노자의 도道를 물었다. 원고생이 '그것은 미천한 사람들의 말에 지나지 않습니다.'라고 말하자 두태후가 노해서 '어떻게 사공이 죄수들의 책을 썼다는 말인가?'라고 말했다. 원고생을 우리에 넣어 돼지를 찌르게 하였다. 경제는 태후가 비록 노했다고 할지라도, 원고생이 바른 말을 한 것이기 때문에 실제로는 죄가 없다는 것을 알고 곧 예리한 칼을 원고생에게 주어 우리에 내려가 돼지를 찌르도록 하였다. 한 번 찔러서 돼지의 심장을 바로 적중시키니 돼지는 쓰러져 죽었다. 태후는 아무 말이 없었고, 그것으로 다시 죄를 논하지 않았다. 원고생은 얼마간 집에서 쉬었다. 경제는 원고생이 청렴하고 정직한 것을 높이 평가하여 청하왕의 태부로 삼았다. 원고생은 오랫동안 태부로 있다가 병이 들어 면직했다."[19]라는 기록은 많은 사람들에 의해 두태후竇太后를 필두로 하는 '황노학' 추종세력이 점차 증대하여 주도적인 지위를 점하는 상황을 설명하는 방편으로 쓰인다.

그러나 사실은 그렇지 않다고 할 수 있다. 위의 인용문 가운데 "미천한 사람들의 말"과 "사공이 죄수들의 책을 썼다"는 문구에 관해서는 현재까지 해석이 분분한 상황이다. 노간勞干은 「論 '家人

---

19) 『史記』, 「儒林傳」, "竇太后好老子書, 召轅固生問老子書. 固曰: 此是家人言耳. 太后怒曰: 安得司空城旦書乎? 乃使固人圈刺豕. 景帝之太后怒而固直言無罪, 乃假固利兵, 下圈刺豕, 正中其心, 一刺, 豕應手而倒. 太后默然, 無以復罪, 罷之. 居頃之, 景帝以固爲廉直, 拜爲淸河王太傅. 久之, 病免."

言', 和 '司空城旦'」에서 이러한 문제에 대하여 다음과 같이 고증을 했는데 비교적 정확한 고증이라고 할 수 있을 것이다. 즉 그는 두태후가 언급한 요지는 '미천한 사람들'과 '사공이 죄수들의 책을 썼다'는 말로써 이는 모두 신분적인 측면에 대한 언급으로 볼 수 있다는 것이다. 노간勞干은 "'미천한 사람들의 말'은 천자나 제후들이 천하와 국가를 다스리기 위해 쓴 책이 아닌 일반 백성들을 위하여 대중적인 언어로 쓴 책이라는 것이다. 이에 대하여 두태후는 『노자老子』가 일반 백성들을 위하여 저술된 책이기는 하지만 어떻게 죄수들의 책이 될 수 있는가 라고 반문을 했어야만 했다."[20] 이와 같이 볼 때 문제의 핵심은 바로 『노자』라는 책의 성격에 있는 것이다.

원고생이 그렇게 중요한 자리에서 『노자』가 "미천한 사람들의 말"이라고 한 것에는 분명히 그러한 근거가 있었을 것이다. 즉 한나라 초기의 정치가들이 채택하여 사용한 『황제사경黃帝四經』은 유가와 묵가 및 법가 등의 사상을 융합한 '황노'[21]계열의 책이었지 『노자』는 아니었던 것이다. 그러므로 원고생의 『노자』에 대한 평가는 맞는 것이라고 볼 수 있는 것이다.

이러한 관점에서 볼 때 '돼지 찌르기'는 한나라 초기의 유학자

---

20) 楊聯陞 主編, 『國史釋論』, 臺北, 食貨出版社, 1988년, 157쪽 참조.

21) 1973년 호남성 장사의 마왕퇴 3호 무덤에서 출토된 백서들 가운데 『노자』 필사본 두 종류가 발굴되었다. 그 가운데 글자체가 비교적 오래된 것을 甲본이라하고 다른 것을 乙본이라고 부른다. 갑본의 마지막 부분과 을본의 처음 부분에는 약간의 유실된 서적이 베껴져 있는데 을본의 처음 부분에 네 편의 『法經』, 『十六經』, 『稱』, 『原道』라는 유실 서적이 있었다. 唐蘭은 이러한 네 편의 유실 서적이 『漢書』, 「藝文志」에 기록되어 있는 『黃帝四經』이라고 한다.

들이 예우를 받고 있었음을 반증하는 사건이라고 할 수 있을 것이다. 그렇다면 경제는 왜 모친의 노여움을 감수하면서까지 일개 노쇠한 유학자를 옹호했던 것일까? 단지 원고생이 "바른 말을 한 것이기 때문에 실제로는 죄가 없다"는 이유 때문에 그를 옹호했을까? 아마도 아닐 것이다. 그렇지만 이러한 사건을 통하여 적어도 경제의 유학자들에 대한 애정을 발견할 수 있을 것이다.

또한 원고생이 감히 두태후 앞에서 그 뜻을 거역하는 행위를 할 수 있었다는 것은 만일 그에게 일정한 지위가 없었다면 불가능했었을 것이다. 이러한 추측을 반증하는 자료는 『한서』의 "두태후가 황제와 노자의 학설을 좋아했기 때문에 경제와 두씨 일족이 부득이하게 노자와 도가의 주장을 존숭할 수밖에 없었다."[22]라고 하는 언급에서와 같이 잘 나타나 있다. 인용문 가운데의 "부득이하게"라는 언급 속에서 경제의 '황노'에 대한 최초의 심태를 찾아 볼 수 있음과 동시에 두태후가 문제와 경제 치세에 있어서 그 정치적 영향력이 매우 컸음을 알 수 있을 것이다. 그래서 여사면呂思勉은 "만일 오천여 문자가 도가의 학설이 아니라면 어찌 미친한 사람들의 말이 되겠는가? 두태후가 좋아했던 것은 지금의 『노자』가 아니라는 것을 아닐 것이다. 두태후는 모르고 있었지만 조관과 왕장이 도가를 흥성하게 하고 유가를 억압하는 것을 막기 위해 다른 학파의 학설을 훼손한 것이다. 『오경五經』의 박사가 세워지고, 사건은 건원 5년에 발생하고, 두태후는 아직 죽지 않고 그와 다투어 노자의 학설을 세우지 않았다는 말을 들어보지 못했는데, 어찌 이것이

22) 『漢書』, 「外戚傳」, "竇太后好黃帝·老子言, 景帝及諸竇不得不讀老子尊其術"

두태후가 유가의 학술을 싫어했다는 증거가 되겠는가? 알지 못하는 사람을 이용하여 다른 학파의 학설들을 배척하고 유가의 학설을 흥기시킬 수 있었던 것은 이때부터 가능했던 것이다."[23]라고 말했던 것이다.

『한시韓詩』는 한영韓嬰이 전수했다고 할 수 있다. 『한서』에 "한영은 연燕나라 사람이다. 효문제孝文帝 때에 박사가 되었고, 경제 때에 상산왕常山王의 태부가 되었다. 한영은 『시경』의 뜻을 부연하여 내·외전의 수 만 자를 썼다. 그 언어들은 제齊나라와 노魯나라의 것들과는 꽤나 달랐으나, 귀착점은 같았으며, 회남淮南의 분생이 이를 배웠다. 이로부터 연燕나라와 조趙나라에서 『시경』을 말하는 사람들은 모두 한영의 해석을 따랐다."[24]라는 기록이 있다. 이러한 기록은 한영의 학문이 매우 정통하여 그 영향력이 매우 컸음을 의미한다. 즉 연燕나라와 조齊나라를 비롯한 회남 땅의 사람들조차도 모두 한영의 명성을 듣고 원거리를 마다 않고 그를 찾아가 『시경』에 관한 학문을 배웠는데, 이는 당시 사람들의 '시경학'의 학습에 대한 열정이 매우 높았음을 반증하는 것이다.

『한서』, 「예문지」에는 『한내전韓內傳』 네 권과 『한외전韓外傳』 여섯 권이 수록되어 있다. 이들 가운데 『한내전』은 북송에서 남송으로 넘어가는 과도기에 유실되었고 『한외전』만 전해져 내려오고 있다. 『사고전서총목제요四庫全書總目提要』에 있는 "왕세정은 『외전』을 이용하여 『시경』의 의미를 증명하지 사건을 인용하여 『시경』

23) 呂思勉, 『秦漢史』, 上海, 上海古籍出版社, 1983년, 98~99쪽 참조.

24) 『漢書』, 「儒林傳」, "燕人也. 孝文時爲博士, 景帝時至常山太傅. 嬰推詩人之意, 而作內外傳數萬言, 其語頗與齊·魯間殊, 然歸一也. 淮南賁生受之. 燕趙間言詩者由韓生."

의 의미를 밝히지 않았는데 그 주장은 매우 정확했다."라는 기록 때문에 사고관四庫館의 학자들은 『외전』이 『시경』의 본래 의미와는 관련이 없는 것으로 생각하여 『사고전서』 경부經部 시류詩類의 끝에 넣었다. 『한외전』은 많은 부분에 있어서 공자와 관련한 유실된 문장과 제자백가의 잡설 및 춘추의 이야기를 수록하고 있는데, 그 형식은 먼저 이야기를 하고 뒤에 『시경』을 인용하여 그것 의미를 증명하는 방식을 취한다. 또한 맹자 및 한비자와 관련된 문장도 보이는데, 특히 『순자』에서 채록한 문장이 약 44 곳에 걸쳐 보인다. 『한외전』에 서술되어 있는 역사적 사건들은 유향劉向의 『신서新序』, 『설원說苑』, 『열녀전列女傳』에 채록되어 있다.

『한시외전』의 기존 문헌에 대한 정리와 편찬은 분명히 그 의도가 있었는데, 이러한 정리과정 가운데 한영은 공자와 증자 맹자 등에 관한 유실된 문장들을 복원하는 작업에 적지 않은 노력을 기울인다. 이러한 점에서 볼 때 한영이 유가를 대표하는 인물들을 매우 중시했다는 사실이 발견됨과 동시에 당시의 사회가 이미 유학을 숭상하는 분위기였음을 알 수 있을 것이다.

『모시毛詩』는 모공毛公이 전수했다고 할 수 있다. 『한서』에 "모공은 조趙나라 사람이다. 『시경』을 연마하여 하간헌왕의 박사가 되어 관장경貫長卿에게 『시경』의 가르침을 전수했다. 관장경은 다시 해연년解延年에게 『시경』의 가르침을 전수했다. 뒤에 해연년은 아무현의 현령이 되어 서오徐敖에게 『시경』의 가르침을 전수했다. 서오는 다시 구강사람 진협陳俠에게 『시경』의 가르침을 전수하였는데, 뒤에 진협은 왕망의 치세에서 강학대부의 지위에 오른다. 그러므로 『모시』에 대한 강론은 서오로부터 시작된다고 볼 수 있다."[25] 그러나 위의 인용문 속에는 『모시』가 금문인지 혹은 고문인지에 대한 언급이 생략되어 있다.

『한서』에 있는 "헌왕이 구한 책들은 모두 진나라 이전의 고문체로 쓰여진 옛 서적들인데, 예를 들면 『주관』, 『상서』, 『예』, 『예기』, 『맹자』, 『노자』와 같은 종류의 서적으로 모두들 경서, 전기, 잡설, 연대기의 형식으로 이루어졌다. 이는 공자의 칠십 제자들이 연구 저술한 것이다. 그들이 연구한 것은 모두 육경이었으며, 『모씨시』와 『좌씨춘추』 박사를 설립했다. 그들은 예악을 연마하고 복식은 모두 유학자의 모습을 본떴다. 산동의 유학자들은 모두 그들을 좇았다."[26]라는 기록에서 "진나라 이전의 고문체로 쓰여진 옛날의 책들"가운데 『모시』는 보이지 않는다. 또한 유흠의 『이양태상박사서移讓太常博士書』에 언급되어 있는 고문체 서적들 가운데에도 역시 『모시』는 발견되지 않는다. 이와 같이 볼 때 『모시』는 당시에 있어서 특별하게 주목을 받지는 못했으나 하간헌왕의 관심 속에서 하나의 학파를 형성하여 결국은 다른 세 학파의 시와 대등한 관계를 이루어나갔음을 발견할 수 있을 것이다.

이상과 같은 『시경』에 관한 문헌자료들을 통하여 한나라 초기 『시경』에 대한 연구와 전수가 매우 성행하고 있었음을 알 수 있었으며, 이러한 연구와 전수의 주요한 목적이 과거의 사실을 빌어

---

25) 『漢書』, 「儒林傳」, "毛公, 趙人也. 治詩, 爲河間獻王博士, 授同國貫長卿. 長卿授解延年. 延年爲阿武令, 授徐敖. 敖授九江陳俠, 爲王莽講學大夫. 由是言毛詩者, 本之徐敖."

26) 『漢書』, 「景十三王傳」, "獻王所得書皆古文先秦舊書, 周官·尙書·禮·禮記·孟子·老子之屬, 皆經傳說記, 七十子之徒所論. 其學擧六藝, 立毛氏詩·左氏春秋博士. 修禮樂, 被服儒術, 造次必于儒者. 山東諸儒多從而游."

현실의 문제를 해석하는 경세치용에 있었다는 사실을 발견할 수 있다.

4. 서한 초기 유학과 제자학과의 관계

한나라 초기의 유학에 관한 상황은 『한서』의 「예문지」에 잘 나타나 있다. 「예문지」의 기록에 의하면 한무제 이전의 저작들 가운데 유가의 저작들이 법가나 도가의 저작들 보다 양적으로 월등하게 많았음을 알 수 있다. 이러한 사실은 한나라 초기의 유학이 당시 사회에 광범위하게 유포되어 많은 유학자들이 교육과 저술 등에 있어서 활발한 활동을 했었음을 단적으로 설명해준다고 할 수 있겠다. 1970년대 이래로 발굴된 고고학적 자료들은 이러한 사실들을 증명해준다.

1977년 안휘성 부양현의 쌍고퇴에서 발굴된 한나라 시기의 고분에서 『시경』 170여 편이 출토되었다. 고분의 주인은 2대 여음후汝陰侯인 하후조夏侯竈였는데, 그는 하후영夏侯嬰의 아들로 무제 15년(B.C 165년)에 사망했다. 그곳에서 출토된 『시경』의 여러 편명 가운데 「국풍國風」과 「소아小雅」가 있었는데, 특히 「국풍國風」에는 「주남周南」, 「소남召南」, 「패邶」, 「용鄘」, 「위衛」, 「왕王」, 「정鄭」, 「제齊」, 「위魏」, 「당唐」, 「진秦」, 「진陳」, 「조曹」, 「빈豳」 등의 남은 파편이 육십 오수가 있었다. 「소아小雅」는 「녹명지십鹿鳴之什」속에 네 수의 남은 파편이 보존되어 있었다.[27] 부양에서 출토된 『시경』의

27) 胡平生 · 韓自强編著, 『阜陽漢簡詩經研究』, 上海, 上海古籍出版社, 1988년, 16~17쪽 참조.

차례와 『모시』의 차례는 상당한 차이를 보이는 한편 기록된 문자 역시 많은 부분에 걸쳐 차이를 드러내는 것으로 봐서 당시의 주류 학파와는 다른 학파에서 전해져오던 판본일 것이라고 판단된다.

부양현의 한나라 고분에서는 "후비헌后妃獻"과 "風□□□風□"이라는 문자가 기록된 목간이 발견되는데, 이는 『시경』에 대한 해석이 분명하며 이러한 해석은 시를 통한 교육적 의미가 분명하게 나타나 있는 것으로 봐서 이들 목간은 유학적 색채가 매우 농후한 것들이라고 할 수 있을 것이다.

부양현 한나라 고분에서는 『시경』 외에도 약 십여 종의 죽간과 목독이 출토되었는데 그 가운데 세 조각의 목독은 모두 서적의 편액[28]이었다. 그 가운데 하나 만이 온전하게 보존되어 있는데 앞면과 뒷면에 각기 세 줄의 글씨가 쓰여져 있다. 그것의 내용은 대부분 공자와 제자들에 관련된 것들이다. 또한 다른 목독은 한 면에만 글씨가 기록되어 있었으며 편액은 매우 간단했다. 예를 들면 '악론樂論', '지우智遇', '송학頌學' 등으로 『순자』를 비롯한 유가학파와 관련이 있다.[29] 이외에도 은작산銀雀山에서 발굴된 한나라 고분에서도 유가와 관련되었거나 유가사상과 상통하는 자료들이 출토되었다. 이러한 사실들은 당시의 유학이 매우 광범위하게 전파되었음을 의미하는 물증이라고 할 수 있을 것이다.

호남성 장사의 마왕퇴에서 발굴된 한나라 고분은 서한 초기의 무덤으로 당시의 역사와 문화적 배경을 반영하고 있는 전형적인

28) 편액은 종이, 비단, 널빤지 따위에 그림을 그리거나 글씨를 써서 방안이나 문 위에 걸어 놓는 액자를 의미한다.

29) 「阜陽漢簡簡介」, 『文物』, 1983년, 第2期.

고분이다. 특히 3호 고분에서 마흔 네 종류에 걸쳐 10여만 자에 이르는 백서와 의학관련 죽간이 출토되었는데, 그 가운데 『주역』을 비롯한 『상복도喪服圖』, 『춘추사어春秋事語』, 『전국종횡가서戰國縱橫家書』[30] 등의 서적들이 보인다. 특히 주목할 만한 문헌은 춘추시대의 역사적 사건들과 연대기 및 평론 등이 기록되어 있는 문헌인 『춘추사어』이다. 또한 이 문헌 속에는 민자신閔子辛이라는 사람의 견해가 많이 보이는데, 장정랑張政烺은 이 사람이 공자의 제자인 민자건閔子騫이라고 고증한다.[31]

만일 어떤 고분 속에서 출토된 부장품이 무덤 주인의 생전에 좋아했던 것과 싫어했던 것을 반영한다면 이상과 같이 광범위한 지역 내에서 또 상대적으로 집중된 시간들 속에서 서로 다른 신분의 사람들이 모두 유가의 경전을 무덤 속에 부장 했다는 사실은 한 시대의 분위기를 반영한다고 볼 수 있는 것이다.

한나라 시대의 사람들은 삶과 죽음을 같은 것으로 생각하여 매장할 때 사망자가 생전에 좋아했던 것들을 함께 부장 하는 풍습이 있었다. 한나라 문제와 경제의 시대에 그렇게 많은 사람들 모두가 동일하게 유가의 전적들을 부장품으로 썼다는 사실은 그 당시의 유학이 매우 중시되고 있었음을 의미하는 것이라고 할 수 있는 것이다. 그러나 한편으로는 많은 사람들이 한나라 초기에 유가가 도가에 의해 억압과 배제를 받고 있었다고 보고 있는 상황 속에서 이러한 주장이 과연 얼마나 효력을 가질 수 있을까하는

30) 陳松長, 『長沙馬王堆西漢墓』, 上海, 上海古籍出版社, 1998년, 12~13쪽 참조.

31) 「春秋事語解題」, 『文物』, 1974년, 第1期.

의문이 든다.

유가와 도가의 사상이 한나라 초기에 이르러 서로 배척하지 않고 상호 융합과 영향을 주는 경향이 두드러지게 나타나는데, 이러한 모습들은 한나라 초기의 주요한 사상가인 육가陸賈와 가의賈誼 등에게서 찾아볼 수 있다.

『사고전서총목제요四庫全書總目提要』에는 육가에 대하여 "한나라 유학자들 가운데 동중서 외에 그처럼 순수하고 올바른 사람이 없었다."라는 기록이 있다. 육가는 진秦나라가 멸망한 역사적 교훈을 『신어新語』를 통하여 전했는데, 특히 그는 진나라 멸망의 가장 직접적인 원인을 국가의 모든 시스템을 가혹한 형법에만 의존한 점을 주요한 원인으로 지적한다. 그러므로 이러한 역사적 사실을 거울삼아 인의仁義에 의한 정치를 주장한다. 그는 체제유지의 구체적인 방법으로는 『시경』과 『상서』를 비롯한 경서의 가르침을 숭상하고 선왕들의 치적을 본받아 인의仁義를 실천하는 것이라고 주장했는데, 이러한 방법들 모두는 유가사상의 범주에 속하는 것이라고 할 수 있다.

육가의 인의仁義정치 사상에는 많은 부분에 있어서 황노사상과 법가사상이 혼재되어 있다. 예를 들면 『신어』에 "군자는 도를 알고 다스려야 하며, 덕에 의해서 실천해야 한다.……텅 비고 아무것도 없어 고요하다."[32]라고 하는 언급 속에서 파악할 수 있듯이 육가는 '도'를 기본 범주로 삼는 한편 '도'의 특징을 "텅 비고 아무것도 없어 고요하다"고 하는데, 이는 『관자管子』와 『백서노자帛書老子』 등 황노사상의 영향을 받은 흔적이 분명하다고

32) 『新語』, 「道基」, "君子握道而治, 據德而行……虛無寂寞."

할 수 있다.

한나라 초기의 또 다른 대유학자가 있었으니 그가 바로 가의賈誼이다. 가의의 정치사상은 당시의 사회문제에 그 초점이 맞춰져 있었다. 가의는 유가사상의 예치禮治와 민본民本을 강조함과 동시에 법가사상의 중요성을 부각시켰다. 구체적으로 말하면 가의 사상의 기본토대는 문무文武와 형덕刑德의 병용에 있었다. 그래서 그는 권력과 법률 그리고 인의仁義도덕 등은 모두 정치적 효용을 위한 수단으로 사용되어야 한다고 주장했는데, 바로 이러한 점에서 가의 사상에 유가와 법가사상이 혼재되어 있음을 발견할 수 있는 것이다.

유가사상과 도가사상의 융합현상은 좀더 이른 시기부터 시작되었다고 볼 수 있다. 1993년 호북성 형문시 곽점촌에서 출토된 초楚나라 시기의 죽간 가운데 『노자』 세 편과 유가의 문헌들이 다수 발견된 점을 근거로 일부학자들은 이것을 유가와 도가사상의 융합의 기원으로 보기도 한다.[33] 한나라 초기에 와서 정치적인 상황이 비교적 느슨해진 점은 각종의 사상들이 좀더 발전적인 방향으로 융합할 수 있도록 하는데 적합한 토양을 마련해주는 역할을 했다. 이택후李澤厚는 "전국시대 중·후기부터 오랫동안 지속 되어온 제자백가들 간의 상호 대립과 경쟁의 상황이 상호 흡수와 융합의 상황으로 가는 새로운 추세가 출현한다. 순자로부터 『여씨춘추呂氏春秋』로, 다시 『회남홍열淮南鴻烈』과 『춘추번로春秋繁露』에 이르기까지 이러한 상황의 출현은 분명하다. 또한 『문자文子』, 『할관자鶡冠子』, 육가와 가의 및 지하에서 출토된 『법경法經』 등에서와 같이

33) 劉宗漢, 『郭店楚簡研究』, 瀋陽, 遼寧教育出版社, 1999년, 394쪽 참조.

각기 다른 각도에서도 이러한 종합적인 추세가 출현한다."[34]고 주장했다. 고대사회에서 진행된 사상의 융합과정 가운데 각 학파가 처한 상황은 각기 다르다고 할 수 있는데, 한나라 초기의 각 학파 간의 사상의 융합은 유가와 도가 및 법가 위주로 진행되었다고 할 수 있다.

한나라 초기에 유학이 그 세력을 잃은 것에 대한 증거로는 사마천의 "세상에서 노자의 학문을 배우는 사람들은 유학을 배척하고, 유학을 배우는 사람들 또한 노자를 배척한다. 도가 같지 않으면 서로 도모하지 않는다."[35]라는 언급이 자주 인용된다. 그러나 이러한 언급이 한나라 초기의 유가와 도가의 관계 설정을 대변하는 것은 아니다. 『사기』의 「태사공자서」에 있는 사마담의 「논육가요지論六家要指」에서 당시의 도가에 대한 긍정적인 평가를 찾아 볼 수 있다. 사마천은 도가의 특징을 "유가와 묵가의 좋은 것을 채택하고 명가와 법가의 요점을 취했다."[36]라고 총괄하는데, 이는 분명히 유가와 도가가 상호간에 영향을 주고받고 있음을 나타내고 있는 것이다.

5. 맺는 말

유학은 한나라가 건국된 이후부터 매우 빠른 회복과 발전을 하

34) 李澤厚, 『中國古代思想史論』, 北京, 人民出版社, 1986년, 136쪽 참조.
35) 『史記』, 「老子韓非列傳」, "世之學老子絀儒學, 儒學亦絀老子. 道不同不相爲謀."
36) 『史記』, 「太史公自序」, "采儒墨之善, 撮名法之要."

게 된다. 그러한 원인 가운데의 하나로 한나라 건국 이후 진나라 멸망의 근본원인을 진시황이 법가의 사상을 숭상하고 유가의 사상을 탄압한 것에 있다고 보는 역사적 교훈의 자각 때문이다. 또 다른 하나의 원인으로는 유학의 내적인 요인에 기인하는데 바로 "군신 부자지간에 지켜야할 예를 바르게 제정하고, 부부 장유 사이의 구별을 정한 것은 비록 백가라고 할지라도 바꿀 수 없는 것이다."[37]라고 하는 기능이다.

선진시기의 유학은 윤리도덕이 중심이 되는 관념론적 성격이 매우 짙어서 시종일관 통치의 이데올로기로서 자리 매김을 하지 못했다. 그러나 한나라 초기의 유학자들에 의해 특히 동중서에 의해서 유학은 최종적으로 백가쟁명 속에서 독존의 학문으로 자리 매김을 하게 된다. 이로부터 민간의 학설에서 정권의 이데올로기로 그 지위가 상승하게 된다.

한나라 초기의 통치자들은 황노사상을 통치사상으로 사용하기는 했지만, 이러한 이유 때문에 유학을 억압하지는 않았다. 한나라 초기의 유학은 견고한 사회적 기반 아래서 도가와 상호 융합과 영향을 주고받는 과정 가운데 자기발전을 이루어 갔다. 당시의 '시경학'은 실제로 이러한 사실을 잘 설명해주고 있으며 최근의 고고학적 발굴 역시 이러한 점을 증명해주고 있다.

---

37) 『史記』, 「太史公自序」, "若夫列君臣父子之禮, 序夫婦長幼之別, 雖百家弗能易也."

참고문헌

司馬遷, 『史記』, 北京, 中華書局, 1982년.

班固, 『漢書』, 北京, 中華書局, 1990년.

劉寶楠, 『論語正義』, 『續皇淸經解』本影印.

王先謙, 『荀子集解』, 北京, 中華書局, 1992년.

王先愼, 『韓非子集解』, 北京, 中華書局, 1998년.

王利器, 『新語』, 北京, 中華書局, 1996년.

董治安, 『先秦文獻與先秦文學』, 濟南, 齊魯書社, 1994년.

呂思勉, 『秦漢史』, 上海, 上海古籍出版社, 1983년.

胡平生・韓自强編著, 『阜陽漢簡詩經硏究』, 上海, 上海古籍出版社, 1988년.

陳松長, 『長沙馬王堆西漢墓』, 上海, 上海古籍出版社, 1998년.

劉宗漢, 『郭店楚簡硏究』, 瀋陽, 遼寧敎育出版社, 1999년.

李澤厚, 『中國古代思想史論』, 北京, 人民出版社, 1986년.

楊聯陞 主編, 『國史釋論』, 臺北, 食貨出版社, 1988년.

『文物』 1974년, 第1期.

『文物』 1983년, 第2期.

제2장

육가의 유학사상

제1절 인성론

1. 시작하는 말

서한시기 전반기라고 하면 유방이 한나라를 건국한 뒤부터 한무제漢武帝 건원建元 연간까지에 해당된다고 할 수 있다. 이러한 시기는 진나라가 폭정으로 인하여 단명하게 된 것을 교훈으로 삼는 한편 사회적으로 오랜 전란을 겪으면서 피폐해질 대로 피폐해진 민심을 추스르기 위해서 초창기의 통치자들은 황노사상을 기반으로 통치를 하면서 제국질서의 안정적인 기틀을 마련했다. 이처럼 황노학설은 한나라 초기 통치자들의 선택과 장려 속에서 한나라 초기의 주류사상이 되었던 것이다.

이와 같은 시기의 인성론의 발전은 선진시대의 인성론을 계승한 기초위에서 새로운 개발을 하게 되며, 이후의 인성론 발전에 매우 중요한 영향을 끼치게 된다. 이러한 시기의 인성론에 있어서 선구자의 역할을 했던 사상가는 바로 육가라고 할 수 있을 것이다.

그동안 서한과 동한시기의 인성론 관련 연구는 주로 동중서의 성삼품설性三品說이나 양웅의 성선악혼재설性善惡混在說과 왕충의 성유선유악설性有善有惡說과 같은 분야에만 집중되어 있는 경향이 매우 강했다고 볼 수 있다. 반면 양한시기 전시기를 통하여 수많은 사상가들이 명멸을 했음에도 불구하고 심성론 분야에서는 대부분의 사상가들의 주장이나 이론이 도외시되고 있는 상황이라고 할 수 있을 것이다. 특히 육가의 사상과 같은 경우에는 한대 초기의 유학을 이해하는데 있어서 가의賈誼의 사상과 함께 빠져서는 안 될 관건적인 사상이라고 할 수 있다. 한나라 초기 국가의 시스템을 갖추는데 지대한 영향력을 발휘했으며, 한무제 시기의 유가사상의 부흥에 있어서 그 단초의 역할을 했던 육가의 사상 특히 인성론 사상에 대한 연구는 매우 중요하다고 볼 수 있다. 즉 양한시기의 인성론에 대한 이해에 있어서 선진시기의 인성론이 어떻게 양한시기로 계승되고 발전되는가에 관련하여 육가의 인성론은 매우 중요한 연결고리의 역할을 한다고 볼 수 있는 것이다.

서한 건국초기 어수선한 상황 속에서 혼란한 현실을 타개하기 위해서 인간의 인성문제에 대하여 자신의 견해를 역설한 육가의 사상은 서한 초기의 유학사상을 조명하는데 있어서 누락 되서는 안 될 사상체계라고 할 수 있을 것이다. 이러한 육가의 인성론에 대하여 그의 생애와 인성론의 근원과 성性·정情·심心으로 본 인성론을 중심으로 논의를 진행해 보도록 하겠다.

2. 육가의 생애

육가陸賈의 생애(B.C240～B.C170)와 관련된 문헌기록은 그렇게 많지 않다고 할 수 있는데, 『사기史記』와 『한서漢書』에서 찾아볼 수 있을 정도라고 말할 수 있다. 이러한 문헌들에 기록되어 있는 육가 관련 언급은 대부분 한고조 유방이 천하를 얻은 후 그가 한나라 왕조 건립과 기틀을 다지는데 역할을 한 것에 대한 것들이라고 할 수 있다. 육가의 저작과 관련된 문헌은 『한서漢書』, 「예문지藝文志」와 『초한춘추楚漢春秋』 등이 있다. 청나라 시기의 당안唐晏은 육가가 순자의 제자였다고 주장하기도 했다.[1] 또한 『사기색은史記索隱』에는 "육씨는 춘추시대 육혼국의 후예인데, 진나라 제후가 육혼국을 침략하자 육혼국 제후의 자제가 초나라로 도망갔다. 육가는 그의 후예이다."라고 기록되어 있다. 육가의 정치참여는 주로 서한 고조 시기부터 시작하여 서한 문제 초기까지의 기간에 이루어진다. 『사기』에 육가의 정치활동과 관련하여 몇 건의 중요한 사적이 기록되어 있는데, 먼저 두 차례에 걸쳐서 남월에 사신으로 파견 나가서 변방을 평정한 것을 들을 수 있다.

> 고조가 황제로 등극하였을 당시 중국은 거의 평정되었는데, 위타가 남월을 평정하여 그곳에서 왕이 되었다. 고조는 육가를 보내 위타에게 인장을 내리고 남월의 왕으로 봉했다.……육생에게 천금

1) 王利器, 『新語校注』, 北京, 中華書局, 1996년, 223쪽 참조.

이나 나가는 보물을 자루에 넣어주고 따로 천금을 주었다. 육생은 마침내 위타를 남월의 왕으로 임명하고, 그로 하여금 한나라의 신하됨을 고하게 하고 한나라와의 약속을 지키게끔 하였다. 육생이 한나라로 돌아와서 고조에게 보고하자 고조는 매우 기뻐하며 육가를 태중대부에 임명하였다.……효문제가 즉위하자 남월에 사신을 보내려고 하였다. 그때 우승상 진평 등이 육생이 태중대부로 있을 때 위타에게 사신으로 가서 위타로 하여금 황색 비단으로 수레 덮개를 사용하지 못하게 하고 황제의 명령을 치하는 것을 못하게 하여 제후와 동등하게 함으로써 황제의 마음에 들게 하였다고 말하였다.[2)]

그리고 여태후 일파의 전횡과 음모를 적극적으로 제지한 것이다.

여태후 때에 여씨들을 왕으로 세우니 여씨 일족은 정권을 전횡하고 어린 황제를 협박하여 유씨의 한나라를 위태롭게 하였다.……육가는 진평을 위하여 여씨 일족에게 대처하는 몇 가지 계책을 일러주었다. 진평은 육가의 계책에 따라 500금으로 강후 주발의 장수를 축복하고, 가무와 술과 음식을 융성하게 베풀었다. 태위 역시 마찬가지로 후하게 답례하였다. 이 두 사람이 서로 밀접하게 결속되자, 여씨들의 음모는 점차 움츠러들었다. 진평은 이에 노비 100명과 수레와 말 50승, 500만전을 음식비용으로 육생에게 주었다. 육생은 이것으로 한나라 조정의 공경들과 교유하니 그의 명성이 자자해졌다.[3)]

---

2) 『史記』, 「酈生陸賈列傳」, "及高祖時, 中國初定, 尉他平南越, 因王之. 高祖使陸賈賜尉他印爲南越王.……賜陸生橐中裝直千金, 他送亦千金. 陸生卒拜尉他爲南越王, 令稱臣奉漢約. 歸報, 高祖大悅, 拜賈爲太中大夫.……孝文帝卽位, 欲使人之南越. 陳丞相等乃言陸生爲太中大夫, 往使尉他, 令尉他去黃屋稱制, 令比諸侯, 皆如意旨."

3) 『史記』, 「酈生陸賈列傳」, "呂太后時, 王諸呂, 諸呂擅權, 欲劫少主, 危

육생은 항상 황제 앞에서 진언할 때 『시경』과 『상서』를 인용하였다. 고조는 육가를 꾸짖으며 나는 말 위에서 천하를 얻었는데, 어찌 『시경』과 『상서』따위에 얽매이겠소? 라고 말했다. 그러자 육생이 말 위에서 천하를 얻으셨지만 어찌 말 위에서 천하를 다스릴 수 있겠습니까? 옛날 은나라의 탕왕과 주나라의 무왕은 정도에 벗어난 방법으로 천하를 취하였지만 정도로서 그것을 지키셨으니, 이와 같이 문무를 함께 사용하는 것이 국가를 길이 보존하는 방법입니다. 옛날에 오나라 왕 부차와 진나라의 지백은 무력을 지나치게 사용하여 멸망하였으며, 진나라는 가혹한 형법만을 사용하고 바꾸지 않다가 결국 조씨는 멸망하였습니다. 당시 진나라가 천하를 통일한 뒤 인의를 행하고 옛 성인을 본받았다면 폐하께서 어떻게 천하를 차지할 수 있었겠습니까? 라고 말했다.[4)]

육가는 한나라 고조가 유학을 좋아하지 않는다고 하는 것에 개의치 않고 항상 황제에게 『시경』과 『상서』를 인용하여 진언을 했으며, 『신어新語』를 저술하여 자신의 치국방략에 대한 견해를 밝히기도 했다. 육가는 한평생 '태중대부太中大夫' 벼슬만을 했을 뿐인데, 그가 세운 적지 않은 공적과 그의 관직은 일견 형평성에 문제가 있다고 보인다. 그러나 유방의 측근에 있었던 수많은 공신들과

劉氏.……爲陳平畫呂氏數事. 陳平用其計, 乃以五百金爲絳侯壽, 厚具樂飮; 太尉亦報如之. 此兩人深相結, 則呂氏謀益衰. 陳平乃以奴婢百人, 車馬五十乘, 錢五百萬, 遺陸生爲飮食費. 陸生以此游漢廷公卿間, 名聲藉甚."

4) 『史記』, 「酈生陸賈列傳」, "陸生時時前說稱詩書. 高帝罵之曰: '乃公居馬上而得之, 安事詩書!' 陸生曰: '居馬上得之, 寧可以馬上治之乎? 且湯武逆取而以順守之, 文武幷用, 長久之術也. 昔者吳王夫差·智伯極武而亡; 秦任刑法不變, 卒滅趙氏. 鄕使秦已幷天下, 行仁義, 法先聖, 陛下安得而有之?'"

번왕으로 봉해졌거나 제후로 봉해졌던 인사들과 높은 관직을 제수 받았던 사람들 대부분은 좋지 않은 종말을 맞이하게 된 반면에 육가는 전생을 보전할 수가 있었다. 이와 같이 볼 때 육가는 상당히 지혜로운 태도로 정치권에서 운신을 했던 것 같다고 하는 추측을 할 수 있게 된다. 청나라 시기의 당안唐晏의 경우 "한대에 유학이 다시 부활된 것은 육생에서부터 시작된 것이다."[5]라고 하며, 육가의 학술상에서 선대를 계승 발전시킨 공적을 언급했었다. 청나라 말기의 유사배劉師培의 경우 "부에 대하여 말하자면 육가로부터 이하 이십 일가이다."[6]라고 하여, 육가가 한대문학의 한 장르인 부賦의 개창자라고 언급했다.

3. 인성론의 근원

육가가 인성에 관하여 언급한 것은 그다지 많지 않다고 할 수 있지만, 『신어』의 내용을 세밀하게 분석한다면 육가의 인성에 대한 관점을 파악할 수 있다.

> 사람의 성정에 근원한 근본의 확립으로 인륜도덕의 체계를 마련하였습니다. 천지의 법도를 근거로 책을 편찬하여 후세에 남기니 새나 짐승들도 감화를 받았으며 그로써 혼란스런 세상을 구제하였습니다. 천의와 인간사가 하나로 합해져 근본적인 도술이 모두 갖추어지게 되었습니다. 지혜로운 사람들은 그 이치에 통달하였습니다.[7]

---

5) 王利器, 『新語校注』, 北京, 中華書局, 1996년, 223쪽 참조.

6) 劉師培, 『劉師培中古文學論集』, 北京, 中國社會科學出版社, 1997년, 232쪽 참조.

위의 인용문의 언급에서와 같이 볼 수 있듯이, 육가는 도가 천지만물 가운데에 존재하고 있으며, 또한 인간의 성정과 서로 연결되어 있기 때문에 지혜로운 사람의 마음은 도에 통달할 수 있다고 생각했다. 또한 왕충은 『논형論衡』에서 육가의 언급을 인용하여 "천지가 인간을 낳고, 인간은 예의로써 본성을 삼는다. 인간은 자신을 살필 수 있기 때문에 천명을 받아 순응하는 것이며, 순응하는 것을 도라고 일컫는다."[8]라고 하여 인간의 본성은 도에서 비롯되는 것이며 예의가 본성 안에 있다고 보았다. 그렇기 때문에 육가는 도를 인성의 근원으로 보았던 것이라고 할 수 있다. 그러므로 육가는 『신어』의 첫머리에서 "전하는 말에, 하늘은 만물을 낳고 땅은 그들을 기르며 성인은 그들을 완성시킨다고 합니다. 이들의 공덕이 어우러져 그로 말미암아 도가 생겨났습니다."[9]라고 언급하여, 도를 만물의 기초로 삼았는데, 이는 도가에서 도를 만물의 근원으로 삼은 것과 상당히 비슷하다고 생각한다. 노자 역시 "도는 하나를 낳고 하나는 둘을 낳고 둘은 셋을 낳고 셋은 만물을 낳는다. 만물은 음기를 등지고 양기를 껴안아 그 가운데의 기운을 조화롭다고 여긴다."[10]라고 언급한 것처럼 도는 우주만물의 본원이 되는 것이며 본체적인 의미를 가지고 있다. 마찬가지로 육가

7) 『新語』, 「道基」, "原情立本, 以緒人倫, 宗諸天地, 脩篇章, 垂諸來世, 被諸鳥獸, 以匡衰亂, 天人合策, 原道悉備, 智者達其心."

8) 『論衡』, 「本性」, "天地生人也, 以禮義之性. 人能察己所以受命則順, 順之謂道."

9) 『新語』, 「道基」, "傳曰: 天生萬物, 以地養之, 聖人成之. 功德參合, 而道術生焉."

10) 『老子』, 「42章」, "道生一, 一生二, 二生三, 三生萬物. 萬物負陰而抱陽, 中氣以爲和."

역시 “도는 가까운데 있으니 요원한 옛날에서 찾을 필요가 없습니다. 그 핵심만 취하면 바로 성취할 수 있습니다.”[11]라고 언급했으며, 또한 “다수 사람들이 옳다고 하는 것이 도의 입장에서 보면 적절하지 않고, 도의 입장에서 보면 옳은 것을 다수 사람들이 옳지 않다고 하는 수도 있습니다.”[12]라고 하여 도가 현실세계 가운데 없는 곳이 없다고 하며 인간사의 법칙이 되는 것이라고 했던 것이다.

하늘에 있는 것들은 관찰할 수 있으며, 땅에 있는 것들은 측량할 수 있으며, 만물에 깃든 것들은 규율을 찾을 수 있으며, 사람에게 나타나는 것들은 관상을 파악할 수 있습니다.[13]

사업을 벌이는 사람은 도덕을 떠나지 않았으며, 현악기를 조율하는 사람은 궁·상의 음조를 잃지 않았습니다. 천도는 사시의 균형을 잡고, 인도는 오상의 질서를 관리합니다. 주공과 요·순은 하늘로부터 상서로운 징조 즉 부명을 받았고, 진나라 2세와 걸·주는 하늘로부터 징벌의 재앙을 받았습니다.[14]

위의 인용문에서 볼 수 있듯이 육가는 도를 천도天道·지도地道·인도人道로 나누었으며, 사람이 천지의 도에 참여할 수 있고 천지의 도를 본받아 실천하게 된다면 천의와 인간사가 하나로 합해지

11) 『新語』, 「術事」, “道近不必出於久遠, 取其至要而有成.”
12) 『新語』, 「懷慮」, “故物之所可, 非道之所宜; 道之所宜, 非物之所可.”
13) 『新語』, 「道基」, “天者可見, 在地者可量, 在物者可紀, 在人者可相.”
14) 『新語』, 「術事」, “立事者不離道德, 調絃者不失宮商, 天道調四時, 人道治五常, 周公與堯舜合符瑞, 二世與桀紂同禍殃.”

는 것 즉 천인합책天人合策을 이룩할 수 있다고 보았던 것이다.

> 이에 옛 성인 복희씨는 고개를 들어 천문을 보시고 고개를 숙여 지리를 관찰하시어 천지음양 건곤 등 팔괘를 그려내셨습니다. 이로써 인간세상의 도덕규범이 정해지고 백성들은 깨치기 시작하여 부자유친, 군신유의, 부부유별, 장유유서의 도리를 알게 되었습니다. 이에 모든 관직이 바로 서고 왕도가 생겨나게 되었습니다.[15]

즉 육가는 인도人道라고 하는 것은 고대의 성인들이 천도에 대하여 체득한 것을 법칙으로 제정해놓은 것이라고 생각했다. 그래서 육가가 언급하는 도라고 하는 것은 하늘과 땅과 인간의 속성과 규율을 지칭하는 것이라고 할 수 있는 것이다. 또한 육가는 "이러한 도에 근거하여 그것을 천지간에 전파하였으니, 옛 사람들이 말하는 득도한 사람 아니겠습니까?"[16]라고 언급하여, 도가 천지간의 모든 사물들 사이에 존재하지 않을 수 없다고 보아 "도는 폐기되어 일어서지 못하는 경우가 없고, 기器는 훼손되어 갖춰지지 못하는 경우가 없습니다."[17]라고 하는 주장을 했던 것이다. 이처럼 육가는 노자의 도道・기器개념으로 도가 구체적인 현상세계에 무소부재 하는 것이라고 설명한다. 이는 후대 북송시기 정명도가 "형이상은 도가 되고 형이하는 기가 된다. 이와 같은 설명에 의하면 기는 또한 도이며, 도 역시 기이다."[18]라고 언급한 것처럼 도기道

---

15) 『新語』, 「道基」, "於是先聖乃仰觀天文, 俯察地理, 圖畫乾坤, 以定人道, 民始開悟, 知有父子之親, 君臣之義, 夫婦之道, 長幼之序. 於是百官立, 王道乃生."

16) 『新語』, 「愼微」, "因是之道, 寄之天地之間, 豈非古之所謂得道者哉?"

17) 『新語』, 「愼微」, "故道無廢而不興, 器無毀而不治."

器가 서로 분리될 수 없다고 하는 개념과 같다고 할 수 있다.

육가는 "인은 도의 준칙이며, 의는 성인의 학문입니다."[19]라고 언급한 것처럼 도를 인의 강령으로 삼았다. 그렇기 때문에 인은 도의 필요성이 되는 것이다. 또한 육가는 "인의에 의지하여 일을 도모하지 않으면 결과적으로 반드시 실패합니다. 근본을 굳게 다지지 않고 높은 건물을 지으면 결과적으로 반드시 붕괴할 것입니다."[20]라고 언급하여, 인간은 인의仁義를 떠나서는 모든 일에 대해서 도모를 할 수가 없는 것이며, 아울러 근본을 굳건하게 하고 기초를 탄탄히 다져야만 한다고 하는 것이 도의 기초라고 하는 함의임을 강조했다. 그렇기 때문에 육가는 인의仁義를 도의 내용으로 삼았던 것이다.

> 골육지간은 인으로 인해 친근하게 지내는 것입니다. 부부사이엔 의가 있어서 서로 화합하고, 친구사이엔 의가 있어서 서로 믿으며, 군신지간엔 의가 있어서 위아래 질서가 있으며, 백관들 사이엔 의가 있어서 서로를 받드는 것입니다. 증삼과 민자건은 인 때문에 큰 효자가 되었으며, 백희는 의를 지켜서 최고의 정절을 세웠습니다. 나라를 지키는 사람은 인으로써 사회를 굳건하게 만들고, 군주를 보좌하는 사람은 의로써 사회가 무너지지 않도록 받쳐줍니다. 군주는 인으로 나라를 다스리고 신하는 의로써 일을 공평하게 처리합니다.…… 『시경』, 「녹명鹿鳴」 장은 사슴이 인의 마음으로 무리를 불러 같이 먹는다는 의미이며, 「관저關雎」 장은 물수리가 의 때문에 수컷에게 경계의 소리를 낸다는 의미입니다. 『춘추』는 인의로 죄악

18) 程頤, 程灝, 『二程全書』, 遺書一, 臺北, 臺灣中華書局, 1990년.

19) 『新語』, 「道基」, "仁者道之紀, 義者聖之學."

20) 『新語』, 「道基」, "夫謀事不並仁義者後必敗, 殖不固本而立高基者後必崩."

을 물리쳐 끊고, 『시경』은 인의로 국가의 존망을 표현하고 있습니다. 『주역』의 「건괘」와 「곤괘」는 인으로써 화합하며, 팔괘는 의로써 서로 이어져 있습니다. 『상서』는 인을 바탕으로 고조에서 현손까지 9족에 관해 서술하고 있으며, 군주와 신하가 의에 따라 만든 충을 말하고 있습니다. 『예기』는 인으로써 절제를 다한 것이며, 음악은 예로써 오르내립니다.[21]

부자지간이나 부부지간, 친구지간이나 군신지간 및 시골이나 조정을 막론하고 심지어는 동물이 조화이루거나 집안을 정돈하고 나라를 다스림으로써 천하를 평정하는 것 즉 천도天道 · 지도地道 · 인도人道는 모두가 인의仁義를 근거로 한다고 하는 것이다. 그렇기 때문에 인의는 도의 기초가 되는 것이며 내용이 된다고 할 수 있는 것이다. 이와 같은 육가의 표현은 유가의 기본입장에서 언급한 것이라고 할 수 있다.

치국의 도리로 무위보다 큰 것은 없으며, 행동의 원칙으로 삼가고 공경하는 것보다 중요한 것은 없습니다. 왜 그렇게 얘기하겠습니까? 옛날에 순임금은 천하를 다스리면서 오현금을 타시고 「남풍」이란 시를 노래하셨습니다. 평온하기가 마치 치국할 의사가 없는 듯하였고, 조용하기가 마치 천하를 근심하는 마음이 없는 듯하였으나, 천하는 오히려 대단히 잘 다스려졌습니다. 주공이 예악제도를 만들고, 천지에 제사지내고, 산천에 제를 올리고, 군대를 만들지 않

21) 『新語』, 「道基」, "骨肉以仁親, 夫婦以義合, 朋友以義信, 君臣以義序, 百官以義承, 曾、閔以仁成大孝, 伯姬以義建至貞, 守國者以仁堅固, 佐君者以義不傾, 君以仁治, 臣以義平,……鹿鳴以仁求其群, 關雎以義鳴其雄, 春秋以仁義貶絶, 詩以仁義存亡, 乾坤以仁和合, 八卦以義相承, 書以仁敘九族, 君臣以義制忠, 禮以仁盡節, 樂以禮升降."

았으며, 형법은 한쪽에 놓아두고 사용하지 않았으나 사해 안 모든 나라들이 몰려와 공물을 바쳤습니다. 머나먼 남해 월상국의 군주까지 통역을 거듭해가며 내조하였습니다. 그러므로 무위는 곧 유위인 셈입니다.[22]

육가는 흡사 도道 위에 무위라고 하는 지도자를 세워놓은 것처럼 보이지만, 육가가 "치국의 도리로 무위보다 큰 것은 없으며, 행동의 원칙으로 삼가고 공경하는 것보다 중요한 것은 없습니다."라고 언급한 것은 하늘과 인간의 직분 및 관계의 문제를 설명한 것이지 도道 위에 무위가 존재한다는 것을 설명한 것이 아니다. 육가는 『역전易傳』의 천지인이 서로 참여한다고 하는 관념을 계승 발전시켜 천天을 다음과 같은 의미로 생각했다.

하늘은 해와 달을 배열하고 별들의 자리를 잡아주고 사계절의 순서를 매기고 음양의 기운을 적절히 조화시킵니다. 그 기운이 퍼져서 만물은 각자의 본성을 조절하게 되며 순서에 따라 오행이 배치됩니다. 만물은 봄에 태어나고 여름에 성장하며 가을에 거둬들이고 겨울에 감추어둡니다. 양기가 움직여 천둥번개가 생기고 음기가 모여 눈서리가 만들어집니다. 그리하여 뭇 생명들이 생육하고 성장하여 무성해지기도 하고 사라지기도 합니다. 비바람으로 윤기가 돌게 하고, 햇볕으로 쬐어주며, 절기로 온기 있게 하며, 차가운 서리로 쇠락하게 합니다. 뭇 별들이 제 자리를 잡아가고 북두칠성으로 방향을 제어합니다.[23]

---

22) 『新語』, 「無爲」, "道莫大於無爲, 行莫大於謹敬. 何以言之? 昔舜治天下, 彈五絃之琴, 歌南風之詩, 寂若無治國之意, 漠若無憂民之心, 然天下治. 周公制作禮樂, 郊天地, 望山川, 師旅不設, 刑格法懸, 而四海之內, 奉供來臻, 越裳之君, 重譯來朝. 故無爲也, 乃有爲也."

즉 육가는 천天을 자연적 의미의 천으로 보았으며, 천하의 만물은 천도의 법칙에 의해서 운행되는 것이기 때문에 사람은 그러한 것을 보지 못하는 것이라고 생각했던 것이다. 그래서 육가는 인간이 주체적으로 능동적인 역량을 발휘하여 "만물을 통괄하고 사물의 변화에 정통할 수 있는 바는 만유의 성정을 다스려 인의가 드러나게 하는 것이다."[24]라고 했으며, "요임금 · 순임금은 해와 달 등 자연현상이 바뀌지 않았는데도 흥성하였으며, 하나라 걸왕 은나라 주왕은 별빛이 바뀌지 않았는데 멸망하였습니다. 천도는 바뀌지 않았는데 인도가 바뀐 때문입니다."[25]라고 하여 천도는 바뀔 수 없는 것이라고 했고, 국가의 흥망성쇠나 인간세상의 변화는 모두가 인간의 행위에 의한 것이라고 주장했던 것이다. 그렇기 때문에 육가는 인간이 삼가고 경건하게 모든 일을 해야만이 천도에 합치될 수 있다고 하는 천인합책天人合策사상을 내놓았던 것이다.

4. 성性 · 정情 · 심心으로 본 인성론

왕충은 『논형論衡』에서 육가가 예의禮義를 본성으로 삼았다고 하는 사실을 제기한다.

---

23) 『新語』, 「道基」, "張日月, 列星辰, 序四時, 調陰陽, 布氣治性, 次置五行, 春生夏長, 秋收冬藏, 陽生雷電, 陰成雪霜, 養育群生, 一茂一亡, 潤之以風雨, 曝之以日光, 溫之以節氣, 降之以殞霜, 位之以衆星, 制之以斗衡."

24) 『新語』, 「道基」, "所以能統物通變, 治情性, 顯仁義也."

25) 『新語』, 「明戒」, "堯舜不易日月而興, 桀紂不易星辰而亡, 天道不改而人道易也."

> 육가는 천지가 사람을 낼 때 예의의 본성을 부여했다. 사람이 받은 명을 살필 수 있다면 그것에 순응할 수 있고, 순응해가는 것을 도라고 하였다. 육가는 사람이 예의의 성을 갖추고 태어나며, 또한 자신이 명을 받게 된 근원을 살필 수 있다고 생각하는 것이다. 본성이 선한 자는 살피지 않아도 자연히 선하다. 본성이 악한 자는 아무리 살필 수 있다 해도 예의에 어긋난다. 예의는 선한 본성에서 나오는 것으로서 인위적으로 얻을 수 없다. 따라서 탐욕스러운 자도 청렴한 것에 대해 말할 수 있고, 혼란을 야기 하는 자도 질서에 대해 말할 수도 있다. 도척도 남이 훔치는 것을 비난하며, 장요도 남이 탐욕스러운 것을 질책한다. 명확하게 자신을 살필 수 있고 입으로 현명함에 대해 논할 수 있으나, 성품이 나빠서 스스로 실행할 수 없다면 선을 행하는 데 무슨 도움이 되겠는가? 육가의 말은 실상과 맞지 않다.[26)]

육가는 인간이 예의의 본성을 부여 받아서 부여 받은 본성을 살필 수 있는 것이기 때문에 본성을 따라서 행위를 한다고 보았다. 그러나 왕충의 경우에는 실제로는 선한 사람은 살피지 않아도 스스로 자각 하여 선한 행위를 할 수 있고 악한 사람은 선한 것을 알더라도 행하지 않는다고 생각했다. 그렇기 때문에 왕충은 육가가 한 인간은 살펴서 행한다고 하는 주장은 사실과 부합되지 않는다고 보았던 것이다. 그러나 왕충이 비록 육가의 성선설을 치밀하지 못한 것이라고 생각했지만, 그래도 육가가 언급한 예의禮義를

---

26) 『論衡』, 「本性」, "陸賈曰: 天地生人也, 以禮義之性. 人能察己所以受命則順, 順之謂道. 夫陸賈知人禮義爲性, 人亦能察己所以受命. 性善者不待察而自善; 性惡者雖能察之, 猶背禮畔義. 義挹於善不能爲也. 故貪者能言廉, 亂者能言治. 盜跖非人之竊也, 莊蹻刺人之濫也, 明能察己, 口能論賢, 性惡不爲, 何益於善? 陸賈之言, 未能得實."

본성으로 삼았다고 하는 주장에 대해서는 수긍하고 있는 입장을 견지하고 있다.

『한서漢書』에 일찍이 육가가 남월에 사신으로 파견되었을 때 남월의 수장인 조타趙佗에게 "귀하께서는 중국 사람으로 친척과 형제의 무덤이 진정에 있습니다. 그런데 지금 귀하께서는 천성을 위반하고 관대를 버린 채, 보잘 것 없는 월나라로 천자와 대항하여 적국이 되려고 하오니, 화가 장차 몸에 미칠 것입니다."27)라고 한 언급 가운데, "관대"는 예의제도를 대표하는 것이며, "관대를 버림"은 예의를 위반했음을 표명하는 의미라고 볼 수 있다. 육가는 "관대를 버림"을 "천성을 위반함"이라고 보았는데, 이는 육가가 왕충이 말한 것처럼 예의禮義를 인간의 본성으로 삼았다고 하는 사실을 표시하는 것이다.

육가가 "천지가 사람을 낼 때 예의의 본성을 부여했다. 사람이 받은 명을 살필 수 있다면 그것에 순응할 수 있고, 순응해가는 것을 도라고 하였다."라고 언급한 것은, 인간은 예의의 본성을 알 수가 있으며 그러한 본성에 순응할 수 있고 또 순응해가는 것을 도라고 하는 사실을 나타내기 위한 것이었다. 그렇기 때문에 육가는 인간의 본성 즉 인성과 도는 서로 합치되는 것이며, "인은 도의 준칙이며, 의는 성인의 학문입니다."라고 하는 언급을 했던 것이다. 즉 육가는 도의 내용을 인과 의로 보았던 것이다. 그러므로 인간의 행위는 단지 예의禮義의 표현에만 국한 되어서는 안 되고, 마땅히 "나라를 다스림에는 도덕을 최상으로 여겨야 하며 일을 실행

27) 『漢書』, 「酈陸朱劉叔孫傳」, "足下中國人, 親戚昆弟墳墓在眞定. 今足下反天性, 棄冠帶, 欲以區區之越與天子伉衡爲敵國, 禍且及身矣."

함에는 인의를 근본으로 삼아야 합니다."[28]라고 하는 것과 같은 선의 도덕본질을 실천하는 것이 되어야 하는 것이다.

육가는 본성으로써 선을 삼은 것 외에 "사람의 성정에 근원한 근본의 확립으로 인륜도덕의 체계를 마련하였습니다. 천지의 법도를 근거로 책을 편찬하여 후세에 남기니 새나 짐승들도 감화를 받았으며 그로써 혼란스런 세상을 구제하였습니다. 천의와 인간사가 하나로 합해져 근본적인 도술이 모두 갖추어지게 되었습니다. 지혜로운 사람들은 그 이치에 통달하였습니다."[29]라고 언급하여, "사람의 성정에 근원한 근본의 확립"이 천지에 근원하고 인도人道에 합치되며 아울러 천도와 서로 합쳐지게 되는 것이라고 언급했다. 그렇기 때문에 육가는 사람의 성정이 인의仁義 도에 부합되는 것이며 성정 역시 선한 것이라고 생각했던 것이다.

> 세속의 사람들은 옛날로부터 전해져 내려오는 물건을 소중하게 생각하고, 오늘날 만들어진 물건은 가볍게 여깁니다. 그들은 직접 눈으로 본 것을 대수롭게 여기고 소문으로 들은 것을 대단하게 여깁니다. 사물의 겉모습에 미혹되어서 내면의 실정을 놓치고 있습니다. 성인은 희소한 물건이라고 귀하게 여기지 않는데, 세상 사람들은 흔한 물건을 보면 오히려 천시합니다. 오곡은 생명을 길러주는 것임에도 많다고 길바닥에 버리고, 주옥은 아무 짝에도 쓸모가 없는데 그것을 제 몸의 보배로 아낍니다. 성인은 주옥을 중시하지 않고 자신의 몸을 보배로 여깁니다. 그래서 순임금은 황금을 험준한 산에 깊이 감추어두었고, 하나라 우임금은 주옥을 오호의 깊은 못

---

28) 『新語』, 「本行」, "治以道德爲上, 行以仁義爲本."

29) 『新語』, 「道基」, "原情立本, 以緒人倫, 宗諸天地, 脩篇章, 垂諸來世, 被諸鳥獸, 以匡衰亂, 天人合策, 原道悉備, 智者達其心."

에 던져버렸습니다. 그렇게 함으로써 세상 사람들의 사악한 욕망을 막고 진기한 물건에 대한 호기심을 끊어버리고자 한 것입니다.[30]

인간의 성정은 본래 선한 것이지만 외부 세계의 유혹을 받아서 음란하고 사악한 욕망이 생기게 되어 겉모습이 아름다운 것에 성정이 미혹되어 내면의 실정과 선한 본성을 상실하게 된다. 그래서 "군자는 의로써 서로를 칭송하지만, 소인은 이익 때문에 서로를 속입니다. 어리석은 사람은 힘 때문에 서로 소요를 일으키지만, 현자는 의로써 서로를 다독여줍니다."[31]라고 하여 군자나 현자는 서로를 의로써 격려하고 선한 본성을 상실하지 않도록 다독여 주지만, 소인이나 어리석은 사람은 쾌락에 빠져 선한 본성을 상실하게 되는 것이다. 또한 육가는 "사적인 이익추구 행위가 두절되면 도의가 뚜렷하게 드러날 것이다."[32]라고 언급하여 이익은 인의의 도가 드러나지 못하게 만드는 주요한 원인이라고 했으며, 또한 사람의 성정에 악한 요소가 생기게 만드는 외재적인 요인이라고 주장한 것이다.

인간의 성정은 이익에 현혹되어 인의仁義를 버리고 악을 행할 수 있기 때문에 육가는 마땅히 "만유의 성정을 다스려 인의가 드러나게 한다."라고 하는 주장을 했던 것이다.

---

30) 『新語』, 「術事」, "世俗以爲自古而傳之者爲重, 以今之作者爲輕, 淡於所見, 甘於所聞, 惑於外貌, 失於中情. 聖人貴寬, 而世人賤衆, 五穀養性, 而棄之於地, 珠玉無用, 而寶之於身. 故舜棄黃金於嶄嵓之山, 禹捐珠玉於五湖之淵, 將以杜淫邪之欲, 絶琦瑋之情."

31) 『新語』, 「道基」, "君子以義相褒, 小人以利相欺, 愚者以力相亂, 賢者以義相治."

32) 『新語』, 「懷慮」, "利絶而道著."

제 성정을 다 발휘하여 훌륭한 기물이 되지 않는 경우가 없습니다. 그래서 성인이 그것들을 완성시켰다고 말합니다. 만물을 통괄하고 사물의 변화에 정통할 수 있는 바는 만유의 성정을 다스려 인의가 드러나게 하는 것이다.[33]

육가는 현실생활 속에서 사물의 도리에 통달함으로써 성정의 악을 제거하고 성정의 인의본질을 드러낼 수 있다고 생각했던 것이다. 그리고 이러한 "만유의 성정을 다스려 인의가 드러나게 한다."고 하는 공부에 대하여 육가는 몇 가지 요점을 언급한다.

눈으로 흑색 백색을 구별할 수 없고, 귀로 청음 탁음을 구별할 수 없고, 입으로 선함 악함을 설명할 수 없다고 하면 이는 할 수 없다는 말입니다. 그래서 도를 세우는 사람은 누구나 쉽게 알아볼 수 있도록 하므로 보통 사람들의 마음에 꿰뚫고 들어가 할 수 없다는 행동들을 할 수 있도록 바꾸어줍니다.[34]

육가는 마음에 도를 인식할 수 있는 능력이 있다고 생각했기 때문에 "사람이 받은 명을 살필 수 있다면 그것에 순응할 수 있다"라고 언급했던 것이다. 그러므로 마음에는 살필 수 있는 작용이 있게 되는 것이다. 이처럼 육가는 마음의 의지가 힘쓰는 곳에서 사람이 선하거나 혹은 악하게 되는 원인의 여부가 결정된다고 생각했던 것이다.

---

33) 『新語』, 「道基」, "盡情爲器. 故曰, 聖人成之. 所以能統物通變, 治情性, 顯仁義也."

34) 『新語』, 「愼微」, "夫目不能別黑白, 耳不能別清濁, 口不能言善惡, 則所謂不能也. 故設道者易見曉, 所以通凡人之心, 而達不能之行."

선한 사람은 반드시 그런 선량한 군주가 있기에 몰려드는 것이며, 악한 사람은 반드시 그런 불량한 까닭이 있기에 다가오는 것입니다. 선과 악은 공연히 지어지지 않으며, 화와 복은 제멋대로 생겨나지 않습니다. 오직 군주의 마음이 향한 바와 군주의 의지가 실천하는 바에 따라 결정될 따름입니다.[35]

마음이 향한 바와 의지가 실천하는 바가 선악의 주요한 요인이 되는 것이다.

안회는 밥 한 대접에 물 한 바가지 마시며 누추한 뒷골목에 살았는데, 다른 사람은 그 걱정을 참아내지 못하겠지만 안회는 즐거운 삶의 태도를 바꾸지 않았습니다. 예에 맞추어 행동하였고 겸손한 태도를 드러내었습니다. 열심히 공부하여 『시경』·『서경』 구절을 외는 것은 보통사람도 할 수 있는 일입니다. 장강·황하를 옮기고 태산을 움직이고자 한다면 이는 인간의 힘으로 할 수 없는 일입니다. 몸과 마음을 잘 조절하고, 악을 지양하고 선을 지향하며, 재물을 탐하지 않고, 조그만 이익에 구차히 굴지 않으며, 재물을 나눌 때 적게 취하고, 사회에 봉사하며 노고를 아끼지 않는 일 등은 천하 사람들이 쉽게 알 수 있는 도리이며 쉽게 실천할 수 있는 일입니다. 그 가운데 정말 하기 어려운 일이 있습니까?[36]

안회가 누추한 뒷골목에서 살면서 밥 한 대접에 물 한 바가지

---

35) 『新語』, 「思務」, "善者必有所主而至, 惡者必有所因而來. 夫善惡不空作, 禍福不濫生, 唯心之所向, 志之所行而已矣."

36) 『新語』, 「愼微」, "顔回一簞食, 一瓢飮, 在陋巷之中, 人不堪其憂, 回也不改其樂. 禮以行之, 遜以出之. 夫力學而誦詩·書, 凡人所能爲也; 若欲移江·河, 動太山, 故人力所不能也. 如調心在已, 背惡向善, 不貪於財, 不苟於利, 分財取寬, 服事取勞, 此天下易知之道, 易行之事也."

마시면서도 즐거운 삶의 태도를 바꾸지 않았던 것은, 그의 마음의 의지가 도에 있었기 때문이며 또한 도를 즐기려고 하는 까닭에 있었기 때문이다. 그래서 만일 사람의 마음이 재물을 탐하지 않고 이익을 추구하지 않으면 곧 도를 인식하고 실천할 수 있는 것이다.

> 선한 행위가 좋고 악한 행위가 나쁘다는 것을 모르는 사람은 없습니다. 열심히 공부하면 제 몸에 유익하고, 태만하고 놀기 좋아하면 일하는데 무익하다는 것을 모르는 사람은 없습니다. 그럼에도 사람들이 나쁘고 무익한 짓을 하는 것은 욕망이 넘쳐서 이성으로 그 뜻을 이겨낼 수 없기 때문입니다.[37]

이처럼 육가는 성정의 과도한 욕망을 극복하고 통제하기 위해서는 마음의 의지의 결정 작용에 의탁해야 한다고 했던 것이다.

또한 육가는 악을 배척하고 선을 지향하는 마음의 의지는 한결같고 확고부동해야 만이 비로소 항구적으로 유지될 수가 있는 것이라고 생각했다.

> 눈의 역할은 밝게 보는 것이고, 귀의 역할은 잘 듣는 것이고, 입의 역할은 맛을 구별하는 것이고, 코의 역할은 냄새향기를 맡는 것이고, 손은 물건을 붙잡는 데 쓰며, 발은 걷는 데 쓰입니다. 각자 한 가지 특성을 지니며 두 가지를 겸할 수 없습니다. 두 가지 역할을 겸하려면 마음이 혼란에 빠지고, 동시에 두 길을 가려 하면 행동이 막히게 됩니다. 마음을 단정히 하여 한결같이 굳건히 하면 오래도록 잊어버리지 않게 됩니다.[38]

---

37) 『新語』, 「資質」, "凡人莫不知善之爲善, 惡之爲惡; 莫不知學問之有益于己, 怠戲之無益於事也. 然而爲之者情欲放溢, 而人不能勝其志也."

생각이 번잡하면 혼란스러워져서 마음을 단정하게 할 수 없게 되어 결국에는 의지를 지키는 과정에 영향을 미치게 된다.

소진과 장의는 그 몸이 존귀한 지위에 오르고 이름을 당세에 빛냈으며, 6국의 재상으로 여섯 군주를 섬겨 산동 각지에 위세를 떨쳤습니다. 사방으로 제후들에게 유세를 벌여 각 나라마다 다른 말을 하고 각 사람들에게 다른 의사를 표출하여 약소국들의 합종으로 강국 진나라를 제압하거나, 연횡으로 합종을 깨고자 하였습니다. 내적으로 고정불변의 계책도 없었고 그 자신의 고정불변한 명분도 없었으니 공을 이룰 수 없었고 합종연횡은 중도에 폐기되었으며, 제 몸은 보통 사람의 손에 죽임을 당함으로써 천하 사람들의 조롱거리가 되었습니다. 이는 그들의 언사가 통일되지 못하고 제멋대로 방종했기 때문에 그런 것입니다.[39)]

그래서 관중은 제환공을 보좌함에 몸을 굽혀 주군을 섬기되 오로지 한 마음 한 뜻이었으며, 그 자신은 외국 사람과 사적인 교유를 하지 않았고 마음속으로는 비정상적인 속임수를 생각하지 않았습니다. 자기 나라인 제나라를 바르게 이끌고 그로써 천하를 제어하여 자기 군주의 패자 지위를 존귀하게 하였으며 제후들을 굴종케 하였습니다. 권력은 사해 안에 위엄을 떨치고 교화는 중원 각지에 두루 보급되었습니다. 도의를 잃은 자는 주살하고 도의를 지키

---

38) 『新語』, 「懷慮」, "目以精明, 耳以主聽, 口以別味, 鼻以聞芳, 手以之持, 足以之行, 各受一性, 不得兩兼, 兼則心惑, 二路者行窮, 正心一堅, 久而不忘."

39) 『新語』, 「懷慮」, "蘇秦・張儀, 身尊於位, 名顯於世, 相六國, 事六君, 威振山東, 橫說諸侯, 國異辭, 人異意, 欲合弱而制彊, 持橫而御縱, 內無堅計, 身無定名, 功業不平, 中道而廢, 身死於凡人之手, 爲天下所笑者, 乃由辭語不一, 而情欲放佚故也."

> 는 자는 현달시키니 한 가지 일을 하려들면 천하가 그에 따랐으며, 한 가지 정책 법령을 내리면 제후들이 모두 그에 복종하였습니다. 따라서 성인은 통일된 정책법령을 고수하여 백성들을 묶고, 통일된 표준을 견지하여 만민을 가지런히 합니다. 그렇게 함으로써 세상이 모두 한결같이 다스려지도록 하며, 천하가 통일되어 있음을 밝힌 것입니다.[40]

소진蘇秦과 장의張儀는 마음속에 이익과 욕망 및 잡념과 혼란스러움이 가득 차있었기 때문에 끝내는 사업을 성취할 수 없게 되었으며 사람들의 조롱거리로 전락하고 말게 된다. 반면 관중의 경우에는 오로지 한 마음 한 뜻으로 할 수 있었기 때문에 제환공齊桓公을 보좌하여 천하를 제어할 수 있었던 것이다. 그래서 육가는 "여러 다른 생각을 품는 사람은 원대한 계획을 세울 수 없으며, 양 극단을 왔다 갔다 하는 사람은 위신을 세울 수 없습니다. 그래서 외부세계를 다스리려는 사람은 반드시 자기 내면부터 조절하고, 먼 곳을 평정하려는 사람은 반드시 가까운 일부터 바르게 정돈합니다. 천하의 기강을 바로 세우고 온 세상일에 신경을 쓰는 사람은 집안일을 걱정하지 않으며, 기운을 정양하고 성정을 함양하여 정신창달과 수명 연장을 생각하는 사람은 바깥일에 뜻을 두지 않습니다."[41] 라고 언급하여 마음이 다른 잡념을 품고 있으면 한결같

---

40) 『新語』, 「懷慮」, "故管仲相桓公, 詘節事君, 專心一意, 身無境外之交, 心無敧斜之慮, 正其國如制天下, 尊其君而屈諸侯. 權行於海內, 化流於諸夏, 失道者誅, 秉義者顯, 擧一事而天下從, 出一政而諸侯靡. 故聖人執一政以繩百姓, 持一概以等萬民, 所以同一治而明一統也."

41) 『新語』, 「懷慮」, "懷異慮者不可以立計, 持兩端者不可以定威. 故治外者必調內, 平遠者必正近, 綱天下, 勞神八極者, 憂不存於家. 養氣治性, 思通精神, 延壽命者, 則志不流於外."

을 수 없어서 장기적이고 원대한 계획을 세울 수 없다고 생각했다. 그렇기 때문에 마음의 의지가 제대로 정립되려면 반드시 한결같고 확고부동한 기초위에서 세워져야 하고, 나태하지 않음을 견지하고 성정을 다스려 인의仁義의 도道를 실천해야만 하는 것이다.

5. 맺는 말

이상과 같이 육가의 인성론에 대하여 그의 생애와 인성론의 근원과 성性·정情·심心으로 본 인성론을 중심으로 살펴보았는데, 이를 정리하면 다음과 같다.

육가는 한나라 고조가 유학을 좋아하지 않는다고 하는 것에 개의치 않고 항상 황제에게 『시경』과 『상서』를 인용하여 진언을 했으며, 『신어新語』를 저술하여 자신의 치국방략에 대한 견해를 밝히기도 했다. 육가는 한평생 '태중대부太中大夫' 벼슬만을 했을 뿐인데, 그가 세운 적지 않은 공적과 그의 관직은 일견 형평성에 문제가 있다고 보인다. 그러나 유방의 측근에 있었던 수많은 공신들과 번왕으로 봉해졌거나 제후로 봉해졌던 인사들과 높은 관직을 제수 받았던 사람들 대부분은 좋지 않은 종말을 맞이하게 된 반면에 육가는 전생을 보전할 수가 있었다. 이와 같이 볼 때 육가는 상당히 지혜로운 태도로 정치권에서 운신을 했던 것 같다고 하는 추측을 할 수 있게 된다.

육가는 도가 천지만물 가운데에 존재하고 있으며, 또한 인간의 성정과 서로 연결되어 있기 때문에 지혜로운 사람의 마음은 도에 통달할 수 있다고 생각했다. 또한 왕충은 『논형論衡』에서 육가의 언급을 인용하여 "천지가 인간을 낳고, 인간은 예의로써 본성을 삼는다. 인간은 자신을 살필 수 있기 때문에 천명을 받아 순응하는 것이며, 순응하는 것을 도라고 일컫는다."라고 하여 인간의 본성은 도에서 비롯되는 것이며 예의가 본성 안에 있다고 보았다. 그렇기 때문에 육가는 도를 인성의 근원으로 보았던 것이라고 할 수 있다.

육가는 "인은 도의 준칙이며, 의는 성인의 학문입니다."라고 언급한 것처럼 도를 인의 강령으로 삼았다. 그렇기 때문에 인은 도의 필요성이 되는 것이다. 또한 육가는 "인의에 의지하여 일을 도모하지 않으면 결과적으로 반드시 실패합니다. 근본을 굳게 다지지 않고 높은 건물을 지으면 결과적으로 반드시 붕괴할 것입니다."라고 언급하여, 인간은 인의仁義를 떠나서는 모든 일에 대해서 도모를 할 수가 없는 것이며, 아울러 근본을 굳건하게 하고 기초를 탄탄히 다져야만 한다고 하는 것이 도의 기초라고 하는 함의임을 강조했다. 그렇기 때문에 육가는 인의仁義를 도의 내용으로 삼았던 것이다.

육가는 본성으로써 선을 삼은 것 외에 "사람의 성정에 근원한 근본의 확립으로 인륜도덕의 체계를 마련하였습니다. 천지의 법도를 근거로 책을 편찬하여 후세에 남기니 새나 짐승들도 감화를 받았으며 그로써 혼란스런 세상을 구제하였습니다. 천의와 인간사가 하나로 합해져 근본적인 도술이 모두 갖추어지게 되었습니다. 지혜로운 사람들은 그 이치에 통달하였습니다."라고 언급하여, "사람의 성정에 근원한 근본의 확립"이 천지에 근원하고 인도人道에 합치되며 아울러 천도와 서로 합쳐지게 되는 것이라고 언급했다.

그렇기 때문에 육가는 사람의 성정이 인의仁義 도에 부합되는 것이며 성정 역시 선한 것이라고 생각했던 것이다.

또한 육가는 인간의 성정은 본래 선한 것이지만 외부 세계의 유혹을 받아서 음란하고 사악한 욕망이 생기게 되어 겉모습이 아름다운 것에 성정이 미혹되어 내면의 실정과 선한 본성을 상실하게 된다고 생각했다. 그래서 그는 "군자는 의로써 서로를 칭송하지만, 소인은 이익 때문에 서로를 속입니다. 어리석은 사람은 힘 때문에 서로 소요를 일으키지만, 현자는 의로써 서로를 다독여줍니다."라고 하여 군자나 현자는 서로를 의로써 격려하고 선한 본성을 상실하지 않도록 다독여 주지만, 소인이나 어리석은 사람은 쾌락에 빠져 선한 본성을 상실하게 되는 것이라고 주장했던 것이다. 아울러 육가는 "사적인 이익추구 행위가 두절되면 도의가 뚜렷하게 드러날 것이다."라고 언급하여 이익은 인의의 도가 드러나지 못하게 만드는 주요한 원인이라고 했으며, 또한 사람의 성정에 악한 요소가 생기게 만드는 외재적인 요인이기도 한 것이라고 주장했다. 이처럼 인간의 성정은 이익에 현혹되어 인의仁義를 버리고 악을 행할 수 있기 때문에 육가는 마땅히 "만유의 성정을 다스려 인의가 드러나게 한다."라고 하는 주장을 했던 것이다.

또한 육가는 본성으로써 선을 삼은 것 외에 "사람의 성정에 근원한 근본의 확립으로 인륜도덕의 체계를 마련하였습니다. 천지의 법도를 근거로 책을 편찬하여 후세에 남기니 새나 짐승들도 감화를 받았으며 그로써 혼란스런 세상을 구제하였습니다. 천의와 인간사가 하나로 합해져 근본적인 도술이 모두 갖추어지게 되었습니다. 지혜로운 사람들은 그 이치에 통달하였습니다."라고 언급하여, "사람의 성정에 근원한 근본의 확립"이 천지에 근원하고 인도人道에 합치되며 아울러 천도와 서로 합쳐지게 되는 것이라고 언급했다. 그렇기 때문에 육가는 사람의 성정이 인의仁義 도에 부합되는 것이며 성정 역시 선한 것이라고 생각했던 것이다.

참고문헌

賀榮一,『道德經註譯與析解』, 天津, 百花文藝出版社, 1994년.

王利器,『新語校注』, 北京, 中華書局, 1996년.

司馬遷,『史記』, 北京, 中華書局, 1982년.

班固,『漢書』, 北京, 中華書局, 1990년.

黃暉,『論衡校解』, 北京, 中華書局, 1995년.

程頤, 程灝,『二程全書』, 遺書一, 臺北, 臺灣中華書局, 1990년.

劉師培,『劉師培中古文學論集』, 北京, 中國社會科學出版社, 1997년.

제2절 역취순수 관념

1. 시작하는 말

육가의 정치사상은 정도에 벗어난 방법으로 천하를 취하고 정도로서 그것을 지킨다고 하는 것 및 문무를 병용한다고 하는 관념에 치우쳐져 있다고 볼 수 있다. 그가 제기한 수많은 구체적인 주장들과 그러한 주장의 기본적인 입장들은 사마천의 『사기史記』에 "육생은 항상 황제 앞에서 진언할 때 『시경』과 『상서』를 인용하였다. 고조는 육가를 꾸짖으며 나는 말 위에서 천하를 얻었는데, 어찌 『시경』과 『상서』 따위에 얽매이겠소? 라고 말했다. 그러자 육생이 말 위에서 천하를 얻으셨지만 어찌 말 위에서 천하를 다스릴 수 있겠습니까? 옛날 은나라의 탕왕과 주나라의 무왕은 정도에 벗어난 방법으로 천하를 취하였지만 정도로서 그것을 지키셨으니, 이와 같이 문무를 함께 사용하는 것이 국가를 길이 보존하는 방법입니다. 옛날에 오나라 왕 부차와 진나라의 지백은 무력을 지나치게 사용하여 멸망하였으며, 진나라는 가혹한 형법만을 사용하고 바꾸지 않다가 결국 조씨는 멸망하였습니다. 당시 진나라가 천하를 통일한 뒤 인의를 행하고 옛 성인을 본받았다면 폐하께서 어떻게 천하를 차지할 수 있었겠습니까? 라고 말했다."[1]라고 하는 언

---

1) 『史記』, 「酈生陸賈列傳」, "陸生時時前說稱詩書. 高帝罵之曰: '乃公居馬上而得之, 安事詩書!' 陸生曰: '居馬上得之, 寧可以馬上治之乎? 且湯武逆取而以順守之, 文武幷用, 長久之術也. 昔者吳王夫差・智伯極武而亡; 秦任刑法不變, 卒滅趙氏. 鄉使秦已幷天下, 行仁義, 法先聖,

급에 잘 묘사되어져 있다.

이상과 같은 육가의 정치사상에 대한 언급은 다음과 같이 주목할 만한 가치가 있는 점들을 반영하고 있다고 할 수 있다.

먼저 말 위에서 천하를 얻었지만 말 위에서 천하를 다스릴 수는 없다고 하는 것이다. 이것은 육가 자신이 체득한 진나라가 천하를 통일한 후에 바로 다음 세대에 망했다고 하는 역사적 경험에 대한 총체적인 반성이다. 바꿔 말하면, 이러한 언급은 바로 무력이나 폭력에 의해서 혹은 치열한 각축전을 통한 선거에 의하여 정권을 획득했더라도 정권의 관리는 정권을 획득할 때 사용했던 것과 동일한 방법을 적용해서는 안 된다는 것을 의미하는 것이다. 즉 정도로서 정권을 지키고 문무를 함께 사용하는 것이 바로 육가가 제기한 천하를 다스리는 것에 대한 기본원칙인 것이다.

다음 유가사상은 춘추시대에 이미 안영晏嬰에 의해서 "몇 세대를 배워도 다 배울 수 없으며, 평생을 다해도 그 예를 터득할 수 없습니다."[2]라고 취급될 정도로 당시에 조롱거리로 취급당했으며, 진나라 역시 정치의 근간을 "법으로써 백성들의 가르침을 삼고, 관리로써 백성들의 스승을 삼아야 한다."[3]에 두고 있듯이 법치를 숭상하고 다른 학파의 이론을 엄금하는 한편 분서갱유를 단행한 사례에서 볼 수 있듯이 유가사상은 당시에 상당히 핍박과 무시를 당하고 있었다. 게다가 한나라 고조 유방 역시 본래부터 유가사상을 경시하고 있었던 상황에서 육가는 역사적 교훈 및 인의仁義와

陛下安得而有之?'"

2) 『史記』, 「孔子世家」, "累世不能殫其學, 當年不能究其禮."

3) 『韓非子』, 「五蠹」, "以法爲教, 以吏爲師."

『시경』과 『상서』 등 유가의 경전을 서로 결합하는 한편 정도로서 정권을 지킨다고 하는 관념을 연결하여 당시의 시대적 조류와는 맞지 않았던 유가사상을 새롭게 변모시켜 한나라의 국가 통치이념에 필요한 사상으로 만들었다는 사실이다.

끝으로 육가는 『시경』과 『상서』 및 인의를 정도로서 정권을 지킨다고 하는 관념과 결합시켜 말 위에서 천하를 얻었다고 하는 논리를 암묵적으로 동의함과 동시에 무력으로 천하를 취하는 것에 대하여 정당성을 확보하고자 했다. 즉 정도에서 벗어난 방법으로 천하를 취하는 것에 대하여 긍정의 입장을 취했던 것이다. 이러한 조치는 부지불식간에 『시경』과 『상서』및 인의의 기능에 대한 변화를 도출했던 것이다. 선진유가의 사상 가운데 인의는 천하를 취할 수 있는 기능을 했었다. 예를 들면, 맹자가 언급했던 "어진 사람은 적대할 사람이 없다."[4]고 하는 것이나 "사람 죽이기를 좋아하지 않는 자가 천하를 하나로 통일할 수 있습니다."[5]라고 하는 것이나, 순자가 언급했던 "의로움을 세우면 왕자王者가 된다."[6]와 같은 것들이 그것이다. 그러나 육가는 이와 같은 인의 등의 기능에 대하여 새로운 영혼을 부여하여 유가사상의 역할을 철저하게 변환시키고자 했던 것이다. 이러한 변환은 본래 인의로 천하를 취한다고 하는 전통유가사상의 기존 관념을 철저하게 버리고 유가사상이 현실적 감각을 갖추게 하여 한나라의 치국방략에 대하여 실질적 경쟁력을 갖춘 이론적 근거를 제공해주는 기능을 하게 된다.

---

4) 『孟子』, 「梁惠王上」, "仁者無敵."

5) 『孟子』, 「梁惠王上」, "不嗜殺人者, 能一之."

6) 『荀子』, 「王霸」, "義立而王."

육가는 말 위에서 천하를 얻는 것에 대하여 동의를 한다. 그래서 그의 "정도에 벗어난 방법으로 천하를 취하고 정도로서 정권을 지킨다고 하는 것과 문무를 함께 사용한다."는 관념은 천하를 통치하는 데에 치중되어 있다고 할 수 있다. 즉 정도로서 정권을 지킨다고 하는 부분에 그 무게중심이 실려 있는 것이다.

육가의 사상은 한대 초기의 제국의 정치시스템을 확립하는데 있어서 빠져서는 안 될 관건적인 사상이라고 할 수 있다. 이처럼 한나라의 통치체제에 대하여 실질적 경쟁력을 갖춘 이론적 근거를 제공해주는 기능을 했던 육가의 역취순수逆取順守 관념에 대하여 본문에서는 순수順守에 초점을 맞춰서 순수의 의미와 순수의 내용을 중심으로 논의를 진행해보도록 하겠다.

2. 순수順守의 의미

춘추전국시대는 전란이 매우 빈번하게 발생하던 시기로 매우 혼란스러웠던 시대였다고 말할 수 있다. 이러한 혼란한 국면이 지속적으로 이어지다가 기원전 221년 진나라가 조나라·한나라·위나라·연나라·초나라·제나라로 일컬어지는 여섯 나라를 무력으로 병합하면서 전란과 혼란의 시대는 종지부를 찍게 된다. 진나라에 의해서 육국六國이 병합되면서 천하는 안정을 찾게 되고 정치체제가 통일되게 되었으며, 진시황은 이사의 건의를 수용하여 통일제국을 군현제라고 하는 시스템으로 통치하게 된다. 한나라는 건국 초기에 군국제郡國制[7]를 함께 사용하는 통치 시스템을 정착시켰으나, 이후 제후들의 세력이 약화되자 곧바로 군현제 시스템으로 회귀한다. 이와 같은 군현제의 출현은 지방행정구역에 대한 통치를 담당하는 관리를 중앙정부에서 임명하여 파견하게 되었음을 의미함과 동시에 그러한 관리에 대하여 중앙정부에서는 언제라도 소환하거나 해임할 수 있는 시스템이 정착되었다는 것을 설명한다. 또한 이는 한나라가 정치권력의 일원화를 이룩했다는 사실 역시 내포하고 있는 것이다.

이러한 일반적인 상황아래서 황제는 절대적인 권력을 소유한 존재가 되어 가장 강력하고 거대한 통제능력을 가지게 된다. 황종희는 "천하의 중요한 인물을 무참히 죽이고 해독을 주고, 천하의 자녀를 흩어지게 한다."[8]고 하는 상황은 황제가 한순간 판단하는 결과에 불과할 뿐이라고 생각했다. 이와 같이 통제와 균형이 결여된 군주의 독단적인 판단과 의지에 의한 독재정치는 진시황이 스스로를 황제라고 칭한 때부터 청나라가 멸망하기까지 이천 년이 넘는 세월동안 기본적인 틀이 변화된 적은 없었다.[9]

만일 정치제도로서의 군현제를 단지 국가질서의 확립이나 통치시스템을 공고하게 만들어주는 수단으로만 본다면 이는 충분치

---

7) 한나라 고조는 항우를 물리치고 전국을 통일하는 데 공을 세운 7명을 왕으로 봉해 각지의 제후 왕국들의 전제를 승인하였다. 그리고 거병 이래 공을 세운 공신들은 제후로 봉했다. 그리고 국도를 장안으로 정하고 왕국王國과 후국侯國을 제외한 이외의 직할지에서는 진秦 이래의 군현제를 실시했다. 군현제와 봉건제의 이러한 병용을 한漢의 군국제라고 부른다. 松丸道雄 외, 조성을 옮김, 『중국사개설』, 서울, 한울아카데미, 1990년, 95쪽 참조.

8) 黃宗羲, 『明夷待訪錄』, 「原君」, "屠毒天下之肝腦, 離散天下之子女."

9) 錢穆은 중국의 전제군주제도는 명나라 때에 이르러 전성기에 도달했다고 보고 있다. 錢穆, 『國史大綱』 下冊, 臺北, 國立編譯館, 1976년, 500~502쪽 참조.

않다고 본다. 안토니오 그람시(A. Gramsci)와 루이 알튀세르(Louis Althusser)가 언급한 바와 같이 통치자가 만일 정치와 경제적 측면의 우위를 점유하려 한다면 두 가지 수단에 의해서 우위의 점유가 가능한데 그것은 바로 물리적 힘(무력)과 이론적 수단이다. 이를 알튀세르의 개념을 빌려 말하자면 억압적인 국가기구와 이데올로기적 국가기구로 구분할 수 있다. 여기에서 억압적인 국가기구는 정부 · 행정기관 · 군대 · 경찰 · 법정 · 감옥 등을 포함한 것들을 의미하고, 이데올로기적 국가기구는 종교 · 교육 · 가족 · 법 · 정치 · 노동조합 · 커뮤니케이션 · 문화 등을 의미한다.[10] 이와 같은 두 가지 통치수단 가운데 물리적 힘은 비록 가장 기본적이고 중요한 것이지만 이러한 것에만 의지해서는 안 되는 것으로 반드시 이데올로기적인 측면의 통제를 병행해야만 하는 것이다. 알튀세르는 통치수단이 억압적인 국가기구와 이데올로기적 국가기구가 서로 다른 작용을 도출해낼 수 있도록 만든다고 생각했다. 억압적인 국가기구가 비록 이데올로기로써 보완될 수 있는 것이기는 하지만 결국은 주로 폭력을 사용하여 억압하며, 이데올로기적 국가기구는 비록 종교나 교육기관과 같은 조직을 통한 징벌이 있다고는 하지만 그것은 매우 미약하고 경미한 억압에 불과하기 때문에 주로 이데올로기를 주입하는 방식을 통하여 작용을 도출해낸다.

동시에 억압적인 국가기구와 이데올로기적 국가기구라고 하는 두 가지 수단은 백성들이 통치에 대하여 순종한다고 하는 것에 관한 운영방침이 필요하다는 사실을 공히 강조한다. 이데올로기의

10) 루이 알튀세르, 이진수 옮김, 『레닌과 철학』, 서울, 백의, 1991년, 149~150쪽 참조.

작용은 지배자의 위치에 있는 통치자가 통치를 받는 피통치자의 동의를 받아서 군림하고 억압한다고 하는 사실을 은폐시킬 수 있게 해주며, 다른 한편으로는 마치 접착제처럼 사회의 각 분야를 접합시켜주기도 한다. 다시 말하자면 이데올로기는 사회 속에서 존재하는 모든 형태의 충돌과 모순을 엄폐시켜 조화로운 모습을 드러내주는 기능을 한다고 볼 수 있는 것이다. 심지어는 통치자가 이데올로기를 통하여 백성들의 자발적인 복종을 이끌어낼 수 있게 되어 사회는 더욱 안정되고 더욱 오랜 기간에 걸쳐서 통치 권력을 행사할 수 있게 되는 것이다.[11]

육가와 한나라 고조의 대화 속에는 통일제국에 대한 통치를 만일 단순히 형법에 의한 통치 즉 물리적 힘에 의한 통치와 같이 편향적으로 정책을 펴나갈 경우, 정치는 억압적이거나 폭력적인 경향의 통치로 흘러가게 되어 결국에는 정권의 유지와 장기적인 안정성에 치명적인 타격을 입게 되어, 국가는 패망의 일로를 걷게 될 것이라고 하는 사실을 이미 충분히 인식하고 있음이 담겨져 있다.

> 진시황은 각종 형벌을 설치하고 거열과 같은 잔혹한 형을 가함으로써 간사한 사람을 막고자 하였습니다. 주변 민족들과의 변경에 장성을 쌓음으로써 호인과 월인을 방비하고자 하였습니다. 큰 나라는 정벌하고 작은 나라는 집어삼키며 천하에 위명을 떨쳤습니다. 군대가 사방으로 종횡무진하며 외국들을 정복하였습니다. 몽염은 밖에서 난을 토벌하였고, 이사는 안에서 법치를 행하였습니다. 그런데 일이 번잡해질수록 천하는 혼란스러워졌고, 법이 늘어날수록

11) 이와 관련된 논의는 루이 알튀세르의 「이데올로기와 이데올로기적 국가기구」를 참조할 필요가 있다.

> 나쁜 짓이 창궐하였으며, 군대가 많이 설치될수록 적이 늘어났습니다. 진나라가 질서를 잡고 싶지 않았던 것이 아닙니다. 그럼에도 끝내 나라를 잃은 것은 민중들에게 너무 포악한 조치를 내렸으며 형벌이 너무 극단적이었기 때문입니다.[12)]

이처럼 육가는 진나라가 패망한 역사적 교훈을 예로 들어서 단순하게 가혹한 형벌과 무력에 의한 폭압적인 통치에만 의존할 경우 "진나라가 질서를 잡고 싶지 않았던 것이 아닙니다. 그럼에도 끝내 나라를 잃은 것은 민중들에게 너무 포악한 조치를 내렸으며 형벌이 너무 극단적이었기 때문입니다."라고 하는 것처럼 될 것이라고 강조하였으며, 진나라의 패망의 원인이 통치 방법론상에 잘못이 있었음을 역설했다.

이상에서 언급한 바와 같이 알 수 있듯이 진나라는 제국의 통치에 이데올로기를 전혀 이용할 줄을 몰랐기 때문에 멸망의 길을 걸을 수밖에 없었던 것이다. 만일 진나라가 물리적인 힘에 의한 폭압적인 통치가 아닌 이데올로기의 주입 방식 즉 문교文敎를 통한 백성들의 지지를 받았더라면 아마도 정권은 상당기간 지속되었을 것이다. 한나라의 경우 은나라를 본보기로 삼은 것이 멀지 않으며 육가가 표방한 정도에 벗어난 방법으로 천하를 취하고 정도로서 정권을 지킨다고 하는 것 및 문무를 병용한다고 하는 원칙, 즉 무력에 의한 통치방식을 배제하고 문교에 의한 통치방식을 보완함

---

12) 『新語』, 「無爲」, "秦始皇帝設, 爲車裂之誅, 以斂姦邪, 築長城於戎境, 以備胡・越, 征大呑小, 威震天下, 將帥橫行, 以服外國, 蒙恬討亂於外, 李斯治法於內, 事逾煩, 天下逾亂, 法逾滋而姦逾熾, 兵馬益設而敵人逾多, 秦非不欲爲治, 然失之者, 乃擧措暴衆, 而用刑太極故也."

으로써 국가통치이데올로기를 수립하여 백성들의 지지를 받을 수 있게 되어서, 결국에는 오랜 기간 동안 안정적으로 통치기반을 유지할 수 있었던 것이다.[13)]

여기에서 주의할 만한 가치가 있는 부분은 이와 같은 비평이 무위無爲로써 유위有爲에 대한 방식을 드러내고 있는 것인데, 즉 무위로써 진나라의 "민중들에게 너무 포악한 조치를 내렸으며 형벌이 너무 극단적이다."라고 하는 과실을 부각시킨 것에 그 진의가 잘 나타나 있다고 할 수 있다. 이러한 이유는 육가가 "치국의 도리로 무위보다 큰 것은 없으며, 행동의 원칙으로 삼가고 공경하는 것보다 중요한 것은 없습니다."[14)]라고 생각했기 때문이라고 할 수 있다. 아울러 육가의 관념 속에서 이상적으로 무위를 실현한 대표적인 인물은 유가의 정치사상 가운데 이상적인 성인으로 추존되고 있는 순임금과 주공周公이라고 할 수 있다. 그래서 육가는 "그러므로 무위는 곧 유위인 셈입니다."[15)]라고 하는 결론을 내놓았던 것이다. 이러한 육가의 결론은 결국 유가의 예악교화로 다시 복귀하자는 셈이 되는 것이라고 할 수 있는 것이다.

---

13) 알뛰세르는 "통치계급의 의식형태는 하늘의 뜻에 의지할 수 없다고 하며 심지어는 현재 장악하고 있는 권력조차도 의지할 수 없다고 하는 형태로 변모하게 되어 통치 집단의 새로운 의식형태로 자리 잡게 되는 것이다. 이러한 것은 의식형태가 국가기구의 설치를 통하여 국가기구 내부에 자리 잡게 되는 것이다. 이러한 의식형태가 비로소 그 실현성을 보장받을 수 있게 되는 것이다."라고 했다. 루이 알뛰세르, 이진수 옮김, 『레닌과 철학』, 서울, 백의, 1991년, 189쪽 참조

14) 『新語』, 「無爲」, "道莫大於無爲, 行莫大於謹敬."

15) 『新語』, 「無爲」, "故無爲者乃無爲也."

3. 순수順守의 내용

「루이 보나파르트의 브뤼메르 18일」가운데 다음과 같은 언급이 있다. 즉 "사람들은 스스로 자신의 역사를 창조한다. 그러나 그들은 결코 자신들의 마음이 내키는 대로 역사를 창조하는 것이 아니며, 그들 자신이 선정한 조건아래서 역사를 창조하는 것도 아니고, 직접 부딪치고 이미 정해진 과거에서부터 계승되어져 온 조건아래서 역사를 창조한다. 이미 모두 죽어버린 선인들의 전통이 마치 자다가 가위에 눌리는 것처럼 살아있는 사람들의 두뇌에 잠재되어져 있다."[16] 역사적 맥락에서 살펴보면 알 수 있듯이 진나라 말기에서 한나라 초기에 이르는 시기의 사상의 발전은 기본적으로 선진시기에 유행했던 주요학파의 범주를 벗어나지 못하고 상호간에 교류와 융합의 형태로 발전하게 된다고 할 수 있다. 그러나 이러한 시기에 통치자의 통치사상에는 많은 변화가 있었다고 할 수 있다. 한 국가에서 통치계급의 이데올로기가 변화되면 그에 따라 통치사상도 변화되어 간다고 하는 측면에서 보았을 때, 유가사상은 한나라 무제시기에 이르러 독존의 지위를 차지하게 된다.

이러한 결과가 나오게 된 현실적인 요인은 바로 진나라가 제국의 통치를 법가의 법치사상에 과도하게 의존하여 단명했기 때문에, 그 후의 통치자들이 법치사상에 대하여 경계심을 갖도록 만들었던 점과, 황노黃老사상이 비록 한나라 초기에 칠십 여 년 동안 일세를 풍미했음에도 불구하고, 제국의 통치 질서를 세우는데 효

16) 馬克思, 「路易 · 波拿巴的霧月十八日」, 『馬克思恩格斯選集』卷一, 北京, 人民出版社, 2001년, 585쪽 참조.

과적이고 적합한 유가사상이 당시 사회의 필요에 더욱 적합했기 때문에, 통치자가 선택의 여지없이 그것을 채용할 수밖에 없도록 만들었던 것이다.[17] 이처럼 유가사상은 한나라 초기에 최후의 승자 지위를 획득하게 되는데, 그 주요한 원인은 예악교화의 구체적인 내용이 통치자의 통치이데올로기에 부합했기 때문이라고 할 수 있다. 즉 유가의 예악교화는 교육을 통하여 사회규범을 사람들의 마음속에 심어서 사회를 효과적으로 통제할 수 있는 기능이 있었기 때문에 통치자의 입장에서는 유가사상을 선택하지 않을 이유가 없었던 것이다.[18]

알튀세르가 언급한 것처럼 이데올로기적 국가기구의 설치를 통하여 통치자의 이데올로기를 실현할 수 있도록 만든다는 것은, 육가가 한나라 정권이 오랜 기간 동안 안정적으로 통치기반을 유지할 수 있도록 만들기를 염원한다고 하는 전제 아래서, 문무를 병용한다는 원칙을 준수하여 과연 어떤 형태의 이데올로기적 국가기구를 설치해야만 하는 것인가의 문제야 말로 바로 그가 직면한 관건적인 문제였던 것이다.

육가가 한나라 고조를 교화하기 위해서 부단히 노력했음을 우리는 고대의 전적들을 통하여 충분히 확인할 수가 있다. 이러한 육가의 진언이 사마천의 『사기』에 "정도에 벗어난 방법으로 천하

17) 황노학의 무위사상은 비록 한나라 초기에 세력을 얻었기는 하지만, 국가의 이데올로기로서 자리를 잡지는 못하게 된다. 그러한 원인은 황노사상이 통치자의 신앙 수준에만 그쳤을 뿐 일반 백성들의 마음속에 깊게 침투하지 못했기 때문이다. 張德勝, 『儒家倫理與秩序情結—中國思想的社會學詮釋』, 臺北, 巨流圖書公司, 1989년, 139쪽 참조.

18) 唐迪風, 『儒學思想大義』, 北京, 北平直隸書局, 1929년, 78쪽 참조.

를 취하고 정도로서 그것을 지킨다고 하는 것 및 문무를 병용한다."라고 기록되어 있는 치국방략에 관한 사항 이외에도 한고조가 태자에게 신칙한 사실을 기록해놓은 문서에도 그가 제왕을 교화하기 위해 노력한 흔적이 보인다.

> 나는 난세를 만났으며 진나라 시기에는 사사로이 학문을 하는 것을 금지했고 스스로도 공부하는 것은 무익하다고 말했다. 천자의 자리에 오른 이래로 책보는 것을 게을리 하여, 나의 뜻을 다른 사람을 시켜서 쓰게 했다. 과거에 학문을 게을리 했던 것들을 회상해 보니 많이 후회가 된다.[19)]

> 내가 태어난 뒤로 학문을 배우지는 않았지만 학식이 있는 사람들에게 묻고 배워서 스스로 알게 되었다. 이러한 이유로 그렇게 큰 일이 아닌 것은 충분히 쉽게 스스로 해결할 수 있다고 말하는 것이다. 오늘 너의 글을 보니 나보다 못한 것 같구나. 그러니 너는 열심히 학문을 닦아서 모든 글을 올릴 때 마땅히 네 스스로 작성해야지 다른 사람을 시켜서 하지는 말 것이다.[20)]

> 너는 소하蕭何・조참曹參・장창張蒼・진평陳平과 같은 여러 제후들을 보면 나와 같은 연배의 사람들로 보고 그에 맞게 대해야 하며, 너보다 연령이 많은 사람에게는 모두 절을 해야 한다.[21)]

---

19) 『兩漢全書』, 「漢高祖手敕太子」, "吾遭亂世, 當秦禁學, 自喜謂讀書無益. 洎踐祚以來, 時方省書, 乃使人之作者之意. 追思昔所行, 多不是." 董治安 編, 「漢高祖手敕太子」, 『兩漢全書』第一冊, 齊南, 山東大學出版社, 1999년, 18~19쪽 참조.

20) 『兩漢全書』, 「漢高祖手敕太子」, "吾生不學書, 但讀書問自遂知耳. 以此故不大工, 然易足以自辭解. 今視汝書, 猶不如吾. 汝可勤學習, 每上書宜自書, 勿使人也."

이상과 같은 언급들을 통하여 과거 즉위 후 얼마 되지 않았을 때 유학자를 질타하고 욕보였던 한나라 고조의 모습과 전혀 다른 모습을 찾아볼 수 있다. 한고조는 이후에도 제국을 순시할 때에 공자에게 제사를 지내는 모습을 보여주기도 했다. 이러한 변화는 문헌기록에서도 그 단서를 찾아볼 수 있다. 즉 『한서漢書』, 「예문지藝文志」에 한고조가 대신들과 더불어 고문과 대책을 논할 때 유학자들이 사용하는 말을 즐겨 썼다는 기록이 보이는데, 이는 주의해서 눈여겨볼만 하다. 또한 『사기史記』, 「고조본기高祖本紀」에 제후들과 장상들이 유방을 황제로 추존하려고 하자, 유방이 "황제라는 존호는 어진 자만이 가질 수 있는 것이라고 나는 들었소. 덕이 없는 나에게 황제의 존호는 실속 없는 허명이므로 그러한 헛된 허명은 내가 구하는 바가 아니니, 나는 황제라는 지위를 감당할 수가 없소."라고 했으나, 뒤에 가서 부득이하게 "그렇게 하는 것이 반드시 국가에 이익이 된다고 생각한다면 그 건의를 받아들이겠소."[22]라고 하는 기록 역시 눈여겨볼만 하다. 이러한 사실에 대하여 『한서漢書』, 「고제기高帝記」에는 "과인은 황제라는 것은 어진 자가 그것을 가질 수 있는 것이라고 들었소. 덕이 없는 나에게 그것은 헛되고 실속 없는 허명이므로 나는 그것을 취하지 않겠소. 그런데 지금 여러 제후들과 왕들이 과인을 추존하려고 하니 어떻게 처신해야할지 모르겠소?"라고 하자 "제후들과 왕들이 천하의 백성들의 이익이 된다고 하자 황제의 자리를 수락했다."[23]라고 기록

21) 『兩漢全書』, 「漢高祖手敕太子」, "汝見蕭·曹·張·陳諸公侯, 吾同時人, 被年於汝者, 皆拜."

22) 『史記』, 「高祖本紀」, "吾聞帝賢者有也, 空言虛語, 非所守也, 吾不敢當帝位.……諸君必以爲便, 便國家."

되어 있다. 이러한 기록에 대하여 염보극閻步克은 "어진 자가 황제가 된다."와 "군주를 옹립하는 것은 백성들을 위한 것이다."라고 하는 것은 당시 사회에 만연해 있었던 보편적인 관념으로서 유가의 통치술과 일맥상통하는 부분이 있다고 보았다.[24)]

한고조의 신하들 가운데 장량張良과 진평陳平은 훌륭한 참모로서 정책을 잘 세웠고 소하蕭何는 법령을 제정했으며, 장창張蒼은 율력律曆을 만들었고 숙손통叔孫通은 조정의 의식을 제정했는데, 육가만이 『시경』과 『상서』 및 인의의 도리로써 국가를 경영해야함을 한고조에게 누차 진언했다. 그렇기 때문에 한고조는 점진적으로 유학의 가르침을 수용했을 뿐만 아니라 고대의 전적 읽기를 즐겨하게 되었는데, 이는 모두 육가의 영향에 의한 것이라고 볼 수가 있는 것이다.

일반적으로 전통시대의 중국에서는 제국이 분열된 천하를 통일한 후에 황제는 최고의 통치자가 되었다. 이러한 제국의 통치시스템 속에서는 통치자 개인에게 영향을 끼치는 이데올로기는 통상적으로 제국 전체에 간접적으로 영향을 끼치게 된다. 그러므로 통치계급의 통치이데올로기 형성에 대하여 육가는 통치자 개인의 마음가짐과 사상에 초점을 맞춰 유가사상의 규범을 주입시키고자 했던 것이다.

과거의 중국에서는 제국이 천하를 통일한 후에 형성되는 전통

---

23) 『漢書』, 「高帝記」, "寡人聞帝者賢者有也, 虛言亡實之名, 非所取也. 今諸侯王皆推高寡人, 將何以處之哉?……諸侯王幸以爲便於天下之民, 則可矣."

24) 閻步克, 『士大夫衍生史稿』, 北京, 北京大學出版社, 2003년, 334~335쪽 참조.

사회의 체제는 항상 다음과 같은 형태로 이루어졌다. 즉 상층부는 관료제라고 하는 특징을 갖춘 방대한 조직으로 중앙집권제 시스템을 갖춘 집단을 형성하고 있었다. 반면 하층부는 수없이 많고 분산되어 있으며 대부분이 죽을 때까지도 서로 왕래하는 일이 없는 소규모 농촌사회로 구성되어 있었다. 아울러 이와 같은 두 체제는 매우 긴밀하게 연결되어 있었다. 이러한 구성에 대하여 비효통費孝通의 경우 중앙에서 지방으로 파견한 관료는 보통 현縣정도 규모의 수령에 그쳤을 뿐 그 이하의 직급은 파견하지 않았다고 보았으며[25], 다니가와 미치오谷川道雄와 같은 경우 "국가형태를 출발점으로 보았을 때, 서한은 성숙된 형태의 국가라고 말하기는 어렵다. 왜냐하면 지방의 향촌사회를 중앙권력 안으로 편입시키기 위해서는 중앙과 지방 정부와 민간이 하나로 형성된 후에야 비로소 완전한 국가의 형태를 이룩했다고 할 수 있기 때문이며, 이러한 두 진영의 결합을 유학으로 매개체를 삼아야만 당시의 사회관계에 적합했다고 할 수 있는 것이다."[26]와 같이 보고 있다.

육가의 정치사상속에서 통치계급에 관한 부분은 본래 유가의 인의를 기본입장으로 하면서 다른 학파의 학설을 끌어들여 문무병용의 중요성을 설명한 것이라고 할 수 있다. 유가의 전통을 전승한 육가는 통치자에 대하여 개인의 수양을 강조하는 한편 백성들의 마음을 얻는 치국의 도리를 역설한다. 즉 통치자가 덕으로 자신을 수양하고 그것을 바탕으로 인의의 도리로써 국가를 다스리며 예악으로써 천하의 만백성들을 교화시킨다는 것이다. 육가가 이처럼

25) 費孝通, 『鄉土中國』, 香港, 三聯出版社, 1991년, 58쪽 참조.

26) 谷川道雄, 『世界帝國の形成』, 東京, 講談社, 1977년, 20~21쪽 참조.

덕에 의한 통치를 통하여 유가방식의 무위의 통치 목적을 달성하기 위해서, 법가의 권세와 권위 및 형벌 관념을 유가에 접목시키고 음양가의 재이災異류의 색채를 띤 관념을 수용한 것에서와 같이 볼 수 있듯이, 육가의 사상은 과거 선진시기의 유학과는 다른 면모를 가지고 있음을 알 수 있게 된다. 이러한 육가의 사상은 이미 춘추전국시대 백가쟁명 시기의 단순한 어떤 학파의 어떤 사상의 차원을 뛰어넘은 것으로, 그것의 주요한 의도는 통치계급을 위하여 새로운 사상체계를 제공함과 동시에 사상의 통일을 이용하여 정치적 통일 체제를 유지하는 것에 있었다고 할 수 있다.[27]

육가의 정치사상 가운데 교육과 문화 및 법률 등은 모두가 상당한 정도의 작용력을 갖추고 있었다고 볼 수 있는데, 이는 통치계급으로 하여금 사상에 갖춰져 있는 잠재적인 기능의 중요성에 대하여 주의를 환기시킬 수 있도록 만들어서 사회의 상층부로부터 하층부에 이르기까지 모두를 아우를 수 있도록 만들어 주는 역할을 하는 것이다. 즉 육가가 언급한 통치시스템으로서의 교육·문화·법률은 사회적 시스템의 근간을 이루고 있는 상층부와 하층부의 연계를 더욱 강화시켜서, 오직 형벌이라고 하는 수단으로 신하와 백성들을 하나로 엮어서 통일을 이룩한 전제군주의 손위에 걸어 놓았다가 그 줄이 끊어질 경우 종극에는 국가의 멸망을 초래하는 것과 같은 사태를 피하게 만들어 정권의 지속적인 유지에 도움이 된다는 것이다.[28]

---

27) 李宗圭, 「尋求思想統一—秦漢之際的社會思潮」, 『中國文化月刊』, 第124期, 1990년, 62쪽 참조.

28) 徐復觀, 『兩漢思想史』卷二, 臺北, 學生書局, 1985년, 99~100쪽 참조.

고대 중국의 민간에서 회자되고 불려졌던 "해가 뜨면 일하고, 해가 지면 쉬고, 우물 파서 마시고, 밭을 갈아 먹으니, 임금의 덕이 내게 무슨 소용이 있으랴!"[29]라는 격양가擊壤歌의 가사 속에는 전통시기 중국의 소규모 농촌사회의 모습이 묘사되어져 있으며, 아울러 일반 백성들의 생활과 중앙집권제 형태의 제국 시스템은 전혀 관련이 없다고 하는 설명도 담겨져 있다고 볼 수 있다. 육가는 소규모 농촌사회에서 개인의 교화가 파생할 수 있는 작용에 대해서, 개인이 교화를 받아들일 것을 독려하고 성인의 도리를 배우고 익히게 되면 군주로부터 일반백성들에게 이르기까지 모두가 성인을 본받고 어진 사람이 될 수 있게 만드는 것이라고 생각했다. 한걸음 더나가 육가는 공자의 오경五經과 육예를 교재로 삼아서 소규모 농촌사회에 유가사상의 교화가 직접적으로 영향력을 발휘할 수 있도록 만들어야 한다고 했던 것이다.

이와 같이 하층부에서 상층부에 이르기까지 교화의 기능에 대한 중시 및 그것의 상호작용에 대한 호응은 사회시스템의 상층부와 하층부의 관계를 더욱 긴밀하고 공고하게 만들어주는 것이라고 볼 수 있다. 한나라 초기에 육가와 황노사상은 모두가 백성들의 충분한 휴식과 생활의 안정이 중요함을 인식하고 있었으나, 그렇다고 해서 백성들에게 충분한 휴식과 생활의 안정을 취할 수 있게 한다는 것이 백성들에게 대하여 어떠한 것도 하지 않는다는 것을 의미하지는 않았다. 즉 백성들에 대한 교화와 충분한 휴식 및 생활의 안정을 취하게 만드는 것을 병행해야 한다고 육가는 생각했던 것이다.

29) 「擊壤歌」, "日出而作, 日入而息, 鑿井而飮, 耕田而食, 帝力于我何有哉!"

유가에서 강조하는 효제孝悌와 충신忠信 등의 관념은 본래 가정 윤리로부터 출발하였지만 후에 사회적 규범의 단계로 발전하게 된다. 즉 윤리규범에서 사회규범으로 확산되어 발전해나가는 과정은 바로 이러한 가정윤리를 출발점으로 하는 것인데, 개인이 자신의 본분에 충실하고 가정이 안정되면 그가 속한 사회의 질서는 윤리질서의 기초위에서 형성되게 되는 것이라고 할 수 있는 것이다.

육가는 통치계급과 소규모 농촌사회의 구성원들을 이데올로기적 국가기구 속에 안치시키는 것에 대한 공통적인 요인으로 유가사상의 예악에 의한 교화를 제시한다. 즉 육가는 상층부와 하층부가 통일적인 이데올로기를 공유하는 것을 통하여 정치질서와 사회질서를 연계하여 정치와 사회가 백성들에게 불가분적인 것으로 만들어서, 통치자와 피통치자의 관계를 억압하고 통제 받는 관계에서 탈피 시켜야 한다고 보았다. 즉 통치자와 백성들의 관계가 억압과 통제의 관계에서, 합리적인 기초위에 쌍방이 서로를 승인하고 상호 신뢰할 수 있는 관계로 변화시켜야 한다는 것이다. 서복관徐復觀과 같은 경우 군주와 신하의 관계는 사회를 벗어나 고립하여 존재할 수 없는 것으로 보았으며, 반드시 사회 전체의 다른 구성원들을 포괄하여 국가를 운영해야만 하는 것이라고 했다. 만일 그렇지 않을 경우 반드시 사람과 사람이 서로를 치고 물어뜯는 정치와 사회로 변질될 것이라고 보았다.[30)]

이상과 같은 육가의 순수順守관념의 주요한 내용은 한나라의 통치 질서를 안정적으로 만들어서 장기적으로 정권의 안정과 유지를 이룩하는 것이 그것의 궁극적인 목적이라고 할 수 있는 것이다.

---

30) 徐復觀, 『兩漢思想史』卷二, 臺北, 學生書局, 1985년, 96쪽 참조.

4. 맺는 말

이상과 같이 육가의 역취순수逆取順守 관념에 대하여 순수順守에 초점을 맞춰서 순수의 의미와 순수의 내용을 중심으로 논의를 진행해보았는데, 이를 정리하면 다음과 같다.

육가는 통일제국에 대한 통치를 만일 단순히 형법에 의한 통치 즉 물리적 힘에 의한 통치와 같이 편향적으로 정책을 펴나갈 경우 정치는 억압적이거나 폭력적인 경향의 통치로 흘러가게 되어 결국에는 정권의 유지와 장기적인 안정성에 치명적인 타격을 입게 되어 국가는 패망의 일로를 걷게 될 것이라고 경고했다. 그렇기 때문에 육가는 정도에 벗어난 방법으로 천하를 취하고 정도로서 정권을 지킨다고 하는 것 및 문무를 병용한다고 하는 원칙 즉 무력에 의한 통치방식을 배제하고 문교에 의한 통치방식을 보완함으로써 국가통치이데올로기를 수립하여 백성들의 지지를 받아서 안정적인 통치기반을 유지하고자 했던 것이다.

육가의 진나라 멸망에 대한 분석과 비평은 무위無爲로써 유위有爲를 한다고 하는 통치 방식을 드러내고 있는 것인데, 이는 육가가 "치국의 도리로 무위보다 큰 것은 없으며, 행동의 원칙으로 삼가고 공경하는 것보다 중요한 것은 없습니다."라고 한 언급을 통해서 확인할 수가 있다. 아울러 육가의 관념 속에서의 이상적으로 무위를 실현한 대표적인 인물은 유가의 정치사상 가운데 이상적인 성인으로 추존되고 있는 순임금과 주공이라고 할 수 있다. 그래서 육가는 "그러므로 무위는 곧 유위인 셈입니다."라고 하는 결론을 내놓았던 것이다. 이러한 육가의 결론은 결국 유가의 예악교화로 다시 복귀하자는 셈이 되는 것이라고 할 수 있는 것이다.

육가의 정치사상속에서 통치계급에 관한 부분은 본래 유가의 인의를 기본입장으로 하면서 다른 학파의 학설을 끌어들여 문무병용의 중요성을 설명한 것이라고 할 수 있다. 유가의 전통을 전승한 육가는 통치자에 대하여 개인의 수양을 강조하는 한편 백성들의 마음을 얻는 치국의 도리를 역설한다. 즉 통치자가 덕으로 자신을 수양하고 그것을 바탕으로 인의의 도리로써 국가를 다스리며 예악으로써 천하의 만백성들을 교화시킨다는 것이다. 육가가 이처럼 덕에 의한 통치를 통하여 유가방식의 무위의 통치 목적을 달성하기 위해서, 법가의 권세와 권위 및 형벌 관념을 유가에 접목시키고 음양가의 재이災異류의 색채를 띤 관념을 수용한 것에서와 같이 볼 수 있듯이, 육가의 사상은 과거 선진시기의 유학과는 다른 면모를 가지고 있음을 알 수 있게 된다. 이러한 육가의 사상은 통치계급을 위하여 새로운 사상체계를 제공함과 동시에 사상의 통일을 이용하여 정치적 통일 체제를 유지하는 것에 그 주요한 목적이 있었다고 할 수 있다.

육가는 소규모 농촌사회에서 개인의 교화가 파생할 수 있는 작용에 대해서, 개인이 교화를 받아들일 것을 독려하고 성인의 도리를 배우고 익히게 되면 군주로부터 일반백성들에게 이르기까지 모두가 성인을 본받고 어진 사람이 될 수 있게 만드는 것이라고 생각했다. 한걸음 더나가 육가는 공자의 오경과 육예를 교재로 삼아서 소규모 농촌사회에 유가사상의 교화가 직접적으로 영향력을 발휘할 수 있도록 만들어야 한다고 했던 것이다.

육가는 통치계급과 소규모 농촌사회의 구성원들을 이데올로기적 국가기구 속에 안치시키는 것에 대한 공통적인 요인으로 유가사상의 예악에 의한 교화를 제시한다. 즉 육가는 상층부와 하층부가 통일적인 이데올로기를 공유하는 것을 통하여 정치질서와 사회질서를 연계하여 정치와 사회가 백성들에게 불가분적인 것으로 만들어서, 통치자와 피통치자의 관계를 억압하고 통제 받는 관계에서 탈피 시켜야 한다고 보았다. 즉 통치자와 백성들의 관계가 억압과 통제의 관계에서, 합리적인 기초위에 쌍방이 서로를 승인하고 상호 신뢰할 수 있는 관계로 변화시켜야 한다는 것이다.

참고문헌

朱熹, 『孟子章句集註』, 『海淵閣』本.

焦循, 『孟子正義』, 『焦氏遺書』本.

王先謙, 『荀子集解』, 北京, 中華書局, 1992년.

王先愼, 『韓非子集解』, 北京, 中華書局, 1998년.

司馬遷, 『史記』, 北京, 中華書局, 1982년.

班固, 『漢書』, 北京, 中華書局, 1990년.

王利器, 『新語校注』, 北京, 中華書局, 1996년.

董治安 編, 『兩漢全書』第一冊, 齊南, 山東大學出版社, 1999년.

黃宗羲, 『明夷待訪錄』, 『黃宗羲全集』第一冊, 杭州, 浙江古籍出版社, 1985년.

唐迪風, 『儒學思想大義』, 北京, 北平直隸書局, 1929년.

錢穆, 『國史大綱』下冊, 臺北, 國立編譯館, 1976년.

徐復觀, 『兩漢思想史』卷二, 臺北, 學生書局, 1985년.

費孝通, 『鄉土中國』, 香港, 三聯出版社, 1991년.

張德勝, 『儒家倫理與秩序情結—中國思想的社會學詮釋』, 臺北, 巨流圖書公司, 1989년.

閻步克, 『士大夫衍生史稿』, 北京, 北京大學出版社, 2003년.

馬克思,『馬克思恩格斯選集』卷一, 北京, 人民出版社, 2001년.
谷川道雄,『世界帝國の形成』, 東京, 講談社, 1977년.
松丸道雄 외, 조성을 옮김,『중국사개설』, 서울, 한울아카데미, 1990년.
루이 알튀세르, 이진수 옮김,『레닌과 철학』, 서울, 백의, 1991년.
李宗圭,「尋求思想統一—秦漢之際的社會思潮」,『中國文化月刊』, 第124期, 1990년.

제3절 역사관

1. 시작하는 말

진나라의 뒤를 이어 제국을 통치하기 시작한 한나라 시기에는 이전에 천하를 통일하였던 진왕조의 단명에 관하여 다양한 원인과 그 폐해에 대하여 언급한 학자들이 적지 않았다. 초나라와의 경쟁구도 속에서 승리를 쟁취하여 한나라를 건국한 고조 역시 무력으로 천하를 얻었기 때문에 무력에 의한 통치를 중시하고 문교에 의한 통치에 소홀할 수밖에 없었다. 그렇기 때문에 육가는 한고조의 통치 권력을 공고히 만들고자 하는 의지에 부응하기 위하여 당시의 상황이 안고 있는 시대적 문제의 해결을 주장하면서 그 구체적인 해결방안을 천명한 저서 『신어新語』를 내놓는다.

한나라 건국 초기에 세워진 치국의 도리는 진나라가 단명하게 된 원인을 가장 커다란 교훈으로 삼았는데, 육가는 이러한 문제에 초점을 맞춰 매우 정교한 치국방략의 이론체계를 작성하여 내놓는다. 이러한 치국방략의 이론체계는 육가사상의 현실적 기초가 될 뿐만 아니라 한고조의 무력에 의한 국가통치 관념을 문교에 의한 국가통치 방향으로 인도하는 기폭제의 역할을 했었다고 할 수 있다.

한나라 건국 초기는 진나라가 무력에 의한 강압적인 통치를 하였기 때문에 망한 사실을 교훈으로 삼아서 가혹한 형벌에 의한 통치를 주창했던 법가 사상에 대해서 상당히 배척하는 분위기가 팽배하였다. 그렇기 때문에 육가는 유가와 도가의 사상을 시의 적절하게 합하여 자신의 사상의 주요한 이론적 근거로 만드는 한편 법가의 제반 관념은 유가사상의 보조적인 역할로만 사용하였다.

육가의 역사철학사상은 한대 초기의 통치이데올로기를 확립하는데 있어서 빠져서는 안 될 매우 중요한 이론이라고 할 수 있다. 이처럼 한나라의 통치이데올로기에 대하여 체계적인 반성과 비전에 대한 이론적 근거를 제공해주는 기능을 했던 육가의 역사철학에 대하여 본문에서는 진나라 멸망에 대한 교훈과 방사 및 신선사상에 대한 비평을 중심으로 논의를 진행해보도록 하겠다.

2. 진나라 멸망에 대한 교훈

육가는 진나라가 패망한 역사적 사실에 대하여 반성적 태도를 견지하면서 그러한 내용 가운데 비교적 중요한 부분을 자신의 주장을 담은 『신어』에서 일곱 군데에 걸쳐서 언급하고 있다.[1] 육가가 분석한 진나라 왕조의 단명에 대한 구체적인 원인은 세 가지로 귀납될 수 있는데, 그 가운데서도 가장 중요한 것이 바로 가혹한 형벌의 남용과 오직 법률에 의거한 전제적인 통치방식이라고 할 수 있다.

> 진시황은 각종 형벌을 설치하고 거열과 같은 잔혹한 형을 가함으로써 간사한 사람을 막고자 하였습니다. 주변 민족들과의 변경에 장성을 쌓음으로써 호인과 월인을 방비하고자 하였습니다. 큰 나라

1) 「道基」, 「術事」, 「輔政」, 「無爲」, 「辨惑」, 「資質」, 「思務」등에 보인다.

는 정벌하고 작은 나라는 집어삼키며 천하에 위명을 떨쳤습니다. 군대가 사방으로 종횡무진하며 외국들을 정복하였습니다. 몽염은 밖에서 난을 토벌하였고, 이사는 안에서 법치를 행하였습니다. 그런데 일이 번잡해질수록 천하는 혼란스러워졌고, 법이 늘어날수록 나쁜 짓이 창궐하였으며, 군대가 많이 설치될수록 적이 늘어났습니다. 진나라가 질서를 잡고 싶지 않았던 것이 아닙니다. 그럼에도 끝내 나라를 잃은 것은 민중들에게 너무 포악한 조치를 내렸으며 형벌이 너무 극단적이었기 때문입니다.[2]

육가는 진나라에서 시행한 강병을 양성하기 위한 무력의 독려와 형벌을 숭상하는 고압적인 통치에 대하여 매우 강렬한 비판을 제기한다. 이는 한나라 건국 초기에 행해진 진나라 패망에 관한 반성적 교훈으로 한고조와 대신들에게 매우 강력한 계도작용을 하게 된다.

역사적으로 "가혹한 형법만을 사용하고 바꾸지 않다가 결국 조씨는 멸망했다."[3]고 하는 진시황 이외에 지나치게 무력을 사용하거나 형벌만을 만능으로 숭상했다가 멸망을 초래한 경우는 일일이 열거할 수 없을 정도로 많다고 할 수 있다. 춘추시대의 송나라의 양공襄公이나 진晉나라의 여공厲公·제나라의 장공莊公·초나라의 영왕靈王·오나라의 부차夫差·진나라의 지백智伯 등의 경우가 모두 분명한 사례가 될 수 있다.

---

2) 『新語』, 「無爲」, "秦始皇帝設, 爲車裂之誅, 以斂姦邪, 築長城於戎境, 以備胡·越, 征大呑小, 威震天下, 將帥橫行, 以服外國, 蒙恬討亂於外, 李斯治法於內, 事逾煩, 天下逾亂, 法逾滋而姦逾熾, 兵馬益設而敵人逾多, 秦非不欲爲治, 然失之者, 乃擧措暴衆, 而用刑太極故也."

3) 『史記』, 「酈生陸賈列傳」, "任刑法不變, 卒滅趙氏."

> 옛날 진나라 여공・제나라 장공・초나라 영왕・오나라 부차・송나라 양공은 강대국의 권력을 장악하고 많은 백성들의 위세를 등에 업은 체 멋대로 군대를 출동시켜 제후들을 능멸하고 짓밟았습니다. 대외적으로 적국을 깔보았고, 대내적으로 백성들에게 각박하게 굴었습니다. 이렇게 밖으로 주변나라들과 원수를 맺고 안으로 뭇 신하들과 원한이 쌓였는데 금석에 새겨 공적을 기리고, 세세손손 정권이 이어지길 바라는 것은 정말 어려운 일 아니겠습니까? 그래서 송양공은 홍지역의 전투로 인해 죽었으며, 나머지 세 군주는 신하들의 손에 시해 당했는데, 모두 군대를 가벼이 움직이고 무력의 위세만을 숭상했기 때문에 그 지경에 이른 것입니다.……세 군주는 자신의 위력을 강화시키려다 자신의 나라를 잃었으며, 형벌을 급하게 사용하려다 자신이 살해당한 것입니다. 이 일들은 귀감으로 삼아야할 과거지사이며, 스승으로 삼아야할 미래지사입니다.[4]

> 지백은 위세에 의지해 권력을 장악하고 넓은 삼진의 땅을 겸병하였음에도 끝내 망하고 말았습니다.[5]

> 옛날에 오나라 왕 부차와 진나라의 지백은 무력을 지나치게 사용하여 멸망하였습니다.[6]

육가는 무력으로 백성들을 복종시킨 제왕들 가운데 멸망하지

---

4) 『新語』, 「至德」, "昔者, 晉厲・齊莊・楚靈・宋襄, 秉大國之權, 杖衆民之威, 軍師橫出, 陵轢諸侯, 外驕敵國, 內克百姓, 鄰國之讎結於外, 臣下之怨積於內, 而欲建金石之統, 終不絶之世, 豈不難哉? 故宋襄死於泓水之戰, 三君弑於臣之手, 皆輕師尙威, 以至於斯,……三君皆强其威而失國, 急其刑而自賊, 斯乃去事之戒, 來事之師也."

5) 『新語』, 「道基」, "智伯仗威任力, 兼三晉而亡."

6) 『史記』, 「酈生陸賈列傳」, "昔者, 吳王夫差・智伯極武而亡."

않은 사례가 없었다고 하는 역사적 교훈에 대하여 매우 심도 있는 반성적 사고를 진행했다. 육가는 단지 무력으로 백성들을 복종시키는 군주들은 결국에는 "밖으로 주변나라들과 원수를 맺는다."고 하는 상황이 조성될 것이며, 오직 법률에만 의존하는 통치를 할 경우 "안으로 뭇 신하들과 원한이 쌓인다."고 하는 결과를 초래하게 될 것이라고 생각했다. 이와 같이 군주가 오로지 가혹한 형벌에 의한 통치만을 고집할 경우 반드시 "힘이 왕성한 사람은 백성들에게 전횡을 부린다."[7]라고 하는 상황과 "포악한 행동을 하면 원한이 쌓인다."[8]라고 하는 결과가 발생하게 되어, 결국에는 온천하의 사람들에게 원한을 사게 되고 백성들이 군주에게 등을 돌리게 되는 지경에 이르게 되어 자신의 목숨을 부지할 수 없게 됨은 물론 국가까지도 망하게 되는 비극적인 결말을 맞게 되는 것이다.

육가는 진나라가 멸망하게 된 두 번째 원인으로 군주의 교만과 사치를 들었다. 진시황은 즉위 후에 백성들을 동원하여 자신의 능묘를 만들고 아방궁을 축조하고 만리장성을 쌓는 한편 도로를 건설했으며 여러 차례에 걸쳐서 천하를 순행했는데 이 모두가 매우 사치스러웠다. 육가는 이러한 사치행위에 대하여 매우 강력한 비판을 전개해나간다.

> 진시황이 교만하고 사치하고 화려함에 빠져 누대·정자를 높이고 궁전을 넓히길 좋아하니 천하의 부호들이 제 저택을 지으면서 그걸 모방하지 않는 사람이 없었습니다. 침실에 협실을 설치하고, 마구간과 곳간을 갖추고, 건물에 정교한 조각을 새겨 넣고 멋진 그

7) 『新語』, 「道基」, "力盛則驕衆."

8) 『新語』, 「道基」, "虐行則怨積."

림을 그려 넣는가 하면, 현황의 각종 진기한 색채를 폭넓게 도색하여 건축제한규정을 크게 어지럽혔습니다.[9]

군주의 교만과 사치함은 백성들의 노동력을 착취하여 재물을 형성할 뿐만 아니라 막대한 국고의 손실을 초래함은 물론 신하들과 백성들이 그러한 행태를 모방하여 예의법도를 참월하고 사회규범을 해치는 결과를 초래하여 결국에는 아랫사람이 윗사람을 범하게 되는 등의 혼란한 상황이 발생하게 된다. 육가는 초나라 평왕平王의 예를 들어서 더욱 상세하게 군주의 사치로 인해 발생하게 되는 폐해를 설명한다.

초나라 평왕은 사치하고 방종하여 덕으로 아랫사람을 다스리거나 단속할 수 없었습니다. 그런데 백 필의 말에 안장을 올려 타고 다니면서 천하 사람들을 풍요롭고 부유하게 만들고 싶어 했으니 절대로 이루어질 수가 없었습니다. 그래서 초나라 사람들은 날로 사치스러워졌으며 군신간의 구별도 없어졌습니다.[10]

육가는 군주가 재물을 탐닉하고 유아독존식의 허영심에 빠져들게 되면 이로 인하여 국가는 심각한 위험에 직면하게 될 것이라고 한고조에게 경고한다. 과연 한고조는 육가의 진언을 염두에 두고 소하蕭何가 추진하고 있었던 미앙궁 축조에 대하여 궁궐이 과도하

9) 『新語』, 「無爲」, "秦始王驕奢靡麗, 好作高臺榭, 廣宮室, 則天下豪富制屋宅者, 莫不倣之, 設房闥, 備廐庫, 繕雕琢刻畫之好, 博玄黃琦瑋之色, 以亂制度."

10) 『新語』, 「無爲」, "楚平王奢侈縱恣, 不能制下, 檢民以德, 增駕百馬而行, 欲令天下人餒財富利, 明不可及, 於是楚國逾奢, 君臣無別."

게 사치스럽게 지었다고 공사의 책임자인 소하를 나무란 것에서와 같이 알 수 있듯이, 그의 마음속에는 진시황이 교만하고 사치부리기를 좋아했기 때문에 패망의 길을 걸었다고 하는 역사적 교훈이 깊게 자리 잡고 있었다.

역대로 대부분의 군주들은 하나같이 교만하고 사치스러웠으며 방종하고 향락을 좋아했기 때문에 모두 진나라나 초나라 평왕처럼 멸망의 길을 걸을 수밖에 없었다.

> 초나라 영왕靈王은 사방 천 리의 강토에 살며 수 백 개 읍성으로 구성된 나라를 향유했으면서도 인의를 앞세워 도덕을 숭상하지 않고, 기이한 재주를 품고서 □□□하고 음양에 □하고 괴상한 사물과 영합하여 건계라는 누대를 짓고, 백 길이 넘는 높은 누대 위에서서 뜬구름에 올라타 천문을 엿보고자 하였으나 그 자신은 평왕기질의 손에 죽임을 당하고 말았습니다.[11)]

> 노나라 장공莊公은 1년 가운데 봄·여름·가을 세 철을 노역에 동원하여 대형 토목건축공사를 일으키고, 산지·임야·초지·소택의 이익을 독차지하고, 수렵·어로·벌목·채집으로 인한 재부를 백성들과 다투었으며, 서까래에 조각을 새기고 앞 기둥에 단청을 입혀 현란한 화려함의 극치를 보였으며, 백성들에게 10분의 2 세금을 거두고도 어긋난 욕구를 다 충족시키지 못했고, 쓸모없는 완구들을 수선하여 부인들의 눈을 즐겁게 해주었으며, 교만을 부리고 음란한 데 재물을 탕진하고, 불요불급한 일에 인력을 소진했습니다. 결국 위에서 군주는 써야할 재정비용이 모자라고 아래서 백성

11) 『新語』, 「懷慮」, "楚靈王居千里之地, 享百邑之國, 不先仁義而尙道德, 懷奇伎, □□□, □陰陽, 合物怪, 作乾谿之臺, 立百仞之高, 欲登浮雲, 窺天文, 然身死於棄疾之手."

> 들은 먹을 것에 굶주리게 되었다.[12]

군주의 물질적 욕망은 그 끝이 보이지 않을 정도로 한없다고 할 수 있다. 그러한 군주의 욕망을 채우기 위해서는 반드시 백성들의 재물을 혹독하게 착취할 수밖에 없는 데, 이러한 가혹하고 폭압적인 수탈에 의한 욕망의 충족은 결국에는 "창고가 텅 비게 되었다."[13]와 "어진 신하들이 떠나고 간사한 신하들은 난을 일으킨다."[14]고 하는 상황을 초래하게 하게 되어 종극에는 국가마저도 멸망의 길을 걸을 수밖에 없게 되는 것이다. 자신의 욕망의 충족만을 추구하는 군주는 백성들의 생계유지에 대하여 전혀 관심도 없을 뿐만 아니라 온갖 종류의 재물에만 미혹되어 어진 신하를 등용하지 않고 훌륭한 정책을 수용하지 못하는 어리석은 군주가 되는 것이다.

> 옛날 궁지기는 우나라 군주를 위해 계책을 내어 진나라 헌공이 뇌물로 바친 벽옥과 준마를 사양하고 하양 공격로를 빌려주지 말라고 간언하였습니다. 이 어찌 나라를 굳건히 지키려는 금석 같은 계책이 아니었겠습니까? 그럼에도 우공은 듣지 않았으니 그건 진기한 보물에 미혹되었기 때문입니다.[15]

---

12) 『新語』, 「至德」, "魯莊公一年之中, 以三時興築作之役, 規固山林草澤之利, 與民爭田漁薪菜之饒, 刻桷丹楹, 眩曜靡麗, 收民十二之稅, 不足以供邪曲之欲, 繕不用之好, 以快婦人之目, 財盡於驕淫, 人力罷於不急, 上困於用, 下飢於食."

13) 『新語』, 「至德」, "倉廩空匱"

14) 『新語』, 「至德」, "賢臣出, 邪臣亂"

15) 『新語』, 「資質」, "昔宮之奇爲虞公畫計, 欲辭晉獻公璧馬之賂, 而不假之夏陽之道, 豈非金石之計哉! 然虞公不聽者, 惑於珍怪之寶也."

어리석은 군주는 간신의 감언이설에 현혹되어 국정을 농단하게 되어 국가를 도탄에 빠트리는 경우가 다반사이며, 군주의 진귀한 보물에 대한 탐욕은 국가에 재앙을 불러온다. 그렇기 때문에 육가는 진나라가 단명하게 된 원인을 지나치게 형벌을 만능으로 숭상했기 때문이라는 요인 외에도 진시황의 사치와 방종함을 가장 큰 요인으로 보았던 것이다.

육가는 진나라가 멸망하게 된 세 번째 원인으로 현명하지 못한 사람을 관직에 기용한 것을 꼽았다.

> 진나라는 형벌을 보금자리로 삼았으므로 둥지가 뒤집히고 알이 깨지는 환난을 당하였습니다. 이사와 조고를 지팡이로 삼았으므로 사직이 넘어지고 상처를 입는 재앙을 당하였습니다. 무엇 때문이겠습니까? 사람을 잘못 임용했기 때문입니다.[16)]

이사李斯는 진나라의 재상이 되어서 진시황의 후계를 결정하는 시점에서 국가의 안위를 경시하고 자신의 이익만을 고려하여 판단했기 때문에 국가가 멸망의 기로에 섰을 때 책임을 회피하기에 급급했다. 또한 그는 단지 질책의 상소를 올려 진나라 2세 황제에게 아부하여 용서를 구하고자 했으나 결국에는 허리가 잘리고 삼족이 사형 당하게 되는 신세를 면하지 못하게 된다. 조고趙高는 진나라 2세 황제의 두터운 신임을 받았음에도 불구하고 진나라 2세 황제를 손바닥에 놓고 제멋대로 농락했다. 그 대표적인 예가 지록위마指鹿爲馬사건이다. 진나라 2세 황제는 조고의 계략에 의해서

---

16) 『新語』, 「輔政」, “秦以刑罰爲巢, 故有覆巢破卵之患, 以趙高·李斯爲杖, 故有傾仆跌傷之禍, 何哉? 所任非也.”

황제의 자리에 올랐으며, 또한 조고의 정치적 고려에 의해서 피살되는 운명을 맞이한다. 이러한 조고 역시 진나라 3대 황제인 자영子嬰에 해서 죽임을 당하고 삼족이 사형에 처해지는 멸문지화를 당하게 된다.

육가는 진나라 2세 황제가 이사와 조고를 신임하는 것을 아첨꾼과 참소를 일삼는 무리를 신뢰하는 것과 같은 것으로 보았다. 그렇기 때문에 아첨꾼을 지팡이로 삼으면 멸족되고 참소를 일삼는 무리를 지팡이로 삼으면 망하게 된다고 하는 말과 같이 등용하는 사람의 올바르고 그름에 따라서 국가의 흥망성쇠 여부가 결정되는 것이라고 주장했던 것이다. 육가는 아첨꾼은 군주의 판단을 흐리게 할 뿐만 아니라 군왕이 "사슴과 말의 형체가 다름"[17]과 "옳고 그름을 분별할 수 없음"[18]의 지경에 빠지게 하여 국가의 통치를 농단하고 자신의 이익만을 추구하기 때문에 반드시 현명하고 유능한 사람을 배척하기 마련이라고 언급했던 것이다.

> 포구의 덕행이 이사나 조고보다 높지 않았던 것이 아님에도 그는 초막 아래 엎드려 평생을 보냈을 뿐 세상에 쓰이지 못하였습니다. 입에 발린 소리를 하는 간신들이 그를 모해하였기 때문입니다.[19]

포구鮑丘는 부구백浮丘伯을 말하는데, 그는 『시경』과 『춘추곡량전』을 전수한 경학자로 육가와는 동시대의 사람으로 육가의 스승

17) 『新語』, 「辨惑」, "鹿與馬之異形"
18) 『新語』, 「辨惑」, "不能別其是非"
19) 『新語』, 「資質」, "鮑丘之德行, 非不高於李斯·趙高也, 然伏隱於嵩廬之下, 而不錄於世, 利口之臣害之也."

이기도 하다. 포구는 재야에 은거하며 벼슬길에 나서질 않았는데, 그 이유는 조정에 들끓는 간신배들과 아첨꾼 무리들 때문이었다. 한나라 초기에 경학을 전수한 경학자인 복생伏生과 같은 경우에도 초야에 은거하며 진나라의 조정에 나서길 거부했는데 역시 조정의 아첨꾼과 간신배들 때문이었다. 이와 같은 간신배들의 배척과 참소 때문에 뜻이 있는 인사들은 자신들의 역량을 제대로 펼칠 수가 없었던 것이다.

> 노나라 정공定公은 맹손 · 숙손 · 계손 세 대부 집안에 통제당하고 무수한 입방에 묻혀 끝까지 공자를 임용할 수 없었습니다. 그는 안으로 독자적인 현명한 견해를 갖지 못했고, 밖으로 사악한 신하들 무리에 현혹당함으로써 나라는 약해지고 자신은 죽음에 이르렀습니다. 정치권력은 세 대부 집안에게 돌아갔고, 읍성과 땅은 모두 강대국 제나라에 넘어갔습니다.[20]

공자는 노나라를 유가의 이상적인 통치방법으로 운영하여 위대한 국가로 건설하고자 하였으나 노나라 정공의 중용을 받지 못하고 단지 공릉公陵의 노래만을 지어 세상에 도가 실현되지 않음을 한탄했을 뿐이다.[21] 그렇기 때문에 국가의 흥망성쇠는 군주가 현명하고 유능한 사람을 등용하는지의 여부에 달려있다고 할 수 있는 것이다. 한나라 고조는 스스로 현명한 인재를 알아볼 수 있다고 자부하는 한편 그러한 인재들을 중용했다. 그렇기 때문에 초나

20) 『新語』, 「辨惑」, "而定公拘於三家, 陷於衆口, 不能卒用孔子者, 內無獨見之明, 外惑邪臣之黨, 以弱其國而亡其身, 權歸於三家, 邑土單於彊齊."

21) 『新語』, 「辨惑」, "故作公陵之歌"

라와 천하를 놓고 벌였던 접전에서 승리하고 한나라를 건국할 수 있었던 것이다. 항우의 경우는 범증范增만을 중용하고 신뢰했지만, 한고조의 경우는 소하蕭何·한신韓信·장량張良과 같은 걸출한 인재들을 중용하고 그들이 자신의 재능을 마음껏 펼칠 수 있는 여건을 마련해 주었다. 한고조는 육가의 이러한 진언에 대하여 마음속 깊이 공감하는 태도를 보였다.

『신어』가 한고조의 "시험 삼아 나를 위하여 진나라가 천하를 잃은 까닭과 내가 천하를 얻은 까닭이 무엇인지, 그리고 옛날에 성공하거나 실패한 나라의 역사사실을 저술하도록 하시오."[22]라고 하는 요구에 부응하는 차원에서 저술된 것이기 때문에, 육가는 자신이 직접 목도한 진나라의 멸망에 대하여 구체적이고 심도 있는 견해를 내놓는다. 아울러 이러한 역사적 경험을 기초로 하여 역대 왕조의 흥망성쇠의 역사적 교훈을 총괄하여 치국방략의 도리가 바로 인의仁義를 시행하고 검소함과 절약을 숭상하며 현명하고 유능한 인재를 등용해야 하는 것에 있다는 사실을 도출해 내었던 것이다. 그렇기 때문에 육가의 사상은 현실을 기반으로 한 역사적 사실을 교훈으로 삼는 지혜의 총결정체라고 할 수 있을 것이다.

3. 방사 및 신선사상에 대한 비판

전국시대 말기부터 진나라와 한나라에 이르기까지 신선사상은 줄곧 군주들의 깊은 관심과 호응을 받아왔다고 할 수 있다. 예를

22) 『史記』, 「酈生陸賈列傳」, "試爲我著秦所以失天下, 吾所以得之者何, 及古成敗之國."

들자면 제나라의 위왕威王과 선왕宣王, 연나라의 소왕昭王 및 진시황과 한나라 무제 등이 대표적이라고 할 수 있다. 이러한 시기의 군주들은 일반적으로 불로장생과 미신을 좋아했기 때문에 많은 방사方士들이 정치권에서 매우 활발하게 활동을 했었다. 이러한 시대적 분위기 속에서 육가는 신선사상과 방사들에 대하여 매우 강렬한 비판을 제기한다.

> 세상 사람들은 『시경』·『상서』를 배우지도, 인의를 지키지도, 성인의 도를 존중하지도, 오경·육예의 심오함을 궁구하지도 않으면서 검증이 안 된 이야기들을 논하고, 정상적이지 않는 일들을 배우고, 하늘·땅의 형상을 그리고, 재난변이의 이상함을 설파하고, 선왕의 법도를 어기고, 성인의 뜻을 위반하고, 학자의 마음을 미혹케 하고, 뭇 백성들의 생각을 흔들고 있습니다. 감히 천문지리를 거론하고 세상사 시비를 논단하며, 비정상적 변이를 가지고 사람들을 동요시키고 기괴한 일을 가지고 사람들을 놀래 키우니 이를 듣는 자는 신령하게 여기고, 이를 보는 자는 기이하게 느낍니다. 하지만 그것들이 횡액으로부터 구제하여 자신의 일생을 잘 넘기게 해주지 못하며, 어쩌면 □□한 법에 저촉되는 죄를 지어 죽음을 면치 못할 수도 있습니다.[23)]

육가는 신선사상을 설파하고 다니는 방사들의 주장이 일견 매우 그럴듯하게 보이기는 하지만 모두가 전혀 근거가 없는 허망한

23) 『新語』, 「懷慮」, "夫世人不學詩·書, 行仁義, 聖人之道, 極經藝之深, 乃論不驗之語, 學不然之事, 圖天地之形, 說災變之異, 王之法, 異聖人之意, 惑學者之心, 移衆人之志, 指天畫地, 是非世事, 動人以邪變, 驚人以奇怪, 聽之者若神, 視之者如異; 然猶不可以濟於厄而度其身, 或觸罪□□法, 不免於辜戮."

것이라고 생각했다. 또한 육가는 방사들의 그러한 주장들이 비록 신비로운 언설로 사람들의 주의를 끌지만 결국에는 그들의 언급은 모두가 억측이며 망상에 불과 한 것들로 선왕의 법도와 성인의 가르침에 부합하지 않는 것이라고 여겼다. 그렇기 때문에 육가는 그러한 방사들의 언설을 멀리해야 한다고 주장했던 것이다. 또한 방사들은 군주의 총애를 받을 때에는 온갖 부귀영화를 누리지만 군주의 눈밖에 나가게 되면 죽음을 면치 못하는 신세로 전락하게 된다.[24] 육가는 이러한 음양오행설이 혼합되고 재난변이의 설이 종횡으로 도배 되어 권모술수로 사용되는 허망한 분위기에 상당히 커다란 불만을 가지고 있었다.[25]

방사들에게 미혹된 일반적인 군주는 불로장생의 약을 구하기 위해 막대한 경비를 지출한다. 방사들의 예언은 항상 백성들을 노역이나 전장에 동원시키는 등의 국력을 낭비하는데 매우 커다란 역할을 했다고 할 수 있다. 진시황의 경우 재위 31년 때에 방사였던 노생盧生이 한 "진나라를 망하게 하는 것은 호胡이다."라는 언급 때문에 진시황은 몽염蒙恬에게 삼십만 대군을 이끌고 출정케 하여 북방의 호인을 공격했었다. 또한 진시황 재위 28년 때에는 제나라 사람 서시西市가 진시황에게 바다 가운데 봉래蓬萊 · 방장方丈 · 영주瀛洲라고 하는 세 개의 신선산에 가면 불로장생약을 만들 수 있는 선약을 구할 수 있다고 해서, 진시황이 서시와 동남동녀 수천 명을 파견하여 바다 가운데의 삼신산을 찾을 것을 명하였다. 이와 같이 매우 황당하게 보이는 일들은 육가가 생존하던 시기에도 끊

24) 顧頡剛, 『秦漢的方士與儒生』, 上海, 上海古籍出版社, 1978년, 12쪽 참조.
25) 錢穆, 『中國學術思想史論叢』(三), 臺北, 東大圖書公司, 1990년, 4쪽 참조.

임없이 되풀이해서 발생하고 있었다. 그렇기 때문에 국력은 부단하게 낭비되고 사람들은 타락하게 되는 지경에 이르게 되어 육가는 분연히 일어나 방사들의 황당하고 헛된 주장들을 질책하였던 것이다.

방사들의 주장은 재난변이 이외에도 신선사상이 있었는데, 육가는 이러한 신선사상에 대해서도 매우 강력한 비판을 한다.

> 그래서 안연에게 "도를 운용할 수 있으면 실천하고, 그것을 버려야 한다면 감춰두는 것, 이것은 오직 너와 나 둘만이 갖게 된 상황이구나."라고 말했습니다. 이것은 안연의 도가 세상에 퍼졌는데도 그것이 쓰이지 못하고 있다는 말입니다. 사람들은 인애의 마음을 품고서 정의를 실천할 수 없고, 미세한 일을 분별할 수 없고, 천지의 이치를 헤아릴 수도 없으면서 제 몸을 괴롭히고 형체를 힘들게 하여 깊은 산에 들어가 신선을 구하고 있습니다. 양친을 버리고, 골육을 팽개치고, 오곡을 끊고, 『시경』·『상서』를 폐기하고, 천지에 보배로운 생명을 배반한 채 불사의 방술을 구하고 있습니다. 이는 세상 이치에 통달하고 잘못을 방지하는 길이 아닙니다.[26]

> 베옷·가죽옷을 버리고 머리를 산발하고 높은 산에 올라 나무 열매를 먹고 사는데 한가롭고 여유로운 모습이란 찾아볼 수 없고, 인의의 말이라곤 들어볼 수가 없이 미친 사람처럼 정신 나간 모습을 한 사람들이 있습니다. 뒤에서 밀어도 나아가지 않고, 앞에서 끌어당겨도 오지 않습니다. 당시 사람들은 그의 은공을 입지 못하고 후대 사람들은 그의 재능을 알아보지 못합니다. 군주가 넘어져도

---

26) 『新語』, 「愼微」, "言顔淵道施於世而莫之用. 猶人不能懷仁行義, 分別纖微, 忖度天地, 乃苦身勞形, 入深山, 求神仙, 棄二親, 捐骨肉, 絶五谷, 廢詩·書, 背天地之寶, 求不死之道, 非所以通世防非者也."

부축하지 않으며, 나라가 위태로워도 지키지 않습니다. 적막하게 지내며 이웃도 없고 광활하고 텅 빈 곳에서 홀로 잠을 잡니다. 이들은 세상에서 도피한 사람이라 부를 수는 있겠으나 도의를 지닌 사람은 아닙니다. 그래서 몸을 망쳐가며 재난을 피하는 것은 좋은 계책이 아니며, 도의를 품고서 세상에서 도피하는 것은 충성이 아닙니다.[27)]

육가는 신선사상에 대하여 현실을 도피하는 것이라고 비난한다. 물론 소극적인 도피나 혹은 육신을 망쳐가며 재난을 피하는 것 모두가 도를 이룰 수 있는 것에는 도움이 되지 않기 때문에 이 모든 것에 대하여 육가는 결코 찬동하지 않았던 것이다. 이러한 것들 이외에도 육가는 도道의 입장에서 신선사상이 도의 실현에 불리하다고 생각했다. 즉 육가가 말하는 도는 천지에 근원을 두고 오경五經과 육예六藝에 의탁하여 인륜을 펼쳐 실행해나가고 인의仁義에 의거한 정치 도리를 실현하는 것이라고 할 수 있다. 소극적이며 세상사에 대해서 회피의 입장을 견지하는 사상은 분명히 인의仁義와는 서로 융합될 수 없는 것으로, 만일 적극적으로 경세에 나서서 일정한 성과를 이루고자 한다면 반드시 이러한 소극적인 태도를 버려야만 하는 것이라고 육가는 생각했던 것이다.

눈은 현란한 색채로 인해 어지럽혀 지지 않고, 귀는 아부하는 말 때문에 혼란에 빠지지 않습니다. 제나라 · 노나라의 모든 재부만큼

---

27) 『新語』, 「愼微」, "夫播布革, 亂毛髮, 登高山, 食木實, 視之無優游之容, 聽之無仁義之辭, 忽忽若狂痴, 推之不往, 引之不來, 當世不蒙其功, 後代不見其才, 君傾而不扶, 國危而不持, 寂寞而無鄰, 寥廓而獨寐, 可謂避世, 非謂懷道者也. 故殺身以避難則非計也, 懷道而避世則不忠也."

큰 이익이 있더라도 뜻을 옮기지 않으며, 신선 왕자교王子喬 · 적송자赤松子처럼 장수할 수 있다고 이야기가 되어도 행동을 바꾸지 않습니다. 그렇게 한 뒤라야 도를 한결같이 견지하여 품행절조를 확정할 수 있으며, 자기 사업에 온 힘을 쏟아 공을 세울 수 있는 것입니다.[28]

육가는 불로장생의 유혹이란 것은 군주에게 있어서 미색과 재물이나 참언讒言의 유혹과 같은 것이기 때문에, 이러한 것은 군주가 인의仁義에 기초한 정치를 시행하여 이상적인 선정을 베푸는데 방해가 되는 것이라고 생각했다. 물론 신선사상은 세상사에 대해서 소극적이고 회피하는 태도를 견지하거나 불로장생을 추구하는 망상에 불과 하지만, 결국 이러한 관념들은 세상 사람들의 심리상태에 영향을 끼쳐서 국가를 정상적으로 통치하는데 장애요인으로 작용하기 때문에, 육가는 이러한 신선사상에 대하여 매우 준엄한 비판을 했던 것이다.

현실세계에 대하여 도피하려고 하는 사람들에 대해서 육가는 통렬하게 제재를 가해야 한다고 했으나, 반대로 재능과 덕행을 가지고 있으면서도 중용되지 못하는 사람들에 대해서 그는 매우 안타까워하는 심경을 토로한다. 그러한 재능과 덕행을 가진 사람들 모두가 "걸림 없이 드높은 재주가 있다"[29]라고 하거나 "국가를 다스릴 기강을 한 몸에 갖추었거나 만세를 평탄히 할 통치술을 마음

28) 『新語』, 「思務」, "目不淫炫燿之色, 耳不亂於阿諛之詞, 雖利之以齊 · 魯之富而志不移, 談之以王喬 · 赤松之壽而行不易, 然後能壹其道而定其操, 致其事而立其功也."

29) 『新語』, 「資質」, "懷不羈之才."

에 품고 있다."[30]라고 하는 도를 지닌 선비들로서, 단지 자신의 뜻을 펼칠 수 있는 때를 만나지 못했거나 혹은 간신과 소인배들의 배척 때문에 중용되지 못한 것이라고 육가는 생각했다.

그렇기 때문에 육가는 백이와 숙제가 비록 수양산에 은거하였지만, 그들은 "아름다운 공적을 만대에 드리웠다."[31]라고 말하고 있으며, 포구鮑丘는 이사나 조고 보다 덕행이 높았으나 결국은 "초막에 엎드려 평생을 보냈다."[32]라고 하며 한탄했던 것이다. 이처럼 시대적 상황의 제약으로 인하여 세상 나와서 자신들의 훌륭한 뜻을 펼치지 못한 은자들에 대하여 육가는 매우 원통하고 애석하게 여겼던 것이다.[33] 그러나 육가는 도를 품고 있으면서도 세상사에 대하여 회피의 태도를 취했던 학자들에 대해서는 자신의 직책을 다하지 않고 스스로가 백성들을 버린 자들이라고 하며 비판을 하는데, 이는 육가의 경세에 대한 적극적인 태도를 보여주기에 충분하다고 할 수 있다.

육가는 포부를 가지고 있는 학자라면 태평한 시기와 혼란한 시기에 관계없이 모두 마땅하게 자신의 본분을 지켜야 하며 도를 넓히고자 하는 뜻을 유지해야 한다고 생각했다.

> 학자라면 신령스런 변화에 정통하고 천지의 개벽, □□□, 성명의 장단, 부귀의 소재, 빈천의 극복 방법 등에 대하여 훤하게 압니다. 그렇기 때문에 손발이 수고롭지 않고 누과 귀가 어지럽지 않으

---

30) 『新語』, 「資質」, "綱紀存乎身, 萬世之術藏於心."

31) 『新語』, 「道基」, "功美垂於萬代."

32) 『新語』, 「資質」, "伏隱於嵩廬."

33) 錢穆, 『中國學術思想史論叢』(三), 臺北, 東大圖書公司, 1990년, 3쪽 참조.

며, 사려가 잘못되지 않고 계책이 어긋나지 않습니다. 최상으로는 천문을 보고 옳고 그름을 결단하며, 다음으로는 시세의 상황에 따라 의심스런 난제들을 결정짓습니다. 무슨 일이든 폐지하거나 일으킬 때 반드시 근거에 입각하고, 무엇을 바꿀 때는 반드시 일정한 규칙을 준수합니다. 그러므로 도는 □□□□□를 본받을 만합니다.34)

학자는 안심입명의 태도로 운명의 제한에 대한 체험적인 증험을 통하여 위로는 천도를 계승하고 아래로는 인간세상의 일에 최선을 다해야 하는 것이다. 그렇기 때문에 비록 혼란한 시기에 처해지더라도 도를 실천한다고 하는 뜻과 그러한 마음에 대한 신뢰를 져버릴 수는 없는 것이다. 그래서 육가는 군자라는 존재는 혼란한 시기에 처해 있어도 마땅히 지켜야할 본분이 있다고 다음과 같이 묘사한다.

군자는 난세에 처하면 더욱 도덕에 합치하고, 미세한 선행들이라도 다 채택하며, 가느다란 악행이라도 완전히 끊습니다. 부자간의 예를 잘 닦아서 군신간의 질서에 미치도록 합니다. 이는 천지에 관통하는 도리로써 성인이라면 절대 놓치지 않습니다. 그래서 마음에 감춰두면 도라 부르고 겉으로 펼쳐지면 문장이 됩니다. 마치 시가 마음에 있을 때는 뜻이었다가 입을 통해 나오면 말씀이 되듯이 말입니다.……이치를 밝히자면 천지를 생각하게 되고, 움직임은 사물의 중추에 대응합니다. 올려다보거나 내려다보거나 나아가거나

---

34) 『新語』, 「思務」, "夫學者通於神靈之變化, 曉於天地之開闔, □□□弛張, 性命之短長, 富貴之所在, 貧賤之所亡, 則手足不勞而耳目不亂, 思慮不謬, 計策不誤, 上訣是非於天文, 其次定狐疑於世務, 廢興有所據, 轉移有所守, 故道□□□□□事可法也."

> 물러가거나 도와 함께하지 않음이 없습니다. 몸에 도를 감추고 있으면서 여유롭고 한가하게 때를 기다립니다. 그러므로 도道는 폐기되어 일어서지 못하는 경우가 없고, 기器는 훼손되어 갖춰지지 못하는 경우가 없습니다.[35]

육가는 도를 견지하는 것은 바로 인륜의 대의를 추구하는 것에 있는 것이라고 보았으며, 또한 그는 도가 천지의 마음을 실천하는 것이라고 보았다. 이와 같이 육가가 유가의 적극적인 유위有爲정신을 계승함과 동시에 도를 널리 펴려는 원대한 포부를 가지고 있었음을 알 수가 있는 것이다.

4. 맺는 말

이상과 같이 육가의 역사철학에 대하여 진나라 멸망에 대한 교훈과 방사 및 신선사상에 대한 비평을 중심으로 논의를 진행해보았는데, 이를 정리하면 다음과 같다.

육가는 진나라가 패망한 역사적 사실에 대하여 반성적 태도를 견지하면서 그러한 내용 가운데 비교적 중요한 부분을 자신의 주장을 담은 『신어』에서 일곱 군데에 걸쳐서 언급하고 있다. 그가 분석한 진나라 왕조의 단명에 대한 구체적인 원인은 세 가지로 귀납될 수 있는데, 그중 가장 중요한 것은 가혹한 형벌의 남용과 오

35) 『新語』, 「愼微」, "君子居亂世, 則合道德, 採微善, 絶纖惡, 脩父子之禮, 以及君臣之序, 乃天地之通道, 聖人之所不失也. 故隱之則爲道, 布之則爲文, 詩在心爲志, 出口爲辭,……論思天地, 動應樞機, 俯仰進退, 與道爲依, 藏之於身, 優游待時. 故道無廢而不興, 器無毁而不治."

직 법률에 의거한 전제적인 통치방식이라고 할 수 있다. 즉 군주가 오로지 가혹한 형벌에 의한 통치만을 고집할 경우 결국에는 온 천하의 사람들에게 원한을 사게 되고 백성들이 군주에게 등을 돌리게 되는 지경에 이르게 되어 자신의 목숨을 부지할 수 없게 됨은 물론 국가까지도 망하게 되는 비극적인 결말을 맞게 된다고 했다. 두 번째 원인으로 육가는 군주의 교만과 사치를 들면서, 이러한 행태는 백성들의 노동력을 착취할 뿐만 아니라 막대한 국고의 손실을 초래함은 물론 국가가 혼란하게 되는 상황이 발생하게 된다고 했다. 세 번째 원인으로 현명하지 못한 사람을 관직에 기용한 것을 꼽았다. 즉 육가는 진나라 2세 황제가 이사와 조고를 신임하는 것을 아첨꾼과 참소를 일삼는 무리를 신뢰하는 것과 같은 것으로 보았다. 그렇기 때문에 아첨꾼을 지팡이로 삼으면 멸족되고 참소를 일삼는 무리를 지팡이로 삼으면 망하게 된다고 하는 말과 같이 등용하는 사람의 올바르고 그름에 따라서 국가의 흥망성쇠 여부가 결정되는 것이라고 주장했던 것이다.

이와 같이 육가는 역사적 경험을 기초로 하여 역대 왕조의 흥망성쇠의 역사적 교훈을 총괄하여 치국방략의 도리가 바로 인의를 시행하고 검소함과 절약을 숭상하며 현명하고 유능한 인재를 등용해야 하는 것에 있다는 사실을 도출해 내었던 것이다.

육가는 신선사상을 설파하고 다니는 방사들의 주장이 일견 그럴듯하게 보이기는 하지만 모두가 전혀 근거가 없는 허망한 것이라고 생각했다. 또한 방사들의 그러한 주장들이 비록 신비로운 언설로 사람들의 주의를 끌지만 결국에는 그들의 언급은 모두가 억측이며 망상에 불과 한 것들로 선왕의 법도와 성인의 가르침에 부합하지 않는 것이라고 여겼기 때문에 방사들의 언설을 멀리해야 한다고 했다. 또한 육가는 방사들의 황당하고 신빙성 없는 예언은 항상 백성들을 노역이나 전장에 동원시키는 등의 국력을 낭비하는데 매우 커다란 역할을 했다고 보았기 때문에 그는 분연히 일어나 방사들의 황당하고 헛된 주장들을 질책하였다.

육가는 불로장생의 유혹이란 것은 군주에게 있어서 미색과 재물이나 참언의 유혹과 같은 것이기 때문에 이러한 것은 군주가 인의에 기초한 정치를 시행하여 이상적인 선정을 베푸는데 방해가 되는 것이라고 생각했다. 물론 신선사상은 세상사에 대해서 소극적이고 회피하는 태도를 견지하거나 불로장생을 추구하는 망상에 불과 하지만 결국 이러한 관념들은 세상 사람들의 심리상태에 영향을 끼쳐서 국가를 정상적으로 통치하는데 장애요인으로 작용하기 때문에 육가는 이러한 신선사상에 대하여 매우 준엄한 비판을 했다.

육가는 도道의 입장에서 신선사상이 도의 실현에 불리하다고 생각했는데, 육가에게 있어서의 도는 천지에 근원을 두고 오경과 육예에 의탁하여 인륜을 펼쳐 실행해나가고 인의에 의거한 정치 도리를 실현하는 것이라고 할 수 있다. 그러므로 소극적이며 세상사에 대해서 회피의 입장을 견지하는 신선사상은 분명히 인의와는 서로 융합될 수 없는 것으로, 만일 적극적으로 경세에 나서서 일정한 성과를 이루고자 한다면 반드시 이러한 소극적인 태도를 버려야만 하는 것이라고 육가는 여겼던 것이다.

참고문헌

司馬遷,『史記』, 北京, 中華書局, 1982년.

班固,『漢書』, 北京, 中華書局, 1990년.

王利器,『新語校注』, 北京, 中華書局, 1996년.

顧頡剛 ,『秦漢的方士與儒生』, 上海, 上海古籍出版社, 1978년.

錢穆,『中國學術思想史論叢』(三), 臺北, 東大圖書公司, 1990년.

제4절 천인관계론

1. 시작하는 말

한나라 건국 초기에 국가의 기틀을 다지기 위해서 육가陸賈는 그에 부응하는 주장과 견해를 담은 저작을 내놓는다. 한나라 초기에 수립된 치국방략은 대부분 진나라 패망의 역사적 교훈에 의거한 것들이 대다수를 점하고 있었다. 육가 역시 이러한 진나라 패망의 역사적 교훈에 착안하여 매우 치밀하게 다듬은 주장을 펼친다. 이러한 주장들은 육가의 정치적 입장의 기반이 되었다고 할 수 있다.

치국방략에 대한 육가의 주장을 담은 저작이 바로 『신어新語』인데, 그것의 주된 목적은 진나라 패망의 역사적 경험과 교훈을 총결하여 한나라의 국가경영 방침을 수립하기 위함에 있었던 것이다. 그렇기 때문에 『신어新語』의 주된 내용은 대부분이 정치사상에 관한 것들이 주류를 이루고 있다고 말할 수 있다. 한나라 초기의 학술계는 백가쟁명이면서 다양한 사상체계가 융합되어가는 추세를 보이고 있었으며, 사회적으로는 오랜 전란을 겪게 된 민생은 피폐할 대로 피폐해진 상황이었기 때문에 백성들에게는 휴식의 기간이 절실하게 필요했다고 할 수 있다. 육가의 사상은 이러한 시대적 상황의 영향을 받았기 때문에 다양한 제자백가의 사상이 잡다하게 혼재되어 있었지만 그 가운데서도 특히 유가와 도가의 사상이 그 주요한 기반을 이루고 있었으며, 이러한 유가와 도가의 사상이 적절하게 섞여있는 사상을 바탕으로 한나라 초기에 당면한 문제에 대한 해결책을 궁구했던 것이라고 할 수 있다.

이러한 육가의 사상에 대한 정치사상적 분석은 일정 정도 정리가 되었다고 할 수 있다. 반면 육가의 정치사상의 기본 토대가 되는 유가와 도가 사상이 혼재되어 형성된 천도관념에 대한 연구는 발견하기 어려운 실정이라고 할 수 있을 것이다. 사실 육가의 정치사상은 그의 천도관념에 그 바탕을 두고 있기 때문에 그의 천도관념을 제대로 이해하지 않고는 정치사상에 대한 정확한 분석이 어려울 것이라고 판단한다.

한나라 건국초기 제국의 질서를 확립하는데 결정적인 역할을 했던 육가의 정치사상의 본원을 정확하게 파악하기 위한 선행 작업으로 그의 우주관을 이루고 있는 천도론에 대한 분석은 반드시 필요한 작업이라고 생각한다. 그러므로 본문에서는 육가의 천도론에 대하여 천도에 대한 분석과 기론에 대한 검토 및 천인관계론을 중심으로 고찰해보도록 하겠다.

2. 천도에 대한 분석

육가는 도道라고 하는 것이 우주 사이에 존재하는 만사만물의 원리이자 원칙이라고 보았다.[1] 이러한 도道는 천지간에 존재하는 모든 사물들 속에 존재하기 때문에 "그것은 천지 사이에 존재한다."[2]라고 하는 것이며, 영원히 소실되지 않는 것이다. 그렇기 때

1) 賀凌虛, 『中國古代政治思想論集』, 南投, 霧峰出版社, 1970년, 80쪽 참조.
2) 『新語』, 「愼微」, "寄之天地之間."

문에 육가는 "도는 폐기되어 일어서지 못하는 경우가 없다."[3]라고 언급했던 것이다. 육가가 언급한 도道는 보편적인 성격을 가질 뿐만 아니라 항구 불변적인 성질 역시 가지고 있으며, 그것은 하늘과 대지와 인간과 어우러져 생겨나게 되는 것이다.

> 전하는 말에 "하늘은 만물을 낳고 땅은 그들을 기르며 성인은 그들을 완성시킨다."고 합니다. 이들의 공덕이 어우러져 그로 말미암아 도가 생겨났습니다.[4]

하늘은 만물을 낳고 땅은 만물을 기르며 성인은 만물을 완성시킨다고 하고, 도道라는 것은 바로 그러한 것들이 함께 작용하여 생겨나는 것이라고 한 것에서와 같이 알 수 있듯이 결국 도道라는 것은 천지를 계승한 것이며 인간의 체현을 통하여 비로소 완성되는 것이다. 그렇기 때문에 육가가 말하는 도道라고 하는 것에는 하늘의 도天道와 대지의 도地道 그리고 인간의 도人道 모두가 포함되어 있는 것이라고 할 수 있는 것이다. 이러한 육가의 천도론은 『역전易傳』의 관점과 상당부분에 있어서 동일하다고 볼 수 있다.[5]

육가의 천도관념에는 자연적인 의미의 천天과 인격신 의미의 천天이라고 하는 의미가 포함되어 있으며, 대지地는 단지 자연적인 의미만 가지는 것으로 천도에 종속되는 것이라고 할 수 있다. 육가가 언급한 천도의 내용은 다음과 같다.

---

3) 『新語』, 「愼微」, "道無廢而不興."

4) 『新語』, 「道基」, "傳曰: '天生萬物, 以地養之, 聖人成之.' 功德參合, 而道術生焉."

5) 『周易』, 「繫辭傳下」, "易之爲書也, 廣大悉備, 有天道焉, 有地道焉, 有人道焉."

하늘은 해와 달을 배열하고 별들의 자리를 잡아주고 사계절의 순서를 매기고 음양의 기운을 적절히 조화시킵니다. 그 기운이 퍼져서 만물은 각자의 본성을 조절하게 되며 순서에 따라 오행이 배치됩니다. 만물은 봄에 태어나고 여름에 성장하며 가을에 거둬들이고 겨울에 감추어둡니다. 양기가 움직여 천둥번개가 생기고 음기가 모여 눈서리가 만들어집니다. 그리하여 뭇 생명들이 생육하고 성장하여 무성해지기도 하고 사라지기도 합니다. 비바람으로 윤기가 돌게 하고, 햇볕으로 쬐어주며, 절기로 온기 있게 하며, 차가운 서리로 쇠락하게 합니다. 뭇 별들이 제 자리를 잡아가고 북두칠성으로 방향을 제어합니다.[6)]

위의 인용문에 묘사되어 있는 천天은 만물을 낳고 양육하는 자연적 의미의 천天이다. "천도는 사계절을 조절한다."[7)]라고 하는 언급은 바로 천도는 단지 자연의 운행법칙만을 나타낼 뿐 인간사와는 무관하다는 것을 의미한다고 볼 수 있다. 또한 육가는 대지의 도地道는 천도의 뜻을 계승하여 만물을 양육하는데 있다고 보았다.

대지 위에 오악이 솟아오르고, 네 강이 그어지고, 웅덩이와 연못이 갈라지고, 하천 샘물이 뚫리게 되었습니다. 식물들이 나고 자라 비슷한 것들끼리 군락을 이루며 수천수만의 뿌리들이 얽히고, 갖가지 형태를 드러내며 정기를 공급받아 뭇 생물이 살아가게 되었습니다. 만물은 천시를 어기지 않으며, 본성을 침탈하지 않으며, 자기

6) 『新語』, 「道基」, "張日月, 列星辰, 序四時, 調陰陽, 布氣治性, 次置五行, 春生夏長, 秋收冬藏, 陽生雷電, 陰成雪霜, 養育群生, 一茂一亡, 潤之以風雨, 曝之以日光, 溫之以節氣, 降之以殞霜, 位之以衆星, 制之以斗衡."

7) 『新語』, 「術事」, "天道調四時."

성정을 감추지 않으며, 자신의 억지행위를 숨기지 않습니다.[8]

대지의 도地道는 위로는 천도에 위배되지 않고 아래로는 만물의 본성을 거스르지 않는 것이기 때문에, 천도와 호응하게 되어서 만물은 이러한 대지로부터 생장되고 양육을 당하게 되는 것이다.

> 발로 걸어 다니거나 입으로 숨을 쉬며 날개로 날아다니고 기어서 움직이는 동물 부류, 물에서 살거나 육지에 번식하며 뿌리를 드러내고 잎이 자라는 식물 족속이 모두 편안히 안심하며 제 자연본성에 따라 성장하게 되었습니다. 이 모두는 천지의 기운이 서로 도와 감응했기 때문입니다.[9]

만물은 천지자연에 존재하는 것으로 천지의 도에 순응하여 생장하고 늙고 번성하다가 소멸하게 되는 것이다.

육가의 천도관념에는 이러한 자연적 의미의 천天 관념 이외에 또 다른 차원의 의미가 포함되어져 있다고 할 수 있는데, 그것은 바로 천天은 인간사에 감응할 수 있다고 하는 인격신 의미의 천天이다.

> 모든 존재는 천지사방의 범주 안에 포용되며 삼강과 육기로 인륜을 망라합니다. 재난과 변괴를 내려 사람들의 잘못을 고치도록 하고 길한 징조를 미리 알려줍니다. 살리고 죽임으로써 만물을 움

---

8) 『新語』, 「道基」, "地封五嶽, 畫四瀆, 規洿澤, 通水泉, 樹物養類, 苞殖萬根, 暴形養精, 以立群生, 不違天時, 不奪物性, 不藏其情, 不匿其詐."

9) 『新語』, 「道基」, "跂行喘息, 蜎飛蠕動之類, 水生陸行, 根著葉長之屬, 爲寧其心而安其性, 蓋天地相承, 氣感相應而成者也."

직이며 각종 천문형상으로 사람들에게 깨우침을 줍니다.[10]

천도天道는 육가의 관념 속에서 단지 만물을 생장하고 양육하는 것에 그치는 것이 아니고, 인간에게 경고를 해줄 수 있는 능력도 가지고 있어서 인도人道를 바로잡을 수 있는 존재이기도 했다. 심지어 육가는 이러한 천도가 덕성을 갖춘 군자가 천하를 경영할 수 있도록 도와주기도 한다고 보기까지 했다.

> 항우는 약속을 저버리고 스스로 서초의 패왕의 자리에 올랐고 제후들도 모두 그에게 귀속하였으니, 매우 강성한 나라라고 할 수 있습니다. 그러나 한왕께서 파촉에서 일어나 천하의 백성을 다스리고 제후들을 정복하여, 마침내는 항우를 정벌하셨습니다. 그리하여 5년 만에 천하가 평정되었으니, 이것은 사람의 힘이 아니라 하늘이 세워준 것입니다.[11]

육가는 하늘이 천명을 내려준다고 하는 관점을 이용하여 한나라 황제의 권위를 드높임으로써 남월南越의 왕이었던 위타尉佗를 한나라에 복종시킬 수 있었던 것이다. 이러한 사례는 육가가 가지고 있는 인격신 의미의 천 관념에 대한 방증이 될 수 있을 것이다.

> 큰 분노에서 비롯되는 위엄은 기운이나 힘에 기대어 행해질 수

10) 『新語』, 「道基」, "苞之以六合, 羅之以紀綱, 改之以災變, 告之以禎祥, 動之以生殺, 悟之以文章."

11) 『史記』, 「酈生陸賈列傳」, "項羽倍約, 自立爲西楚霸王, 諸侯皆屬, 可謂至彊. 然漢王起巴蜀, 鞭笞天下, 劫略諸侯, 遂誅項羽滅之. 五年之閒, 海內平定, 此非人力, 天之所建也."

있는 것이 아닙니다. 성인은 하늘의 위엄에 순응하고, 하늘의 기운에 합치하고, 하늘이 부여한 소임을 받들고, 하늘의 모습을 띠고 있는데, 그럼에도 하늘과 더불어 공을 세우지 않는다는 것은 너무 어려운 일 아니겠습니까?[12)]

역대로 성왕이나 현명한 군주들 모두는 하늘의 권위를 빌려 신하들과 백성들을 복종시키고 천하를 통치했는데, 그들은 천지와 덕을 합하여 뛰어난 공적을 이루었다. 반면 그렇지 않은 군주들의 경우 즉 천도를 위배한 군주들은 국가를 패망의 길로 끌고 갔던 사례가 역사적으로 비일비재하다고 할 수 있다.

육가의 천天에 대한 견해는 순자의 자연적 의미의 천天 관념을 계승하여 인간사와는 무관하다고 하는 자연적 의미의 천天관념이 주류를 이루고 있지만, 한편으로는 천인감응天人感應의 사상이 혼재되어 있는 인격신 의미의 천天관념이 있기도 하다. 이처럼 육가는 이중적 성격을 띤 천도관념을 가지고 있다고 말할 수 있는데, 이는 오늘날의 관점에서 볼 때 모순점을 가지고 있지만, 육가가 처했던 당시의 시대적 상황을 고려한다면 충분히 수긍할 만 하다고 할 수 있을 것이다.

세상의 만물은 천지가 화육하여 생성한 것인데 인류 역시 예외가 될 수는 없지만, 인류는 "고개를 들어 천문을 보고 고개를 숙여 지리를 관찰한다."[13)]라고 하는 능력이 있어서 인도人道를 만들 수 있었던 것이다.

---

12) 『新語』, 「本行」, "大怒之威, 非氣力所能行也. 聖人乘天威, 合天氣, 承天功, 象天容, 而不與爲功, 豈不難哉?"

13) 『新語』, 「道基」, "仰觀天文, 俯察地理."

> 이에 옛 성인 복희씨는 고개를 들어 천문을 보시고 고개를 숙여 지리를 관찰하시어 천지음양 건곤 등 팔괘를 그려내셨습니다. 이로써 인간세상의 도덕규범이 정해지고 백성들은 깨치기 시작하여 부자유친, 군신유의, 부부유별, 장유유서의 도리를 알게 되었습니다. 이에 모든 관직이 바로 서고 왕도가 생겨나게 되었습니다.[14)]

인도人道는 성인이 천지의 도道를 본받아 만들어낸 것이며, 그것의 주요한 내용은 바로 인륜인 것이다. 인류는 천지지간에 살면서 안신입명安身立命을 해야 하는 존재로서 제반 행위를 반드시 인의仁義에 의거해서 해야만 하는 것이라고 육가는 주장했다.

> 천지가 인간을 낳고 예의로써 본성을 삼았다. 인간은 자기 스스로를 돌이켜 반성함으로써 천명을 받게 되고 그것에 순응하였던 것이다. 이렇게 천명에 순응하는 것을 도라고 한다.[15)]

인류는 만물가운데 우뚝 선 존재라고 할 수 있는데, 그 이유는 인류만이 만물이 가지고 있지 않은 예의禮義를 가지고 있으며, 하늘로부터 부여받은 본성에 대한 반성적 사고를 통하여 발휘할 수 있게 될 때에 비로소 도道를 체득하게 되는 것이다. 심지어는 천지만물의 화육에까지도 참여할 수 있게 되는 것이다. 이러한 주장은 『중용中庸』에서 언급하는 "하늘이 명한 것을 본성이라 하고, 본성

---

14) 『新語』, 「道基」, "於是先聖乃仰觀天文, 俯察地理, 圖畫乾坤, 以定人道, 民始開悟, 知有父子之親, 君臣之義, 夫婦之道, 長幼之序. 於是百官立, 王道乃生."

15) 『論衡』, 「本性」, "天地生人也, 以禮義之性, 人能察已, 所以受命則順, 順之謂道."

을 따르는 것을 도라고 한다."[16]라고 하는 견해와 상당히 유사하다고 할 수 있다. 천명天命에 순응하여 따르는 예의禮義의 본성은 바로 인도人道의 드러남이 되는 것이다. 인도人道가 드러나면 바로 "하늘의 기운에 합치하고, 하늘이 부여한 소임을 받들고, 하늘의 모습을 띠게 된다."[17]고 할 수 있게 되는 것이다.

이러한 인도人道는 천도에서 비롯된 것이기 때문에 마땅히 천도天道에 의거해서 인도人道가 행해져야 하는 것인데, 만일 그렇지 않게 되면 인도人道의 효용가치는 바로 상실되어버리는 것이라고 할 수 있다.

> 일이 법도에 맞게 생겨나는 것이 아니라든지 도가 천지에 근본을 두고 있지 않다는 등은 입으로 말은 할 수 있되 실천하여선 안 되고, 귀로 들을 수는 있되 전파해서는 안 되고, □하게 갖고 놀 수는 있되 크게 이용해서는 안 됩니다.[18]

육가는 하늘의 뜻과 인간의 의지가 하나로 합해져야 만이 비로소 근본적인 도道가 모두 갖춰지게 되는 것이며, 이러한 도道 역시 인간의 실천을 통해야 만이 비로소 그 빛을 발하게 되는 것이라고 했다.

> 도라고 하는 것은 사람들이 다니는 길입니다. 큰 도가 밟고서 지나가면 할 수 없는 일이 없습니다. 그래서 도라고 일컫는 것입

16) 『中庸』, 「1章」, "天命之謂性, 率性之謂道."

17) 『新語』, 「本行」, "合天氣, 承天功, 象天容."

18) 『新語』, 「懷慮」, "事不生於法度, 道不本於天地, 可言而不可行也, 可聽而不可傳也, 可□翫而不可大用也."

니다.[19]

천도天道는 인도人道를 통하여 세상에 드러날 수 있게 되는 것이다. 그렇기 때문에 공자가 "사람이 도를 넓힐 수 있는 것이다."[20] 라고 했던 것이다. 그러므로 도道가 천하에 행해지지 않는다면 그것은 바로 사람들이 도道를 실천하지 않았기 때문인 것이다. 즉 사람들이 도道에 부합하여 그것을 실행할 수 없다면, 천도天道 역시 체현해낼 수 없게 되는 것이다.

> 공자께서 "도가 더 이상 행해지지 않는다."고 말씀하신 것은 사람들이 있는 도를 실천할 수 없게 되었다는 말입니다. 그래서 안연에게 이렇게 말했습니다. "도를 운용할 수 있으면 실천하고, 그것을 버려야 한다면 감춰두는 것, 이것은 오직 너와 나 둘만이 갖게 된 상황이구나." 이것은 안연의 도가 세상에 퍼졌는데도 그것이 쓰이지 못하고 있다는 말입니다. 사람들은 인애의 마음을 품고서 정의를 실천할 수 없고, 미세한 일을 분별할 수 없고, 천지의 이치를 헤아릴 수도 없습니다.[21]

도道라는 것은 항상 은미하여 드러나지 않는 것이지만, 지혜로운 사람만이 그것과 소통하여 그 전모를 밝힐 수 있는 것이다. 그렇기 때문에 육가는 "도는 지혜로운 사람을 만나야 제대로 발휘된

---

19) 『新語』, 「愼微」, "道者, 人之所行也. 夫大道履之而行, 則無不能, 故謂之道."

20) 『論語』, 「衛靈公」, "人能弘道."

21) 『新語』, 「愼微」, "孔子曰: 道之不行也. 言人不能行之. 故謂顔淵曰: 用之則行, 舍之則藏, 唯我與爾有是夫. 言顔淵道施於世而莫之用. 猶人不能懷仁行義, 分別纖微, 忖度天地."

다."[22]라고 언급한 것이며, 일반 백성들은 윗사람의 교화와 인도가 필요하다는 점을 강조했던 것이다.

백성들을 다스리는 왕도王道는 인도人道를 기초로 하여 발전해 나온 것이며, 이러한 왕도王道가 천지의 도를 계승할 때에만이 비로소 국가는 오랜 안정과 번영을 누릴 수 있게 되는 것이다.

> 성인은 하늘의 광명을 받들고, 해와 달의 운행을 바르게 하고, 별자리 움직임의 도수를 기록하고, 하늘과 땅이 가져다주는 이로움에 근거하고, (고원이나 평지 등의) 높고 낮음에 따라 작물의 등급을 정하고, 산과 물의 편의에 따라 (수레, 배 등과 관련된) 설비를 하고, 사해를 평정하고, 구주를 획분 하고, 좋아하고 싫어하는 가치 기준을 같게 만들고, 풍속을 통일시킵니다.……그래서 "하늘의 광명을 모범으로 삼고 땅이 가져다주는 이로움에 근거한다."고 말한 것입니다. 천문의 변화를 관찰하고 그로부터 지상 만사만물의 유사성을 연역 추론 하여 그것을 □□ 사이에 산포하고, 그것을 추위·더위라는 절기에 맞추어 조절하고, 그것을 사시사철의 기운에 따라 양육하고, 그것을 비바람의 변화에 맞추어 동일하게 만듦으로써 먼 나라, 풍속이 상이한 곳이더라도 □□□할 것을 모르지 않고, 즐거우면 노래하고 슬프면 울게 됩니다.[23]

성인이 만물과 모든 백성을 다스리기 위해서는 반드시 만물의

---

22) 『新語』, 「術事」, "道爲智者設."

23) 『新語』, 「明誡」, "聖人承天之明, 正日月之行, 錄星辰之度, 因天地之利, 等高下之宜, 設山川之便, 平四海, 分九州, 同好惡, 一風俗.……故曰: 則天之明, 因地之利. 觀天之化, 推演萬事之類, 散之於□□之間, 調之以寒暑之節, 養之以四時之氣, 同之以風雨之化, 故絶國異俗, 莫不知□□□, 樂則歌, 哀則哭."

상황에 정통해야 하는데, 그것은 바로 만물이 천지에서 생성되었기 때문이다. 그러므로 하늘의 법칙을 본받아야 하고 대지가 가져다주는 이로움에 순응해야 만이 비로소 만물과 백성들에게 적합한 환경을 만들어 낼 수 있는 것이다. 이러한 가운데 백성들의 양생이 순조롭게 이루어지게 되는 것이며 더나가 그러한 천지의 도가 가져다주는 은택이 만물 자연과 천하 만민에게 까지 미치게 되는 것이다. 이러한 성인의 치세를 육가는 다음과 같이 더욱 상세하게 묘사했다.

> 성인이 나라를 다스리면 그 은혜가 곤충에까지 미치고 은택이 초목에까지 미쳐서, 하늘의 기운을 타고 태어나 추위와 더위 등 계절의 변화에 따라 움직이는 것들 가운데 목을 길게 빼고 성인의 통치를 앙망하지 않는 자가 없고, 귀를 기울여 성인의 교화를 경청하지 않는 자가 없습니다.[24]

성인이 이러한 경지에 도달할 수 있게 된 까닭은 바로 천지의 도를 체득하고 만물의 성정에 순응했기 때문에 있는 것이다. 그렇기 때문에 육가의 하늘의 도天道나 땅의 도地道 및 인간의 도人道는 어떠한 형태의 신비주의적인 색채도 갖고 있지 않게 되는 것이다.

> 하늘에 있는 것들은 관찰할 수 있으며, 땅에 있는 것들은 측량할 수 있으며, 만물에 깃든 것들은 규율을 찾을 수 있으며, 사람에게 나타나는 것들은 관상을 파악할 수 있습니다.[25]

---

24) 『新語』, 「明誠」, "聖人之理, 恩及昆蟲, 澤及草木, 乘天氣而生, 隨寒暑而動者, 莫不延, 傾耳而聽化."

25) 『新語』, 「道基」, "在天者可見, 在地者可量, 在物者可紀, 在人者可相."

육가는 도道라는 것은 요원한 곳에 있어서 절대로 도달할 수 없는 것이 아니고, 고원한 곳에 있어서 올라갈 수 없는 것이 아니라 아주 가까운 곳에 있어서 체득되고 인식될 수 있는 것이라고 생각했다. 그러나 이러한 도道가 은미하여 드러나지 않게 되는 주요한 원인을 육가는 사람들이 "사물의 겉모습에 미혹되어서 내면의 실정을 놓치고 있다."[26]라고 하는 데에 있다고 보았다.

3. 기론에 대한 검토

육가는 우주의 탄생에 대하여 먼저 천지가 생겨나고 그 후에 만물이 생겨났다고 생각했다. 그래서 그는 만물은 "천지의 기운이 서로 도와 감응했다."[27]라고 하기 때문에 생겨난 것이라고 언급했으며, 만물은 "하늘의 기운으로 생겨났다."[28]고 하는 것이라는 언급도 했다. 그렇다면 여기에서 말하는 기氣라는 것은 도대체 어떤 것을 말하는 것인가?

> (하늘은)음양의 기운을 적절히 조화시킵니다. 그 기운이 펴져서 만물은 각자의 본성을 조절하게 되며 순서에 따라 오행이 배치됩니다. 만물을 봄에 태어나고 여름에 성장하며 가을에 거둬들이고 겨울에 감추어둡니다. 양기가 움직여 천둥번개가 생기고 음기가 모여 눈서리가 만들어집니다. 그리하여 뭇 생명들이 생육하고 성장하여 무성해지기도 하고 사라지기도 합니다.[29]

26) 『新語』, 「術事」, "惑於外貌, 失於中情."
27) 『新語』, 「道基」, "天地相承, 氣感相應."
28) 『新語』, 「道基」, "天氣所生"

육가는 하늘이 기氣를 널리 퍼트려 만물의 본성을 이루게 한다고 생각했다. 기氣는 곧 음기와 양기를 의미하는 것으로 만물은 모두 음기와 양기가 서로 감응하여 이루어진 것이다.[30] 만물의 본성은 하늘이 음양이기陰陽二氣의 감응을 통하여 만물에게 부여한 것이며, 만물의 생명은 바로 기氣에 의해서 이루어진 것이며 우주 역시 기氣로 이루어진 것이다. 인간이 생명을 더욱 잘 유지시키기 위해서는 반드시 기氣를 조절하고 양성해야 하는 것이다.

> 기운을 다스리고 심성을 수양하면 어진 사람은 장수합니다.[31]

> 기운을 정양하고 성정을 함양하여 정신창달과 수명 연장을 생각하는 사람은 바깥일에 뜻을 두지 않습니다.[32]

기운을 정양하는 방법은 마음의 평정을 유지하는 것과 정신창달에 전념하여 마음의 기운이 평온해지게 만드는 것이다. 이렇게 되면 자연히 "의지가 굳건하고 마음이 평정하면 혈과 맥이 강건하게 된다."[33]는 것과 같이 되는 것이지만, 그렇지 않을 경우에는 "정기가 새서 병이 생기면 수명을 길게 누리지 못하게 된다."[34]와 같은 상황에 직면하게 될 것이다. 육가는 개인의 수명 연장과 기

---

29) 『新語』, 「道基」, "調陰陽, 布氣治性, 次置五行, 春生夏長, 秋收冬藏, 陽生雷電, 陰成雪霜, 養育群生, 一茂一亡."

30) 祝瑞開, 『兩漢思想史』, 上海, 上海古籍出版社, 1989년, 51쪽 참조.

31) 『新語』, 「道基」, "調氣養性, 仁者壽長"

32) 『新語』, 「懷慮」, "養氣治性, 思通精神, 延壽命者, 則志不於外."

33) 『新語』, 「懷慮」, "志定心平, 血脈乃彊."

34) 『新語』, 「懷慮」, "氣泄生疾, 壽命不長."

운을 다스리는 차원에만 머무르지 않고 이러한 관념을 통치의 도리에까지 적용하였다.

> 성인이 다스리는 왕도의 세계에는 현인이 큰 공을 세웁니다. 은나라 탕임금은 이윤을 중용했고 주나라는 태공 여망을 임용하였는데 그들의 행위는 천지의 법도에 합치하였으며, 그들의 덕은 음양의 변화에 부합하였습니다. 하늘의 뜻을 이어받아 악을 징벌하고 횡포를 억제시키고 재앙을 없앴습니다. 천지의 기운과 만물이 모두 잘 길러질 수 있도록 하였습니다.35)

성인이 세상을 통치하게 되면 만물의 성정性情과 소통하게 되고 음양이기陰陽二氣가 조화를 이루게 되어서 만물은 그 자신의 본성에 따를 수 있게 되고 생장을 이룰 수 있게 되는 것이다. 또한 군주 역시 자신의 기운에 대하여 정양하고 다스릴 수 있게 되어 개인의 심성이 극단으로 치닫지 않게 만들어 주게 되는 것이다. 그러므로 그가 채택하는 정책은 자연히 중용적이고 평화로운 것이 되어서 포악한 학정으로 빠지게 되는 것을 방지할 수 있게 되는 것이다.

> 말절의 작은 일을 처리하려면 근본의 큰일부터 다스려야 하고, 그림자를 단정히 하고 싶으면 제 몸을 먼저 바르게 챙겨야 합니다. 뿌리를 잘 기르면 가지와 잎사귀가 무성해지고, 뜻과 기운이 잘 조화하면 도에 합치하게 됩니다.36)

---

35) 『新語』, 「道基」, "聖人王世, 賢者建功, 湯擧伊尹, 周任呂望, 行合天地, 德配陰陽, 承天誅惡, 克暴除殃, 將氣養物."

36) 『新語』, 「術事」, "治末者調其本, 端影者正其形, 養其根者則枝葉茂, 志

도道에 합치된다고 하는 말의 구체적인 표현은 바로 관용과 원만함 및 중화中和의 도道라고 할 수 있다.

> 군자는 관용과 원만함을 숭상하여 자기 몸을 덕으로 감싸고, 스스로 중화의 도를 실천하여 머나먼 지역까지 그 영향을 미칩니다. 백성들은 군자의 위엄을 두려워하여 그의 교화에 따르고, 군자의 덕을 흠모하여 그의 경내로 귀순하며, 군자의 정치를 찬미하여 감히 그의 통치를 거역하지 못합니다. 백성들은 벌을 주지 않아도 두려워하고, 상을 주지 않아도 선을 권장합니다. 이는 도덕에 물이 들고 중화의 도에 감복당해서 이루어진 결과입니다.[37]

관용정책은 반드시 군주가 관대하고 원만해질 수 있게 만드는 수양에 부합되어야 만이 비로소 중화中和의 도道를 기반으로 한 정령을 분명하게 관철시킬 수 있게 되는 것이다. 개인의 수양과 정치는 바로 여기에서 합치되는 것이다.[38] 육가가 언급한 음양陰陽은 반드시 인의仁義도덕으로 귀결 되는데, 그렇기 때문에 여기에서는 중화中和와 도덕을 정치의 도리를 의미하는 것으로 병칭하고 있는 것이다.

육가의 관념 속에서 기氣는 심신의 정양과 정치의 도리에서 빠져서는 안 될 요소일 뿐만 아니라 하늘과 인간이 소통하는 매개체

氣調者創道沖."

37) 『新語』, 「無爲」, "君子尙寬舒以苞身, 行中和以統遠; 民畏其威而從其化, 懷其德而歸其境, 美其治而不敢違其政. 民不罰而畏罪, 不賞而歡悅, 漸漬於道德, 被服於中和之所致也."

38) 吳力行, 「陸賈政治思想硏究」, 『中華文化復興月刊』, 第十卷, 十一期, 77쪽 참조.

의 역할을 한다고 볼 수 있다.

> 본성은 사람에게 간직되어 있지만 기는 하늘에까지 이르니, 섬세하고 작은 일에서 크고 원대한 일에 이르기까지 그리고 아래로 인간사에서 위로 천명까지 두루 통합니다. 사물들은 유유상종하며, 소리는 가까운 음끼리 서로 조화합니다.[39]

기氣의 유동성과 감응이 근거하는 원칙은 같은 부류의 것들끼리 서로 어울리는 것이다. 육가의 천인감응天人感應 이론체계는 바로 이러한 것에 기초해서 이루어졌다고 할 수 있다.

> 사악한 정치가 사악한 기운을 낳으며, 사악한 기운이 재앙이변을 낳습니다.[40]

재앙이변이 발생하게 되는 것은 인격신 의미의 천天이 복을 내려주거나 재앙을 내려줬기 때문에 생기는 것이 아니고, 군주의 정치 행위를 반영하는 것이다. 즉 기氣의 감응이 위로 하늘에게까지 도달하게 되어서 하늘이 각종의 재앙이변을 통하여 군주에게 경고하는 것이다. 사악한 정치로 인해서 발생하게 되는 재앙이변은 기氣의 소통과 감응에 의한 것이며,[41] 덕치와 교화에 의해서 발생하게 되는 효과도 역시 기氣의 소통과 감응에 의한 것이다.

---

39) 『新語』, 「術事」, "性藏於人, 則氣達於天, 纖微浩大, 下學上達, 事以類相從, 聲以音相應."

40) 『新語』, 「明誡」, "惡政生於惡氣, 惡氣生於災異."

41) 羅光, 『中國哲學思想史 - 兩漢南北朝篇』, 臺北, 學生書局, 1986년, 146쪽 참조.

사물들은 유유상종하며, 소리는 가까운 음끼리 서로 조화합니다. 도가 주창되면 덕이 따라 호응하고, 인이 수립되면 의가 따라 일어납니다.[42]

그래서 요임금 순임금 시절 백성들은 집집마다 덕행으로 표창을 받게 되었으나, 걸왕이나 주왕 시절 백성들은 집집마다 악행으로 징벌을 받게 되었습니다. 왜 그랬겠습니까? 교화를 잘하고 못하고가 그렇게 만든 것입니다. 따라서 하천에 가까운 지역은 습하고, 산에 가까이 있는 나무는 건조합니다. 비슷한 부류끼리 한데 모이는 것입니다.[43]

사람과 사람들 사이의 감응과 소통은 같은 부류의 것들끼리 서로 어울리는 원칙을 따르는 것인데, 이러한 것에 기초하여 군주는 덕치를 시행하고 백성들을 덕으로 교화하면 백성들을 감화시킬 수 있게 되어 결국에는 국가의 안정과 번영을 구가할 수 있게 되는 것이다. 이러한 기氣의 소통과 감응은 천인감응天人感應의 관념을 잘 설명하고 있다고 할 수 있다.

4. 천인관계

육가는 천天에 대하여 서로 다른 두 종류의 견해를 가지고 있었는데, 그것은 자연적 의미의 천天관념과 인격신 의미의 천天관념이

42) 『新語』, 「術事」, "事以類相從, 聲以音相應, 道唱而德和, 仁立而義興."
43) 『新語』, 「無爲」, "故曰: 堯舜之民, 可比屋而封, 桀紂之民, 可比屋而誅. 何者? 教化使然也. 故近河之地濕, 近山之土燥, 以類相及也."

다. 여기에서 인격신 의미의 천天관념은 천인감응天人感應 이론의 기초를 이루고 있다고 볼 수 있다.

(하늘은) 재난변괴를 내려 사람들의 잘못을 고치도록 하고 길한 징조를 미리 알려줍니다. 살리고 죽임으로써 만물을 움직이며 각종 천문현상으로 사람들에게 깨우침을 줍니다.[44)]

하늘은 각종의 천문현상의 재앙이변을 통하여 군주에게 경고를 하지만, 재앙이변이 발생하게 되는 근본적인 원인은 바로 군주 자신의 정치행위가 올바른 법도에 맞는지 여부에 있는 것이었다.

사악한 정치가 사악한 기운을 낳으며, 사악한 기운이 재앙이변을 낳습니다. (곡물줄기를 갉아먹는) 마디충 부류는 사악한 기운에 따라 생겨나며, 무지개 등속의 징조는 악렬한 정치로 인해 나타납니다. 아래에서 군주가 치국의 도를 잃으면 위에서 천문이 그에 대응하여 바뀌고, 백성들에게 사악한 정치가 행해지면 들에 (곡물줄기를 갉아먹는) 마디충 재난이 생겨납니다.[45)]

주공께서 몸소 예의를 실천하고 후직에게 교제사를 올리니 남해 월상국에서 공물을 받들고 내조하였으며, 기린·봉황·흰 꿩·상서로운 풀과 나무 등이 그것에 호응하여 출현하였습니다.[46)]

---

44) 『新語』, 「道基」, "改之以災變, 告之以禎祥, 動之以生殺, 悟之以文章."

45) 『新語』, 「明誡」, "惡政生於惡氣, 惡氣生於災異. 蝮蟲之類, 隨氣而生; 虹蜺之屬, 因政而見. 治道失於下, 則天文度於上; 惡政流於民, 則蝮蟲生於野."

46) 『新語』, 「明誡」, "周公躬行禮義, 郊祀后稷, 越裳奉貢重譯而臻, 麟鳳草木緣化而應."

하늘이 발생시키는 재앙이변이나 내보여주는 상서로운 징조는 단지 군주가 베푸는 정치에 대한 반응일 뿐이다. 그렇기 때문에 재앙이변의 출현은 하늘이 군주에게 대하여 내리는 경고이므로 다만 군주는 사악한 정치를 그만두고 올바른 법도에 따라 선정을 베풀면 천하를 안정적으로 다스릴 수 있게 되는 것이다.

> 『주역』에 이렇게 얘기합니다. "하늘이 상을 드리워 길흉에 관한 징조를 보이니 성인이 그것을 모범으로 삼고, 하늘이 선한 도를 내세우니 성인이 그것을 얻도다." 이는 도참·역법의 변화를 점단하여 이용하고 풍속·교화의 실책을 모아 감소시킴으로써 국가의 성쇠를 바로잡고 만물에 관한 일들을 기록하여 세상을 안정시키면, 그런 뒤에는 실행해선 안 될 정치가 없어지고, 다스려지지 않는 백성이 없어진다는 말입니다.47)

재앙이변을 통한 경고로서 국가의 흥성과 쇠락을 바로잡는다고 하는 것은, 육가가 방사方士와 같은 부류들이 일삼는 망언이나 미신에 빠지지 않고, 그가 군주에게 적극적으로 법도에 맞는 정치를 행할 것을 촉구하는 염원이 담겨져 있는 것이라고 할 수 있다.

> 태양이 □□□□□□□□하고 (스물)여덟 별자리가 나란히 벌여 있으나 각자 주관하는 바는 따로 있습니다. 수 만 가지 사물은 각자 다른 길을 가며, 수 천 가지 법도는 각기 다른 형태를 띱니다. 성인은 그들의 추세에 근거하여 조절을 하는데, 작은 것과 큰 것이

---

47) 『新語』, 「明誡」, "易曰: '天垂象, 見吉凶, 聖人則之; 天出善道, 聖人得之.' 言御占圖曆之變, 下衰風化之失, 以匡衰盛, 紀物定世, 後無不可行之政, 無不可治之民."

서로를 타넘지 않도록 하고, 모난 것과 둥근 것이 서로를 범하지 않도록 하며, 하늘의 도수에 맞추어 천체의 위치 등을 구분하고, 시절의 변환에 맞추어(추위・더위 밤낮 등을)기록합니다. 그리하여 별이 낮에 보이는 경우가 없고, 태양이 밤에 비추는 경우가 없으며, 우레가 겨울에 치는 경우가 없고, 서리가 여름에 내리는 경우가 없습니다. 신하가 군주를 능멸하는 일이 없으면 음이 양을 침범하는 경우가 없습니다. 한여름이 무덥지 않고, 한겨울에 찬 서리가 내리지 않고, 검은 기운이 태양을 감싸고, 혜성이 긴 꼬리를 흩날리고, 겨울에 무지개가 나타나고, 겨울잠 자는 벌레가 한여름에 땅 속에 숨어들고, 화성이 어지러이 별자리 위치를 못 잡고, 뭇 별들이 운행 질서를 잃게 되면 성인은 그 변화에 맞추어 알맞은 공적을 세우고 괴이한 현상들로부터 벗어나 태평시대에 이르도록 합니다. 요임금 순임금은 치우의 실패한 교훈을 받아들여 위의를 엄정히 하고 사방을 밝힐 도를 생각했습니다. 군자는 외부에서 발생한 악을 보면 내부에 생길 변화를 곧 압니다.[48]

하늘이 드러내는 재앙변이현상은 군주에 대한 경고이자 덕이 있는 군자에 대한 권면이라고 할 수 있다. 성군과 현명한 신하는 혼란한 시기에 직면하여, 하늘의 뜻에 순응하고 백성들의 염원에 호응하여 폭군을 몰아내어 공덕을 세우는 것이다.

성인이 다스리는 왕도의 세계에는 현인이 큰 공을 세웁니다. 은

---

48) 『新語』, 「思務」, "日□□□□□□□□□八宿並列, 各有所主, 萬端異路, 千法異形, 聖人因其勢而調之, 使小大不得相, 方圓不得相干, 分之以度, 紀之以節, 星不晝見, 日不夜照, 雷不冬發, 霜不夏降. 臣不凌君, 則陰不侵陽, 盛夏不暑, 隆冬不霜, 黑氣苞日, 彗星揚光, 虹蜺冬見, 蟄蟲夏藏, 熒惑亂宿, 衆星失行. 聖人因天變而正其失, 理其端而正其本, 堯、舜承蚩尤之失, 而思欽明之道, 君子見惡於外, 則知變於內矣."

나라 탕임금은 이윤을 중용했고 주나라는 태공 여망을 임용하였는데 그들의 행위는 천지의 법도에 합치하였으며, 그들의 덕은 음양의 변화에 부합하였습니다. 하늘의 뜻을 이어받아 악을 징벌하고 횡포를 억제시키고 재앙을 없앴습니다.[49)]

은나라 탕왕과 주나라 무왕 같은 군주, 은나라의 이윤과 주나라의 여망 같은 신하는 천시에 입각하여 형벌을 행하였고, 음양에 순응하여 행동을 하였습니다. 위로 천문을 올려다보고 아래로 인심을 헤아렸습니다. 그리하여 소수의 군대로 다수의 적을 물리치고, 약한 힘으로 강한 상대를 눌렀으며,……음란반역의 군주를 토벌하여 혼탁의 근원을 끊어버리니 천하가 화평하고 집집마다 풍요로워졌습니다. 필부들도 인을 행하고, 상인들은 신용을 지키고, 공덕은 천지와 나란하고, 정신은 귀신과 일치하게 되니 황하에서 하도가 솟고, 낙수에서 낙서가 나왔습니다. 이 도에 근거하여 그것을 천지간에 전파하였으니, 옛 사람들이 말하는 득도한 사람 아니겠습니까?[50)]

육가는 은나라 탕왕과 주나라 무왕이 하늘의 뜻을 계승하여 악행을 일삼은 걸桀 임금과 주紂 임금을 주살한 것에 대하여 매우 높은 평가를 부여했는데, 이것은 군주가 하늘의 계시를 따른 사실을 강조하기 위해서였다. 즉 오직 천지의 도리에 기인하고 음양의 법칙에 순응하며 백성들의 마음을 잘 살필 수 있어야 만이 왕도를

---

49) 『新語』, 「道基」, "聖人王世, 賢者建功, 湯舉伊尹, 周任呂望, 行合天地, 德配陰陽, 承天誅惡, 剋暴除殃."

50) 『新語』, 「愼微」, "若湯、武之君, 伊、呂之臣, 因天時而行罰, 順陰陽而運動, 上瞻天文, 下察人心, 以寡服衆, 以弱制强,……討逆亂之君, 絶煩濁之原, 天下和平, 家給人足, 疋夫行仁, 商賈行信, 齊天地, 致鬼神, 河出圖, 洛出書, 因是之道, 寄之天地之間, 豈非古之所謂得道者哉?"

성취할 수 있게 된다는 것이다. 그렇기 때문에 성왕의 통치시기에는 위로는 천문현상에서부터 아래로는 모든 금수에 이르기까지 모든 것들이 이치에 맞게 돌아가게 되는 것이다.

> 성인이 나라를 다스리면 그 은혜가 곤충에까지 미치고 은택이 초목에까지 미쳐서, 하늘의 기운을 타고 태어나 추위와 더위 등 계절의 변화에 따라 움직이는 것들 가운데 목을 길게 빼고 성인의 통치를 앙망하지 않는 자가 없고, 귀를 기울여 성인의 교화를 경청하지 않는 자가 없습니다. 성인은 사물을 관찰함에 어느 것 하나 빠뜨림이 없는데, 위로 해·달·별들에 미치고 아래로 새·짐승·초목·곤충에까지 이르며, □□□하는 익조가 멀리 나는 모양이나 다섯 개의 운석이 떨어지는 것 등을 모두 기록하여 아주 미세한 부분도 놓치지 않습니다. 구관조가 날아오고, 겨울에 큰사슴이 늘어나는 등의 일에 이르면 새나 짐승의 부류를 말하는 □□□입니다. 12월에 서리가 내려도 콩잎을 죽이지 못하는 것은 한서의 기운이 절도를 잃었다는 말입니다. 새·짐승·초목 등속도 각자 제 위치를 알아 법도에 따라 통괄하고 절기의 역수를 벼리로 삼고자 하는데 하물며 사람에게 있어서이겠습니까?[51]

육가는 성인이 천하를 다스리면 백성들의 삶이 안정될 뿐만 아니라 천지만물이 제각기 정해진 위치에서 제 소임을 다하고 조화

---

51) 『新語』, 「明誡」, "聖人之理, 恩及昆蟲, 澤及草木, 乘天氣而生, 隨寒暑而動者, 莫不延, 傾耳而聽化. 聖人察物, 無所遺失, 上及日月星辰, 下至鳥獸草木昆蟲, □□□鷁之退飛, 治五石之所隕, 所以不失纖微. 至於鴝鵒來, 冬多麋, 言鳥獸之類□□□也. 十有二月李梅實, 十月殞霜不煞菽, 言寒暑之氣, 失其節也, 鳥獸草木尙欲各得其所, 綱之以法, 紀之以數, 而況於人乎?"

를 이루게 되어 천하는 태평성대를 구가하게 될 것이라고 생각했다. 바로 이러한 점이 육가가 하늘의 재앙이변을 강조한 이유 가운데의 하나로서 결코 소홀히 취급할 수 없는 부분이라고 할 수 있다.

육가는 하늘과 인간의 관계 즉 천인관계에서 인간의 행위가 발단이 되고 하늘의 변이는 단지 필연적인 반응에 불과한 것이라고 생각했다. 이와 같은 사실로 육가는 인간의 행위를 더욱 중시했다는 점을 알 수 있게 된다. 또한 육가는 인간이 행위를 할 때 천도天道는 인간사에 대하여 절대로 간섭하지 않는다고 하는 것을 강조하기도 했다.

> 안정이냐 위험이냐의 요체, 길이냐 흉이냐의 징조는 하나같이 제 몸에서 출발하며, 도의 존망과 일의 성패는 한결같이 선한 행위를 하느냐 마느냐에 기원합니다. 요임금 순임금은 해와 달 등 자연현상이 바뀌지 않았는데도 흥성하였으며, 하나라 걸왕 은나라 주왕은 별빛이 바뀌지 않았는데 멸망하였습니다. 천도는 바뀌지 않았는데 인도가 바뀐 때문입니다.……그러므로 세상이 쇠락하고 도덕이 상실된 상황은 하늘이 그렇게 만든 것이 아니라 군주 자신이 그런 행위를 했기 때문에 얻어진 것입니다.[52]

천도天道가 비록 인간의 도 즉 인도人道의 근본이 되지만, 인간사의 흥망성쇠는 하늘이 주재하거나 결정할 수 있는 것이 아니고, 군주가 정치를 어떻게 하느냐의 여부에 달려있는 것이다. 이와 같

---

52) 『新語』, 「明誡」, "安危之要, 吉凶之符, 一出於身; 存亡之道, 成敗之事, 一起於善行; 堯、舜不易日月而興, 桀、紂不易星辰而亡, 天道不改而人道易也.……故世衰道亡, 非天之所爲也, 乃國君者有所取之也."

은 군주에게 중책을 부여하는 사상은 육가가 인위를 매우 중요시하는 경향을 가지고 있었음을 나타내고 있는 것이라고 할 수 있다. 그리고 이러한 경향은 순자의 사상을 계승하고 있음을 분명하게 드러내고 있다고 할 수 있다.[53] 순자는 세상 사람들에게 만연되어 있는 "무속에 미혹되고, 길흉의 징조를 믿는다."[54]라고 하는 세태를 바로잡고자 저술을 통하여 사람들을 미혹시키는 이론을 비판했는데, 육가 역시 같은 맥락에서 신선방사神仙方士사상에 대한 비판을 통하여 인위人爲의 중요성을 역설하지만, 전통적인 천인감응天人感應 사상에서 완전히 벗어나지는 못하는 한계를 가지고 있었다.

육가가 인위人爲를 강조한 것은 도道에 위배되는 것이며 궁극적으로는 인의仁義로 귀결되는 것이라고 할 수 있다. 그렇기 때문에 개인의 영욕이나 국가의 흥망성쇠를 막론하고 모두가 개인의 마음과 의지에 의해서 결정되는 것이다.

> 선한 사람은 반드시 그런 선량한 군주가 있기에 몰려드는 것이며, 악한 사람은 반드시 그런 불량한 까닭이 있기에 다가오는 것입니다. 선과 악은 공연히 지어지지 않으며, 화와 복은 제멋대로 생겨나지 않습니다. 오직 군주의 마음이 향한 바와 군주의 의지가 실천하는 바에 따라 결정될 따름입니다.[55]

---

53) 侯外廬, 『中國古代思想史』, 北京, 三聯書店, 1950년, 54쪽 참조.
54) 『史記』, 「孟子荀卿列傳」, "營於巫祝, 信禨祥"
55) 『新語』, 「思務」, "善者必有所主而至, 惡者必有所因而來. 夫善惡不空作, 禍福不濫生, 唯心之所向, 志之所行而已矣."

선악과 화복禍福이 개인의 마음과 의지에로 귀결되면 모든 일의 결과는 개인의 행위에 의해서 결정되는 것으로 이때 취사선택을 할 수 있는 선택권은 온전히 사람에게 있게 되는 것이다.

천인감응 사상의 기원은 매우 오래되었다고 할 수 있다. 초창기의 천인감응 사상에서는 인간과 신神 사이에 엄격한 구분이 없어 신神이 인간사에 적극 개입하고 관장했다. 그 후 인문정신이 점진적으로 싹터남에 따라 천인관계에서 하늘에 치우쳐져 있었던 무게 중심이 인간에게로 옮겨지게 된다.[56]

초기 유가의 문헌에 기록되어 있는 재앙이변 현상은 『춘추春秋』에서 가장 빈번하게 찾아 볼 수 있다고 하는데,[57] 이러한 문헌 속에 담겨져 있는 주요한 요지는 바로 인간사에 관한 문제이다. 한나라 사람들은 『춘추春秋』를 계승하는 한편 그것에 음양가의 이론을 섞어서 천인감응天人感應 사상을 시대적 담론으로 삼았던 것이다. 한나라 초창기에 활동하였던 육가 역시 이러한 시대적 분위기 속에서 자유롭지 못했을 것은 자명한 사실이라고 할 수 있다. 그러나 육가의 천인감응天人感應 사상은 천에 중점을 두지 않고 인간사에 중점을 두었다는 것이 여타의 사상가들과 가장 큰 차이라고 할 수 있다. 게다가 육가는 참위설과 같은 미신에 빠져들지 않았을 뿐만 아니라 인간의 주관적 행위를 상당히 중시하여 결국 인간에게 모든 현상에 대한 조처를 취사선택할 수 있게 하는 주도권을 부여하기도 했다.

육가의 인위人爲를 중시하는 사상은 하늘과 땅 그리고 인간 셋

---

56) 戴君仁, 『梅園論學集』, 臺北, 開明書店, 1970년, 365~376쪽 참조.
57) 楊向奎 외, 『中國古代哲學論叢』, 北京, 中華書局, 1957년, 75~76쪽 참조.

중에서 특히 성인이 이룩한다고 하는 것을 중시하는 관념과 일치한다고 볼 수 있다. 이처럼 육가의 사상 속에서의 인간은 도덕을 실현하는 관건적인 존재이자 문명의 발전을 촉진시키는 촉매제였다고 할 수 있다. 인간의 모든 행위가 비록 천도를 위배할 수는 없는 것이지만, 천도의 내함은 반드시 인도로 귀결되는 것이기 때문에 천인관계에서 표면적으로는 하늘이 인간을 지배하고 주재하는 것처럼 보이지만 실제로는 그 주도권은 인간 자신에게 있는 것이다. 즉 인간의 역량과 작용은 음양오행의 균형을 깨뜨릴 수 있기도 하고 음양오행을 조정할 수도 있는 것이다.[58] 육가의 관념 속에서의 하늘은 인간의 행위와 그 결과에 대하여 책임을 질 수 없으며, 인간의 행위에 대해서 재제를 가할 수도 없지만 그것에 대한 반응은 보일 수 있는 존재였다. 이와 같이 하늘은 군주의 통치행위에 대하여 긍정을 표하거나 경고를 보내기도 했던 것이다. 육가에게 있어서의 천도天道는 비록 최고의 원칙으로 자리를 잡고 있지만, 그것은 다만 피동적인 반응만 할 수 있었으며, 인간이 행위를 하는데 있어서 그것에 의거하거나 참고를 하게 되는 존재에 불과할 뿐이었던 것이다.

5. 맺는 말

이상과 같이 육가의 천도론 사상에 대하여 천도에 대한 분석과 기론에 대한 검토 및 천인관계론을 중심으로 조명해보았는데, 이

58) 金春峰, 『漢代思想史』, 北京, 中國社會科學出版社, 1997년, 6쪽 참조.

를 정리하면 다음과 같다.

육가의 천天에 대한 견해는 순자의 자연적 의미의 천天 관념을 계승하여 인간사와는 무관하다고 하는 자연적 의미의 천天관념이 주류를 이루고 있지만, 한편으로는 천인감응天人感應의 사상이 혼재되어 있는 인격신 의미의 천天관념이 있기도 하다. 이처럼 육가는 이중적 성격을 띤 천도관념을 가지고 있다고 말할 수 있는데, 이는 오늘날의 관점에서 볼 때 모순점을 가지고 있지만, 육가가 처했던 당시의 시대적 상황을 고려한다면 충분히 수긍할 만 하다고 할 수 있을 것이다. 또한 육가는 천도天道는 인도人道를 통하여 세상에 드러날 수 있게 되는 것이라고 생각했다. 그러므로 육가는 도道가 천하에 행해지지 않는다면 그것은 바로 사람들이 도道를 실천하지 않았기 때문인 것이라고 했다. 즉 사람들이 도道에 부합하여 그것을 실행할 수 없다면, 천도天道 역시 체현해낼 수 없게 되는 것이다.

육가의 관념 속에서 기氣는 심신의 정양과 정치의 도리에서 빠져서는 안 될 뿐만 아니라 하늘과 인간이 소통하는 매개체의 역할을 한다고 볼 수 있다. 기氣의 유동성과 감응이 근거하는 원칙은 같은 부류의 것들끼리 서로 어울리는 것인데, 육가의 천인감응天人感應 이론체계는 바로 이러한 것에 기초해서 이루어졌다고 할 수 있다. 또한 재앙이변이 발생하게 되는 것은 인격신 의미의 천天이 복을 내려주거나 재앙을 내려줬기 때문에 생기는 것이 아니고, 군주의 정치 행위를 반영하는 것이다. 즉 기氣의 감응이 위로 하늘에게까지 도달하게 되어서 하늘이 각종의 재앙이변을 통하여 군주에게 경고하는 것이다. 사악한 정치로 인해서 발생하게 되는 재앙이변은 기氣의 소통과 감응에 의한 것이며, 덕치와 교화에 의해서 발생하게 되는 효과도 역시 기氣의 소통과 감응에 의한 것이다.

육가는 하늘과 인간의 관계 즉 천인관계에서 인간의 행위가 발단이 되고 하늘의 변이變異는 단지 필연적인 반응에 불과한 것이라고 생각했다. 이와 같은 사실로 육가는 인간의 행위를 더욱 중시했다는 점을 알 수 있게 된다. 육가는 인간이 행위를 할 때 천도天道는 인간사에 대하여 절대로 간섭하지 않는다고 하는 것을 강조하기도 했다. 또한 육가의 천인감응天人感應 사상은 전통의 천인감응 사상처럼 천에 중점을 두지 않고 인간사에 중점을 두었다는 것이 여타의 사상가들과 가장 큰 차이라고 할 수 있다. 게다가 육가는 참위설과 같은 미신에 빠져들지 않았을 뿐만 아니라 인간의 주관적 행위를 상당히 중시하여 결국 인간에게 모든 현상에 대한 조처를 취사선택할 수 있게 하는 주도권을 부여하기도 했다. 육가의 인위人爲를 중시하는 사상은 하늘과 땅 그리고 인간 셋 중에서 특히 성인이 이룩한다고 하는 것을 중시하는 관념과 일치한다고 볼 수 있다. 이처럼 육가의 사상 속에서의 인간은 도덕을 실현하는 관건적인 존재이자 문명의 발전을 촉진시키는 촉매제였다고 할 수 있다.

참고문헌

李光坡, 『周易述注』, 『四庫全書』本.
劉寶楠, 『論語正義』, 『續皇淸經解』本.
朱熹, 『四書章句集註』, 『四庫全書』本.
司馬遷, 『史記』, 北京, 中華書局, 1982년.

班固,『漢書』, 北京, 中華書局, 1990년.
王利器,『新語校注』, 北京, 中華書局, 1996년.
黃暉,『論衡校解』, 北京, 中華書局, 1995년.
侯外廬,『中國古代思想史』, 北京, 三聯書店, 1950년.
楊向奎 외,『中國古代哲學論叢』, 北京, 中華書局, 1957년.
賀淩虛,『中國古代政治思想論集』, 南投, 霧峰出版社, 1970년.
戴君仁,『梅園論學集』, 臺北, 開明書店, 1970년.
羅光,『中國哲學思想史 - 兩漢南北朝篇』, 臺北, 學生書局, 1986년.
金春峰,『漢代思想史』, 北京, 中國社會科學出版社, 1997년.
祝瑞開,『兩漢思想史』, 上海, 上海古籍出版社, 1989년.

제5절 정치론

1. 시작하는 말

한나라 건국 초기에 한고조의 정권을 공고히 하려는 정책적 필요에 의해서 육가陸賈는 당시 직면한 현실적 문제의 해결책을 제시하는 한편 그러한 주장을 담은 저작을 내놓는다. 한나라 초기에 수립된 치국의 도는 대부분 진나라가 망한 역사적 교훈에 의거한 것들이 주류를 이루고 있었다. 육가는 이러한 문제에 착안하여 매우 정교한 견해를 제시한다. 이러한 견해들은 육가사상의 현실적 기초가 되었으며, 한고조의 무력에 의한 정권유지의 태도를 바꾸는 기점이 되었던 것이다.

이러한 육가의 주장을 담은 저작이 바로 『신어新語』인데, 그것의 주된 목적은 한고조의 치국방략의 요구에 부응하기 위하여 역사적 경험과 교훈을 총결하여 한나라 시기의 치국방침을 수립하기 위함에 있었던 것이다. 그렇기 때문에 그것의 주된 내용은 대부분이 정치사상에 관한 것들이었다.

한나라 초기는 진나라가 강력한 법치주의 때문에 망한 사실을 거울삼아서 법가의 사상에 대하여 극단적으로 배척하는 분위기였다. 그렇기 때문에 육가는 유가의 인의仁義관념과 도가의 무위無爲관념을 적절하게 배합하여 자신의 정치사상의 주요한 이슈로 삼는다.

이상과 같은 육가의 사상은 한대 초기의 유학을 이해하는데 있어서 가의賈誼의 사상과 함께 빠져서는 안 될 관건적인 사상이라고 할 수 있다. 한나라 초기 국가의 시스템을 갖추는데 지대한 영향력을 발휘했으며, 한무제 시기의 유가사상의 부흥에 있어서 그 단초의 역할을 했던 육가의 사상에 대하여 본문에서는 정치사상적 측면에서 무위의 숭상과 덕치의 제창을 중심으로 논의를 진행해보도록 하겠다.

2. 무위의 숭상

육가는 도道의 최고 경지가 무위無爲라고 생각했다. 그래서 그는 "치국의 도로 무위보다 큰 것은 없으며, 행동의 원칙으로 삼가고 공경하는 것보다 중요한 것은 없습니다."[1]라고 언급했던 것이다. 이처럼 육가는 무위를 이와 같은 위치로 끌어올렸는데, 이는 당시의 시대적 상황의 요청을 반영한 것이라고 할 수 있다. 당시는 한나라 건국초기로 정권이 아직은 공고히 자리 잡히지 못했기 때문에 천하의 백성들은 애타게 안정된 사회를 염원하고 있었으며, 진나라 시기의 "민중들에게 너무 포악한 조치를 내렸으며, 형벌의 적용이 너무 극단적임."[2]이라고 하는 것과 같은 전철을 또다시 밟지 않기 위하여 육가는 무위의 주장을 가장 먼저 제기하여 이를 한나라 제왕들의 치국의 원칙으로 삼고자 했던 것이다.

육가의 무위는 천지의 도를 본받은 것인데,[3] 그가 언급한 천天

1) 『新語』, 「無爲」, "夫道莫大於無爲, 行莫大於謹敬."
2) 『新語』, 「無爲」, "乃擧措暴衆, 而用刑太極."
3) 賀凌虛, 『中國古代政治思想論集』, 南投, 霧峯出版社, 1970년, 81쪽 참조.

은 자연현상이라고 하는 의미의 천이라고 할 수 있으며 인간의 도는 이러한 천도天道를 본받아야 한다고 했다. 무위는 치국의 도의 지극한 원칙이 되기 때문에 당연히 천도에 근원을 둔 것이 되는 것이다. 이러한 천도의 표현은 "만물은 천시를 어기지 않으며, 본성을 침탈하지 않으며, 자기 성정을 감추지 않는다."[4]와 같은 것으로, 만물의 성정性情에 순응하여 그것의 생장을 이루게 하는 것이다. 그래서 육가는 "하늘이 선한 도를 내세우니 성인이 그것을 얻도다."[5]라고 했던 것이며, 군주 역시 마찬가지로 이러한 천도를 본받아서 무위를 해야만 한다는 주장을 했던 것이다.

육가는 역사적 경험과 교훈을 총괄하여 무위의 다스림에 대한 전범을 제시하는데 그것은 바로 순임금과 주공의 사례이다.

> 옛날에 순임금은 천하를 다스리면서 오현금을 타시고 「남풍」이란 시를 노래하셨습니다. 평온하기가 마치 치국할 의사가 없는 듯하였고, 조용하기가 마치 천하를 근심하는 마음이 없는 듯하였으나, 천하는 오히려 대단히 잘 다스려졌습니다. 주공이 예악제도를 만들고, 천지에 제사지내고, 산천에 제를 올리고, 군대를 만들지 않았으며, 형법은 한쪽에 놓아두고 사용하지 않았으나 사해 안 모든 나라들이 몰려와 공물을 바쳤습니다. 머나먼 남해 월상국의 군주까지 통역을 거듭해가며 내조하였습니다. 그러므로 무위는 곧 유위인 셈입니다.[6]

---

4) 『新語』, 「道基」, "不違天時, 不奪物性, 不藏其情."

5) 『新語』, 「明誡」, "天出善道, 聖人得之."

6) 『新語』, 「無爲」, "昔舜治天下, 彈五絃之琴, 歌南風之詩, 寂若無治國之意, 漠若無憂民之心, 然天下治. 周公制作禮樂, 郊天地, 望山川, 師旅不設, 刑格法懸, 而四海之內, 奉供來臻, 越裳之君, 重譯來朝. 故無爲也, 乃有爲也."

위의 인용문을 뒤이은 단락에서 육가는 진나라 시기의 극단적인 형벌의 적용과 무력에 의한 통치로 인하여 국가의 멸망을 초래하게 된 역사적 사실을 교훈으로 새기고 있다. 이는 순임금과 주공의 무위에 의한 통치와 진나라의 과도한 유위有爲의 통치를 서로 비교하여 그것들의 득실을 나타내고 있는 것이다. 주공의 무위는 예악을 제정하여 예악으로써 나라를 다스린 결과 사방의 국가들에서 사절단이 몰려와 공물을 바치며 찬양하였는데, 이는 덕으로써 사람들을 감복시킨 것이라고 할 수 있다. 또한 순임금과 같은 경우 오현금을 타며 천하를 다스렸는데, 이것 역시 덕으로 천하의 사람들을 감화시킨 사례라고 할 수 있다. 예악제도와 덕에 의한 교화의 주장은 유가의 핵심사상이라고 할 수 있는 것이기 때문에, 육가가 주장한 무위는 이미 원시도가의 사상과는 다른 성격을 띠고 있는 것으로 보아야 할 것이다. 다시 말한다면 이는 유가와 도가의 사상을 종합하여 새로운 의미를 부여한 것이라고 할 수 있는 것이다.

육가가 주장한 무위의 구체적인 내용은 바로 정치의 간소화로서,[7] 이는 곧 국가의 백성에 대한 간섭배제 그리고 재정의 검소함과 절약인데, 이는 번잡하고 가혹했던 진나라 법률의 맹점을 바로잡아 단순하고 안정된 통치의 추구인 것이라고 할 수 있다.

> 형벌이 과중하면 통치자의 마음이 번거로워지고, 사무가 번잡하면 통치자의 몸이 피로해집니다. 마음이 번거로워지는 것은 형벌을 거침없이 운용하고도 아무것도 이룬바가 없기 때문이며, 몸이 피로

7) 王雲五, 『兩漢三國政治思想史』, 臺北, 臺灣商務印書館, 1969년, 4쪽 참조.

해지는 것은 가지가지 일들이 도리에 어긋나 무엇 하나 성취함이 없기 때문입니다.[8)]

형벌이 과도하게 엄중하고 국가행정업무가 번잡한 결과는 단지 형벌이 범람하게 되고 간사한 무리들이 법망의 허점을 파고들 뿐 통치에는 전혀 도움이 되지 않는 것이다. 그렇기 때문에 육가는 관용과 유연함해야 함을 주장했던 것이다.

군자는 관용과 원만함을 숭상하여 자기 몸을 덕으로 감싸고, 스스로 중화의 도를 실천하여 머나먼 지역까지 그 영향을 미칩니다.[9)]

굳센 성격을 가진 사람은 시간이 오래 가면서 좌절을 맞지만, 부드러운 성격을 지닌 사람은 오래오래 유지할 수가 있습니다. 조급하고 안달하는 사람은 빠르게 뒤집히지만, 완만하고 신중한 사람은 장구히 존재할 수 있습니다. 용맹을 숭상하는 사람은 후회가 빠르지만, 온순 돈후한 사람은 행동이 너그럽고 편안합니다. 조급하고 빠른 성격을 지닌 사람은 꼭 모자라는 점이 있습니다만, 부드럽고 유연한 사람은 굳세고 강경한 사람을 제압할 수 있습니다.[10)]

강력한 법치는 철저한 개혁조치를 요구하는데, 이는 휴식과 양생의 시대에는 적합하지 않은 것이었다. 그렇기 때문에 육가는 통치자에게 마땅히 정치적 명령을 간소화 할 것을 요구하는 한편 온

---

8) 『新語』, 「至德」, "夫形重者則身勞, 事衆者則心煩; 心煩者則刑罰縱橫而無所立, 身勞者則百端迴邪而無所就."

9) 『新語』, 「無爲」, "君子尙寬舒以苞身, 行中和以統遠."

10) 『新語』, 「輔政」, "懷剛者久而缺, 持柔者久而長, 躁疾者爲厥速, 遲重者爲常存, 尙勇者爲悔近, 溫厚者行寬舒, 懷促急者必有所虧, 柔懦者制剛强."

순 돈후함과 관용과 원만함 및 중화中和의 태도서 백성들을 다스리는 것이야말로 당시의 시대적 요청에 부응할 수 있는 것이라고 했던 것이다.

관용과 원만함 및 온순 돈후한 태도 외에도 육가는 군주에게 백성들의 생활을 안정시켜야 한다고 했는데, 즉 군주가 반드시 자신의 욕망을 절제하여 결코 백성들과 이익을 다투지 말아야 함을 건의했다.

> 땅을 갖고 백성들을 자식처럼 아끼며 국가와 백성을 다스리는 사람이 사사로운 이익을 도모하거나 자신의 산업을 경영한다면 교화가 행해지지 않을 것이고 어떤 정책법령도 집행되지 않을 것입니다.[11)]

통치자가 재물과 이익을 탐하게 되면 그는 반드시 백성들과 이익을 다투게 되어 백성들의 원성을 사게 될 것이며, 그러한 결과 그가 추진하고자 하는 정책법령 역시 집행되지 않게 된다. 그래서 육가는 진나라가 망하게 된 이유가 교만하고 사치스러웠기 때문이라고 했으며, 노나라 장공이 백성들과 이익을 다투었던 것 역시 욕망을 방임한 결과로서 이는 결국 "교만을 부리고 음란한 데 재물을 탕진하고, 불요불급한 일에 인력을 소진했습니다. 결국 위에서 군주는 써야할 재정비용이 모자라고 아래서 백성들은 먹을 것에 굶주리게 되었다."[12)]와 같은 상황을 초래하게 되어 노나라는

---

11) 『新語』, 「懷慮」, "據土子民, 治國治衆者, 不可以圖利, 治產業, 則教化不行, 而政令不從."

12) 『新語』, 「至德」, "財盡於驕淫, 人力罷於不急, 上困於用, 下飢於食."

이때부터 국력이 쇠락하기 시작했던 것이라고 했다. 그렇기 때문에 군주는 우선적으로 재물에 대한 욕구를 절제하고 성인을 본받아야 하는 것이라고 육가는 주장했던 것이다. 군주가 자신의 재물 욕구를 줄인 뒤에는 자연히 검약하는 생활을 하며 사치스러움을 사절할 수 있게 되는 것이다. 더나가 육가는 백성들에 대해서도 일일이 간섭하는 것을 배재하는 태도를 취하게 되어 곧 백성들을 번거롭지 않게 만들어 결국에는 백성들이 농업에 집중할 수 있도록 하여 이를 토대로 국력을 회복할 수 있게 되는 것이라고 했다.

백성들의 피로가 쌓이게 만드는 노역이나 군주의 화려하고 사치스러운 사물들에 대하여 육가는 통치자가 마땅히 그러한 것들을 버려야할 것이라고 생각했으며, 백성들을 번거롭지 않게 하고 헛된 토목공사를 일으키지 않거나 백성들에 대한 과도한 수탈을 하지 않는 것이 무위이고 인의仁義의 구체적인 표현이라고 생각했다. 육가의 무위가 최종적으로 귀결되는 곳은 바로 인의의 실천에 있다고 할 수 있다. 그래서 육가는 "나라를 다스림에는 도덕을 최상으로 여겨야 하며 일을 실행함에는 인의를 근본으로 삼아야 합니다."[13]라고 했으며, 한걸음 더나가 "군자는 도를 장악하여 다스리고, 덕에 의거하여 행동하며, 인을 바탕에 깔고 앉고 서며, 의를 지킴으로써 강해집니다. 마음을 텅 비고 적막하게 가지며, 모든 데에 통달하여 막힘이 없습니다."[14], "인은 도의 준칙이며 의는 성인의 학문입니다."[15]라고 했던 것이다. 이처럼 무위는 최고의

---

13) 『新語』, 「本行」, "治以德爲上, 行以仁義爲本."

14) 『新語』, 「道基」, "君子握道而治, 德而行, 席仁而坐, 杖義而彊, 虛無寂寞, 通動無量."

15) 『新語』, 「道基」, "仁者道之紀, 義者聖之學."

지도 원칙이 되는 것이고 실질적인 조치를 실현하는 것으로, 이는 정치와 행정을 간소화한 것이면서 백성들에게 편리한 정책인 것으로 결국은 인의仁義에 의거해서 시행되는 덕치德治인 것이다.

육가는 이상적인 치세에 대하여 구체적으로 묘사했는데, 그것은 바로 지극한 덕이 펼쳐지는 세상이었던 것이다.

> 그래서 군자가 정치를 하면 태연자약 아무 일도 없는 듯하며, 고요히 아무 소리도 없는 듯하며, 관청엔 마치 아무 관리도 없는 듯하며, 향촌부락엔 마치 아무 백성도 없는 듯합니다.……노인들은 집에서 쉬고, 장정들은 들에서 경작에 종사하며, 조정에 있는 사람들은 군주에게 충성하고 집에 있는 사람들은 부모에 효도하게 됩니다.……강한 사람과 약한 사람이 서로 돕고, 큰 사람과 작은 사람이 서로 품어주고, 존귀한 사람과 비천한 사람이 서로 받들어 마치 줄지어 서로를 좇는 기러기처럼 말하지 않아도 군주를 신뢰하고 화내지 않아도 위엄이 서게 됩니다. 어찌 견고한 갑주와 예리한 병기, 깊은 감옥과 각박한 명령, 아침부터 저녁까지 절절히 권면한 뒤라야 정부명령이 이행되는 것이겠습니까?[16]

지극한 덕이 펼쳐지는 세상의 실현은 절대로 엄격한 형벌과 가혹한 법률로써 도달할 수 있는 것이 아니고 도가의 청정무위와 유가의 인의 교화를 융합한 것을 위주로 해야 하며, 그것에 법가의 법치관념을 보조로 더해야 만이 이룩될 수 있는 것이다. 무위는

16) 『新語』, 「至德」, "是以君子之爲治也, 塊然若無事, 寂然若無聲, 官府若無吏, 亭落若無民.……老者息於堂, 丁壯者耕耘於田, 在朝者忠於君, 在家者孝於親.……强弱相扶, 小大相懷, 尊卑相承, 鴈行相隨, 不言而信, 不怒而威, 豈恃堅甲利兵, 深刑刻法, 朝夕切切而後行哉?"

바로 그러한 경지를 묘사하고 있는 것이며 실제로 그것을 만드는 것은 유가에 의해서 구체화 되는 것이라고 할 수 있다. 이러한 육가의 무위는 인의를 실행해야 하는 것이며,[17] 지극한 덕이 펼쳐지는 세상에서는 사람들이 제각기 자신의 본분에 맞게 평안한 삶을 구가 하면서 군주와 신하・존귀한 자와 비천한 자・윗사람과 아랫사람・강자와 약자・현명한 사람과 어리석은 사람 등의 인간관계가 모두 조화롭게 유지된다고 할 수 있다. 이러한 조화로운 관계의 유지와 협조는 백성들 스스로 그렇게 하거나 엄혹한 형벌에 의해서 만들어지는 것이 아니고, 교육과 도덕에 의해서 유지되는 것이며,[18] 거기에 적당한 상벌이 보조적인 역할을 해주는 것이다. 바로 이러한 점에서 육가가 유가・도가・법가의 사상을 창조적으로 융합시켜서 한고조를 위해서 구상한 한나라 초기의 정치경제 환경에 부합하는 새로운 정치시스템을 만들었다고 하는 사실을 확인할 수 있게 되는 것이다.

3. 덕치의 제창

육가는 진나라의 폭정을 교훈삼아서 소극적으로는 형벌을 가볍게 할 것을 주장하고 적극적으로는 덕치德治를 주장했다. 그렇기 때문에 『신어』속에는 덕德과 형벌이 병립되어 있는 부분이 매우 많이 보이고 있는 실정인데, 예를 들자면 "형벌이 확립되면 덕이 없어진다."[19], "제나라 환공은 덕을 숭상하여 패업을 달성하였고,

17) 任繼愈, 『中國哲學發展史-秦漢』, 北京, 人民出版社, 1985년, 139쪽 참조.
18) 金春峰, 『漢代思想史』, 北京, 中國社會科學出版社, 1997년, 89쪽 참조.

진나라 2세는 형벌을 숭상하여 멸망했습니다."[20]와 같은 것들이 그것이다. 육가는 덕에 의한 통치와 형벌에 의한 통치는 서로 대립되는 것이라고 생각했는데, 그는 역사적 사례를 들어서 형벌을 숭상하면 국가는 멸망하고 덕을 숭상하면 강성해진다고 하는 주장을 펼쳤다. 그렇기 때문에 육가는 덕치를 시행할 것을 강력하게 주장했다. 육가가 덕치를 주장하게 된 또 다른 이유는 바로 정치를 한다는 것은 반드시 백성들의 삶에 대한 체험적 인식을 기반으로 해야 한다고 하는 것에 있다고 할 수 있다.

> 국가를 부유하게 하고 위력을 강화시키며, 토지를 개척하고 먼 지역까지 복종시키려는 사람은 반드시 백성들로부터 지지를 얻어내야 합니다. 공을 세워 명예를 드높이고, 이름을 떨쳐 영화를 후세까지 전하려는 사람은 반드시 제 몸의 수양에 의지해야 할 것입니다.[21]

백성이 근본이라고 하는 민본사상은 유가의 일관된 전통인데, 육가 역시 백성은 국가의 근본이라고 생각하는 한편 국가가 강성해지기 위해서는 반드시 먼저 백성들의 지지를 받아야 한다고 했으며, 이러한 백성들의 지지는 바로 덕치의 실행에서 온다고 생각했다. 또한 육가는 백성들의 지지 여부 즉 민심의 향배에 대하여 직접적으로 알 수 있다고 했다.

---

19) 『新語』, 「術事」, "刑立則德散."

20) 『新語』, 「道基」, "齊桓公尙德以覇, 秦二世尙刑而亡."

21) 『新語』, 「至德」, "夫欲建國彊威, 辟地服遠者, 必得之於民; 欲立功興譽, 垂名流光顯榮華者, 必取之於身."

천지의 본성이든 만물의 온갖 종류 무엇이든 모두가 도덕을 따르는 사람에게 귀의하고, 백성들은 형벌에 의존하는 통치자를 두려워합니다. 귀의해 오면 그 곁에서 붙어살지만, 두려워하면 그 나라에서 떠나게 됩니다.[22]

육가는 형벌과 덕이 정치적으로 두 종류의 극단적인 효과를 조성할 수 있다고 보았는데, 그가 언급한 "포악한 정치를 시행하면 원한이 쌓이고, 덕에 의한 정치를 펼치면 공적을 이룰 수 있습니다."[23]와 같은 것들이 바로 그것이다. 육가는 백성들이란 덕치에 의해서 군주에게 기대는 것이라고 생각했기 때문에 덕치를 실시해야 만이 비로소 형벌이 범람하는 폐단을 종식시킬 수 있게 되어 백성들의 지지를 얻게 되는 것이라고 보았다. 백성들의 지지 즉 민심을 얻는 구체적인 방법으로 당시에는 형벌을 가볍게 하고 백성들을 번거롭게 하지 않는다고 하는 구체적인 정책 외에 가장 중요한 것은 군주 자신이 직접 모범을 보이는 것이었다.

왕의 도읍지에서 남면하고 있는 군주는 모든 백성들이 본받아야 할 모범이므로 일거수일투족이 법도를 잃어서는 안 됩니다. 옛날 주나라 양왕이 계모를 모실 수가 없어 정나라 지역에 나와 살자 그의 아랫사람들 상당수가 제 부모를 배반했습니다.……제환공이 여색을 좋아하여 고모 자매들까지 아내로 삼으니 나라 안에 골육간의 간음사례가 빈번하였습니다. 초평왕은 사치하고 방종하여 덕으로 아랫사람을 다스리거나 단속할 수 없었습니다.……그래서 초나

---

22) 『新語』, 「至德」, "天地之性, 萬物之類, 儴道者衆歸之, 恃刑者民畏之, 歸之則附其側, 畏之則去其域."

23) 『新語』, 「道基」, "虐行則怨積, 德布則功興."

> 라 사람들은 날로 사치스러워졌으며 군신간의 구별도 없어졌습니다. 그러므로 윗사람이 아랫사람을 교화시키는 일은 바람이 부는 대로 풀잎이 쏠리는 것과 같습니다. 군주가 조정에서 무력을 숭상하면 농부들이 논밭에서 갑옷이나 병기를 수선하게 됩니다. 따라서 군주는 백성들이 사치하면 절검으로 대응하고, 교만하고 음란하면 인의의 도리로 통제하여 아랫사람들을 다스려야 합니다.[24]

통치자는 신분지위가 높은 사람으로서 그의 일거수일투족은 만백성들의 관심의 대상이기 때문에 행동거지는 반드시 법도에 맞게 하여 모든 백성들이 모범으로 삼게 해야만 하는 것이다. 통치자가 이와 같이 할 때에야 비로소 백성들을 덕으로 교화시킬 수 있게 되는 것이다. 육가의 이러한 사상과 선진유가의 덕으로써 백성을 교화시킨다고 하는 사상은 일치한다고 볼 수 있다. 육가는 군주란 최고의 지도자일 뿐만 아니라 백성들의 훌륭한 도덕선생님이 된다고 생각했다. 군주의 말 한마디나 모든 행동거지는 백성들에 대한 영향력이 매우 크기 때문에 "오류가 입에서 한번 발출되기만 하여도 그 혼란은 만 리 밖까지 미치게 됩니다."[25]라고 하는 것이다. 그렇기 때문에 반드시 말을 삼가고 행동을 신중하게 하여 "굽히고 펴는 모든 행동이 법도를 잃어서는 안 되며, 동작 하나하나가 법도를 벗어나서는 안 된다."[26]는 경지에 이르게 되면

---

24) 『新語』, 「無爲」, "夫王者之都, 南面之君, 臣姓之所取法, 擧措動作, 不可失法則也. 昔者, 周襄王不能事後母, 出居於鄭, 而下多叛其親.……齊桓公好婦人之色, 妻姑姊妹, 而國中多淫於骨肉. 楚平王奢侈縱恣, 不能制下, 檢民以德, ……於是楚國逾奢, 君臣無別. 故上之化下, 猶風之靡草也. 王者尙武於朝, 農夫繕甲於田. 故君之御下, 民奢侈者, 則應之以儉; 驕淫者, 則統之以理."

25) 『新語』, 「明誡」, "謬誤出於口, 則亂及萬里之外."

비로소 백성들을 덕으로 교화 시킬 수 있게 되는 것이다.

육가는 덕치를 강조하였는데, 이는 그가 덕에 의한 교화의 효과를 매우 깊게 신뢰했기 때문이다. 그래서 그는 "자신이 훌륭한 도를 갖추고 있으면 거리가 멀다고 귀의해오지 않는 사람이 없을 것이며, 제 몸으로부터 악한 행위가 드러나면 아무리 가까운 사람이라도 떠나지 않는 사람이 없을 것입니다."[27]라고 생각했으며, 다만 군주가 "일거수일투족이 법도를 잃지 않는다."[28]라고 할 때에 자연히 윗사람의 행동을 아랫사람이 본받게 되어 "덕이 행하여지면 천하 사람들이 그에 순종하게 된다."[29]라고 언급했던 것이다. 백성들이 주동적으로 선한 정신으로 향하기 위해는 덕치의 계발을 통하여야 만이 비로소 가능한 것이라고 육가는 말했다.

> 군자는 관용과 원만함을 숭상하여 자기 몸을 덕으로 감싸고, 스스로 중화의 도를 실천하여 머나먼 지역까지 그 영향을 미칩니다. 백성들은 군자의 위엄을 두려워하여 그의 교화에 따르고, 군자의 덕을 흠모하여 그의 경내로 귀순하며, 군자의 정치를 찬미하여 감히 그의 통치를 거역하지 못합니다. 백성들은 벌을 주지 않아도 죄를 두려워하고, 상을 주지 않아도 즐겁고 기쁘게 여기게 됩니다. 이는 도덕에 물이 들고 중화의 도에 감복당해서 이루어진 결과입니다.[30]

---

26) 『新語』, 「明誡」, "屈申不可以失法, 動作不可以離度."

27) 『新語』, 「明誡」, "夫善道存於身, 無遠而不至; 惡行著於己, 無近而不去."

28) 『新語』, 「無爲」, "擧措動作, 不可失法則也."

29) 『新語』, 「愼微」, "德行而其下順之矣."

30) 『新語』, 「無爲」, "君子尙寬舒以苞身, 行中和以統遠; 民畏其威而從其化, 懷其德而歸其境, 美其治而不敢違其政. 民不罰而畏罪, 不賞而歡悅, 漸漬於道德, 被服於中和之所致也."

육가는 군주의 위엄은 마땅히 덕치 위에 건립해야 하는 것으로 생각한 반면 형벌과 무력에 의해서 건립되는 것이 아니라고 여겼다. 그래서 육가는 "덕이 왕성한 사람은 위엄이 광대하지만, 힘이 왕성한 사람은 백성들에게 전횡을 부립니다."[31]라고 언급하여 오직 덕으로 위엄을 세워야 만이 백성들이 벌을 주지 않아도 죄를 두려워하게 만들 수 있으며 또한 군자의 정치를 찬미하여 감히 그의 통치를 거역하지 못하게 만들 수 있다고 했던 것이다.

덕치는 내향적인 정치사상으로서 백성들에 대한 도야에 그 중점이 맞춰져 있다고 할 수 있으며, 통치자 자신이 스스로 모범을 보일 때만이 백성들을 교화시킬 수 있게 되어 안정적으로 통치를 할 수 있는 것이다. 덕성에서부터 정치・사회적 성취 즉 외왕外王에 도달하는 것의 과정은 반드시 내적 수양 즉 내성內聖을 기반으로 해야 하는 것이며, 이러한 내성에서 외왕에 이르는 것은 점진적으로 외부를 향하여 확대해가는 과정이라고 할 수 있다. 그렇기 때문에 그 근본은 자신을 수양하는 것으로 귀결되어야 하는 것이며, 자신을 수양해야 만이 비로소 전범을 수립할 수 있게 되어 스스로 모범을 보일 수 있게 되는 것이다.

육가는 통치자의 모범 외에도 동시에 교육의 중요성을 강조했는데, 이는 교육의 사회적 기능을 긍정한 것이라고 할 수 있다. 또한 그는 좋은 정치는 현명한 사람을 등용시켜 시행해야지 만이 비로소 그 효과가 발휘될 수 있다고 주장했다. 이처럼 육가는 덕치를 언급하면서 현명한 인재를 발탁하여 임용하는 것을 매우 중요하게 여겼다. 그렇기 때문에 육가의 덕치사상은 군주가 스스로 모

31) 『新語』, 「道基」, "德盛者威廣, 力盛者驕衆."

범을 보여서 백성들을 통솔하는 것 외에도 자기수양·교육·현명한 사람을 존중한다고 하는 것 등의 풍부한 의미를 포함하고 있는 것으로 볼 때, 그의 덕치사상은 유가의 색채가 매우 농후하다고 할 수 있는 것이다.

먼저 자기수양에 대하여 살펴보면, 유가의 덕치라고 하는 정치사상은 군주의 자기수양을 기초로 하는 것이라고 할 수 있다. 육가는 군주가 덕으로 백성들을 교화시켜서 통치해야 한다고 강조하면서, 군주 자신의 행위는 삼가고 경건해야 하는 것이라고 했다. 그러므로 군주는 반드시 도덕적이어야 하는데, 이러한 도덕의 구체적인 내용은 바로 인의仁義라고 할 수 있다. 그래서 육가는 군주란 "인의로 보금자리를 만든다."[32]라고 언급했던 것이다. 또한 육가는 도덕수양은 마땅히 작은 것에서부터 착수해야 한다고 했다.

> 천하에 큰 공로를 세운 사람은 반드시 가정 내에서 먼저 자기 수양을 잘 하고, 만세에 위대한 명성을 드리운 사람은 반드시 미세한 작은 일부터 실천합니다.……안에서 수양을 잘하여 밖으로 저명해졌으며, 작은 일을 실천하여 큰 영향력을 발휘하였습니다.[33]

덕성의 수양과정은 점차 누적되는 것이며 점진적으로 확충되어 가는 것이기 때문에 천하를 다스리기 위해서는 반드시 먼저 "집안일을 걱정하지 않음."[34]을 해야 하는 것이며, 백성들을 덕으로 교

---

32) 『新語』, 「輔政」, "仁義爲巢."

33) 『新語』, 「愼微」, "夫建大功於天下者必先脩於閨門之內, 垂大名於萬世者必先行之於纖微之事.……修之於內, 著之於外; 行之於小, 顯之於大."

34) 『新語』, 「懷慮」, "憂不存於家."

화시키려고 한다면 군주가 자기수양부터 시작해야 한다는 것이다. 육가는 고대의 성현들 모두가 이러한 과정에 의거해서 태평성대를 이룩했다고 생각했다.

> 군주가 현명하게 덕에 의한 정치를 펼치면 그 영향이 먼 곳까지 미칠 수 있고, 신하들이 돈독히 인의를 실천하면 국가가 강대한 상태에 다다를 수 있습니다. 왜 그렇게 말을 하겠습니까? 옛날에 은나라 탕왕은 사방 칠십 리의 봉지로 출발했으나 마침내 제왕의 지위에 올랐으며, 주공은 자신은 삼공의 지위에 있었으나 공덕은 흔히 오제삼왕에 견주어 지는데, 이는 그들이 입으론 항상 선한 말을 뱉고 몸으론 항상 선한 도를 행했기 때문에 그렇게 된 것입니다.[35]

도덕적 세계관 속에서는 군주와 신하가 각자의 직분이 있는데, 군주의 직분은 백성들을 덕으로 교화시키는 것이고 신하의 직분은 의로움으로써 충성을 다하는 것이다. 또한 군주와 신하를 막론하고 누구든지 언행이 도덕에 부합하고 삼가 하여 자신을 수양하기만 한다면 이는 자연히 요순과 주공의 덕에 부합할 수 있게 되는 것이다.

육가는 도덕은 본래 인간의 성정에 근본을 두는 것이며, 또한 인간의 성정에 근원한 근본의 확립으로 인륜도덕의 체계를 마련한 오경五經과 육예六藝를 따르는 것이라고 생각했기 때문에 어렵지 않게 인식할 수 있고 실천에 옮길 수 있는 것으로 보았다. 그러므로 자기수양은 결코 어렵지 않은 것이라고 했던 것이다.

---

35) 『新語』, 「明誡」, "君明於德, 可以及於遠; 臣篤於義, 可以致於大, 何以言之? 昔湯以七十里之封, 升帝王之位; 周公以自立三公之官, 比德於五帝三王; 斯乃口出善言, 身行善道之所致也."

열심히 공부하여 『시경』·『서경』구절을 외는 것은 보통사람도 할 수 있는 일입니다. 장강·황하를 옮기고 태산을 움직이고자 한다면 이는 인간의 힘으로 할 수 없는 일입니다. 몸과 마음을 잘 조절하고, 악을 지양하고 선을 지향하며, 재물을 탐하지 않고, 조그만 이익에 구차히 굴지 않으며, 재물을 나눌 때 적게 취하고, 사회에 봉사하며 노고를 아끼지 않는 일 등은 천하 사람들이 쉽게 알 수 있는 도리이며 쉽게 실천할 수 있는 일입니다.……눈으로 흑색 백색을 구별할 수 없고, 귀로 청음 탁음을 구별할 수 없고, 입으로 선함 악함을 설명할 수 없다고 하면 이는 할 수 없다는 말입니다. 그래서 도를 세우는 사람은 누구나 쉽게 알아볼 수 있도록 하므로 보통 사람들의 마음에 꿰뚫고 들어가 할 수 없다는 그 행동들을 할 수 있도록 바꿔줍니다. 도란 사람들이 다니는 길입니다.[36]

도덕의 실천은 본래 앎과 실천 선후의 문제가 아닌 것으로, 본래 마음에서 펼쳐져 도덕에 부합할 수 있게 되는 것이다. 그렇기 때문에 육가는 의로움과 이익의 구별을 특히 강조했는데, 이는 군주가 이익의 유혹을 받지 않게 되어야 만이 비로소 "이익추구 행위가 단절되면 도의가 뚜렷이 드러날 것이고, 무력을 앞세우는 행위가 물러나면 덕이 흥하게 된다."[37]고 하는 상태에 이를 수 있게 되어, 결국은 군주가 도에 전념하고 행동은 의로움에 부합하게 되

36) 『新語』, 「愼微」, "夫力學而誦詩·書, 凡人所能爲也; 若欲移江·河, 動太山, 故人力所不能也. 如調心在己, 背惡向善, 不貪於財, 不苟於利, 分財取寬, 服事取勞, 此天下易知之道, 易行之事也.……夫目不能別黑白, 耳不能別淸濁, 口不能言善惡, 則所謂不能也. 故設道者易見曉, 所以通凡人之心, 而達不能之行. 道者, 人之所行也. 夫大道履之而行, 則無不能, 故謂之道."

37) 『新語』, 「懷慮」, "利絶而道著, 武讓而德興."

는 것이기 때문이다. 육가가 언급한 이익은 물질적인 것을 포함하여 부귀함과 무병장수의 유혹까지도 포함하는 것이며, 의로움은 모든 백성의 이익에 부합하는 행위를 의미하는 것이라고 할 수 있다. 그러므로 육가는 군주에게 "한 가지 이익을 보고는 수만의 기회를 잃고, 한 가지 행복을 취하고는 수많은 재앙에 이른다."[38]라고 하는 우를 범하지 말 것을 재삼 권고하고, 군주는 마땅히 "미모의 여색을 멀리하며, 쟁쟁거리는 화려한 음악소리를 내치며, 달콤한 미식을 먹지 않으며, 아양을 떠는 감정표현 따위에 관심이 없다."[39]와 같이 해야 하며, 또한 "의에는 돈독하나 이익은 경시하고, 실천은 민첩히 하나 말에는 신중하다."[40]와 같이 해야 만이 행동이 덕이 부합될 수 있는 것임을 강조했다.

다음은 교육인데, 육가는 덕치에 대하여 언급하면서 통치자가 자기수양을 통하여 스스로 모범을 보이는 것 외에도 반드시 교육의 역량이 필요하다고 주장했다. 육가는 교육의 효과와 공헌에 대하여 매우 강력히 긍정하는 태도를 보여주고 있다.

> 백성들이 법을 두려워할 줄 알면서도 따라야할 예의가 있음을 몰랐습니다. 이에 중고시대의 성인 문왕과 주공이 벽옹・상・서 등 교육기관을 설립하여 상하존비의 의례를 바로잡고 부자간의 예 및 군신간의 의를 밝혀주었습니다. 강한 자가 약한 자를 능멸하지 못하도록 하고, 다수가 소수를 해치지 못하도록 하였습니다. 탐욕스럽고 야비한 마음을 버리고 맑고 깨끗한 행동을 일으키도록 가르

38) 『新語』, 「思務」, "見一利而喪萬機, 求一福而致萬禍."
39) 『新語』, 「輔政」, "君遠熒熒之色, 放錚錚之聲, 絶恬美之味, 踈嗌嘔之情."
40) 『新語』, 「本行」, "篤於義而薄於利, 敏於事而愼於言."

쳤습니다.[41)]

육가는 백성들이 교육을 받은 이후에야 비로소 자신의 본분을 지키게 되고 장유유서와 상하존비의 의례를 분명하게 알게 될 수 있다고 했다. 이와 같이 될 때에 사람들은 자연스럽게 평화롭고 안정된 삶을 유지시켜 나갈 수 있게 되는 것이다. 그리고 교육의 잠재적인 기능은 형벌과 법률에 의한 징계와 비교했을 때, 그 효과적인 측면은 훨씬 더 광범위하고 심원한 것이라고 할 수 있다. 그래서 육가는 지극한 덕이 펼쳐지는 세상에서는 교육이 매우 중요한 지위에 있음을 특히 강조한다.

> 벽옹・상・서 등 학교를 일으켜 그들을 교육시키고 나면 현명한 사람과 어리석은 사람이 논의를 달리하게 되고, 청렴한 사람과 비루한 사람이 등급을 달리하게 되고, 어른과 아이들이 예절을 달리하게 되고, 윗사람과 아랫사람 사이에 차등이 있게 됩니다. 강한 사람과 약한 사람이 서로 돕고, 큰 사람과 작은 사람이 서로 품어주고, 존귀한 사람과 비천한 사람이 서로 받들어 마치 줄지어 서로를 좇는 기러기와 같습니다.[42)]

육가는 교육이 사회를 안정시키고 사회의 질서를 유지시켜주는 기능에 대하여 깊은 신뢰를 가지고 있었다. 육가는 교육의 효과가

---

41) 『新語』, 「道基」, "民知畏法, 而無禮義. 於是中聖乃設辟雍庠序之教, 以正上下之儀, 明父子之禮, 君臣之義, 使强不凌弱, 衆不暴寡, 棄貪鄙之心, 興清潔之行."

42) 『新語』, 「至德」, "興辟雍庠序而教誨之, 然後賢愚異議, 廉鄙異科, 長幼異節, 上下有差, 强弱相扶, 小大相懷, 尊卑相承, 鴈行相隨."

매우 광범위한 것으로 생각하여 "말하지 않아도 군주를 신뢰하고 화내지 않아도 위엄이 서게 된다."[43]고 하는 경지에까지 도달 할 수 있다고 보았다. 또한 육가는 가장 이상적인 교재는 바로 공자가 편찬했다고 하는 오경五經과 육예六藝라고 생각했다.[44]

> 후성 공자께서 오경을 확정하시고 육예를 천명하였습니다. 위로 하늘의 뜻을 계승하고 아래로 땅의 이치를 통섭하였으며, 사리를 따지고 미세한 말절까지 헤아려 사람의 성정에 근원한 근본의 확립으로 인륜도덕의 체계를 마련하였습니다. 천지의 법도를 근거로 책을 편찬하여 후세에 남기니 새나 짐승들도 감화를 받았으며 그로써 혼란스런 세상을 구제했습니다. 천의와 인간사가 하나로 합해져 근본적인 도술이 모두 갖추어지게 되었습니다.……사회의 사치풍조를 절제시키고 풍속을 바로잡고 문화적으로 우아한 경지에 다다르게 되었습니다.[45]

육가는 오경과 육예가 교육의 교재가 된다고 한 것은 세상이 혼란해진 후에 인륜관계가 타락하지 않도록 하기 위함이라고 생각했다.[46] 그래서 그는 "성인은 오경과 육예를 가지고 혼란을 방지한다."[47]라고 언급했던 것이며, 아울러 예악禮樂의 교육을 통하여 백성들의 도덕과 문화적 소양을 제고시키는 한편 사회의 도덕성

---

43) 『新語』, 「至德」, "不言而信, 不怒而威."
44) 王雲五, 『漢唐教學思想』, 臺北, 臺灣商務印書館, 1970년, 7~8쪽 참조.
45) 『新語』, 「道基」, "後聖乃定五經, 明六藝, 承天統地, 窮事微, 原情立本, 以緒人倫, 宗諸天地, 脩篇章, 垂諸來世, 被諸鳥獸, 以匡衰亂, 天人合策, 原道悉備.……以節奢侈, 正風俗, 通文雅."
46) 徐復觀, 『兩漢思想史』卷二, 臺北, 學生書局, 1985년, 94쪽 참조.
47) 『新語』, 「道基」, "聖人防亂以經藝."

을 재건하여 국가가 장기적으로 안정된 상태를 유지할 수 있게 되기를 염원했던 것이다.

끝으로 현명한 사람을 존중하는 것인데, 정치의 도리는 좋은 정책을 만드는 것과 훌륭한 사람을 등용시키는 것에 있다고 할 수 있다. 육가가 말하는 좋은 정책은 바로 인의仁義를 실천하는 것이며, 훌륭한 사람은 바로 현명한 사람을 의미한다.[48] 좋은 정책은 반드시 훌륭한 인재를 통해야만 그 효과를 볼 수 있는 것이기 때문에 육가는 군주가 가장 중요하게 여겨야 하는 일이 바로 인의仁義를 실천하는 것과 현명한 인재를 등용하는 것이라고 생각했던 것이다.

> 성인은 높은 위치에서 있게 되면 인의로 보금자리를 만들고, 위험한 지경에 빠지게 되면 성현을 지팡이로 삼습니다. 그러므로 높아도 추락하지 않고, 위험해도 넘어지지 않습니다. 옛날에 요임금은 인의로 보금자리를 삼았고, 순임금은 직과 설을 지팡이로 삼았습니다. 그래서 높아질수록 편안하였고 움직일수록 견고하였습니다. 그분들은 편안한 높은 지위에 있으면서도 공경과 겸양을 계속하였습니다. 덕은 천지와 짝을 이루었고, 빛은 팔방을 덮었으며, 공적은 무궁히 후세에 드리워졌고, 명성은 영원히 썩지 않고 전해졌습니다. 그건 그분들 인의의 거처가 적절한 보금자리였으며, 이용할 지팡이로 제대로 사람을 얻었기 때문입니다.[49]

48) 黃錦鋐, 『秦漢思想硏究』, 臺北, 學海出版社, 1979년, 89쪽 참조.

49) 『新語』, 「輔政」, "聖人居高處上, 則以仁義爲巢, 乘危履傾, 則以賢聖爲杖, 故高而不墜, 危而不仆. 昔者, 堯以仁義爲巢, 舜以稷、契爲杖, 故高而益安, 動而益固. 然處高之安, 乘克讓之敬, 德配天地, 光被四表, 功垂於無窮, 名傳於不朽, 蓋自處得其巢, 任杖得其材也."

인의仁義는 군주 자신의 자기수양의 도리이며 현명한 인재는 군주가 나라를 다스리는 데에 있어서 반드시 필요한 도구라고 할 수 있다. 이러한 두 가지가 서로 조화롭게 배합되어야만이 비로소 무위의 다스림의 치세에 도달할 수 있게 되는 것이다. 진나라는 인재를 제대로 등용하지 못했기 때문에 패망의 길로 들어서 결국은 망해버린 것이며, 은나라의 예를 거울삼아 보더라도 알 수 있듯이 국가의 통치와 혼란은 군주가 현명한 인재를 제대로 등용했는지의 여부에 달려있는 것이다. 그래서 육가는 다음과 같이 엄중한 경고를 했던 것이다.

> 전차 천 대를 낼 수 있는 제후국을 다스리면서 참소하고 아첨하는 신하의 계책을 믿고서도 망하지 않는 경우는 아직 없었습니다. 그래서 『시경』에는 "참소하는 무리 끝없이 날뛰니 온 나라 뒤엉켜 혼란에 빠지네!"라고 말합니다. 수많은 간사한 무리들이 합심하여 한 명의 군주를 뒤엎는다면 나라는 위태로워지고 백성들은 사라지는 것이 당연한 일 아니겠습니까![50]

이처럼 현명한 인재를 등용하지 않고 참언을 일삼는 무리들의 진언을 듣고 그들을 등용하여 국가를 멸망의 길로 접어들게 만드는 것은 전적으로 군주 자신의 선택에 달려있는 것이다. 또한 군주는 인재를 발탁시킬 때 넓은 시야를 가지고 보아야지 국한된 안목으로 발탁해서는 안 되는 것이라고 하였다. 그래서 그는 "좋은 말이 기기만 있는 것은 아니며, 예리한 검이 간장만 있는 것이 아

50) 『新語』, 「輔政」, "夫據千乘之國, 而信讒佞之計, 未有不亡者也. 故詩云: '讒人罔極, 交亂四國.' 衆邪合黨, 以回人君, 邦危民亡, 不亦宜乎!"

니며, 미녀가 서시만 있는 것은 아니며, 충신이 여망만 있는 것은 아닙니다."[51]라고 했던 것이다. 국가를 다스리기 위해서는 여러 분야 걸쳐서 인재가 필요하기 때문에 인재의 발탁은 반드시 심도 있고 광범위하게 해야만 하는 것이다.[52] 그리고 육가가 재세하던 당시에는 아직 과거제도가 없었기 때문에 유능한 인재는 단지 군주의 발굴과 중용에 의해서만이 비로소 등용되어 공적을 이룰 수가 있었다. 또한 육가는 도를 품은 유능하고 현명한 인재가 영명한 성군을 만나지 못하는 것은 천리마가 백락伯樂을 만나지 못하는 것과 같아서 이는 국가적으로도 커다란 손실이라고 했다.

현명한 인재를 가까이 하고 참소를 일삼는 무리를 멀리해야 하는 것이 명백한 치국방략의 도리임에도 불구하고 역사적으로 수많은 현자들이 세상에 드러나지 못하고 매몰되는 경우가 비일비재 하였는데, 이는 간신들이 그들의 등용을 막고 군주를 현혹했기 때문이었다. 그래서 육가는 이러한 간신들의 전횡을 막고 유능하고 현명한 인재를 등용시키기 위해서는 군주가 반드시 인재를 판별할 수 있는 안목과 명철한 지혜를 갖춰야 한다고 하였다. 아울러 군주가 이러한 자질을 갖추기 위해서는 인의를 실천할 수 있어야 하고 의로움과 이익의 추구를 분명하게 판별 할 수 있어야 함과 동시에 간언을 광범위하게 듣고 그것의 명분과 실리를 심사숙고 하게 되면 자연스럽게 시비를 분명하게 판별하고 현신과 간신을 분별할 수 있게 된다고 하였다.

51) 『新語』, 「術事」, "良馬非獨騏驥, 利劍非唯干將, 美女非獨西施, 忠臣非獨呂望."

52) 薩孟武, 『儒家政論衍義』, 臺北, 東大圖書有限公司, 1982년, 79~80쪽 참조.

4. 맺는 말

이상과 같이 육가의 정치사상에 대하여 무위의 숭상과 덕치의 제창을 중심으로 논의를 진행해보았는데, 이를 정리하면 다음과 같다.

육가는 무위를 치국의 도라고 하는 위치로 끌어올렸는데, 이는 당시의 시대적 상황의 요청을 반영한 것이라고 할 수 있다. 당시는 한나라 건국초기로 정권이 아직은 공고히 자리 잡히지 못했기 때문에 천하의 백성들은 애타게 안정된 사회를 염원하고 있었으며, 진나라 시기의 폭압에 의한 통치의 전철을 또다시 밟지 않기 위하여 육가는 무위의 주장을 가장 먼저 제기하여 이를 한나라 제왕들의 치국의 원칙으로 삼고자 했던 것이다. 이러한 무위의 구체적인 내용은 바로 정치의 간소화로서, 이는 곧 국가의 백성에 대한 간섭배제 및 재정의 검소함과 절약인데, 이는 번잡하고 가혹했던 진나라 법률의 맹점을 바로잡아 단순하고 안정된 통치를 추구했던 것이라고 할 수 있다.

백성들의 피로가 쌓이게 만드는 노역이나 군주의 화려하고 사치스러운 사물들에 대하여 육가는 통치자가 마땅히 그러한 것들을 버려야할 것이라고 생각했으며, 백성들을 번거롭지 않게 하고 헛된 토목공사를 일으키지 않거나 백성들에 대한 과도한 수탈을 하지 않는 것이 무위이고 인의仁義의 구체적인 표현이라고 생각했다. 육가의 무위가 최종적으로 귀결되는 곳은 바로 인의의 실천에 있다고 할 수 있다. 이처럼 육가가 주장한 무위는 이미 원시도가의 사상과는 다른 성격을 띠고 있는 것으로 보아야 할 것이다. 다시 말한다면 이는 유가와 도가의 사상을 종합하여 새로운 의미를 부여한 것이라고 할 수 있는 것이다.

육가는 이상적인 치세에 대하여 구체적으로 묘사했는데, 그것은 바로 지극한 덕이 펼쳐지는 세상이었으며, 이러한 세상의 실현은 절대로 엄격한 형벌과 가혹한 법률로써 도달할 수 있는 것이 아니고 도가의 청정무위와 유가의 인의 교화를 융합한 것을 위주로 해야 하며, 그것에 법가의 법치관념을 보조로 더해야 만이 이룩될 수 있는 것이라고 생각했다. 무위는 바로 그러한 경지를 묘사하고 있는 것이며 실제로 그것을 만드는 것은 유가에 의해서 구체화 되는 것이라고 할 수 있다.

육가는 덕에 의한 통치와 형벌에 의한 통치는 서로 대립되는 것이라고 생각했는데, 그는 역사적 사례를 들어서 형벌을 숭상하면 국가는 멸망하고 덕을 숭상하면 강성해진다고 하는 주장을 펼쳤다. 그렇기 때문에 육가는 덕치를 시행할 것을 강력하게 주장했던 것이다. 또한 육가는 백성들이란 덕치에 의해서 군주에게 기대는 것이라고 생각했기 때문에 덕치를 실시해야 만이 비로소 형벌이 남발되는 폐단을 종식시킬 수 있게 되어 결국에는 백성들의 지지를 얻게 되는 것이라 했다. 민심을 얻는 구체적인 방법으로 형벌을 가볍게 하고 백성들을 번거롭게 하지 않는다고 하는 정책 외에 더욱 중요한 것은 군주 자신이 직접 모범을 보이는 것에 있었다.

육가가 이처럼 덕치를 강조한 이유는 그가 덕에 의한 교화의 효과를 매우 깊게 신뢰했기 때문이며, 궁극적으로는 백성들을 선하게 유도하기 위하여 덕치의 계발을 해야 하는 것이라고 했다. 또한 육가는 통치자의 모범 외에도 동시에 교육의 중요성을 강조했는데, 이는 교육의 사회적 기능을 긍정한 것이라고 할 수 있다. 아울러 그는 좋은 정치는 현명한 사람을 등용시켜 시행해야 만이 비로소 그 효과가 발휘될 수 있다고 주장했다.

육가는 군주가 덕으로 백성들을 교화시켜서 통치해야 한다고 강조하면서, 군주 자신의 행위는 삼가고 경건해야 하는 것이라고 했다. 그러므로 군주는 반드시 도덕적이어야 하는데, 이러한 도덕의 구체적인 내용은 바로 인의仁義라고 할 수 있다. 또한 육가는 교육이 사회를 안정시키고 사회의 질서를 유지시켜주는 기능에 대하여 깊은 신뢰를 가지고 있었다. 육가는 교육의 효과가 매우 광범위한 것으로 생각하여 "말하지 않아도 군주를 신뢰하고 화내지 않아도 위엄이 서게 된다."고 하는 경지에까지 도달 할 수 있다고 보았다. 게다가 육가는 가장 이상적인 교재는 바로 공자가 편찬했다고 하는 오경五經과 육예六藝라고 주장했다. 그리고 육가는 현명한 인재를 등용하지 않고 참언을 일삼는 무리들의 언론에 의하여 부화뇌동하여 국가를 멸망의 길로 접어들게 만드는 것은 전적으로 군주 자신의 선택에 달려있다고 했다. 그러므로 군주는 인재를 발탁시킬 때 넓은 시야를 가지고 보아야지 국한된 안목으로 발탁해서는 안 되는 것이라고 하였다.

이처럼 육가는 덕치를 언급하면서 현명한 인재를 발탁하여 임용하는 것을 매우 중요하게 여겼다. 그렇기 때문에 육가의 덕치사상은 군주가 스스로 모범을 보여서 백성들을 통솔하는 것 외에도 자기수양·교육·현명한 사람을 존중한다고 하는 것 등의 풍부한 의미를 포함하고 있는 것으로 볼 때, 그의 덕치사상은 유가의 색채가 매우 농후하다고 할 수 있는 것이다.

참고문헌

王利器, 『新語校注』, 北京, 中華書局, 1996년.

王雲五, 『兩漢三國政治思想史』, 臺北, 臺灣商務印書館, 1969년.

王雲五, 『漢唐教學思想』, 臺北, 臺灣商務印書館, 1970년.

黃錦鋐, 『秦漢思想研究』, 臺北, 學海出版社, 1979년.

徐復觀, 『兩漢思想史』卷二, 臺北, 學生書局, 1985년.

金春峰, 『漢代思想史』, 北京, 中國社會科學出版社, 1997년.

賀凌虛, 『中國古代政治思想論集』, 南投, 霧峯出版社, 1970년.

薩孟武, 『儒家政論衍義』, 臺北, 東大圖書有限公司, 1982년.

任繼愈, 『中國哲學發展史-秦漢』, 北京, 人民出版社, 1985년.

제6절 군주의 수양론 사상

1. 시작하는 말

선진시기 제자백가의 정치사상 가운데 어떻게 이상적인 정치를 완성할 수 있을까? 라고 하는 문제를 탐구할 때 일반적으로 성인聖人의 개념을 제출하게 된다. 이와 같은 성인 관념은 제자백가의 사상가들이 의식하지 않은 상태에서 형성된 사유상의 공통분모라고 할 수 있을 것이다. 그들은 이상적인 인격을 갖춘 성인이 출현하기만 하면, 이상적인 정치시스템을 완성할 수 있다고 여겼다.

육가의 정치사상 가운데 무위無爲의 다스림은 군주가 덕을 실천하는 과정 속에서 이루어지는 것이라고 할 수 있으며, 성인과 같은 도덕적 권위를 가진 존재는 이상적인 정치를 완성하기 위한 필요조건이라고 할 수 있다. 이러한 관념은 선진유가의 "덕이 있는 자가 정치를 한다."라고 하는 개념을 계승한 것이라고 할 수 있다.[1] 육가가 언급한 성인에 의한 통치는 천하의 사람들이 좋아하고 싫어하는 가치기준을 같게 만들고, 풍속을 통일시키는 것이라고 할 수 있다. 즉 육가는 성인은 하늘의 광명을 받들고, 해와 달의 운행을 바르게 하고, 별자리 움직임의 도수를 기록하고, 하늘과 땅이 가져다주는 이로움에 근거하고, 고원이나 평지 등의 높고 낮음에 따라 작물의 등급을 정하고 산과 물의 편의에 따라 수레·배 등과 관련된 설비를 하고, 사해를 평정하고, 구주를 획분 하고, 좋아하

---

1) 勞思光, 『新編中國哲學史』(一), 臺北, 三民書局, 1986년, 175쪽 참조.

고 싫어하는 가치기준을 같게 만들고, 풍속을 통일시킨다고 생각했던 것이다.

그러나 현실의 정치상황 속에서 군주는 성인이 되지 못하기 때문에 육가는 한걸음 물러서서 차선책을 선택하게 되는데, 그것은 바로 군주가 성인을 본받아 통치하는 것이었다. 덕에 의한 통치를 주장하는 가운데 육가는 통치자의 이상적인 인격에 대하여 수신修身을 가장 중요하게 생각했다. 즉 육가는 통치자 자신의 도덕수양의 중요성을 역설했던 것이다.

이러한 육가의 군주의 수양론 사상에 대하여 본문에서는 군주의 도덕수양 내용과 도덕수양의 효용성을 중심으로 논의를 진행해보도록 하겠다.

2. 군주의 도덕수양 내용

수신修身의 문제에 관하여 육가는 인의仁義가 개인의 도덕의 구체적인 내용이 된다고 생각했으며, 도덕수양은 작은 일부터 착수해야 한다고 주장했다.

> 천하에 큰 공로를 세운 사람은 반드시 가정 내에서 먼저 자기 수양을 잘 하고, 만세에 위대한 명성을 드리운 사람은 반드시 미세한 작은 일부터 실천합니다.……안에서 수양을 잘하여 밖으로 저명해졌으며, 작은 일을 실천하여 큰 영향력을 발휘하였습니다.[2)]

2) 『新語』, 「愼微」, "夫建大功於天下者必先修於閨門之內, 垂大名於萬世者必先行之於纖微之事.……修之於內, 著之於外; 行之於小, 顯之於大."

덕을 수양하는 과정은 층층이 누적되고 점차 확충하는 공부가 필요한 것으로, 『대학大學』에서 언급한 "수신" · "제가" · "치국" · "평천하"의 내성內聖에서 외왕外王에 이르는 과정이 필요하다고 할 수 있다. 육가는 옛날의 성인들 역시 모두가 이러한 과정을 거쳐서 도덕을 실천했다고 생각했다.

> 군주가 현명하게 덕에 의한 정치를 펼치면 그 영향이 먼 곳까지 미칠 수 있고, 신하들이 돈독히 인의를 실천하면 국가가 강대한 상태에 다다를 수 있습니다. 왜 그렇게 말을 하겠습니까? 옛날에 은나라 탕왕은 사방 칠십 리의 봉지로 출발했으나 마침내 제왕의 지위에 올랐으며, 주공은 자신은 삼공의 지위에 있었으나 공덕은 흔히 오제삼왕에 견주어 지는데, 이는 그들이 입으론 항상 선한 말을 뱉고 몸으론 항상 선한 도를 행했기 때문에 그렇게 된 것입니다.[3)]

이외에 육가는 자기수양은 그렇게 어려운 것이 아니라고 생각했는데, 그것은 바로 도덕 자체는 본래 사람의 성정에서 비롯되는 것이고 뒤에 성인이 오경五經과 육예六藝에 의거해서 규정한 것이기 때문에 그것은 쉽게 알 수 있고 실천할 수 있는 일이라는 것이다.

> 열심히 공부하여 『시경』 · 『서경』구절을 외는 것은 보통사람도 할 수 있는 일입니다. 장강 · 황하를 옮기고 태산을 움직이고자 한다면 이는 인간의 힘으로 할 수 없는 일입니다. 몸과 마음을 잘 조절하고, 악을 지양하고 선을 지향하며, 재물을 탐하지 않고, 조그만

3) 『新語』, 「明誡」, "君明於德, 可以及於遠; 臣篤於義, 可以致於大, 何以言之? 昔湯以七十里之封, 升帝王之位; 周公以自立三公之官, 比德於五帝三王; 斯乃口出善言, 身行善道之所致也."

이익에 구차히 굴지 않으며, 재물을 나눌 때 적게 취하고, 사회에 봉사하며 노고를 아끼지 않는 일 등은 천하 사람들이 쉽게 알 수 있는 도리이며 쉽게 실천할 수 있는 일입니다.[4)]

도덕의 실천은 다만 본심에 의거하여 발현되어야 만이 도덕에 부합될 수 있는 것이다. 그렇기 때문에 육가는 개인의 마음의 취향과 축복이나 재앙이 발생하게 되는 관련성에 대하여 강조했던 것이다.

선한 사람은 반드시 그런 선량한 군주가 있기에 몰려드는 것이며, 악한 사람은 반드시 그런 불량한 까닭이 있기에 다가오는 것입니다. 선과 악은 공연히 지어지지 않으며, 화와 복은 제멋대로 생겨나지 않습니다. 오직 군주의 마음이 향한 바와 군주의 의지가 실천하는 바에 따라 결정될 따름입니다.[5)]

개인의 마음과 의지가 선악과 재앙이나 축복이 발생하는 것을 좌지우지 한다면, 수신은 반드시 마음의 수양에 초점을 맞춰야만 하는 것이다. 이러한 사실은 육가가 언급한 기氣의 작용과 관련지을 수 있는데, 즉 기운을 정양하고 기운을 다스리는 것으로 수명을 연장하는 것과 같은 것이라고 할 수 있다. 기운을 다스리는 것 역시 마음의 수양을 도울 수 있는 것이다.

---

4) 『新語』, 「愼微」, "夫力學而誦詩·書, 凡人所能爲也; 若欲移江·河, 動太山, 故人力所不能也. 如調心在己, 背惡向善, 不貪於財, 不苟於利, 分財取寬, 服事取勞, 此天下易知之道, 易行之事也."

5) 『新語』, 「思務」, "善者必有所主而至, 惡者必有所因而來. 夫善惡不空作, 禍福不濫生, 唯心之所向, 志之所行而已矣."

> 사람의 정기와 자연의 감응이 상서로우면 모습이 청결하고 밝고 빛나게 되며, 진정으로 깨끗한 본심으로 행동함이 드러나면 편안하고 화통하고 화합하고 어질게 되며, 마음이 고르고 그윽한 사람은 의지가 굳고, 정기가 편안하고 조용한 사람은 마음이 평정하게 되며, 의지가 굳건하고 마음이 평정하면 혈과 맥이 강건하게 됩니다.6)

마음이 평정하고 의지가 굳건해야만 비로소 감정에 미혹되지 않을 수 있게 되어 인의仁義에 집중하게 되어 일을 완성하게 되고 공을 세울 수 있게 되는 것이다.

육가는 수신修身이 결코 어려운 것이 아니라고 여겼기 때문에 그것의 대상을 한정적으로 국한시키지 않았던 것이다. 즉 위로는 군주로부터 아래로 서민에 이르기까지 모두가 수신을 해야 한다고 여겼다. 육가는 증자와 안회의 사례를 들어 자신의 주장에 힘을 싣는다.

> 증자는 부모에게 효도하여 밤이면 잠자리 돌봐드리고 아침이면 문안하는 일을 거르지 않았습니다. 거처가 추운지 더운지 조절해드리고, 의복이 가벼운지 무거운지 살펴드렸습니다. 미음이나 죽 같은 소소한 일에 힘쓰고, 누울 자리 같은 작은 일에 실천을 했을 뿐인데도 그의 미덕은 후세에 길이 존중을 받습니다. 이 두 사람은 안에서 수양을 잘하여 밖으로 저명해졌으며, 작은 일을 실천하여 큰 영향력을 발휘하였습니다. 안회는 밥 한 대접에 물 한 바가지 마시며 누추한 뒷골목에 살았는데, 다른 사람은 그 걱정을 참아내지 못하겠지만 안회는 즐거운 삶의 태도를 바꾸지 않았습니다. 예

---

6) 『新語』, 「懷慮」, "氣感之符, 淸潔明光, 情素之表, 恬暢和良, 調密者固, 安靜者祥, 志定心平, 血脈乃彊."

에 맞추어 행동하였고 겸손한 태도를 드러내었습니다.[7]

동시에 육가는 덕을 세운 사람들에게 높은 평가를 부여했는데, 예를 들자면 백이와 숙제의 청렴한 정절이나, 유약有若의 "자신의 행동을 바르게 하여 구차하게 세속에 영합하지 않는다."[8]와 같은 것들 모두는 "아름다운 공적을 만대에 드리웠습니다."[9]라고 하는 덕행의 표본이라고 할 수 있다.

결국은 육가가 언급한 수신修身이라고 하는 것은 바로 사람들이 본성에 의거해서 도덕을 실천하는 것이라고 할 수 있는데, 이러한 수신은 오경五經과 육예六藝의 인도에 의지할 때에 비로소 어려운 일이 아니게 되는 것이다. 동시에 위로는 군주로부터 아래로 일반 백성들에게 이르기까지 신분과 지위의 고하를 막론하고 모두가 자기 자신에 대하여 도덕수양을 할 수 있게 된다면 도덕규범과 자신의 행위를 일치시킬 수 있게 되는 것이다. 이렇게 될 경우 "수신"·"제가"·"치국"·"평천하" 단계에 도달하게 되어 궁극적으로는 덕으로 천하를 통일 할 수 있게 되는 것이다.

---

7) 『新語』, 「愼微」, "曾子孝於父母, 昏定晨省, 調寒溫, 適輕重, 勉之於糜粥之間, 行之於衽席之上, 而德美重於後世. 此二者, 修之於內, 著之於外; 行之於小, 顯之於大. 顔回一簞食, 一瓢飮, 在陋巷之中, 人不堪其憂, 回也不改其樂. 禮以行之, 遜以出之."

8) 『新語』, 「辨惑」, "正其行而不苟合於世也."

9) 『新語』, 「辨惑」, "功美垂於萬代."

3. 군주의 도덕수양의 효용성

육가는 군주가 자기 수양을 할 경우 반드시 일정한 효과가 발생할 것이라고 생각했다. 육가는 군주가 이상적인 정치를 펴나가는 가운데 핵심적인 역할을 담당해야 한다고 생각하였으며, 군주 개인이 갖추고 있는 본래적인 조건은 특별히 주목해야할 사항이라고 여겼다. 그리고 육가는 덕성이 다르면 그것에 따라 나오는 효과도 다르다고 생각했다. 군주가 실제적으로 마땅히 갖춰야할 자기 수양과 관련된 덕성에 대하여 육가는 『신어新語』의 곳곳에서 언급하고 있다.

> 굳센 성격을 가진 사람은 시간이 오래 가면서 좌절을 맞지만, 부드러운 성격을 지닌 사람은 오래오래 유지할 수가 있습니다. 조급하고 안달하는 사람은 빠르게 뒤집히지만, 완만하고 신중한 사람은 장구히 존재할 수 있습니다. 용맹을 숭상하는 사람은 후회가 빠르지만, 온순 돈후한 사람은 행동이 너그럽고 편안합니다. 조급하고 빠른 성격을 지닌 사람은 꼭 모자라는 점이 있습니다만, 부드럽고 유연한 사람은 굳세고 강경한 사람을 제압할 수 있습니다. 조그만 재주를 지닌 사람이 큰 적을 막을 수는 없으며, 작은 말재주로 대중을 설복시킬 수는 없습니다.[10)]
>
> 마음을 단정히 하여 한결같이 굳건히 하면 오래도록 잊어버리지 않게 되며, 위에서 통치자가 안일에 빠지지 않으면 아래서 백성들이 다치지 않게 되며, 한 가지 이념을 지키고 민중들을 통치하면

10) 『新語』, 「輔政」, "懷剛者久而缺, 持柔者久而長, 躁疾者爲厥速, 遲重者爲常存, 尙勇者爲悔近, 溫厚者行寬舒, 懷促急者必有所虧, 柔懦者制剛强. 小慧者不可以禦大, 小辯者不可以說衆."

비록 인구가 적더라도 나중에 반드시 많아지게 되며, 마음이 안일하고 성정이 산만하면 비록 지위가 높더라도 나중에 반드시 무너지게 됩니다.[11]

의에는 돈독하나 이익은 경시하고, 실천은 민첩히 하나 말에는 신중하다.……그래서 성인은 궁실은 낮게 짓고 도덕을 높이 떠받들며, 화려하게 옷 입는 것은 미워하고 인의의 실천에 부지런히 매진합니다.[12]

군자는 폭넓게 생각하고 널리 의견을 청취하며, 나아가고 물러남에 법도를 준수하고, 동작은 법도에 합치하고, 많은 사람을 통해 듣고 보려 하지만 채택은 신중하게 하고, 광범하게 학문을 하려 하면서도 자신의 행실은 돈후하게 합니다. 사악한 것을 보면 무엇이 정직한 것인지를 알고, 화려한 겉모습을 보고서 무엇이 견실한 것인지를 압니다. 눈은 현란한 색채로 인해 어지럽혀 지지 않고, 귀는 아부하는 말 때문에 혼란에 빠지지 않습니다. 제나라·노나라의 모든 재부만큼 큰 이익이 있더라도 뜻을 옮기지 않으며, 신선 왕자교王子喬·적송자赤松子처럼 장수할 수 있다고 이야기가 되어도 행동을 바꾸지 않습니다.[13]

---

11) 『新語』, 「懷慮」, “正心一堅, 久而不忘, 在上不逸, 爲下不傷, 執一統物, 雖寡必衆, 心佚情散, 雖高必崩.”

12) 『新語』, 「本行」, “篤於義而薄於利, 敏於事而愼於言.……故聖人卑宮室而高道德, 服而謹仁義.”

13) 『新語』, 「思務」, “是以君子廣思而博聽, 進退循法, 動作合度, 聞見欲衆而采擇欲謹, 學問欲欲敦, 見邪乃知其直, 觀花乃知其實, 目不淫炫燿之色, 耳不亂於阿諛之詞, 雖利之以齊·魯之富而志不移, 談之以王喬·赤松之壽而行不易.”

이상과 같은 사례를 통하여 육가가 군주의 이상적인 인격이 자기 수양에 있다고 하는 요구에 대하여 규범적인 덕성과 책략적인 덕성으로 귀결해 볼 수 있을 것이다.

먼저 규범적인 덕성에 대하여 살펴보도록 하겠다.

육가는 군주가 욕망을 절제하고 사적인 이익을 봉쇄해야 하며[14] 언행을 삼가하고 신중하게 하고 온화하고 넓은 아량을 가지고 심지를 전일하게 하여 자신의 품성을 부단히 수양할 것을 요구한다. 또한 육가는 군주가 이러한 덕성을 갖추게 되면 백성들을 덕으로써 감화 시킬 수 있다고 보았다. 육가는 실제적인 행동을 할 때 전일함이 외부로 드러난다고 주장했다.

> 여러 다른 생각을 품는 사람은 원대한 계획을 세울 수 없으며, 양극단을 왔다 갔다 하는 사람은 위신을 세울 수 없습니다. 그래서 외부세계를 다스리려는 사람은 반드시 자기 내면부터 조절하고, 먼 곳을 평정하려는 사람은 반드시 가까운 일부터 바르게 정돈합니다. 천하의 기강을 바로 세우고 온 세상일에 신경을 쓰는 사람은 집안일을 걱정하지 않으며, 기운을 정양하고 성정을 함양하여 정신창달과 수명 연장을 생각하는 사람은 바깥일에 뜻을 두지 않습니다. 땅을 갖고 백성들을 자식처럼 아끼며 국가와 백성을 다스리는 사람이 사사로운 이익을 도모하거나 자신의 산업을 경영한다면 교화가 행해지지 않을 것이고 어떤 정책법령도 집행되지 않을 것입니다.[15]

---

14) 錢穆, 『孔子與論語』, 臺北, 聯經出版事業公司, 1979년, 198쪽 참조.

15) 『新語』, 「懷慮」, "懷異慮者不可以立計, 持兩端者不可以定威. 故治外者必調內, 平遠者必正近, 綱天下, 勞神八極者, 憂不存於家. 養氣治性, 思通精神, 延壽命者, 則志不於外. 據土子民, 治國治衆者, 不可以圖利, 治產業, 則教化不行, 而政令不從."

또한 육가는 인체의 다섯 가지 감각기관의 비유를 통하여 전일함의 이로운 점과 그러하지 못했을 때의 해로움에 대하여 역설했다.

> 눈의 역할은 밝게 보는 것이고, 귀의 역할은 잘 듣는 것이고, 입의 역할은 맛을 구별하는 것이고, 코의 역할은 냄새향기를 맡는 것이고, 손은 물건을 붙잡는 데 쓰며, 발은 걷는 데 쓰입니다. 각자 한 가지 특성을 지니며 두 가지를 겸할 수 없습니다. 두 가지 역할을 겸하려 하면 마음이 혼란에 빠지고, 동시에 두 길을 가려 하면 행동이 막히게 됩니다.[16]

육가는 군주가 정신을 전일하게 유지해야 한다고 생각하였으며, 혼신의 힘을 다하여 국가를 통치해야 하고 절대로 사적인 이익 추구에 의해서 공적인 사안을 해쳐서는 안 된다고 주장했다. 이러한 주장은 관중이 제환공齊桓公을 보좌한 사례에 잘 나타나 있다.

> 관중은 제환공을 보좌함에 몸을 굽혀 주군을 섬기되 오로지 한 마음 한 뜻이었으며, 그 자신은 외국 사람과 사적인 교유를 하지 않았고 마음속으로는 비정상적인 속임수를 생각하지 않았습니다. 자기 나라인 제나라를 바르게 이끌고 그로써 천하를 제어하여 자기 군주의 패자 지위를 존귀하게 하였으며 제후들을 굴종케 하였습니다.[17]

---

16) 『新語』, 「懷慮」, "目以精明, 耳以主聽, 口以別味, 鼻以聞芳, 手以之持, 足以之行, 各受一性, 不得兩兼, 兼則心惑, 二路者行窮."

17) 『新語』, 「懷慮」, "故管仲相桓公, 詘節事君, 專心一意, 身無境外之交, 心無歃斜之慮, 正其國如制天下, 尊其君而屈諸侯."

반면 정신을 전일하게 하지 못한 원인 때문에 제멋대로 방종하게 되는 결과가 나온다고 육가는 소진蘇秦과 장의張儀의 "합종연횡은 중도에 폐기되었으며, 제 몸은 보통 사람의 손에 죽임을 당함으로써 천하 사람들의 조롱거리가 되었습니다. 이는 그들의 언사가 통일 되지 못하고 제멋대로 방종했기 때문입니다."[18]와 같은 실패 사례를 들어 전일함의 중요성을 설명했다.

> 정권을 잡은 사람이 동시에 여러 가지를 도모하면 중용이라는 통치의 중심을 잃게 되며, 전쟁하는 병사들이 경작에 종사하지 않으면 조정의 선비들이 장사를 하지 않게 되며, 사악한 자들이 정직한 자들을 범하지 않으면 둥근 것이 모난 것을 어지럽히지 않게 되며, 뒤틀리고 사나운 것들이 서로 뒤섞이면 부정한 자들을 바로잡기 어렵게 됩니다. 따라서 나라를 잘 다스리려는 군주는 사적인 이익이 나오는 문을 봉쇄해야 하고 덕을 쌓은 사람에게는 반드시 재앙이 없도록 해야 합니다. 사적인 이익추구 행위가 두절되면 도의가 뚜렷이 드러날 것이고, 무력을 앞세우는 행위가 물러나면 덕이 흥하게 될 것입니다.[19]

육가는 군주가 나라를 잘 다스기 위해서는 반드시 정신을 전일하게 해야 하는데, 만일 물욕을 추구하는 것에 급급하고 사적인 이익을 다퉈 산업을 발전시키게 되면 백성들에 대한 교화나 정치적인 명령이 시행되는 것이 매우 어려운 지경에 빠지게 된다. 이

---

18) 『新語』, 「懷慮」, "中道而廢, 身死於凡人之手, 爲天下所笑者. 乃由辭語不一, 而情欲放佚故也."

19) 『新語』, 「懷慮」, "秉政圖兩, 失其中央, 戰士不耕, 朝士不商, 邪不奸直, 圓不亂方, 違戾相錯, 撥刺難匡. 故欲理之君, 閉利門, 積德之家, 必無災殃, 利絶而道著, 武讓而德興."

럴 경우 백성들 역시 자신들의 본업을 돌보지 않고 다른 것에 정신을 팔게 되어 국가는 혼란에 빠지게 되는 것이다. 또한 육가는 의로움과 이익을 분명하게 분별할 것을 강조하여 군주는 사적인 이익 추구의 유혹에서 탈피하여 오직 도에 집중하고 의로움에 부합되는 행위를 해야 한다고 역설했다. 그리고 군주는 욕망을 절제하고 검소하고 절약하는 덕성을 갖춰야하기 때문에 낭비하고 사치를 일삼아서는 안 된다고 생각했다. 그래서 육가는 「지덕至德」편에서 노나라 장공莊公의 사례를 언급하여, 군주가 만일 과도하게 재물을 탕진하고 불필요한 토목공사를 벌이며 지나치게 여색을 추구하면 결국에는 국가의 기강이 무너지고 자신은 파멸의 나락으로 떨어지게 될 것이라고 했던 것이다.

육가가 강조한 사적인 이익의 문을 봉쇄하고 욕망을 절제한다고 하는 규범적인 덕성은 당시의 통치자에게 제공했던 책략적인 수단이 된다고 할 수 있다. 서한 초기의 민생 피폐와 국고의 고갈 및 인구의 감소 등과 같은 극도로 열악한 상황 속에서, 서한의 통치자들이 만일 진나라의 통치자들처럼 사치와 향락을 일삼고 대규모 토목공사를 일으켜 백성들을 강제 노역에 동원시켰다면, 서한 초기의 정치상황은 심각한 위험에 직면했을 것이다. 그렇기 때문에 육가는 이와 같은 군주의 자기수양 방안을 제기하여 진나라 통치자들의 사치와 향락 및 부질없는 국력의 소모와 같은 잘못된 전철을 다시 밟지 않도록 하는 한편 한나라 통치자들에 대하여 경각심을 일깨우게 했던 것이다.

규범적인 덕성이 수반하는 효과는 군주가 백성들을 감화시킬 수 있는 능력을 창출할 수 있다고 하는 것에 있다.

왕의 도읍지에 남면하고 있는 군주는 모든 백성들이 본받아야할 모범이므로 일거수일투족이 법도를 잃어서는 안 됩니다.……그러므로 윗사람이 아랫사람을 교화시키는 일은 바람이 부는 대로 풀잎이 쏠리는 것과 같습니다. 임금이 조정에서 무력을 숭상하면 농부들이 논밭에서 갑옷이나 병기를 수선하게 됩니다.……윗사람이 인애한데도 아랫사람이 나쁜 짓을 하는 경우는 아직 없습니다. 윗사람이 양보를 하는데 아랫사람들이 길을 다투는 경우는 아직 없습니다. 그래서 공자께서는 "풍속을 바꾸라."고 말씀하신 것입니다. 어떻게 집집마다 다니면서 그것을 보여줄 수 있겠습니까? 군주 자신부터 그것을 실천에 옮길 따름이지요.[20]

섬세하고 작은 일에서 크고 원대한 일에 이르기까지 그리고 아래로 인간사에서 위로 천명까지 두루 통합니다. 사물들은 유유상종하며, 소리는 가까운 음끼리 서로 조화합니다. 도가 주창되면 덕이 따라 호응하고, 인이 수립되면 의가 따라 일어납니다. 왕이 조정에서 도덕과 인의를 행하면 필부들은 민간에서 그것을 실천하게 됩니다. 말절의 작은 일을 처리하려면 근본의 큰일부터 다스려야 하고, 그림자를 단정히 하고 싶으면 제 몸을 먼저 바르게 챙겨야 합니다. 뿌리를 잘 기르면 가지와 잎사귀가 무성해지고, 뜻과 기운이 잘 조화하면 도에 합치하게 됩니다.……위가 투명하면 아래가 청렴하고, 군주가 성명하면 신하는 충성을 다합니다.……형벌이 확립되면 덕이 없어지고, 아첨꾼이 임용되면 충신이 사라집니다. 『시경』에는 "너의 마음을 바꿈으로써 수많은 나라 백성들이 길러질지니"라고 말합니다. 군주가 일심으로 천하를 교화시켜 □□ 나라를 다

---

20) 『新語』, 「無爲」, "夫王者之都, 南面之君, 臣姓之所取法, 擧措動作, 不可失法則也.……故上之化下, 猶風之靡草也. 王者尙武於朝, 農夫繕甲於田.……未有上仁而下殘, 上義而下爭者也. 孔子曰: 移風易俗. 豈家至之哉? 先之於身而已矣."

스린다는 말은 바로 이 뜻입니다.[21]

육가는 군주가 국가를 잘 다스리기 위해서는 자기수양을 가장 우선적으로 해야 한다고 생각했는데, 이는 군주의 자기수양으로부터 백성들을 감화 시킬 수 있는 능력이 발생하기 때문이다. 정사를 베풂음에 인의仁義로 시행하고 인의仁義를 실천하는 것이 군주의 자기수양의 출발점이 된다고 했을 때, 만일 군주가 인의를 행하지 않으면서 높은 지위에 있게 된다면 그의 정치는 실패의 출발점에 서있게 되는 셈이다. 그렇기 때문에 통치자는 도덕수양을 통하여 덕성을 갖추어 백성들의 모범이 되어야만 하는 것이다. 이러할 경우 백성들은 자연히 그러한 통치자에게 귀의하게 되는 것이며 더 나아가 그 통치자에게 도덕적으로 감화되는 것이다. 육가가 주장한 덕치는 군주의 자기수양에 의해서 발생하게 되는 감화력에 치중되어 있다고 할 수 있다. 자기수양은 군주 개인의 도덕기준이 되는 것이기 때문에 백성들을 통치할 때는 그러한 도덕적 요구를 백성들의 삶에 대한 욕구 보다 우선순위의 앞에 두어야 하는 것이다.[22]

육가는 만일 군주 자신이 덕을 상실하게 될 경우 그 국가는 멸망의 길에 들어서게 되는 수순을 밟게 된다고 보았다.

---

21) 『新語』, 「術事」, "纖微浩大, 下學上達, 事以類相從, 聲以音相應. 道唱而德和, 仁立而義興, 王者行之於朝, 疋夫行之於田, 治末者調其本, 端影者正其形, 養其根者則枝葉茂, 志氣調者卽道沖.……上明而下淸, 君聖而臣忠.……刑立則德散, 故形立則德散, 佞用則忠亡. 詩云: 式訛爾心, 以蓄萬邦. 言一心化天下, 而□□國治, 此之謂也."

22) 徐復觀, 『儒家政治思想與民主自由人權』, 臺北, 學生書局, 1979년, 203쪽 참조.

노나라 장공은 중원의 땅을 점하고 성인 주공의 후예를 계승했음에도 주공의 유업을 닦지 않고 선왕으로부터 내려온 왕위를 이어받아 권력이나 숭상하고 위세에만 의지했습니다. 수많은 사람을 당해낼 힘이 있고 강함으로 남을 이기려는 성질을 지녔음에도 친족 자규 하나 존립시킬 수 없었으며, 나라가 침략당하고 땅을 빼앗겨 끝내 수수와 사수 일대로 국경이 축소되고 말았습니다.[23)]

군주가 덕을 수양한다고 하는 것은 비단 군주 개인의 덕행을 완성하는 것에 그치는 것이 아니라 자애로운 마음을 확충하여 백성들을 평안하게 만들어 주는 효과가 있다. 즉 공자가 "자기수양을 하여 공경스러워야 한다.……자기수양을 하여 다른 사람을 편안하게 해주어야 한다.……자기수양을 하여 백성들을 편안케 해주어야 한다."[24)]라고 언급한 것처럼, 자기수양은 백성들을 평안하게 해줄 수 있는 필요조건인 셈이다. 또한 통치자가 백성들을 평안하게 만들어 주기 위해서는 반드시 자기수양이 선행되어야 하는 것이며, 동시에 통치자 자신의 언행이 모두 도덕규범에 부합해야 만이 비로소 백성들의 신뢰와 복종을 얻을 수 있게 되는 것이다.[25)] 즉 공자가 언급한 "제 자신이 올바르면 명령하지 않아도 제대로 되고, 제 자신이 올바르지 못하면 비록 명령한다 해도 따르지 않는다."[26)]고 하는 것과 같이 되는 것이다. 또한 계강자季康子가 공자에게

23) 『新語』, 「懷慮」, "魯莊公據中土之地, 承聖人之後, 不修周公之業, 繼先人之體, 尙權杖威, 有萬人之力, 懷兼人之强, 不能存立子糾, 國侵地奪, 以洙·泗爲境."

24) 『論語』, 「憲問」, "修己以敬.……修己以安人.……修己以安百姓."

25) 陳弱水, 「內聖外王觀念的原始糾結與儒家政治的根本思想疑難」, 『史學評論』, 第三期, 1981년, 103쪽 참조.

정치에 대하여 물었을 때, 공자는 "정치란 올바르게 한다는 것입니다. 그대가 올바르게 이끄신다면 누가 감히 올바르지 않겠습니까?"[27]라고 하는 언급을 통하여 계강자를 일깨워줬다. 그렇기 때문에 개인의 자기수양은 도덕 영역에 관계된 사안 일뿐만 아니라 정치적인 작용도 갖춰져 있는 것이라고 할 수 있는 것이다.[28]

다음은 책략적인 덕성에 대하여 살펴보도록 하겠다.

책략적인 덕성에 관해서 육가는 『노자老子』의 사상적 영향을 받았음을 어렵지 않게 발견할 수 있게 된다. 육가는 인의仁義를 제창하고 성현聖賢을 숭앙함과 동시에 유약함과 소박함의 중요성을 역설했다. 또한 그는 사람이 강건함과 교만함을 경계해야 한다고 권면하면서 군주는 겸손해야 하고 유약함을 지켜야 만이 재앙을 피할 수 있게 된다고 했다. 이러한 주장은 대체로 『노자』의 만족함을 알고 욕심을 적게 가지며 유약함과 소박함을 추구하는 사상과 일맥상통하다고 할 수 있다.[29] 육가는 현실 속에서 정치를 하는 군주가 정사를 펼칠 때 유약함을 지켜야 하는 것의 중요성을 소홀히 할 수 있기 때문에 이러한 점을 특히 강조했던 것이다.

이와 동시에 책략적인 덕성 관념에 의해서 군주는 다음과 같은 전략적 능력을 얻을 수 있다고 육가는 생각했다. 첫째로 임기응변의 능력을 가질 수 있게 되는 것이다. 육가는 실제적인 통치행위

---

26) 『論語』, 「子路」, "其身正, 不令而行; 身不正, 雖令不從."

27) 『論語』, 「顔淵」, "政者, 正也. 子帥以正, 孰敢不正?"

28) 徐復觀, 『儒家政治思想與民主自由人權』, 臺北, 學生書局, 1979년, 113쪽 참조.

29) 『노자』에 나타나 있는 이러한 사유형태를 일부 학자는 약세弱勢사유라고도 한다. 林俊宏, 「老子政治思想的開展」, 『政治科學論叢』, 第十期, 1999년 참조.

에 대하여 군주는 임기응변의 능력을 갖춰야 한다고 생각했다. 역사적인 측면에서 보았을 때, 고대의 성현들이 통치하던 이상적인 정치가 반드시 현재의 정치상황에 적합한 것이라고 하는 사실을 보증해주는 것은 아니기 때문에 현실 상황에 부합하는 통치를 해야만 하는 것이다.

> 세속의 사람들은 옛날로부터 전해져 내려오는 물건을 소중하게 생각하고, 오늘날 만들어진 물건은 가볍게 여깁니다. 그들은 직접 눈으로 본 것을 대수롭게 여기고 소문으로 들은 것을 대단하게 여깁니다. 사물의 겉모습에 미혹되어서 내면의 실정을 놓치고 있습니다.……그러므로 옛날 사람들이 하는 행위도 오늘날의 우리와 똑같았습니다.……근본 법도는 만세토록 바뀌지 않으며, 근본 기강은 예나 지금이나 같습니다.[30]

아주 오래전에 전해져 내려오는 사실을 듣고서 확신하면서 그러한 사실에 대하여 실질적인 확인절차를 거치지 않을 경우 진상을 모르고 맹목적으로 추종하게 되는 결과를 초래할 수 있게 된다. 그렇기 때문에 반드시 현실상황의 필요에 의해서 취사선택을 하는 것이 가장 최선의 방법이라고 할 수 있다.

> 도는 가까운데 있으니 요원한 옛날에서 찾을 필요가 없습니다. 그 핵심만 취하면 바로 성취할 수 있습니다. 『춘추』는 위로 오제를 언급하지 않으며, 아래로 삼왕을 말하지도 않습니다. 제환공 · 진문

30) 『新語』, 「術事」, "世俗以爲自古而傳之者爲重, 以今之作者爲輕, 淡於所見, 甘於所聞, 惑於外貌, 失於中情.……故古人之所行者, 亦與今世同.……萬世不易法, 古今同紀綱."

> 공 등의 작은 선정과 노나라 군주 열 두 분의 정치적 공과를 서술하고 있을 뿐입니다. 이를 근거로 성패의 효험을 충분히 알 수 있는데 어찌하여 먼 삼왕을 들먹인단 말입니까?……순임금은 동이에서 탄생하였고, 우임금은 서강에서 나셨습니다. 시대가 다르고 지리적으로도 멀리 떨어져 있었지만, 그 법이 합치하고 제도가 같았습니다.……근본 법도는 만세토록 바뀌지 않으며, 근본 기강은 예나 지금이나 같습니다.[31]

그렇기 때문에 육가는 상고시대의 법도를 반드시 추종할 필요는 없지만 그렇다고 해서 후왕을 본받을 필요는 없다고 하지는 않았으며, 통치자는 필요한 사항을 취사선택하는 것이 중요하다고 주장했다.[32] 또한 육가는 통치자는 정권을 공고하게 만드는데 도움이 되는 것이라면 그것이 무엇이든 반드시 해야 하며 동시에 그것에 수반되는 모든 변수를 숙지하고 있어야 한다고 생각했다. 정치를 함에는 반드시 객관적인 규율을 따라야 하는데, 시기와 지세 및 사안을 따라서 적절하게 통제할 수 있게 된다면 성공적인 정사를 펼칠 수 있게 되는 것이다. "세상의 변화에 따라 잘 저울질하여 권력을 행사한다."[33]라고 하는 언급이야말로 문제를 해결하는

---

31) 『新語』, 「術事」, "道近不必出於久遠, 取其至要而有成. 春秋上不及五帝, 下不至三王, 述齊桓·晉文之小善, 魯之十二公, 至今之爲政, 足以知成敗之效, 何必於三王? 故古人之所行者, 亦與今世同.……文王生於東夷, 大禹出於西羌, 世殊而地絶, 法合而度同.……萬世不易法, 古今同紀綱."

32) 周桂田, 『秦漢思想史』, 石家庄, 河北人民出版社, 2000년, 57~58쪽 참조.

33) "因世以權行"와 같은 현실에 직면하여 고대의 법칙을 무조건 추종하지 않고 사안에 맞게 임기응변 할 수 있다고 하는 관념으로, 법가의 장점과 황노사상의 지혜를 육가가 수용한 것이라고 할 수 있다. 陳麗桂, 「融合道·法

정확한 태도라고 할 수 있다.

> 좋은 말이 기기만 있는 것은 아니며, 예리한 검이 간장만 있는 것이 아니며, 미녀가 서시만 있는 것은 아니며, 충신이 여망만 있는 것은 아닙니다.……따라서 일을 관리하는 사람은 해당 규칙을 지켜야 하고, 약을 먹는 사람은 좋은 처방에 따라야 합니다. 좋은 책이 꼭 공자의 문하에서만 나오는 것은 아니며, 좋은 약이 꼭 편작의 처방에서만 나오는 것은 아닙니다. 도에 합치하는 것이면 모두 좋으며, 모범으로 삼을 수 있으며, 세상의 변화에 따라 잘 저울질하여 권력을 행사한다.[34)]

육가는 성인의 치세에 대하여 언급했는데, 성인이 통치할 때에는 폭넓게 생각하고 널리 의견을 청취했으며 나아가고 물러남을 순리에 맞게 하였으며, 모든 행위가 법도에 부합했다고 했다. 또한 그는 성인의 치세에서는 구체적인 도리 역시 상황에 맞게 변화되었지 결코 고정불변의 법칙이 아니었던 것이라고 주장했다.

> 그래서 군자는 폭넓게 생각하고 널리 의견을 청취하며, 나아가고 물러남에 법도를 준수하고, 동작은 법도에 합치하고, 많은 사람을 통해 듣고 보려 하지만 채택은 신중하게 하고, 광범하게 학문을 하면서도 자신의 행실은 돈후하게 합니다.……이것은 천지의 법도를 빌어 실질적인 일을 처리하는 것이며, 당세의 마땅함에 근거하여 적절한 정의를 세우는 것입니다. 그러므로 성인이 실천하는 도

兼採陰陽的漢儒」, 『中國學術年刊』, 第十七期, 1996년, 148쪽 참조.

34) 『新語』, 「術事」, "故良馬非獨騏驥, 利劍非唯干將, 美女非獨西施, 忠臣非獨呂望.……故制事者因其則, 服藥者因其良. 書不必起仲尼之門, 藥不必出扁鵲之方, 合之者善, 可以爲法, 因世而權行."

라고 하여 꼭 같은 것은 아닙니다.……태양이□□□□□□□□□하고 (스물)여덟 별자리가 나란히 벌여 있으나 각자 주관하는 바는 따로 있습니다. 수 만 가지 사물은 각자 다른 길을 가며, 수 천 가지 법도는 각기 다른 형태를 띱니다. 성인은 그들의 추세에 근거하여 조절을 합니다.……성인은 그 변화에 맞추어 알맞은 공적을 세우고 괴이한 현상들로부터 벗어나 태평시대에 이르도록 합니다.[35]

육가는 군주에게 성인의 치국을 본받을 것을 요구하는 한편 성인의 치국은 세상의 변화에 따라 이롭게 인도하고 시기에 따라 적절하게 제어하는 것에 있다고 보았다. 육가는 한걸음 더 나아가 군주에게 있어서 따른다고 하는 능력은 매우 중요하다고 설명했다. 이처럼 육가의 실질적인 정치에 대한 입장과 태도는 황노黃老 사상에서 강조하는 "따름"의 특색을 보이고 있는데, 이는 선진유가의 입장과는 다소 차이가 있는 것이라고 할 수 있다.

"근본 법도는 만세토록 바뀌지 않는다."와 "세상의 변화에 따라 잘 저울질하여 권력을 행사한다."라고 하는 상반된 명제 사이에서 모순점을 발견할 수 있게 된다. 즉 법도는 만세토록 바뀌지 않는데, 세상의 변화에 따라 잘 저울질하여 권력을 행사한다고 하는 것은 도대체 무슨 말인가? 이른바 만세토록 바뀌지 않는 법도는 바로 "천의와 인간사가 하나로 합해져 근본적인 도가 모두 갖추어지게 되었습니다."[36]의 도道와 같은 의미로서 바로 세상을 통치하

35) 『新語』, 「思務」, "是以君子廣思而博聽, 進退循法, 動作合度, 聞見欲衆而采擇欲謹, 學問欲欲敦.……斯乃天地之法而制其事, 則世之便而設其義. 故聖人不必同道.……日□□□□□□□□□八宿並列, 各有所主, 萬端異路, 千法異形, 聖人因其勢而調之.……聖人因變而立功, 由異而致太平."

36) 『新語』, 「道基」, "天人合策, 原道悉備."

는 원리이자 원칙인 것이다. 근본적인 법칙으로서의 도道는 아무리 오랜 시간이 경과해도 변하지 않는 것인 반면 사례는 시대에 따라 변할 수 있는 것으로 각 시대마다 다른 양상을 띠고 있다고 할 수 있는 것이다.

둘째로 간신을 분별할 수 있는 능력을 가지게 되는 것이다. 육가는 군주 혼자의 능력만으로는 제대로 된 정치를 펼칠 수 없다고 하는 사실을 분명하게 알고 있었다. 그렇기 때문에 육가는 통치자에게 유능하고 현명한 인재를 선발하여 군주 자신을 보좌하게 만들 것을 요구했지만, 노나라 정공의 "맹손·숙손·계손 세 대부 가문에 통제당하고 무수한 입방아에 묻혀 끝까지 공자를 중용할 수 없었습니다. 그는 안으로 독자적인 현명한 견해를 갖지 못했고, 밖으로는 사악한 신하들 무리에게 현혹 당했습니다."[37]라고 하는 상황과 같은 사태가 발생할 것을 염려했다. 그래서 육가는 「보정輔政」편에서 요임금이 환두驩兜를 내쫓고 공자가 소정묘少正卯를 죽인 사례를 언급하면서 오직 성현만이 간신과 아첨꾼을 명확하게 분별해낼 수 있다고 생각했다. 그렇기 때문에 육가는 통치자가 성현을 본받아서 덕을 수양하고 정의를 실천함으로써 안으로는 독자적인 현명한 견해를 갖게 되고 밖으로는 사악한 신하들 무리에게 현혹당하지 않게 되는 것이라고 주장했던 것이다. 육가는 현명하고 유능한 인재를 성聖·현賢·인仁·의義로 구분하였으며, 현명하고 유능한 인재를 선발하는 원칙을 세움으로써 현명한 사람과 무능한 사람을 구별하는 기준으로 삼았던 것이다.

---

37) 『新語』, 「辨惑」, "定公拘於三家, 陷於衆口, 不能卒用孔子者, 內無獨見之明, 外惑邪臣之黨."

> 굳센 성격을 가진 사람은 시간이 오래 가면서 좌절을 맞지만, 부드러운 성격을 지닌 사람은 오래오래 유지할 수가 있습니다. 조급하고 안달하는 사람은 빠르게 뒤집히지만, 완만하고 신중한 사람은 장구히 존재할 수 있습니다. 용맹을 숭상하는 사람은 후회가 빠르지만, 온순 돈후한 사람은 행동이 너그럽고 편안합니다. 조급하고 빠른 성격을 지닌 사람은 꼭 모자라는 점이 있습니다만, 부드럽고 유연한 사람은 굳세고 강경한 사람을 제압할 수 있습니다. 조그만 재주를 지닌 사람이 큰 적을 막을 수는 없으며, 작은 말재주로 대중을 설복시킬 수는 없습니다. 장사꾼은 교묘한 수단으로 판매 이익을 얻을 수는 있겠지만, 충정어린 선량이 되는 데는 아무 쓸모가 없습니다. 간사한 신하는 속임수와 거짓을 좋아하고 저절로 아첨아양을 떨며 비리를 감추려 들 뿐 절대로 공정하고 방정한 일은 할 수가 없습니다. 자기만의 말단 기교를 감추고 국가를 위해 공을 세우는 일은 애써 피하기만 합니다. 그러므로 지혜로운 사람의 단점이 어리석은 사람의 장점만 못하는 경우도 있습니다.……제아무리 세밀한 관찰력을 지닌 사람이라도 보지 못한 곳이 있을 것입니다. 마음이 한없이 넓은 사람이라면 어찌 포용하지 못하는 것이 있겠습니까? 질박한 사람은 충성하기가 십상이나, 아첨 잘하는 궤변론자는 배반하여 달아나기 십상입니다.[38)]

이상의 인용문을 통해서 통치자 자신이 덕성을 갖추는 것은 당연한 것이며, 인재를 선발하는 기준이 통치자의 덕성에 좌우 된다

---

38) 『新語』, 「輔政」, “懷剛者久而缺, 持柔者久而長, 躁疾者爲厥速, 遲重者爲常存, 尙勇者爲悔近, 溫厚者行寬舒, 懷促急者必有所虧, 柔懦者制剛强. 小慧者不可以禦大, 小辯者不可以說衆, 商賈巧爲販賣之利, 而屈爲貞良, 邪臣好爲詐僞, 自媚飾非, 而不能爲公方, 藏其端巧, 逃其事功. 故智者之所短, 不如愚者之所長.……察察者有所不見, 恢恢者何所不容. 朴直質者近忠, 便巧者近亡.”

고 하는 사실을 알 수 있었다. 이러한 인재 선발 기준은 사상적인 측면에서 보았을 때 비록 『노자老子』의 "유약함이 강함을 이긴다."고 하는 관점을 계승했다고 볼 수 있지만, 정치적인 관점에서 보았을 때는 유가의 인의仁義사상을 계승한 것으로 보아야 할 것이다.

4. 맺는 말

이상과 같이 육가의 군주론사상에 대하여 군주의 도덕수양 내용과 도덕수양의 효용성을 중심으로 살펴보았는데, 이를 정리하면 다음과 같다.

육가는 인의仁義가 개인의 도덕의 구체적인 내용이 된다고 생각했으며, 도덕수양은 작은 일부터 착수해야 한다고 주장했다. 또한 육가는 덕을 수양하는 과정은 층층이 누적되고 점차 확충하는 공부가 필요한 것으로, 『대학』에서 언급한 "수신 · 제가 · 치국 · 평천하"의 내성에서 외왕에 이르는 과정이 필요하다고 역설했다. 결국은 육가가 언급한 수신이라고 하는 것은 바로 사람들이 본성에 의거해서 도덕을 실천하는 것이라고 할 수 있는데, 이러한 수신은 오경과 육예의 인도에 의지할 때에 비로소 그 빛을 발하게 되는 것이다. 또한 육가는 위로는 군주로부터 아래로 일반 백성들에게 이르기까지 신분과 지위의 고하를 막론하고 모두가 자기 자신에 대하여 도덕수양을 할 수 있게 된다면, 도덕규범과 자신의 행위를 일치시킬 수 있게 된다고 주장했다.

육가는 군주가 욕망을 절제하고 사적인 이익을 봉쇄해야 하며 언행을 삼가하고 신중하게 하고 온화하고 넓은 아량을 가지고 심지를 전일하게 하여 자신의 품성을 부단히 수양할 것을 요구한다. 또한 육가는 군주가 이러한 덕성을 갖추게 되면 백성들을 덕으로써 감화 시킬 수 있다고 역설했다. 그리고 육가는 군주가 나라를 잘 다스기 위해서는 반드시 정신을 전일하게 해야 하는데, 만일 물욕을 추구하는 것에 급급하고 사적인 이익을 다퉈 산업을 발전시키게 되면 백성들에 대한 교화나 정치적인 명령이 시행되는 것이 매우 어려운 지경에 빠지게 된다고 강조했다. 아울러 이럴 경우 백성들 역시 자신들의 본업을 돌보지 않고 다른 것에 정신을 팔게 되어 국가는 혼란에 빠지게 되는 것이라고 육가는 역설했다. 또한 육가는 의로움과 이익을 분명하게 분별할 것을 강조하여 군주는 사적인 이익 추구의 유혹에서 탈피하여 오직 도에 집중하고 의로움에 부합되는 행위를 해야 한다고 언급했다. 그리고 군주는 욕망을 절제하고 검소하고 절약하는 덕성을 갖춰야하기 때문에 낭비하고 사치를 일삼아서는 안 된다고 육가는 주장했다.

육가는 상고시대의 법도를 반드시 추종할 필요는 없지만 그렇다고 해서 후왕을 본받을 필요는 없다고 하지는 않았으며, 통치자는 필요한 사항을 취사선택하는 것이 중요하다고 주장했다. 또한 육가는 통치자는 정권을 공고하게 만드는데 도움이 되는 것이라면 그것이 무엇이든 반드시 해야 하며 동시에 그것에 수반되는 모든 변수를 숙지하고 있어야 한다고 생각했다. 다시 말하자면, 육가는 정치를 함에는 반드시 객관적인 규율을 따라야 하는데, 시기와 지세 및 사안을 따라서 적절하게 통제할 수 있게 된다면 성공적인 정사를 펼칠 수 있게 된다고 했던 것이다.

참고문헌

劉寶楠, 『論語正義』, 『續皇淸經解』本.

王利器, 『新語校注』, 北京, 中華書局, 1996년.

徐復觀, 『儒家政治思想與民主自由人權』, 臺北, 學生書局, 1979년.

錢穆, 『孔子與論語』, 臺北, 聯經出版事業公司, 1979년.

勞思光, 『新編中國哲學史』(一), 臺北, 三民書局, 1986년.

周桂田, 『秦漢思想史』, 石家庄, 河北人民出版社, 2000년.

陳弱水, 「內聖外王觀念的原始糾結與儒家政治的根本思想疑難」, 『史學評論』, 第三期, 1981년.

林俊宏, 「老子政治思想的開展」, 『政治科學論叢』, 第十期, 1999년.

陳麗桂, 「融合道・法兼採陰陽的漢儒」, 『中國學術年刊』, 第十七期, 1996년.

제3장

가의의 유학사상

제1절 인성론

1. 시작하는 말

서한 초기는 전 왕조인 진나라의 폐단이 이어졌기 때문에 사회 전반에 걸쳐서 사치와 향락을 일삼고 방종과 음탕한 기풍을 좇으며 오직 재물만을 숭상하는 등의 예의禮義와 염치에 어긋나는 분위기가 팽배해 있었으며, 심지어는 인간의 본성을 방치하는 현상까지 나타나기도 하였다. 이러한 사회적인 분위기에 서한의 조정에서 채택한 방임정책은 앞서 언급한 것과 같은 온갖 폐해를 더욱 심화시키게 되고, 급기야는 지배계층들의 타락을 더욱 부추기는 결과를 초래하게 된다.

가의賈誼는 이러한 사회적 국가적 병리현상들의 원인을 인성에 관한 담론이 훼손된 데에 있다고 보았다. 또한 사회전반적인 분야에 있어서 다양한 요인에 의해서 훼손되고 상실된 인성의 회복은 반드시 도와 덕에 의해서 만이 가능할 수 있는 것으로 보아서, 오직 도와 덕이 있어야만이 서한 왕조가 안고 있는 정치적·사회적 문제 등의 각 방면의 불안정한 상태를 해소할 수 있다고 생각했다. 가의는 이러한 도덕의 회복에 의해서 비로소 사람과 사람 사이의 합리적인 관계가 수립되고 사회질서가 바로 잡히고 유지될 수 있게 되어, 종극에는 조화로운 사회를 건설할 수 있게 되는 것이라고 생각했던 것이다.

서한 초기 국가의 체제를 정비하는데 적지 않은 공헌을 했으며, 한문제 시기의 유가사상의 진흥에 있어서 기반을 다지는 역할을 했던 가의의 사상 특히 인성론 사상에 대한 연구는 매우 중요하다고 볼 수 있다. 즉 선진시기의 인성론이 어떻게 양한시기로 계승되고 발전되는 가에 관련하여 가의의 인성론은 육가의 인성과 함께 매우 중요한 연결고리의 역할을 한다고 볼 수 있는 것이다.

서한 건국초기 혼란한 상황 속에서 어지러운 현실을 타개하기 위해서 인간의 인성문제에 대하여 자신의 사상을 역설한 가의의 사상은 서한 초기의 유학사상을 조명하는데 있어서 누락 되서는 안 될 사상체계라고 할 수 있을 것이다. 그렇기 때문에 본문에서는 가의의 인성론에 대하여 인성론의 근원과 性·命·勢로 본 인성론을 중심으로 논의를 진행해 보도록 하겠다.

2. 인성론의 근원

가의賈誼는 "성이란 도와 덕이 만든 존재이다. 만물은 각기 형체가 있는데, 성은 도와 덕의 신묘함이 하나의 기운으로 모인 것이다."[1]라고 언급하여 도와 덕이 만물을 만든다고 생각했다. 즉 도와 덕의 신묘한 변화가 교차되고 모여서 기氣의 상태가 되었을 때 성性이 만들어지게 되는 것이라고 생각했던 것이다. 가의는 또 "도라고 하는 것은 그로써 사물을 대하는 것이다."[2]라고 언급하여 도가 마음이 사물을 인식하는 근거가 된다고 생각했다. 그렇기 때문에 도와 덕은 가의가 말하는 마음과 본성의 근원이 되는 것이라고 할 수 있다.

가의賈誼는 도가 우주만물의 본원이 된다고 하였다.

> 사물을 이끌어 시작하게 하는 것을 도라 하며, 사물이 얻어서 생겨난 것을 덕이라 한다. 덕이 있는 것은 도를 근본으로 삼기 때문이다. 그러므로 도는 덕의 근본이라고 한다.[3]

만물은 덕에 의해서 생성되고, 덕은 도에 의해서 생성되는데, 도는 우주만물의 태초의 근원이자 만물의 근본이 된다. 그러므로 도는 공허하고 형체가 없는 본체인 것이다.

---

1) 『新書』, 「道德說」, "性者, 道德造物. 物有形而道德之神專而爲一氣."
2) 『新書』, 「道術」, "道者, 所從接物也."
3) 『新書』, 「道德說」, "物所道始謂之道, 所得以生謂之德. 德之有也, 以道爲本, 故曰道者德之本也."

도는 형체가 없고 평화로우면서 신묘하다. 도는 사물을 실어주는 것으로, 모두 다 사리에 맞고 조화롭게 운행하므로 사물들은 맑고 윤택하게 된다. 반질반질하게 윤택한 것은 거울이다.(즉 사물을 비춰 볼 수 있다.) 거울은 신묘한 도로써 비추어서 사물의 형상을 그대로 본떠 반영하고, 빈 공간을 통해서 도를 받드는 것을 첫째 임무로 삼는다. 거울은 볼 수 있게 해주는 도구요, 보는 것은 눈이다.[4)]

도는 평화로우면서 신묘하고 공허하고 형체가 없는 것으로 만물을 실어주는 것이기 때문에, 그것은 빈 공간을 통하여 깨끗한 거울과 맑고 윤택한 눈동자처럼 객관적으로 만물의 본래 모습을 반영할 수 있게 되는 것이다. 가의는 도가 형체가 없고 평화로우면서 신묘하고 정미한 본체상태로 허虛가 된다.

도라고 하는 것은 그로써 사물을 대하는 것이니, 그 근본이 되는 것을 허라고 하고, 그 말단이 되는 것을 술이라고 한다. 허는 그 정미함을 말하니, 평범하고 소박한 모습 그대로 거기에 아무 것도 덧붙이지 않은 상태다. 술이라는 것은 그에 따라서 사물을 조절하는 것으로, 움직이고 멈추게 하는 도리이다. 이런 것이 다 도의 내용이다.[5)]

도는 우주만물의 근원이 되는 것이며 허虛의 본체적인 성질을 가진다고 볼 수 있다. 이러한 도가 만물에 구현될 때 만물이 움직

---

4) 『新書』, 「道德說」, "道者無形, 平和而神. 道物有載物者, 畢以順理和適行, 故物有淸而澤. 澤者鑑也, 鑑以道之神, 模貫物形, 通達空竅, 奉一出入爲先, 故謂之鑑. 鑑者所以能見也, 見者目也."

5) 『新書』, 「道術」, "道者, 所從接物也. 其本者謂之虛, 其末者謂之術. 虛者, 言其精微也, 平素而無設施也. 術也者, 所從制物也, 動靜之數也. 凡此皆道也."

이고 정지하게 하는 법칙이 되는 것이며, 구체적인 작용과 원칙으로 표현되는 것을 술術이라고 한다. 그렇기 때문에 도는 허虛를 본체로 삼고 술術을 작용으로 삼는 것이다.

> 물었다. "허로 사물을 대한다는 것은 어떤 것인가?" 대답하였다. "거울은 가만히 있어도 무엇이든 다 잘 비추니, 아름답건 추악하건 각각 그에 맞게 비춘다. 저울은 비어있어 사사로움이 없으며, 평온하고 조용히 있지만 가볍고 무거움이 모두 거기에 매달려서 각각 제자리를 잡게 된다. 현명한 군주는 남면한 채로 바르게 앉아서 자신을 텅 비운채로 조용히 있을 뿐이다. 그러나 아름다운 이름이 절로 펼쳐지고 만물을 스스로 안정되게 만드니, 마치 거울에 비추는 것과 같고 저울에 다는 것과 같다. 틈이 생기면 화합시키고 실마리가 있으면 따르며, 만물을 그 끝까지 길러주되 (각각의 상황에) 알맞게 베풀어주니, 이것이 허로 사물을 대하는 방식이다."[6)]

도는 허虛를 본체로 삼는 것이기 때문에 사물을 대할 때 텅 비우고 평온하고 조용히 있으며 사사로움이 없는 것을 최고의 원칙으로 삼는다. 그러나 현실의 실제적인 상황에서는 사안에 맞게 구체적인 술術이 존재하게 되는데, 가의가 정치에 대하여 제기한 인仁·의義·예禮·신信·법法·현명한 사람을 등용함擧賢·능력 있는 사람을 씀使能·출중한 인재가 자리에 있음英俊在位·보좌진이 맡은 책임을 다함羽翼勝任·덕을 굳게 지킴操德而固·교화가 순조롭

6) 『新書』, 「道術」, "曰: 請問虛之接物, 何如? 對曰: 鏡儀而居, 無執不臧, 美惡畢至, 各得其當. 衡虛無私, 平靜而處, 輕重畢懸, 各得其所. 明主者, 南面而正, 淸虛而靜, 令名自宣, 命物自定, 如鑑之應, 如衡之稱, 有舋和之, 有端隨之, 物鞠其極, 而以當施之. 此虛之接物也."

고 틀림없음教順而必 · 여러 의견을 고루 들음周聽 · 경험에 잘 비추어 봄稽驗 · 좋고 나쁜 것을 분명히 밝혀 줌明好惡 · 일처리가 주도면밀함密事端 등의 원칙과 실천방법과 같은 것을 말할 수 있다.

물었다. "술術로 사물을 대한다는 것은 어떤 것인가?" 대답하였다. "군주가 어질면 나라 안이 화평하므로 그 백성들이 친하지 않음이 없고, 군주가 의로우면 나라 안이 다스려지므로 그 백성들이 순하지 않음이 없다. 군주가 예를 갖추면 나라 안이 엄숙해지므로 그 백성들이 공경하지 않음이 없고, 군주가 믿음을 지니면 나라 안이 바르게 되므로 그 백성들이 믿지 않음이 없다. 군주가 공정하면 나라 안이 복종하게 되니 그 백성들이 떠받들지 않음이 없고, 군주가 법도가 있으면 나라 안이 기강이 서게 되니 그 백성들이 도와주지 않음이 없다. 현명한 사람을 등용하면 백성들이 착하게 교화되고, 능력 있는 사람을 쓰게 되면 관직이 정돈 된다. 출중한 인재들이 자리에 있으면 군주가 높아지고, 보좌진이 맡은 바 책임을 다하면 백성들이 번창하게 된다. 덕을 굳게 지키면 위엄이 서고, 교화가 순조롭고 틀림없으면 명령이 행하여진다. 여러 의견을 고루 들으면 폐단이 없고, 경험에 잘 비추어보면 당황하지 않는다. 좋고 나쁜 것을 분명히 밝혀주면 민심이 교화되고, 일처리가 주도면밀하면 군주가 귀신같다고 한다. 술術이란 사물을 대하는 길이다. 권세가 큰 자는 반드시 조심해서 일을 처리하고, 명령을 추진하는 자는 반드시 말을 조심해서 해야 하니, 그렇게 하면 실패가 적다. 이것이 술術로써 사물을 대하는 길이다. 그 근원은 다함이 없고, 변화에 대응하는 데에 있어서는 끝이 없나니, 이런 까닭에 성인은 술을 존중하는 것이다. 도를 자세히 다 말할 수가 없다."[7]

---

7) 『新書』, 「道術」, "曰: 請問術之接物何如? 對曰: 人主仁而境內和矣, 故其士民莫弗親也; 人主義而境內理矣, 故其士民莫弗順也; 人主有禮而

가의는 이어서 쉰여섯 가지로 선善의 대략을 구분하는 것으로 사물을 대하는 도를 설명했다.

물었다. "선을 대체적으로 분류하면 어떠한가?" 대답했다. "어버이가 자식을 사랑하고 이롭게 돕는 것을 자애로움이라고 하며, 자애의 반대되는 것이 완악함이다. 자식이 어버이를 사랑하고 이롭게 하는 것은 효성스러움이라고 하며, 효에 반대되는 것이 비뚤어짐이다. 사랑하고 이롭게 하려는 생각이 속마음에서 우러난 것을 충성스러움이라 하며, 충성에 반대되는 것을 배신이라고 한다. 마음으로부터 남을 보살펴주고 동정해주는 것을 은혜로움이라고 하며, 은혜에 반대 되는 것을 각박하다고 한다. 형이 아우를 받들어 아껴주는 것을 우애라고 하며, 우애에 반대되는 것을 모질다고 한다. 아우가 형을 받들어 사랑하는 것을 공경이라고 하며, 공경에 반대 되는 것을 건방지다고 한다.……지조가 순수하면서 과감함을 성실이라 하고, 성실에 반대되는 것을 태만하다고 한다. 능히 실천해서 지조를 이룸을 기필이라 하고, 기필에 반대되는 것을 방자하다고 한다. 이렇게 나누는 것이 선의 대략이니, 이른바 도이다."[8]

境內肅矣, 故其士民莫弗敬也; 人主有信而境內貞矣, 故其士民莫弗信也; 人主公而境內服矣, 故其士民莫弗戴也; 人主法而境內軌矣, 故其士民莫弗輔也. 擧賢則民化善, 使能則官職治, 英俊在位則主尊, 羽翼勝任則民顯, 操德而固則威立, 教順而必則令行. 周聽則不蔽, 稽驗則不惶, 明好惡則民心化, 密事端則人主神. 術者, 接物之隊. 凡權重者必謹於事, 令行者必謹於言, 則過敗鮮矣. 此術之接物之道也. 其爲原無屈, 其應變無極, 故聖人尊之. 夫道之詳, 不可勝述也."

8) 『新書』, 「道術」, "曰: 請問品善之體何如? 對曰: 親愛利子謂之慈, 反慈爲嚚. 子愛利親謂之孝, 反孝爲孽. 愛利出中謂之忠, 反忠爲倍. 心省恤人謂之惠, 反惠爲困. 兄敬愛弟謂之友, 反友爲虐. 弟敬愛兄謂之悌, 反悌爲敖.……志操精果謂之誠, 反誠爲殆. 克行遂節謂之必, 反必爲怛. 凡此品也, 善之體也, 所謂道也."

인간사회의 인륜의 도덕규범은 도의 허령한 본체가 구체적인 현실의 실천방법 상에 전개되어 드러나는 것이다.

도는 우주만물의 근원이 되는 것이지만, 반드시 덕에 의거하여 만물을 화육하고 생장시키는 것이다.

> 사물을 이끌어 시작하게 하는 것을 도라 하며, 사물이 얻어서 생겨난 것을 덕이라 한다. 덕이 있는 것은 도를 근본으로 삼기 때문이다. 그러므로 "도는 덕의 근본이다."라고 한다. 덕이 사물을 생성하고 또 사물을 기르니, 사물은 편안하고 이롭다.……덕이 사물을 낳고, 또 길러주기를 멈추지 않으며,……덕은 도에서 생겨나서 이치가 있는데, 이치를 지키면 도에 합치되어 도・리와 가까이해서 떨어지지 않으므로 사물을 길러주고 양육할 수 있다. 사물은 덕을 우러러 의지하지 않음이 없으니, 이는 높은 덕이므로 "친밀함은 덕이 높음이다."라고 한다. 도를 따르고 잃지 않으면 도가 있게 되고, 도를 얻어 지키면 덕이 있게 되며, 쉬지 않고 실천하면 행실이 이뤄진다.[9)]

만물은 생성되고 화육되는 과정 가운데 도를 근원으로 삼으며, "덕이라는 것은 무無에서 출발하여 유有로 변해간다. 젖어들면 기름기가 엉기듯 탁해져서 형체를 형성하기 시작한다."[10)] 덕이 젖어들면서 혼탁한 상태가 형성되어야 만이 비로소 형체의 틀이 있게 되어 만물이 이루어지기 시작하는 것이다. 그렇기 때문에 덕은 도

---

9) 『新書』, 「道德說」, "物所道始謂之道, 所得以生謂之德. 德之有也, 以道爲本, 故曰道者德之本也. 德生物又養物, 則物安利矣.……德生物, 又養長之而弗離也,……德生於道而有理, 守理則合於道, 與道理密而弗離也, 故能畜物養物, 物莫不仰恃德, 此德之高, 故曰密者德之高也. 道而勿失, 則有道矣; 得而守之, 則有德矣; 行有無休, 則行成矣."

10) 『新書』, 「道德說」, "德者, 離無而之有, 故潤則腒然濁而始形矣."

가 만물을 생성하고 화육하는 변화 상태인 것이다. 그리고 덕의 응집에 의한 만물의 생육은 도의 본체를 떠날 수 없는 것이기 때문에 “생성은 덕을 근본으로 하고 덕은 도를 근본으로 한다.”고 하는 것이며, 이러한 도와 덕의 관계를 가의는 물과 얼음의 관계로 비유했다.

> 덕은 사물의 원리에서 변화되어 나온 것이다. 아직 변화하지 않은 상태는 도의 모습이다. 도가 엉겨 덕이 되고, 신은 덕에 실려 있다. 덕은 도가 윤택해진 것이다. 도가 비록 신묘한 것이지만, 반드시 덕에 실려야 하니, 그래야만 (도의) 모습이 의탁하는 바가 있게 되며, 그럼으로써 변화를 움직여서 변화하게 된다. 만물을 변화시키는 원리는 모두 도의 변화이다.[11]

물이 응집되면 얼음이 되는데, 물과 얼음은 동일한 성질을 가지고 있는 것이지만 다만 형태가 다른 것일 뿐인 것이다. 마찬가지로 도와 덕 역시 도는 텅 비고 형체가 없는 본체이고 덕은 도가 변화하는 시작점으로 허虛와 실實 및 유有와 무無의 결합으로 만물의 초기 형태를 구성한다. 그래서 가의는 도와 덕이 만물을 만들어낸다고 했던 것이다.

덕이 만물을 창출하는 과정 가운데 도가 만물 안에 내재되어 만물의 성질이 되는 것이라고 가의는 생각했다. 그리고 그는 만물의 성질이 되는 것에는 육리六理라고 하는 것이 있다고 했다.

---

11) 『新書』, 「道德說」, “德者, 變及物理之所出也, 未變者道之頌也. 道氷而爲德, 神載於德. 德者, 道之澤也. 道雖神必載於德, 而頌乃有所因, 以發動變化而爲變. 變及諸生之理, 皆道之化也.”

덕에는 육리六理가 있다. 무엇을 육리六理라고 하는가? 도道・덕德・성性・신神・명明・명命, 이 여섯 가지가 덕의 리理이다. 이 육리六理로 인해 생겨나지 않는 것이 없으니, 이미 밖으로 생겨났으면 육리는 그 생겨난 것 안에 존재한다.[12]

덕을 사물의 성질 측면에서 언급하자면, 여섯 가지의 속성을 포함하고 있는데 그 가운데 덕도 포함되어 있다. 이러한 점에 대하여 임계유任繼愈의 경우 "이는 고대인들이 사용한 개념이 세밀하지 못한 데서 오는 흠결인 것이다."[13]라고 주장하고 있다. 가의는 "여섯 가지 원리는 (무에서 유에 이르는) 변화에서 생겨난 것으로, 생겨난 사물에는 여섯 가지 원리가 갖춰져 있다. 그러니 만물은 윤택해져서 생성되므로 윤덕潤德이라 이른다."[14]라고 언급했는데, 이는 곧 육리六理라고 하는 것이 사물이 창조되는 과정 가운데, 덕이 만물 속에 여섯 가지의 속성을 포함하고 있는 것이라고 하는 것이다. 서복관徐復觀의 경우 "총체적으로 언급한 덕이라고 하는 것은 조리의 측면에서 말하자면 리理가 된다. 여기에서의 리理와 덕은 동등한 것이다. 도가 응집하고 분화되어 덕이 되나 덕 속에는 여전히 도가 있는 것이다. 덕은 조리가 되어 육리가 될 수 있고, 육리 속에는 여전히 덕이 있는 것이다."[15]라고 언급하고 있는데, 이는 곧 육리六理가 도로 모든 사물 가운데 체현되어 모든 사

12) 『新書』, 「六術」, "德有六理, 何謂六理? 道・德・性・神・明・命, 此六者, 德之理也. 六理無不生也, 已生而六理存乎所生之內."

13) 任繼愈, 『中國哲學發展史 - 秦漢』, 北京, 人民出版社, 1985년, 156쪽 참조.

14) 『新書』, 「道德說」, "六理所以爲變而生也, 所生有理, 然則物得潤以生, 故謂潤德."

15) 徐復觀, 『兩漢思想史』, 卷二, 臺北, 學生書局, 1985년, 159쪽 참조.

물의 준칙과 법칙이 된다고 하는 것이다.

> 육리六理로 인해 생겨나지 않는 것이 없으니, 이미 밖으로 생겨났으면 육리는 그 생겨난 것 안에 존재한다. 그러므로 음양과 천지와 사람은 모두 육리로써 내재하는 법칙을 삼으며, 내재한 법칙이 기반을 잡은 것을 육법六法이라고 한다. 육법이 안에 갖춰져 있다가, 변화해 나와 밖으로 드러나서, 밖에서 육술六術을 이루니 이를 육행六行이라고 한다.[16)]

도덕이 만물을 생성하고 화육하며 만물이 창조되는 과정 속에서 만물은 덕의 육리六理에 근거하여 내재적인 성질을 이루게 되며, 아울러 사물의 내재적인 법칙이 되는 것이기 때문에 육리六理를 육법六法(道·德·性·神·明·命)이라고 부르기도 하는 것이다. 또한 이러한 육법이 사물의 변화에 따라 외부에 대응하는 것을 육술六術(仁·義·禮·智·信·樂)이라고 부르며, 이러한 육술이 구체적으로 외재적인 행위의 근거가 되는 것을 육행六行(仁·義·禮·智·信·樂)이라고 부르는 것이다.

이상과 같이 볼 때, 가의는 도를 우주만물의 본체로 삼고 이것이 외부로 발현되는 것을 덕이라고 생각했던 것이다. 도와 덕이 만물을 생성하고 화육하는 과정 속에서 도와 덕을 사물 속에 충실하게 체현시키게 되면 곧 현실 사물에 대한 법칙으로 자리매김하게 되는 것이라고 주장했던 것이다.

---

16) 『新書』, 「六術」, "六理無不生也, 已生而六理存乎所生之內. 是以陰陽天地人, 盡以六理爲內度, 內度成業, 故謂之六法. 六法藏內, 變流而外遂, 外遂六術, 故謂之六行."

3. 성性 · 명命 · 세勢로 본 인성론

가의는 성性에 대하여 다음과 같이 언급했다.

> 성이란 도와 덕이 만든 존재이다. 만물은 각기 형체가 있는데, 성은 도와 덕의 신묘함이 하나의 기운으로 모인 것이니, 더욱 윤택함을 알 수 있다. 탁하면서 단단히 서로 연결되어 사물 가운데 있는데, 사물은 생겨나지 않았으나 기운이 모두 모여들어 있는 상태를 성이라 한다. 성이란 신기가 모인 것이다. 성이 수립되면 신기가 환하게 펼쳐져서 밖으로 통하게 되며, 바깥의 사물과 서로 감응한다. 그래서 "아주 윤택하면서 단단히 붙어있는 것을 성이라고 한다.", "성은 기운을 낳으며 밝게 통한다."고 말한다.[17]

성性은 도와 덕이 만물을 만드는 과정 가운데 도와 덕의 신묘함과 기운이 서로 모여서 윤택하고 단단한 물체의 상태에서 이루어진 것으로, 즉 사물이 형체를 갖추기 전의 형체가 있는 듯 형체가 없는 듯 하는 과정의 상태인 것이라고 할 수 있다. 성에는 신묘한 기운이 있어서 비로소 사물의 완정한 개체를 구성할 수 있게 되는 것이며 다른 외재 사물과 상응할 수 있게 되는 것이다.

가의는 도와 덕이 만물을 창조하는 과정 속에서 만물 속에 내재된 도와 덕이 만물의 도道 · 덕德 · 성性 · 신神 · 명明 · 명命 등 육리六理가 되는 것이며, 이러한 육리六理는 "덕의 여섯 가지 원리이며,

---

17) 『新書』, 「道德說」, "性者, 道德造物. 物有形而道德之神專而爲一氣, 明其潤益厚矣. 濁而膠相連在物之中, 爲物莫生, 氣皆集焉, 故謂之性. 性, 神氣之所會也, 性立則神氣曉曉然發而通行於外矣. 與外物之感相應, 故曰潤厚而膠謂之性. 性生氣, 通之以曉."

원리는 그물 모양이다."[18]라고 하는 것으로 곧 여섯 가지의 내재적인 성질인 것이다. 이와 같은 여섯 가지의 성질은 만물이 창조되어가는 과정 속에서 점진적으로 완성되어지는 것이라고 할 수 있다. 도는 텅 비어 있으면서 형체가 없는 본체이고 덕은 도가 변화하는 시작점이며 성은 신묘함과 기운이 서로 모여 있는 상태인 것이다. 그리고 "신은 도와 덕과 신과 기운이 성에서 표출된 것으로, 흐르는 물처럼 자유 자재함은 다른 어떤 사물도 모방할 수 없다. 하지 못하는 변화가 없고, 사물의 이치와 여러 변화가 일어남은 모두 신에서 변화해 나온 것이다."[19]라고 하는 언급은 사물의 감통변화의 활동인 것이다. 그리고 가의가 "명明은 신과 기가 안에 있는데, 빛이 없으면 지혜가 되고, 밝으면 환하게 밖으로 드러난다. 밖과 안이 통하여 하나가 되면 득실이 드러나게 된다. 사리와 시비는 다 지혜가 주관하니, 그러므로 빛나는 광채를 명이라 한다."[20]라고 하는 언급은 사물의 작용을 인식한 것이다. 또한 "명은 사물이 모두 도와 덕이 베풀어 준 것을 받아서 생겨나니 윤택하며, 성性·기氣·신神·명明 및 형체의 분수와 정도가 각각의 한도와 법도가 있다……생기지 않을 수가 없는 것이 명이며, 생겨나면 형체가 있게 되고, 형체가 있게 되면 도道·덕德·성性·신神·명明이 따라서 사물의 형체에 실리게 된다. 그러므로 단단히 굳은 것을 명이라 이른다. 명命은 형체를 낳는데, 일정하게 정해짐

18) 『新書』, 「道德說」, "德之有六理, 理離狀也."

19) 『新書』, 「道德說」, "神者, 道德神氣發於性也. 康若濼流, 不可物效也, 變化無所不爲, 物理及諸變之起, 皆神之所化也."

20) 『新書』, 「道德說」, "明者, 神氣在內, 則無光而爲知, 明則有輝於外矣. 外內通一, 則爲得失, 事理是非皆職於知, 故曰光輝謂之明."

으로써 통한다고 말한다."[21]라고 하는 언급은 이미 사물이 형성된 단계로서 이는 곧 사물이 만물을 만들고 낳은 완성단계에 해당되는 것이다. 즉 주관적이거나 객관적인 조건에 관계없이 이미 고정불변의 성격에 도달하게 된 것이다.

만물의 창생과정 가운데 성性은 기氣와 신神이 서로 모여서 완성된 단계이며, 신神·명明·명命은 성性이 완성된 후에 전개되어 드러나는 과정과 속성인 것이다. 그러므로 성性에서부터 시작하여 신神·명明·명命에 이르는 과정은 내부적으로 도덕을 갖추고 있으면서 사물을 만드는 정신적인 측면을 가진 것이면서 한편으로는 기氣를 갖추고 있으면서 형체를 구성하고 있는 물질적인 측면을 가진 것으로, 이는 곧 만물의 완정한 생명체를 형성하고 있는 것이라고 할 수 있는 것이다. 그러므로 성性은 신神(정신적인 측면)과 기氣(물질적인 측면)가 결합하는 가장 처음의 시점이라고 할 수 있는 것이다. 신神·명明이 결합하여 성性을 완성했을 때 내부적으로는 성性의 특성과 성질을 구비하게 되는 것이기 때문에 신神·명明·명命은 성性이 완성된 후의 도덕이 전개되고 드러나게 된다고 하는 다른 특성을 가지게 되는 것이다.

가의는 도덕이 만물을 창조하고 생성하는 과정 속에서 기氣는 또 다른 구성요소라고 생각했다. 즉 가의는 만물은 음양陰陽 이기二氣의 변화에 의해서 생성되는 것이라고 생각했으며, 사물의 변화나 심지어는 인간의 생사까지도 형체와 기운이 돌아 이어지는 것

21) 『新書』, 「道德說」, "命者, 物皆得道德之施以生, 則澤潤性氣神明, 及形體之位分·數度, 各有極量指奏矣.……命者, 不得毋生, 生則有形, 形而道德性神明因載於物形, 故礐堅謂之命. 命生形, 通之以定."

의 결과라고 생각했다. 그렇기 때문에 기氣는 형체의 요소가 되는 것이다.[22] 만물의 생성과정 가운데 성性의 단계까지 진행이 되었을 때 기氣는 비로소 응집하기 시작하여 처음으로 형상을 이루게 되고 탁하면서 단단하게 뭉쳐져 있는 상태가 되는 것이다. 그렇기 때문에 가의는 "아주 윤택하면서 단단히 붙어 있는 것을 성이라고 한다."[23]라고 언급한 것이며, 또한 "성은 기운을 낳으며 밝게 통한다."[24]라고 언급하여 기氣가 성性에 의해서 생성되는 것이 아니라고 하는 사실을 분명하게 표명하고 성性이 기氣를 수립했다고 하는 것을 주장하고 있다.

또 다른 구성요소는 도덕의 신神에서 비롯되는 것이라고 할 수 있다. 그러므로 신神은 도덕 안에 갖춰진 본질이 되는 것이라고 말할 수 있는 것이며, 그것은 공허하고 고요한 가운데서 분출되어 흐르는 것이기 때문에 마치 강물이 수원지에서 끊임없이 분출되는 것과 같으며, 또한 하지 못하는 변화가 없기 때문에 신神이라고 말하는 것이다.

성性의 단계에서 도덕의 신神과 기氣의 총체를 갖추게 되면 이는 곧 만물의 공통적인 성性이 되는 것으로, 여기에는 인간의 성性과 사물의 성性 간의 분별이 없게 되는 것이고 또한 성性의 가치의미에 대한 분류가 사라지게 되는 것이다. 그러므로 가의의 만물생성의 과정에서 보았을 때, 성性의 완성단계는 만물 사이의 성性에 분별이 없는 것이며 또한 선악의 구분이 없는 것이 된다고 할 수 있

22) 徐復觀, 『兩漢思想史』, 卷二, 臺北, 學生書局, 1985년, 166쪽 참조.

23) 『新書』, 「道德說」, "潤厚而膠謂之性."

24) 『新書』, 「道德說」, "性生氣, 通之以曉."

다. 인성과 물성의 분수령은 바로 "명命은 형체를 낳는데, 일정하게 정해짐으로써 통한다고 말한다."에서의 명命이 이루어지는 단계에 있는 것이다. 몽배원蒙培元의 경우 명命은 인간의 내재적 본성으로 잠재적 능력과 생명의 극한이라고 언급했다. 즉 인간의 주체성의 완성인 것이라고 말했다.[25]

> 명命은 사물이 모두 도와 덕이 베풀어 준 것을 받아서 생겨나니 윤택하며, 성性·기氣·신神·명明 및 형체의 분수와 정도가 각각의 한도와 법도가 있다. 이는 모두 그의 도덕에서 받은 것이지, 자신의 취향대로 선택해서 그렇게 된 것은 아니다. 도와 덕을 받아 갖춤에 단단히 정해진 바가 있어서 받아들이지 않을 수가 없으므로 명이라고 한다. 생기지 않을 수가 없는 것이 명이며, 생겨나면 형체가 있게 되고, 형체가 있게 되면 도道·덕德·성性·신神·명明이 따라서 사물의 형체에 실리게 된다. 그러므로 단단히 굳은 것을 명이라 이른다. 명命은 형체를 낳는데, 일정하게 정해짐으로써 통한다고 말한다.[26]

만물의 창조는 명命의 단계에 이르러 생성되면서 바로 형상이 있게 되어서 제각기 형체가 있게 되는 것이며 실제적인 존재가 되는 것이다. 또한 만물은 모두가 도덕의 근원 위에서 성性·기氣·신神·명明을 통하여 윤택한 생성과 화육의 과정 속에서 분수와

---

25) 蒙培元, 『中國心性論』, 臺北, 學生書局, 1992년, 147쪽 참조.

26) 『新書』, 「道德說」, "命者, 物皆得道德之施以生, 則澤潤性氣神明, 及形體之位分·數度, 各有極量指奏矣. 此皆所受其道德, 非以嗜欲取捨然也. 其受此具也, 礐然有定矣, 不可得辭也, 故曰命. 命者, 不得毋生, 生則有形, 形而道德性神明因載於物形, 故礐堅謂之命. 命生形, 通之以定."

정도가 각각의 한도와 법도가 있게 되는 것이다. 즉 제각기 서로 다른 형체와 특성을 가지게 되는 것이다. 만물은 "이미 밖으로 생겨났으면 육리는 그 생겨난 것 안에 존재한다. 그러므로 음양과 천지와 사람은 모두 육리로써 내재하는 법칙을 삼는다."[27]는 것이기 때문에 도덕이 만물을 생성하고 화육하는 것이며, 만물은 구비되어 있는 육리로써 내재하는 성과 법칙을 삼는 것이다. 만물의 근원은 서로 같은 것이며 본래부터 가지고 있는 도덕 안에 덕성을 구비하고 있지만, 사물이 완성되고 일정하게 정해진 이후에 만물은 제각기 지니고 있는 자신의 현실적 경험의 한계로 인하여 본래 본체의 도덕이 "내재한 법칙이 기반을 잡은 것을 육법六法이라고 한다. 육법이 안에 갖춰져 있다가, 변화해 나와 밖으로 드러나서, 밖에서 육술六術을 이루니 이를 육행六行이라고 한다."[28]라고 하는 것처럼 현실세계 가운데 구체적인 육법六法과 육행六行으로 실현되어 인간의 행위의 가치근거와 원칙이 되는 것이다. 이는 곧 구체적인 인성이 되는 것이다.

> 사물을 이끌어 시작하게 하는 것을 도라 하며, 사물이 얻어서 생겨난 것을 덕이라 한다. 덕이 있는 것은 도를 근본으로 삼기 때문이다. 그러므로 "도는 덕의 근본이다."라고 한다. 덕이 사물을 생성하고 또 사물을 기르니, 사물은 편안하고 이롭다. 사물을 편안하고 이롭게 하는 것은 인자한 행동인데, 인자한 행동은 덕에서 나오므로, "인은 덕의 표현이다."라고 한다. 덕이 이치를 낳는데, 이치가

---

27) 『新書』, 「六術」, "已生而六理存乎所生之內. 是以陰陽天地人, 盡以六理爲內度."

28) 『新書』, 「六術」, "內度成業, 故謂之六法. 六法藏內, 變流而外遂, 外遂六術, 故謂之六行."

수립되면 알맞게 되니, 의는 적절한 상태를 말한다. 의라는 것은 이치이다. 그러므로 "의는 덕의 이치이다."라고 한다. 덕은 사물을 낳고, 또 길러주기를 멈추지 않으며, 사물을 편안하고 이롭게 한다. 덕은 충실하고 후덕하게 사물을 대하므로, "충은 덕이 두터움이다."라고 한다. 충실하고 후한 덕은 미덥고 견고해 바뀌지 않으니, 이는 덕의 일정한 모습이다. 그러므로 "신은 덕이 견고함이다."라고 한다. 덕은 도에서 생겨나서 이치가 있는데, 이치를 지키면 도에 합치되 도·리와 가까이해서 떨어지지 않으므로 사물을 길러주고 양육할 수 있다. 사물은 덕을 우러러 의지하지 않음이 없으니, 이는 높은 덕이므로 "친밀함은 덕이 높음이다."라고 한다.[29]

덕에는 여섯 가지 미덕이 있다. 무엇을 여섯 가지 미덕이라 하는가? 도道가 있고, 인仁이 있고, 의義가 있고, 충忠이 있고, 신信이 있고, 밀密이 있다. 이 여섯 가지가 덕의 아름다움이다. 도는 덕의 근본이요, 인은 덕이 표출된 것이요, 의는 덕의 원리요, 충은 덕이 두터움이요, 신은 덕의 굳음이요, 밀은 덕의 높음이다.[30]

인간은 창조되어 생겨나는 과정 가운데 이미 갖추어져 있는 육리六理가 도道·인仁·의義·충忠·신信·밀密 등과 같은 육미六美의

29) 『新書』, 「道德說」, "物所道始謂之道, 所得以生謂之德. 德之有也, 以道爲本, 故曰道者德之本也. 德生物又養物, 則物安利矣. 安利物者, 仁行也. 仁行出於德, 故曰仁者德之出也. 德生理, 理立則有宜適之謂義. 義者, 理也, 故曰義者德之理也. 德生物, 又養長之而弗離也, 得以安利. 德之遇物也忠厚, 故曰忠者德之厚也. 德之忠厚也, 信固而不易, 此德之常也, 故曰信者德之固也. 德生於道而有理, 守理則合於道, 與道理密而弗離也, 故能畜物養物, 物莫不仰恃德, 此德之高, 故曰密者德之高也."

30) 『新書』, 「道德說」, "德有六美, 何謂六美? 有道, 有仁, 有義, 有忠, 有信, 有密, 此六者德之美也. 道者德之本也, 仁者德之出也, 義者德之理也, 忠者德之厚也, 信者德之固也, 密者德之高也."

구체적인 인성의 표현이 되는 것이다. 도道·인仁·의義·충忠·신信·밀密은 각각 도덕의 본체가 되고 현상세계 속으로 내려와 도덕의 여섯 가지 미덕으로 표현되어 인성 가운데 여섯 종류의 특질이 되는 것이다.

가의는 인성에는 여섯 종류의 덕성이 있다고 생각했으며, 그러한 덕성들이 인성에 대하여 선하거나 악함을 확정지울 수 없다고 하는 견해를 표명했다. 가의는 인성에 대한 논의에서 현실적이고 경험적인 입장에서 논의를 시작한다. 그리고 현실세계의 경험은 분수·정도와 한도·법도 및 성취가 있는 것으로 이는 『노자老子』의 " 어려움과 쉬움은 서로 성립시키며, 길고 짧음은 서로 형태를 드러내주고, 높고 낮은 것은 서로 기울어짐을 나타내준다. 음音과 성聲은 서로 어울리고, 앞과 뒤는 서로 따르는 것이다."[31]라고 하는 언급과 같다고 할 수 있다. 현상세계에는 모든 사물이 상대적으로 존재한다고 할 수 있다. 즉 『장자莊子』의 "물건 자체의 입장에서 볼 때 자신은 귀하고 남은 천한 것이다. 세속적인 입장에서 본다면 귀하고 천한 것은 자신에게 달려 있는 것이 아니라, 남이 정하는 것이다. 상대적인 관점에서 볼 때, 어느 것에 비하여 크다는 입장에서 말하면 만물 중에 크지 않은 것이 없게 되며, 어느 것에 비하여 작다는 입장에서 보면 만물 중에 작지 않은 것이 없게 된다."[32]라고 하는 언급처럼 현실세계의 경험에서는 초자연적인 절대적 존재가 없는 것이다. 그래서 도道·인仁·의義·충忠·신

31) 『老子』, 제2장, "難易相成, 長短相形, 高下相傾, 音聲相和, 前後相隨."
32) 『莊子』, 「秋水」, "以物觀之, 自貴而相賤; 以俗觀之, 貴賤不在己. 以差觀之, 因其所大而大之, 則萬物莫不大; 因其所小而小之, 則萬物莫不小."

信·밀密의 덕성 외에 육미六美 이외의 특성에 속하는 것이 존재할 수 있거나 혹은 불도不道·불인不仁·불의不義·불충不忠·불신不信·불밀不密과 같은 상대적인 특성이 있을 수도 있다. 그렇기 때문에 인간은 도道·인仁·의義·충忠·신信·밀密의 본성을 가지고 있을 뿐이라고 말할 수 있는 것이며, 이는 도덕의 근본·표출·원리·두터움·굳음·높음이라고 하는 특성으로부터 온 것으로 만물을 편안하고 이롭게 하는 것의 표현이 된다고 할 수 있는 것이다.

가의는 신묘함과 기운이 모인 것과 명이 만물의 형체를 생겨나게 한다고 하는 본체론적 측면의 성性에는 선악의 문제가 확정되어 있지 않다고 생각했다. 오히려 가의는 인성의 선악을 결정하는 원인은 외재적인 요인에 있는 것으로 보았다. 그래서 가의는 "사람이란 높은 곳에 오르면 멀리 바라보고 깊은 곳에 다다르면 굽어보게 된다. 이는 사람의 본성상 굽어보거나 멀리 바라보는 것이 아니고, 처한 지세가 그렇게 만드는 것이다. 어떤 사정은 사악한 일을 불러일으키고, 어떤 형세는 화란을 불러들일 수 있다."[33]라고 언급했다. 즉 가의는 인간에게 도덕의 본체가 되는 육미의 본성 이외에 "사람이란 높은 곳에 오르면 멀리 바라보고 깊은 곳에 다다르면 굽어보게 된다."고 하는 본성이 있다고 하였지만, 그렇다고 해서 인간에게 선천적으로 멀리 바라보고 굽어보게 되는 본성이 내재되어 있는 것은 아니라고 했다. 그러므로 높고 깊은 형세가 인간을 멀리 바라보고 굽어보게 만드는 것이라고 한 것이다. 그래서 멀리 바라보고 굽어보게 되는 선악의 결과는 외부적인 상

33) 『新書』, 「審微」, "彼人也, 登高則望, 臨深則窺, 人之性, 非窺且望也, 勢使然也. 夫事有逐姦, 勢有召禍."

황에 의해서 만들어지게 되는 것이다. 가의는 외부적인 상황을 인성 형성의 또 다른 요인으로 보는 한편 그것을 인성 선악의 근거로 논급한다.

> 인간의 감정은 다름이 없고 얼굴과 모양새도 비슷해서, 귀하고 천한 구별이 선천적으로 사람의 모습에 드러나 있지 않다. 귀천을 구별하고 존비를 밝혀주는 것은 등급과 세력과 의복과 명령이다.[34]

인간은 선천적으로 우수하고 열등하거나 고귀하고 비천하거나 하는 구별이 없는 존재이다. 인간에게 고귀하고 비천한 구분이 있게 되는 것은 현실의 세속적인 환경에 의해서 그렇게 된 것이라고 할 수 있다. 예를 들자면 등급이나 세력과 복장 및 명령의 차이가 바로 그러한 구분의 전형적인 유형이 될 수 있다고 할 수 있다. 이러한 요인들은 바로 가의가 언급한 형세에 해당되는 것이다. 즉 가의는 "목공으로부터 진시황에 이르는 이십여 명의 임금은 항상 제후들의 우두머리가 되었으니, 이는 어찌 대대로 그들이 모두 현명해서였겠는가? 이는 진나라가 차지한 지세가 그렇게 만든 것이었다."[35]라고 하여 형세와 사물 사이에는 객관존재의 상대적 관계가 형성되어 있다고 보았다. 이러한 관계는 사물의 존비·고하·강약 등의 상태를 반영하고 있는 것이라고 할 수 있다. 그러나 개인에 있어서 이러한 상태는 신분이나 지위 등과 같은 현실적인 여

---

34) 『新書』, 「等齊」, "人之情不異, 面目狀貌同類, 貴賤之別, 非天根著於形容也. 所持以別貴賤明尊卑者, 等級·勢力·衣服·號令也."

35) 『新書』, 「過秦下」, "自繆公以來, 至於秦王, 二十餘君, 常爲諸侯雄. 此豈世賢哉, 其勢居然也."

건이 다르기 때문에 바꿀 수 있는 여지가 있다고 할 수 있다. 그래서 가의는 "이전의 형세가 다하였다가 다시 살아나고 있습니다. 그리하여 재앙의 변란이 어디로 옮겨갈지 알지 못하니, 계속 이런 식으로 나간다면 언제 끝이 나겠습니까?"[36]라고 언급한 것처럼, 재앙과 행복은 형세의 전환 속에서 변동되는 것이라고 보았던 것이다. 이것은 곧 현상계의 존재가 상대적인 존재이기 때문인 것에 기인하는 것이다. 그러나 사람은 태어나서 살아가는 동안 다른 사람과 서로 대비되는 관계 속에서 형세에 의하지 않고는 행동할 수 없는 존재라고 할 수 있다. 이는 가의가 "대체로 세력이 강한 자가 먼저 모반하였습니다.……품성이 다른 사람과 달랐기 때문이 아니라 그 당시 형세가 그러했기 때문입니다."[37]라고 언급한 것에서 그 실례를 찾아볼 수 있다. 가의는 인간은 형세를 보고 행동하는 본성이 있다고 주장했기 때문에 "높은 곳에 오르면 멀리 바라보고 깊은 곳에 다다르면 굽어보게 된다고 하는 본성이 있다."라고 하는 언급을 했던 것이다.

가의는 인간이 형세에 따라서 행동하기 때문에 선악의 결과가 있게 되는 것이라고 생각했다. 만일 형세에 따르지 않게 된다면 아무것도 하지 않게 된다는 것이다.

> 그러나 그들의 권력이 분수에 넘친 요행을 바랄 정도로 크지 않고 그 세력이 반역을 일으킬 정도로 강성하지 않아야, 교만한 야심이 없어지고 사특한 행동이 없어질 것입니다. (그렇게 되면) 법을 받들고 황실의 명령을 두려워하며 순하게 말을 듣게 될 것이니, 오

36) 『新書』, 「制不定」, "其勢盡又復然, 殃禍之變, 未知所移, 長此安窮?"
37) 『新書』, 「藩彊」, "大抵彊者先反.……非獨性異人也, 其形勢然矣."

래 안락하게 살면서 위와 아래가 서로 의심해서 생기는 화는 없을 것입니다.[38]

형세가 악한 행동을 유발할 수 있으며 반대로 선한 행동을 하게 만들 수도 있는 것이다.

> 천자의 춘추가 바야흐로 한창 젊으시고 바르게 행동하여 아무런 잘못이 없으며, 은덕과 혜택이 천하에 두루 베풀어지고 있음에도 오히려 이러한 일이 일어나거늘, 하물며 막대한 힘을 가진 제후의 권세가 지금의 열 배가 되는 경우에 있어서는 어떠하겠습니까?[39]

천자의 춘추가 바야흐로 한창 젊은 시기에 비록 올바른 행동을 하지 않았더라도 은덕과 혜택이 천하의 백성들에게 두루 베풀어지고 있음은 바로 형세에 기인한 것이다. 이러한 사례는 『춘추좌전春秋左傳』에 위衛나라가 적인狄人들에게 패하여 나라가 유린되고 위나라 대공戴公이 조曹나라에 가서 망명생활을 하게 되자, 제나라 환공이 그를 구해주고 다시 초구楚丘에 성을 쌓고 위나라를 존속시켜 줬을 뿐만 아니라 수레와 말 그리고 제기 및 의복을 보내주자, 당시의 제후들과 후세 사람들이 제나라 환공을 인仁을 행한 사람이라고 찬양했다고 하는 기록에서 발견할 수 있다. 만일 제나라 환공의 형세가 제후의 신분에 있지 않았다면 위나라 사람들을 구할 수 없었을 뿐만 아니라 초구楚丘에 성을 쌓고 위나라를 존속시

---

38) 『新書』, 「藩傷」, "然而權力不足以徼幸, 勢不足以行逆, 故無驕心, 無邪行, 奉法畏令, 聽從必順, 長生安樂, 而無上下相疑之禍."

39) 『新書』, 「宗首」, "天子春秋鼎盛, 行義未過, 德澤有加焉, 猶尙若此, 況莫大諸侯, 權勢十此者乎."

켜 줄 수 없어서 자신의 선행을 완성하지 못했을 것이다. 이처럼 가의는 인간의 본성에 대하여 논급할 때 현실적인 의미에서 언급했던 것이다. 선한 행위와 악한 행위의 발생은 형세에 의해서 결정되는 것으로 즉 다시 말하자면 외재적인 환경의 요인에 의해서 결정되는 것이다. 그렇기 때문에 가의는 악을 제거하고 선을 완성하는 것은 후천적인 작용에 의해서 이루어지게 되는 것이라고 주장했던 것이다.

4. 맺는 말

이상과 같이 가의의 인성론에 대하여 인성론의 근원과 성性·명命·세勢로 본 인성론을 중심으로 살펴보았는데, 이를 정리하면 다음과 같다.

가의는 "성이란 도와 덕이 만든 존재이다. 만물은 각기 형체가 있는데, 성은 도와 덕의 신묘함이 하나의 기운으로 모인 것이다."라고 하여 도와 덕이 만물을 만든다고 생각했다. 즉 도와 덕의 신묘한 변화가 교차되고 모여서 기氣의 상태가 되었을 때 성性이 만들어지게 되는 것이라고 생각했던 것이다. 가의는 또 "도라고 하는 것은 그로써 사물을 대하는 것이다."라고 언급하여 도가 마음이 사물을 인식하는 근거가 된다고 생각했다. 그렇기 때문에 도와 덕은 가의가 말하는 마음과 본성의 근원이 되는 것이라고 할 수 있다.

가의는 도가 우주만물의 근원이 되는 것이며 허虛의 본체적인 성질을 가진다고 생각했다. 더나가 가의는 이러한 도가 만물에 구현될 때 만물이 움직이고 정지하게 하는 법칙이 되는 것이며, 구체적인 작용과 원칙으로 표현되는 것을 술術이라고 했기 때문에 도는 허虛를 본체로 삼고 술術을 작용으로 삼는 것이라고 생각했다. 또한 가의는 도는 우주만물의 근원이 되는 것이지만, 반드시 덕에 의거하여 만물을 화육하고 생장시키는 것이라고 생각했다. 그래서 가의는 만물은 생성되고 화육되는 과정 가운데 도를 근원으로 삼으며, 덕이 젖어들면서 혼탁한 상태가 형성되어야 만이 비로소 형체의 틀이 있게 되어 만물이 이루어지기 시작하는 것이라고 주장했다. 그렇기 때문에 덕은 도가 만물을 생성하고 화육하는 변화 상태인 것이며, 덕의 응집에 의한 만물의 생육은 도의 본체를 떠날 수 없는 것이기 때문에 "생성은 덕을 근본으로 하고 덕은 도를 근본으로 한다."고 하는 것이다. 이렇게 볼 때 가의는 도를 우주만물의 본체로 삼고 이것이 외부로 발현되는 것을 덕이라고 생각했던 것임을 알 수 있다. 아울러 가의는 도와 덕이 만물을 생성하고 화육하는 과정 속에서 도와 덕을 사물 속에 충실하게 체현시키게 되면 곧 현실 사물에 대한 법칙으로 자리매김하게 되는 것이라고 주장했던 것이다.

가의는 성性이라는 것이 도와 덕이 만물을 만드는 과정 가운데 도와 덕의 신묘함과 기운이 서로 모여서 윤택하고 단단한 물체의 상태에서 이루어진 것으로, 즉 사물이 형체를 갖추기 전의 형체가 있는 듯 형체가 없는 듯 하는 과정의 상태라고 생각했다. 또한 가의는 이러한 성에는 신묘한 기운이 있어서 비로소 사물의 완정한 개체를 구성할 수 있게 되는 것이며 다른 외재 사물과 상응할 수 있게 되는 것이라고 생각했다.

또한 가의는 도와 덕이 만물을 창조하는 과정 속에서 만물 속에 내재된 도와 덕이 만물의 도道·덕德·성性·신神·명明·명命 등 육리六理가 되는 것이며, 이러한 육리六理는 "덕의 여섯 가지 원리이며, 원리는 그물 모양이다."라고 하는 것으로 곧 여섯 가지의 내재적인 성질이라고 생각했다. 그래서 가의는 이와 같은 여섯 가지의 성질은 만물이 창조되어가는 과정 속에서 점진적으로 완성되어지는 것이라고 했던 것이다.

만물의 창조는 명命의 단계에 이르러 생성되면서 바로 형상이 있게 되어서 제각기 형체가 있게 되는 것이며 실제적인 존재가 되는 것이다. 또한 만물은 모두가 도덕의 근원 위에서 성性·기氣·신神·명明을 통하여 윤택한 생성과 화육의 과정 속에서 제각기 서로 다른 형체와 특성을 가지게 되는 것이다. 또한 만물의 근원은 서로 같은 것이며 본래부터 가지고 있는 도덕 안에 덕성을 구비하고 있지만, 사물은 자신의 현실적 경험의 한계로 인하여 본래 본체의 도덕이 "내재한 법칙이 기반을 잡은 것을 육법六法이라고 한다. 육법이 안에 갖춰져 있다가, 변화해 나와 밖으로 드러나서, 밖에서 육술六術을 이루니 이를 육행六行이라고 한다."라고 하는 것처럼 현실세계 가운데 구체적인 육법六法과 육행六行으로 실현되어 인간의 행위의 가치근거와 원칙이 되는 것이다. 이는 곧 구체적인 인성이 되는 것이다.

가의는 신묘함과 기운이 모인 것과 명이 만물의 형체를 생겨나게 한다고 하는 본체론적 측면의 성性에는 선악의 문제가 확정되어 있지 않다고 생각했다. 오히려 가의는 인성의 선악을 결정하는 원인은 외재적인 요인에 있는 것으로 보았다. 또한 가의는 인간에게 도덕의 본체가 되는 육미의 본성 이외에 “사람이란 높은 곳에 오르면 멀리 바라보고 깊은 곳에 다다르면 굽어보게 된다.”고 하는 본성이 있다고 하였지만, 그렇다고 해서 인간에게 선천적으로 멀리 바라보고 굽어보게 되는 본성이 내재되어 있는 것은 아니라고 했다. 그러므로 높고 깊은 형세가 인간을 멀리 바라보고 굽어보게 만드는 것이라고 한 것이다. 그래서 멀리 바라보고 굽어보게 되는 선악의 결과는 외부적인 상황에 의해서 만들어지게 되는 것이다. 가의는 외부적인 상황을 인성 형성의 또 다른 요인으로 보는 한편 그것을 인성 선악의 근거로 논급한다. 즉 가의는 인간에게 있어서 선한 행위와 악한 행위를 하게 되는 것은 형세에 의해서 결정되는 것으로 즉 다시 말하자면 외재적인 환경의 요인에 의해서 결정되는 것이라고 보았다. 그렇기 때문에 가의는 악을 제거하고 선을 완성하는 것은 후천적인 작용에 의해서 이루어지게 되는 것이라고 주장했던 것이다.

참고문헌

司馬遷,『史記』, 北京, 中華書局, 1982년.

班固,『漢書』, 北京, 中華書局, 1990년.

賈誼,『新書』,『四庫全書』本.

王興國,『賈誼評傳』, 南京, 南京大學出版社, 1992년.

任繼愈,『中國哲學發展史 - 秦漢』, 北京, 人民出版社, 1985년.

徐復觀,『兩漢思想史』, 卷二, 臺北, 學生書局, 1985년.

蒙培元,『中國心性論』, 臺北, 學生書局, 1992년.

제2절 정치론

1. 시작하는 말

진시황이 천하를 통일한 이후 십여 년간 벌인 대규모 사업들로 인하여 한나라 건국 초기의 정치·경제적 상황은 그야말로 최악의 상태에 직면해 있었다고 할 수 있다. 구체적으로 『한서漢書』의 기록을 살펴보면, 진시황이 천하를 통일한 이후 안으로는 대규모 공사를 일으키고 밖으로는 오랑캐들을 물리치느라 백성들 대부분이 노역과 전쟁에 동원되어 경작할 수 있는 남성들이 부족하여 식량이 부족했으며, 직조할 수 있는 여성들이 부족하여 의복이 부족했다고 하는 사실이 나타나 있다.[1] 이처럼 한나라 건국 초기는 진나라의 폭정과 진한교체기의 혼란 등으로 민생과 정치·경제 상황은 매우 비참한 지경에 처해있었다고 할 수 있다. 그렇기 때문에 한나라 건국 초기에는 사회의 안정을 통하여 정권을 공고하게 다지기 위해서 한나라 조정은 황노사상黃老思想을 채택하여 모든 것을 방임하는 무위無爲의 정책으로 제국의 기본체력을 회복하고자 했다.

한나라 조정은 이러한 황노사상을 피폐한 민생을 회복시키는 정책의 기본방향으로 채택했을 뿐만 아니라 한고조와 혜제의 재위시기에 몇 가지 정치적 조치를 통하여 백성들을 어루만져 주고

---

1) 『漢書』, 「食貨志上」, "至於始皇, 遂幷天下, 內興功作, 外攘夷狄……男子力耕不足糧饟, 女子紡績不足衣服."

자 했다. 그 대표적인 조치들에는 노비와 유랑민 및 난민 등 고향을 떠나 호적이 없는 백성들을 고향으로 돌려보내는 것 및 그들이 토지와 주택을 다시 찾을 수 있게 하여 서민의 신분으로 회복시켜 주는 것이 있었다. 또한 백성들의 조세를 경감시켜서 그들의 생계 부담을 덜어준 것 역시 있었다. 아울러 백성들에게 농업생산을 장려하여 그들의 삶을 윤택하게 만들어주고자 했고, 백성들이 안정된 삶을 바탕으로 그들의 자손을 번성시키는 조치를 취하기도 했다. 끝으로 정치적 조치를 통한 상업의 억제를 들을 수 있다.

서한 초기 유가사상가였던 가의賈誼는 당시 사회가 직면한 민생의 피폐현상에 대한 반성적 사고로부터 시작하여 민생문제 해결을 위한 구체적인 정치적 해법을 제시한다. 이러한 가의의 민생회복을 위한 정치적 해법에 대하여 본문에서는 서한 초기의 상황과 국가 기간산업 육성 및 각종 규제 정책을 중심으로 조명해보도록 하겠다.

2. 서한 초기의 상황

서한 초기는 비록 조정에서 농업을 중시하고 상업을 억제하는 정책을 시행함과 동시에 농업에 종사하는 백성들에게 시혜를 베푸는 수많은 조치들이 시행되었으나, 이러한 시혜 조치들이 농민들이 안고 있는 문제를 해결해주지는 못했다. 그렇기 때문에 농민들의 생활은 여전히 곤궁한 처지를 벗어날 수 없었다. 한나라 문제文帝시기 가의賈誼와 조조晁錯는 당시의 농민들의 생활상을 다음과 같이 묘사했다.

한 왕조가 나라를 세운지 거의 30년이 되어 가는데도, 국가적으로나 개인적으로나 비축된 물자를 보면 오히려 애통할 뿐입니다. 그러기에 때 맞춰 비가 오지 않으면 백성들은 놀라서 어쩔 줄 모르게 되고, 흉년이 들어 수확이 없게 되면 벼슬자리를 팔고 자식을 팔겠다고 내놓는 지경이 됩니다.[2)]

서한 초기 농민들의 생활이 곤궁하게 된 주요한 원인은 토지사유제로 인해 불거진 대토지 소유주들의 사적인 세금이 과중했던 것에 있다고 볼 수 있다. 서한 초기 조정에서는 민생경제를 진흥시키기 위해서 농업을 중시하는 정책을 실시하여 고조高祖시기에는 토지세를 가볍게 하여 15분의 1만 징수하는 조치를 취하고,[3)] 문제시기에 이르러 농민들의 토지세를 또다시 감면해주었으나, 토지사유제도 시스템 아래서 전국시대부터 시작하여 한나라 초기에 이르는 시기까지 대부분의 비옥하고 경작할 만한 토지는 거의 대지주와 호족의 수중에 넘어가 있는 상황이었으며, 자영농과 반소작농 이외의 수많은 농민들이 소작농신분으로 전락한 상황이었다.[4)] 이와 같이 대지주에게 예속된 소작농들은 반드시 지주에게 세금을 바쳐야 했는데, 그 수량은 대략 한 해 수확량의 절반에 해당되었다. 그렇기 때문에 한나라 조정에서 비록 세금을 경감시켜 줬지만 대지주들이 사적으로 거둬들이는 세금은 매우 무거운 상

2) 『新書』, 「無蓄」, "漢之爲漢幾四十歲矣, 公私之積, 猶可哀痛也. 故失時不雨, 民且狼顧矣. 歲惡不入, 請賣爵鬻子, 旣或聞耳矣." 이 글이 쓰인 것은 한 문제 2년(기원전 178년)으로, 한 왕조가 건국 된지 28년이 된 시점이니 「憂民」편의 내용에 의거하여 '四十歲'를 '三十歲'로 고쳐야 한다.

3) 『漢書』, 「食貨志上」, "輕田租, 什五而稅一."

4) 傅筑夫, 『中國經濟史論叢』, 北京, 三聯書店, 1980년, 112~120쪽 참조.

황 속에서 결국 세금 경감의 직접적인 수혜자들은 대부분 대토지를 보유한 지주계층이나 호족들이었다. 그래서 한나라 조정에서 실시한 감세정책은 소작농이나 농노들에게 혜택을 줄 수 없었을 뿐만 아니라 의도하지 않게 지주계층들에게 앉아서 거액의 토지세를 챙길 수 있는 기회를 제공한 셈이 되었다.

서한 초기의 농민들이 져야했던 경제적 부담은 위에서 언급한 것처럼 국가에 대한 조세납부와 대지주들에게 착취당하는 토지세 외에도 국가에게 인두세와 부역 면제세 및 호구세 등과 같은 기타의 세금과 부역을 부담해야만 했다.[5] 이와 같이 서한 초기의 농민들이 져야만 했던 경제적 부담은 대지주들에게 바쳤던 토지세 외에 국가에 대한 부역과 조세로 인하여 발생한 것으로서, 이러한 부담은 곤궁한 삶을 영위하던 농민계층에게는 극도로 불리하게 작용했다. 비록 문제文帝시기에 백성들의 부역과 조세부담을 약간 덜어주는 조치가 시행되기는 했지만,[6] 농민들의 부담은 여전히 막중했다. 이러한 상황 속에서 농민들은 조세를 납부하기 위하여 반드시 곡식을 출하할 수밖에 없었는데, 출하된 곡식은 대부분 헐값에 팔려서 오히려 손해를 보거나 도산하게 되는 자가 속출하는 상황이었다. 그렇기 때문에 농민들은 대지주나 고리대금업자들로부터 비싼 이자를 주고 빚을 낼 수밖에 없는 상황에 처하게 되는 경우가 다반사였다. 결국 거액의 빚을 지게 된 농민들은 토지를 팔거나 처자식을 팔기도 하고 심할 경우 자신을 팔기도 했다. 이

5) 錢穆, 『國史大綱』上冊, 北京, 商務印書館, 1996년, 132~135쪽 참조.

6) 『漢書』, 「食貨志上」, "閔中國未安, 偃武行文……民賦四十, 丁南三年而一事."

와 같은 참상을 가의는 "수확이 나쁜 해에는 부자들이 (곡식을) 빌려 주지 않아 가난한 백성들은 굶주리고, 천재로 인해 제대로 수확하지 못하면 벼슬을 팔고 자식을 팔겠다고 청하는 경우도 있다고 들었습니다."[7]라고 묘사했던 것이다.

농민들의 생활이 열악해져만 가는 상황 속에서 그들은 삶을 도모하기 위하여 근본을 버리고 말단을 추구하는 행태를 보이기 시작한다. 이와 같은 백성들의 근본을 버리고 말단을 추구하는 현상은 전국시대이래로 줄곧 사회적인 문제로 인식되어져 왔다고 할 수 있는데, 이러한 현상은 곧 전국시대부터 형성되기 시작된 백성들 사이에서 유행하게 된 부유함과 이익을 추구하는 관념에서 비롯된 것이라고 할 수 있을 것이다. 이와 같은 현상에 대하여 『사기史記』에 "대체로 가난에서 벗어나 부를 추구할 때, 농업은 공업보다 못하고, 공업은 상업보다 못하다. 수를 놓는 것보다는 시장에 나가 장사를 하라는 말은 말단의 생업인 장사가 가난한 사람에게는 도움이 된다는 것이다."[8]라고 하는 언급이 있는데, 여기에서의 "말단의 생업인 장사가 가난한 사람에게는 도움이 된다는 것이다."라고 하는 언급은 당시의 사람들이 말단의 생업에 종사하는 것이 비교적 생계유지에 훨씬 더 도움이 된다고 생각했기 때문에, 사회적으로 말단의 생업을 추구하는 풍조가 보편적으로 유행하게 되어 이는 결국 백성들이 근본을 버리고 말단을 추구하는 현상을 초래시키는 결과를 가져오게 하는 원인을 제공하게 된 것이다.

---

7) 『新書』, 「憂民」, "未穫年, 富人不貸, 貧民且飢, 天時不收, 請賣爵鬻子, 既或聞耳."

8) 『史記』, 「貨殖列傳」, "夫用貧求富, 農不如工, 工不如商, 刺繡文不如倚市門, 此言末業, 貧者之資也."

한나라가 건국 된 후에 조정에서는 중농정책을 추진하면서 상업의 확산을 막기 위하여 취한 조치는 "고조는 곧 상인들에게 명령을 내려 비단옷을 입는 것과 수레 타는 것을 불허하였으며, 아울러 그들에게 조세를 과중하게 부과하였다.……상인의 자손이 관리가 되는 것은 여전히 불허 하였다."[9]와 같은 것이었다. 이와 같이 한나라 조정에서는 정치력으로 상인들의 상업행위를 제한하는 억상抑商정책을 적극적으로 실시했다. 그러나 당시 한나라 조정에서 비록 상인을 억압하며 그들에게 비단옷 착용과 수레 탑승 금지령을 내리고 또한 그들의 자손들이 관리가 되는 것을 금지시키고 더나가 조세를 과중하게 부과하는 조치들을 취했지만, 이러한 조치는 다만 부유한 상인들이 사치스러운 생활을 하지 못하도록 하기 위한 것이었다. 조정에서 상인들에게 과중한 조세를 부과하자 상인들은 자신들의 조세부담을 소비자나 일반 백성들에게 전가하는 행태를 보여준다. 이러한 결과 상인들의 백성들에 대한 착취는 더욱 가중되는 현상이 발생하게 되어 실제로 정부의 억상정책은 상업의 확산과 백성들에 대한 착취를 막는 데에는 그다지 커다란 효과를 내지 못하게 되었던 것이다. 그렇기 때문에 조조晁錯의 경우 "오늘날 법률로 상인들을 제재하지만 상인들은 이미 부유해졌으며, 농민들을 우대해줬지만 농민들은 이미 가난해졌다."[10]라고 말했던 것이다.

이와 같이 한나라 조정의 억상정책이 효과를 거두지 못하게 되

9) 『史記』, 「平準書」, "高祖乃令, 賈人不得衣絲乘車, 重租稅以困辱之.……市井之子孫亦不得仕宦爲吏."

10) 『漢書』, 「食貨志上」, "今法律賤商人, 商人已富貴矣. 尊農夫, 農夫已貧賤矣."

자 사회적 생산력은 매우 불안정해질 수밖에 없는 결과를 초래하게 된다. 이처럼 중농억상정책은 한나라 초기의 상업경제의 확대로 인하여 촉발된 토지겸병과 농민들의 근본을 버리고 말단을 추구하는 사회적 문제를 효과적으로 해결하지 못하게 되었던 것이다.[11)]

한나라 초기의 정치상황은 황노사상의 무위 숭상과 조정의 중농정책 아래서 표면적으로는 사회적인 번영과 안정된 모습을 보여주고 있지만, 실제로는 조정에서 역점을 두고 추진한 중농억상정책이 그 실효를 거두지 못하면서 백성들의 생활은 개선되지 못했다고 볼 수 있다. 그렇기 때문에 백성들은 더 이상 근본이 되는 농업에 종사하지 않고 말단에 속하는 상업에 종사하는 추세를 보이기 시작한다. 그 결과 대량의 농업인구가 유실되는 현상이 발생하게 되었으며, 정부의 통제능력이 약화 되어 상업이 기형적으로 발전하는 현상이 발생하게 되어 상인의 숫자가 급격하게 증가하게 되는 사태를 초래하게 된다. 상업이 기형적으로 발전한 결과 사회적으로 사치를 조장하는 기풍이 만연하게 되어 국가경제와 정치질서에 심각한 타격을 주게 된다.

3. 국가 기간산업 육성 및 각종 규제정책

한나라 건국 초기 조정에서 시행한 중농억상 정책이 실효를 거두지 못하는 가운데 문제文帝 재위시기에 이르러 한제국의 정치경제적 상황은 과연 어떠했을까?

---

11) 田昌五 外, 『秦漢史』, 北京, 人民出版社, 1993년, 121~124쪽 참조.

지금은 근본을 배반하고 말단적인 것에 의지해서 먹고 사는 자가 매우 많으니 이는 천하를 크게 해치는 현상이요, 삶을 해치는 일에 종사하는 자가 아주 많으니 이는 천하의 큰 도적이며, 사치하고 음탕하고 화려한 풍속이 날로 성해지니 이는 천하의 큰 해악입니다. 세상을 해치는 도적들이 공공연히 횡행하는데도 이를 금지하는 사람이 없고, 천하백성의 목숨이 걸린 비축물자가 흩어져 없어져도 이를 구원하는 자가 없으니, 무슨 계책이 있는 자이며 어디 취할 일이 있겠습니까? 생산하는 자는 아주 적은데 소비하는 자는 매우 많으니, 천하의 형세가 어찌 위태롭지 않겠습니까? 한 왕조가 나라를 세운지 거의 30년이 되어 가는데도, 국가적으로나 개인적으로나 비축된 물자를 보면 오히려 애통할 뿐입니다. 그러기에 때맞춰 비가 오지 않으면 백성들은 놀라서 어쩔 줄 모르게 되고, 흉년이 들어 수확이 없게 되면 관작을 팔고 자식을 팔겠다고 내놓는 지경이 됩니다. 이미 이런 일을 귀로 들었다면, 천하가 이처럼 위급해졌는데 놀라지 않는 주군이 있겠습니까?[12)]

이제 한나라가 일어선 지 30년이 되었는데 천하는 더욱 곤궁해지고 식량은 몹시 부족하니, 폐하께서는 이런 상황을 모르시는지요? 수확이 나쁜 해에는 부자들이 (곡식을) 빌려 주지 않아 가난한 백성들은 굶주리고, 천재로 인해 제대로 수확하지 못하면 벼슬을 팔고 자식을 팔겠다고 청하는 경우도 들었습니다. 얼마 전에도 비가 내리지 않아 사람들이 놀랐다가 비가 한차례 내리자 모두 죽었

12) 『新書』, 「無蓄」, “今背本而以末食者甚衆, 是天下之大殘也; 從生之害者甚盛, 是天下之大賊也; 汰流淫佚侈靡之俗日以長, 是天下之大祟也. 殘賊公行, 莫之或止, 大命泛敗, 莫之振救, 何計者也, 事情安所取? 生之者甚少, 而靡之者甚衆, 天下之勢, 何以不危? 漢之爲漢幾四十歲矣, 公私之積, 猶可哀痛也. 故失時不雨, 民且狼顧矣. 歲惡不入, 請賣爵鬻子. 旣或聞耳矣, 安有爲天下阽危若此而上不驚者!”

다 다시 살아난 듯 기뻐했습니다. 천하에 물자비축이 없으면 이와 같은 심한 지경에 이르게 되는 것입니다.[13]

가의가 언급한 "세상을 해치는 도적들이 공공연히 횡행하는데도 이를 금지하는 사람이 없고, 천하백성의 목숨이 걸린 비축물자가 흩어져 없어져도 이를 구원하는 자가 없다." 및 " 한 왕조가 나라를 세운지 거의 30년이 되어 가는데도, 국가적으로나 개인적으로나 비축된 물자를 보면 오히려 애통할 뿐입니다." 그리고 "수확이 나쁜 해에는 부자들이 (곡식을) 빌려 주지 않아 가난한 백성들은 굶주리고, 천재로 인해 제대로 수확하지 못하면 벼슬을 팔고 자식을 팔겠다고 청하는 경우도 들었습니다."라고 하는 것과 같은 지적들 속에서 한나라 조정의 중농억상 정책이 실질적인 효과를 내지 못한 결과 국가의 양식비축은 부족한 상황이 발생하게 되고 그에 따라 농민들의 생활여건은 조금도 개선되지 못하게 된다. 이러한 상황은 백성들이 농업을 버려두고 상업에 종사하게 만드는 현상을 가속화시킴과 동시에 사회적으로 사치스러운 풍조를 만연하게 만들었던 것이다.

가의는 농민들의 생활이 곤궁하게 된 것과 국가가 비축한 양식이 부족하게 된 주요한 원인으로 조정의 농업홀시 정책이라고 생각했다. 그래서 가의는 민본의 관점에서 농업의 중시와 물자비축 정책을 시행할 것을 강력하게 주장하였던 것이다.

---

13) 『新書』, 「憂民」, "今漢興三十年矣, 而天下愈屈, 食至寡也, 陛下不省邪? 未穫年, 富人不貸, 貧民且飢, 天時不收, 請賣爵鬻子, 旣或聞耳. 曩頃不雨, 令人寒心, 壹雨爾, 慮若更生. 天下無蓄, 若此甚極也."

우임금은 십년은 견딜 수 있는 비축이 있었기 때문에 구년이나 계속 되었던 물난리를 벗어났고, 탕임금은 십년은 견딜 수 있는 비축이 있었기 때문에 칠년이나 계속 되었던 가뭄을 이겨냈습니다. 물자를 쌓아 비축하는 것은 천하 백성들의 큰 목숨이 달린 일입니다. 곡식이 많고 재물이 남아돈다면 무엇을 한들 안 되겠습니까? (성을)공격하면 빼앗을 수 있고 수비를 한다면 견고하게 지킬 수 있을 것이며, 전쟁을 하면 반드시 이길 것이고, 먼 지역(에 사는 사람들)을 귀순하도록 회유하면 불러서 찾아오지 않을 사람이 누가 있겠습니까? 관자가 말하기를 "창고가 차있으면 예절을 알게 되고, 입고 먹을 것이 넉넉하면 영화와 치욕을 알게 된다."고 했습니다. 백성들의 삶이 넉넉하지 못했는데도 세상이 잘 다스려진 경우는 옛날부터 지금까지 들어 본 적이 없습니다. 옛사람의 말에도 "남자 한 명이 농사를 짓지 않으면 굶주리는 이가 있고, 여자 한 명이 베를 짜지 아니하면 추위에 떠는 사람이 있다."고 하였습니다. 생산하는 데에는 일정한 때가 있는데, 이를 무절제하게 사용하면 물자는 소진되고 맙니다. 옛날에 천하를 다스리던 분들은 아주 주도면밀해서 충분히 비축해두고 있었습니다.[14)]

선왕의 법도는 백성들이 3년 농사를 지으면 1년 먹을 식량을 남기고, 9년 농사를 지으면 3년 먹을 식량을 남기며, 30년 농사를 지으면 백성들에게 10년 먹을 식량을 비축하도록 합니다. 이 때문에 우임금 때 9년 연속으로 물난리가 나고 탕임금 때 7년 동안이나 가

---

14) 『新書』, 「無蓄」, "禹有十年之蓄, 故免九年之水, 湯有十年之積, 故勝七歲之旱. 夫蓄積者, 天下之大命也. 苟粟多而財有餘, 何嚮而不濟? 以攻則取, 以守則固, 以戰則勝, 懷柔附遠, 何招而不至? 管子曰: '倉廩實, 知禮節; 衣食足, 知榮辱.' 民非足也, 而可治之者, 自古及今, 未之嘗聞. 古人曰: '一夫不耕, 或爲之飢; 一婦不織, 或爲之寒.' 生之有時, 而用之無節, 則物力必屈. 古之爲天下者至悉也, 故其蓄積足恃."

뭄이 들어 심지어는 들판에 풀 한 포기 없었는데도, 백성들이 굶주리는 기색이 없고 길에는 걸인이 없었습니다. 그리고 농사가 회복된 후에는 한번 농사지은 땅에 또 다시 농사짓는 것을 금지했습니다. 이렇게 옛날 제왕들이 천하를 다스리는 데에는 훌륭한 방책이 있었습니다. 선왕의 법도에 있어서는 나라에 9년 먹을 양식을 비축하지 못하면 부족하다 하였으며, 6년 먹을 양식을 비축하지 못하면 위급하다 하였고, 3년 먹을 양식을 비축하지 못하면 나라가 나라답지 못하다고 하였습니다.[15)]

이제 이들 백성들을 농사짓는데 돌아가도록 해서 모두 근본에 발을 붙이도록 한다면, 천하의 모든 사람이 제 힘으로 먹고 살 것입니다. 말단적인 기교나 부리면서 놀고먹던 백성들이 앞산의 밭을 일구는 데로 돌아가게 되면, 백성들이 타고난 본성대로 편안히 살면서 열심히 일하고 방탕한 마음이 없어지고, 구차스런 생각이 없어져서 공손하고 검약하면서 재화를 비축하게 될 것이니, 사람들이 각자 사는 곳을 즐거워할 것입니다.[16)]

가의는 관자의 민본사상을 계승하여 백성들을 부유하게 만든다고 하는 관점에서 백성들의 윤택한 삶이야말로 국가질서 유지의 선결조건이라고 생각하여 "백성들의 삶이 넉넉하지 못했는데도

---

15) 『新書』, 「憂民」, "王者之法, 民三年耕而餘一年之食, 九年而餘三年之食, 三十歲而民有十年之蓄. 故禹水九年, 湯旱七年, 甚也, 野無靑草, 而民無飢色, 道無乞人, 歲復之後, 猶禁陳耕. 古之爲天下, 誠有具也. 王者之法, 國無九年之蓄, 謂之不足, 無六年之蓄, 謂之急, 無三年之蓄, 曰國非其國也."

16) 『新書』, 「瑰瑋」, "今敺民而歸之農, 皆著於本, 則天下各食於力, 末技游食之民, 轉而緣南畝, 則民安性勸業, 而無縣愆之心, 無苟得之志, 行恭儉蓄積, 而人樂其所矣."

세상이 잘 다스려진 경우는 옛날부터 지금까지 들어 본 적이 없습니다."라고 하는 관자의 주장을 강조했던 것이다. 그러므로 국가의 정치적 안정과 사회적 질서의 정착은 국가의 물자비축이 충분한지 여부에 달려있는 것이기 때문에 조정에서 농사를 근본으로 삼는 것을 중시하는지 여부의 문제는 매우 중요했던 것이다. 그렇기 때문에 가의는 "물자를 쌓아 비축하는 것은 천하 백성들의 큰 목숨이 달린 일입니다. 곡식이 많고 재물이 남아돈다면 무엇을 한들 안 되겠습니까? (성을)공격하면 빼앗을 수 있고 수비를 한다면 견고하게 지킬 수 있을 것이며, 전쟁을 하면 반드시 이길 것이고, 먼 지역(에 사는 사람들)을 귀순하도록 회유하면 불러서 찾아오지 않을 사람이 누가 있겠습니까?"라고 언급한 것이었으며, 또 "선왕의 법도에 있어서는 나라에 9년 먹을 양식을 비축하지 못하면 부족하다 하였으며, 6년 먹을 양식을 비축하지 못하면 위급하다 하였고, 3년 먹을 양식을 비축하지 못하면 나라가 나라답지 못하다고 하였습니다."라고 주장했던 것이다. 그리고 조정에 대해서 가의는 백성들이 농업에 힘써 전념할 수 있도록 안정된 여건을 조성해줄 경우 "백성들이 타고난 본성대로 편안히 살면서 열심히 일하고 방탕한 마음이 없어지고, 구차스런 생각이 없어져서 공손하고 검약하면서 재화를 비축하게 될 것이다."와 같은 현상이 발생하게 될 것이라고 생각했다. 이러할 경우 조정의 입장에서는 백성들을 통치하고 관리하기가 유리할 뿐만 아니라 조정의 조세수입 측면에도 유리하게 작용할 것이라고 가의는 생각했던 것이다. 그렇기 때문에 가의는 민본적인 관점이나 정치적인 관점을 막론하고 조정에서는 반드시 농업을 중시하고 물자를 비축하는 정책을 시행해야 한다고 강력하게 주장했던 것이다.

가의는 농업을 중시하고 물자를 비축하는 정책의 구체적인 효과가 유비무환에 있다고 하는 점을 극력 강조한다. 한나라는 문제文帝시기에 내부적으로는 제후국들의 반란과 외부적으로는 흉노의 침략으로 인하여 내우외환의 상황에 직면하게 된다. 이러한 내우외환의 상황 속에서 가의는 국가적으로는 "국가적으로나 개인적으로나 비축된 물자를 보면 오히려 애통할 뿐입니다."[17]와 같은 지경에 이르고 백성들의 삶은 극도로 곤궁한 나머지 부득이하게 농토와 자식을 내다 파는 지경에까지 이르게 된다고 보았다. 그렇기 때문에 이러한 내우외환을 제거하기 위하여 가의는 조정에서 물자를 충분하게 비축해야만 한다고 주장했으며, 그러할 경우에야 만이 국력을 비축하여 유사시에 대비할 수 있다고 역설했던 것이다.

> 얼마 전에도 비가 내리지 않아 사람들이 놀랐다가 비가 한차례 내리자 모두 죽었다 다시 살아난 듯 기뻐했습니다. 천하에 물자비축이 없으면 이와 같은 심한 지경에 이르게 되는 것입니다. 선왕의 법도에서는 이를 무엇이라 말하겠습니까? 반드시 곤경에 빠진 다음에야 계책을 생각하고 궁색해진 다음에야 일을 도모한다면, 역시 늦지 않겠습니까? 그렇다면 이른바 나라에 사람이 없다는 것은 무슨 뜻입니까? 천하를 갖고서 그것이 평안하기를 바라는 분이 바로 폐하가 아니십니까? 임금께서 스스로 걱정하지 않는다면 장차 누구에게 맡기시겠습니까? 5년에 한번 작은 흉년이 들고, 10년 만에 한번 흉년이 들며, 30년에 한차례 큰 흉년이 드는 것은 대개 자연의 규율입니다. 사람이 사람을 잡아먹은 것이 이미 몇 년이 지났습니다. 만일 불

17) 『新書』, 「無蓄」, "公私之積, 猶可哀痛也."

행히도 이·삼천리 넓은 지역에 큰 가뭄이라도 든다면, 천하에 무엇으로 서로 구휼케 할 것입니까? 갑자기 변경에 수십만 명의 군사를 모아야 하는 일이 발생한다면 천하에 장차 무엇으로 이들을 먹이겠습니까? 병란과 가뭄이 잇달아 발생하고 (굶어 죽은) 백성들이 골짜기에 가득하며 도적들의 습격이 계속 일어나는데, 나라가 이를 제지하지 못한다면 외적이 반드시 소란을 일으킬 것입니다. 하루만에도 이런 상황이 벌어지게 될 것이 틀림없습니다.[18)]

세상에 흉년이 들어 굶주리게 되는 경우는 흔히 있는 일이며, 우임금과 탕임금도 겪었던 일입니다. 만일 불행히도 사방 이·삼천리나 되는 지역에 가뭄이 든다면 나라에서는 무엇으로 이들을 구휼할 것입니까? 갑자기 변경에서 급한 사태가 발생하면 수십만의 병사들을 나라에서는 무엇으로 이들을 먹여 살릴 것입니까? 병란에 가뭄이 겹쳐 천하가 크게 궁핍하게 되면, 힘깨나 쓰는 자들은 도당을 모아 제멋대로 습격을 하고, 힘없는 노약자들은 자손들을 서로 바꾸어 잡아먹게 될 것입니다. 이렇게 되면 명령과 법률이 다 통하지 못할 것이며, 먼 곳에서 천자와 한번 겨루어 보려는 자들이 다투어 들고 일어날 것입니다. 백성들의 왕이 된 자가 그제야 수습하려한들 어떻게 되겠습니까? 천하를 부유하고 평안하게 만들어야 하건만 (도리어) 이처럼 위태로운 상태가 되고 말았으니, 폐하를 위하여 이를 안타깝게 여깁니다.[19)]

---

18) 『新書』, 「憂民」, "曩頃不雨, 令人寒心, 壹雨爾, 慮若更生. 天下無蓄, 若此甚極也. 其在王法謂之何? 必須困至乃慮, 窮至乃圖, 不亦晚乎! 然則所謂國無人者, 何謂也? 有天下而欲其安者, 豈不在於陛下者哉. 上弗自憂, 將以誰偸? 五歲小康, 十歲一凶, 三十歲而一大康, 蓋曰大數也. 卽不幸有方二三千里之旱, 天下何以相救, 卒然邊境有數十萬之衆, 聚天下將何以饋之矣? 兵旱相承, 民填溝壑, 剽盜攻擊者, 興繼而起, 中國失救, 外敵必駭, 一日而及, 此之必然."

19) 『新書』, 「無蓄」, "世之有饑荒, 天下之常也, 禹湯被之矣. 卽不幸有方二

유비무환의 관점에서 볼 때, 가의가 제기한 농업을 중시하고 물자를 비축한다고 하는 정책은 국가 안위의 중요성에 대한 것이라고 할 수 있다. 그렇기 때문에 가의는 “곤경에 빠진 다음에야 계책을 생각하고 궁색해진 다음에야 일을 도모한다면, 역시 늦지 않겠습니까?”라고 언급한 것이며, 더나가 “물자를 쌓아 비축하는 것은 천하 백성들의 큰 목숨이 달린 일입니다. 곡식이 많고 재물이 남아돈다면 무엇을 한들 안 되겠습니까?”라고 주장한 것이다. 그러므로 조정은 국가를 부유하게 만들고 백성들의 삶을 안정되게 하기 위해서는 마땅히 국가의 근간이 되는 농업을 중시하고 물자 비축 문제를 중요한 사안으로 삼아야만 한다는 것이다.[20]

가의는 농업을 중시하고 물자를 비축해야 한다고 하는 주장을 하면서 한나라 초기 조정의 방임정책을 분석하는 과정 속에서 백성들 사이에 만연해 있는 상업을 숭상하고 이익을 추종하며 사치와 향락을 추구하는 풍조가 심각한 사회적 병폐가 된다는 점을 지적했다. 더나가 가의는 만일 조정에서 백성들 사이에 퍼져있는 상업을 숭상하고 이익을 추종하는 풍조를 방임할 경우 이는 반드시 사회적으로 질서를 해치게 되고 국가경제의 근간을 위태롭게 만든다고 생각했다. 그렇기 때문에 농업을 중시하고 물자를 비축해야 다고 하는 주장 아래 가의는 조정에서는 반드시 백성들 사이에

三千里之旱, 國何以相恤? 卒然邊境有急, 數十百萬之衆, 國何以餽之矣? 兵旱相乘, 天下大屈, 勇力者聚徒而橫擊, 罷夫羸老, 易子孫而淪其骨, 政法未畢通也, 遠方之疑者並擧而爭起矣. 爲人上者, 乃試而圖之, 豈將有及乎? 可以爲富安天下, 而直以爲此廩廩也, 竊爲陛下惜之.”

20) 侯家駒, 「從西周到漢初經濟制度暨思想之演變」, 『漢學硏究』, 第12卷, 2期, 1994년, 106～109쪽 참조.

만연해 있는 상업을 숭상하는 풍조를 제지해야만 한다고 하는 주장을 강력히 피력했다.

> 백성들은 튼튼한 것을 버리고 교묘하게 장식하는 일에만 힘써 서로 경쟁하고 있습니다. 하루면 만들던 것이 지금에 와서는 열흘이 걸려도 쉽게 만들 수 없지만, 1년은 쓸 수 있었던 것이 지금은 반년이면 부서지고 맙니다. 시일을 들여 정교하게 만들었어도 써보면 쉽게 망가지고 맙니다. 또 농사를 짓지 않는 많은 사람들이 농민들이 생산해낸 식량을 축내고 있으니, 이것이 바로 천하가 궁핍한 까닭입니다. 그러므로 백성들에게 말단적인 일을 하게 하면 백성들이 크게 빈곤해지지만, 백성들에게 근본적인 일을 하게 하면 백성들은 크게 부유해지는 것입니다. 아름답게 장식된 수를 짜느라 여자들이 공을 들입니다. 백 사람이 만들어도 한사람을 입힐 수가 없으며, 또 천하의 백성들이 힘을 써 봐도 필요한 물품을 갖추기가 쉽지 않으니, 이런 형세에 어떻게 백성들이 추위에 떨지 않을 수 있겠습니까?[21]

> 백사람이 만들어도 오히려 한 사람을 입히기가 부족하니, 이러고도 천하에 추위에 떠는 사람이 없기를 바란다면 되겠습니까? 한 사람이 농사를 짓는데 열 사람이 모여들어 먹어대니, 이러고도 천하에 굶주리는 사람이 없기를 바란다면 어떻게 되겠습니까? 굶주림과 추위가 백성들의 피부에까지 닥쳐있는데, 그런 상태에서 그들이 악한 짓을 하지 않고 도둑질을 하지 않기를 바래보았자 될 수

21) 『新書』, 「瑰瑋」, "民棄完堅, 而務雕鏤織巧, 以相競高. 作之宜一日, 今十日不輕能成; 用一歲, 今半歲而弊. 作之費日挾巧, 用之易弊. 不耕而多食農人之食, 是天下之所以困貧而不足也. 故以末予民, 民大貧, 以本予民, 民大富. 黼黻文繡纂組害女工, 且夫百人作之, 不能衣一人, 方且萬里, 不輕能具, 天下之力, 勢安得不寒?"

없는 일입니다.[22]

가의는 상업과 수공업을 비롯한 말단이 되는 산업이 흥성하게 되면 백성들이 근본을 버리고 말단을 추구하는 경향이 두드러지게 많이 나타난다고 생각하였다. 이러한 현상은 반드시 농민들이 농토를 떠나 농업생산에 종사하지 않게 되어 결국에는 농토는 황폐해지고 곡식이 부족하게 되는 사태를 초래하게 될 것이라고 가의는 생각했다. 그래서 가의는 "시일을 들여 정교하게 만들었어도 써보면 쉽게 망가지고 맙니다. 또 농사를 짓지 않는 많은 사람들이 농민들이 생산해낸 식량을 축내고 있으니, 이것이 바로 천하가 궁핍한 까닭입니다."라고 언급한 것이며, 또 "한 사람이 농사를 짓는데 열 사람이 모여들어 먹어대니, 이러고도 천하에 굶주리는 사람이 없기를 바란다면 어떻게 되겠습니까?"라고 언급했던 것이다. 그렇기 때문에 농업을 중시하고 물자를 비축해야 한다고 하는 주장 아래 가의는 조정은 마땅히 적극적으로 상업에 대하여 탄압을 해야 한다고 역설했던 것이다.

가의는 상인들은 10퍼센트의 이윤만을 챙겨야한다고 생각했다. 그러한 이유는 상인들의 부유함은 결국 백성들로부터 거둬들인 것이기 때문이며, 또한 그렇게 벌어들인 재화로 상인들이 지나치게 사치와 향락을 추구하는 것을 통제하기 위해서였다. 당시 부유한 상인들의 행태에 대하여 가의는 "오늘날에는 부자나 큰 장사치네 벽에 황제의 옷이 걸리고, 장사치의 부인 및 배우자나 비첩들

---

22) 『新書』, 「孽產子」, "夫百人作之, 不能衣一人也, 欲天下之無寒, 胡可得也? 一人耕之, 十人聚而食之, 欲天下之無飢, 胡可得也? 飢寒切於民之肌膚, 欲其無爲姦邪盜賊, 不可得也."

까지 황후의 복식을 하게 되었다.”[23]라고 지적하고 있다. 이와 같은 부유한 상인들의 행태는 예의법도를 파괴하는 것일 뿐만 아니라 황제의 권위까지도 훼손하는 것이었다.

> 백성들이 비첩을 팔 때 아름답게 수놓은 옷과 꽃신·화려하게 꾸민 깃을 입혀 노비를 사고파는 나무 우리 안에 넣어놓는데, 이는 옛날 황후들이 입던 옷입니다. 황후도 종묘제사를 드릴 때나 입었지 평상시에는 입지 않았던 옷인데, 지금 서민들은 그들의 천첩에게 입히고 있습니다. 흰 망사를 겉의 천으로 하고 엷은 비단으로 속을 대서, 가장자리에 꽃무늬를 두르고 아름답게 도끼무늬를 수놓은 의복은 옛날 천자들이 입던 옷이었습니다. 그런데 요즘 부자나 장사치들은 손님을 청하게 되면 이를 벽에 장식으로 걸어 놓습니다. 옛날에는 천하가 황제 한 사람과 황후 한 사람을 봉양하고 또 적절하게 법도를 지켰으나, 오늘날에는 부자나 큰 장사치네 벽에 황제의 옷이 걸리고, 장사치의 부인 및 배우자나 비첩들까지 황후의 복식을 하게 되었으니, 그러고도 천하의 재력이 고갈되지 않을 수는 없을 것입니다. 황제 자신은 검고 거친 비단 옷을 입으나, 사치스러운 장사치나 부자들의 벽장에는 수놓은 옷이 널리고, 황후는 단지 동정 깃에나 수실을 두르지만, 천첩들은 신발에까지 수실을 두릅니다. 이것이 바로 신이 어긋났다고 말하는 것입니다.[24]

---

23) 『新書』, 「孽産子」, “今富人大賈屋壁得爲帝服, 賈婦優倡下賤産子得爲后飾.”

24) 『新書』, 「孽産子」, “民賣産子, 得爲之繡衣編經履偏諸緣, 入之閑中, 是古者天子后之服也, 后之所以廟而不以燕也, 而衆庶得以衣棄妾. 白縠之表, 薄紈之裏, 緁以偏諸, 美者黼繡, 是古者天子之服也, 今富人大賈召客者得以被牆. 古者以天下奉一帝一后而節適, 今富人大賈屋壁得爲帝服, 賈婦優倡下賤産子得爲后飾, 然而天下不屈者, 殆未有也. 且帝之身, 自衣皁綈, 而靡賈侈貴, 牆得被繡, 后以緣其領, 孽妾以緣其履, 此

세상은 세속적인 사치를 서로 뽐내니 사람들은 자신이 남보다 못한 것을 바라면서 서로 경쟁하고 있으나, 나라에서는 이에 대응하는 제도가 없습니다. 오늘날 체형을 당한 자나 몸을 파는 계집종들은 미천한 계층임에도 불구하고, 입는 옷은 오히려 제후를 능가해서 천자와 맞먹습니다. 이는 천하에 공공연하게 군주를 범하는 것입니다.[25)]

가의는 황제가 검고 거친 비단 옷을 입는데 반하여 부유한 상인들은 "벽장에는 수놓은 옷이 널리고, 황후는 단지 동정 깃에나 수실을 두르지만, 천첩들은 신발에까지 수실을 두른다."라고 하여 복식에 있어서 "옷은 오히려 제후를 능가해서 천자와 맞먹는다."고 하며 상인들의 사치와 참월을 신랄하게 지적했다. 더나가 가의는 부유한 상인들의 이러한 행태는 공공연하게 군주를 범하는 것이며 사회에 마땅히 존재해야할 등급제도와 질서를 파괴하는 것이라고 생각했다. 또한 부유한 상인들이 추구하는 극도로 사치스러운 생활은 수공업자들이 일상용품보다는 사치품 생산에만 주력하게 만드는 결과를 조장하게 되는 부작용을 낳기도 하였다.

일용품마다 복잡하게 무늬를 아로새기고 정교하게 만든 기물들이 날마다 생겨나니, 백성들은 튼튼한 것을 버리고 교묘하게 장식하는 일에만 힘써 서로 경쟁하고 있습니다. 하루면 만들던 것이 지금에 와서는 열흘이 걸려도 쉽게 만들 수 없지만, 1년은 쓸 수 있었

臣之所謂踳也."

25) 『新書』, 「瑰瑋」, "世以俗侈相耀, 人慕其所不如, 悚迫於俗願, 其所未至, 以相競高, 而上非有制度也. 今雖刑餘鬻妾下賤, 衣服得過諸侯, 擬天子, 是使天下公得冒主."

> 던 것이 지금은 반년이면 부서지고 맙니다. 시일을 들여 정교하게 만들었어도 써보면 쉽게 망가지고 맙니다.……아름답게 장식된 수를 짜느라 여자들이 공을 들입니다. 백 사람이 만들어도 한사람을 입힐 수가 없으며, 또 천하의 백성들이 힘을 써 봐도 필요한 물품을 갖추기가 쉽지 않으니, 이런 형세에 어떻게 백성들이 추위에 떨지 않을 수 있겠습니까?[26)]

가의는 상인들이 이익을 숭상하고 사치를 뽐내는 것을 경쟁적으로 한 결과 사회적으로 사치를 추구하는 풍조가 발생했다고 생각했다. 이와 같은 풍조는 건전한 사회적 분위기를 해칠 수 있으며 세속적인 탐욕과 정의를 천시하는 가치관을 조성할 수 있기 때문에, 천박한 풍속을 교화하고 건전한 사회적 분위기를 만들기 위해서라도 가의는 조정에서 반드시 상업에 대한 탄압을 해야 한다고 주장했던 것이다.

가의의 중농억상 정책의 관점에서 볼 때 그가 제기한 농업을 중시하고 물자를 비축해야 한다고 하는 주장과 상업에 대한 탄압과 사치를 금지시켜야 한다고 하는 주장은 바로 가의가 농업이 국가의 기간산업이라고 하는 점을 분명하게 인식하고 있었다는 것을 나타내고 있다고 볼 수 있다. 또한 가의가 주목한 부유한 상인들의 사치스러운 행태를 통제하지 않을 경우 수반되는 사회적 질서의 파괴와 사치풍조의 만연은 국가를 위험에 빠뜨릴 수 있다고 지적한 점은 당시에 보기 드문 혜안이었다고 할 수 있을 것이다.

---

26) 『新書』, 「瑰瑋」, “夫雕文刻鏤, 周用之物繁多, 纖微苦窳之器, 日變而起, 民棄完堅, 而務雕鏤纖巧, 以相競高. 作之宜一日, 今十日不輕能成; 用一歲, 今半歲而弊. 作之費日挾巧, 用之易弊.……黼黻文繡纂組害女工, 且夫百人作之, 不能衣一人, 方且萬里, 不輕能具, 天下之力, 勢安得不寒?”

한나라 문제文帝시기에 시행된 민간차원의 화폐주조 허가 정책은 결과적으로 사회 전반에 걸쳐 불량화폐의 유통과 위조화폐의 남용이라고 하는 폐단을 발생하게 만들었다. 또한 각지에서 주조된 화폐의 품질이 제각각 달라서 민간에서의 무역활동에 상당한 타격을 주게 되었다. 게다가 화폐주조를 통하여 얻게 되는 이윤이 적지 않음을 알게 된 백성들은 너도나도 할 것 없이 농사일을 내팽개치고 화폐주조에 뛰어들어 결국에는 국가의 기간산업인 농업에 심각한 타격을 주게 되는 현상이 발생했다. 이러한 사회적 분위기 속에서 부호들은 화폐주조를 통하여 더 많은 이익을 챙겼으며 막대한 재력을 바탕으로 빈민들을 자신의 노예로 편입시키기도 하였다. 그렇기 때문에 가의는 조정에서 민간에서의 화폐주조를 금지시키는 정책을 다시 시행해야 한다고 주장했던 것이다. 그렇게 할 때에 비로소 교역의 기준을 마련할 수 있게 되어 시장경제를 안정시킬 수 있을 뿐만 아니라 백성들을 본업인 농업에 전념시킬 수 있다고 가의는 생각했던 것이다. 그렇다면 어떠한 방법으로 민간에서의 화폐주조를 금지시키는 조처를 효과적으로 시행할 수 있을까? 이러한 문제에 대하여 가의는 백성들이 너나할 것 없이 화폐주조에 뛰어드는 것은 바로 화폐의 주원료인 구리를 쉽게 구할 수 있기 때문이라고 보았다. 그래서 가의는 민간에 부여된 화폐의 주조권한을 조정에서 회수해야 한다고 하는 한편 백성들이 구리를 채굴하여 사적으로 화폐를 주조하는 것을 엄격하게 금지시켜야 한다고 주장했다.

> 구리가 민간에 유포되면 천하의 재앙이 되니, 무엇 때문에 이렇게 말하는가? 구리가 민간에 유포되면 백성들 가운데 돈을 주조하는

이들이 반드시 납과 철을 섞게 되어, 이마에 죄명을 새기는 형벌을 받게 되는 사람들이 날로 늘어날 것이니 이것이 첫째 재앙이다. 구리가 민간에 유포되면 동전의 위조가 그치지 않아서 쓰이는 돈을 믿지 못하게 되고 백성들이 더욱 서로 의심하게 되니 이것이 둘째 재앙이다. 구리가 민간에 유포되면 구리를 채굴하는 사람들이 농토를 버리게 되고, 집에서 돈을 주조하는 사람들은 그 농사짓는 일을 덜하게 되어 곡식을 수확할 수 없어 곧 굶주리게 될 것이니, 이것이 셋째 재앙이다. 그러므로 돈을 주조하는 것을 금하지 않으면, 돈은 항상 문란해지고 묵형을 받는 사람은 날로 늘어나게 되니, 이는 결국 사람을 빠뜨리는 함정이 된다. 또 농사를 짓지 않으면 새로운 재앙이 생겨날 것이므로, 백성들이 돈을 만드는 것을 금하지 않을 수가 없다. 위에서 주전을 금지시키는 데에 있어서는 반드시 죽을죄로 다스려야 한다. 주전이 금지되면 돈은 다시 귀해질 것이고, 돈이 귀해지면 몰래 숨어서 돈을 주조하는 이가 생길 것이며, 그러면 죽을 자가 또 늘어날 것인데, 이는 (민간에 유포된) 구리가 만든 결과이다. 그러므로 구리가 민간에 유포되면 그 재앙이 매우 크다는 것이다.[27)]

가의는 백성들이 몰래 숨어서 화폐를 주조하게 된 원인을 손쉽게 구할 수 있는 구리 때문이라고 보았다. 그렇기 때문에 가의는 조정에서 민간에 만연되어 있는 화폐주조를 근절시키기 위해서는 반드시 백성들이 화폐를 주조하는 원료인 구리를 취득하는 것에

27) 『新書』, 「銅布」, “銅布於下, 爲天下菑, 何以言之? 銅布於下, 則民鑄錢者, 大抵必雜石鉛鐵焉, 黥罪日繁, 此一禍也. 銅布於下, 僞錢無止, 錢用不信, 民愈相疑, 此二禍也. 銅布於下, 采銅者棄其田疇, 家鑄者損其農事, 穀不爲則鄰於飢, 此三禍也. 故不禁鑄錢, 則錢常亂, 黥罪日積, 是陷阱也. 且農事不爲, 有疑爲菑, 故民鑄錢, 不可不禁. 上禁鑄錢, 必以死罪. 鑄錢者禁則錢必還重, 錢重則盜鑄錢者起, 則死罪又復積矣, 銅使之然也. 故銅布於下, 其禍博矣.”

대한 통제가 필요하다고 생각했다. 즉 조정에서 구리 채굴을 국가에서 독점하는 조치를 취하게 되면 비로소 민간에서 사사로이 주조하는 화폐를 더 이상 만들지 못하게 근절시킬 수 있다고 보았던 것이다. 한걸음 더나가 가의는 구리 채굴을 국가에서 독점할 경우 조정은 다음과 같은 일곱 종류의 이득을 얻을 수 있다고 보았다.

먼저 조정은 형벌을 감소시킬 수 있게 되어 백성들을 괴롭히지 않게 된다는 것이다. 즉 법률을 간소화 하고 형벌을 줄인다고 하는 국시를 달성할 수 있다는 것이다. 다음은 구리 채굴권을 국가에서 독점하게 되면 화폐 주조를 조정에서 장악하게 되고 법정화폐의 기준을 확립시킬 수 있어 민간에서의 분쟁을 감소시킬 수 있다는 것이다. 또한 백성들이 사사로이 화폐를 주조할 수 없게 되어 다시 본업인 농사에 전념하게 된다는 것이다. 그리고 화폐 가치의 경중과 수량을 조절할 수 있다는 것이다. 즉 화폐의 가치가 떨어지면 정책적으로 거둬들이고, 화폐의 가치가 올라가면 정책적으로 풀어서 시장의 물가를 안정시킬 수 있게 된다는 것이다. 또한 구리로 병기를 만들어 고위직 신하들에게 주는데, 크고 작음과 많고 적음을 각각 제도로 규정하여 귀천을 구별하고 상하의 차이를 두게 되면 등급질서가 분명해질 것이라고 하는 것이다. 그 다음은 국가의 수입과 재정은 풍족해지고, 무역을 통제하여 부유한 상인들과 백성들을 착취하는 토호세력의 발호를 억제시킬 수 있는 것이다. 끝으로 국력이 부강해지면 그러한 국력을 바탕으로 흉노에 대항할 수 있게 된다는 것이다.

가의가 언급한 일곱 종류의 이익의 내용은 한나라 초기에 직면했던 정치적 경제적 문제들과 대외정책문제 등을 포괄하고 있다.

가의는 조정이 구리 채굴을 국가에서 독점하는 정책을 시행한 후에 얻게 되는 일곱 종류의 이익뿐만 아니라 구리가 민간에 유포되어 발생하게 되는 세 가지 해악을 없앨 수 있다고 생각했다. 이와 같이 구리 채굴권을 국가에서 독점하고 민간에서의 화폐주조 금지령을 내릴 경우 한나라 조정은 당면한 제반 문제들을 해결할 수 있을 것이라고 가의는 생각했기에 그러한 주장했던 것이다.

한나라 건국초기 황노사상의 영향을 받은 조정의 방임정책 아래서 일면 국가는 백성들에게 수많은 시혜를 베풀어주고 사회는 안정과 번영을 구가하는 것처럼 보였다. 그러나 실제적으로는 급속한 토지사유화와 상업의 융성은 토지와 자본을 부유한 상인들과 호족들에게 집중시키는 상황을 발생시켰다. 조정의 농업중시 정책과 백성들에 대한 시혜 조처는 백성들의 삶을 좀 더 나은 방향으로 개선시키지 못했으며, 사적·공적세금을 통한 과중한 착취와 빈번한 부역은 일반 농민들과 소작농들의 삶을 위협할 지경에 이르고 있었다. 그렇기 때문에 백성들은 생활고를 견디지 못하고 농업을 팽개치고 상업에 뛰어드는 상황이 발생하게 된다. 조정의 백성들에 대한 시혜 조처가 오히려 사회적으로 빈부의 격차를 더욱 크게 벌려놓은 셈이 되었으며, 사회적으로 사치풍조를 조장하고 질서를 파괴하는 분위기에 심각한 영향을 끼치게 되었다.

이러한 상황 속에서 가의는 민생회복을 위하여 농업중시와 물자축적 정책의 추진과 상업에 대한 탄압과 사치금지 정책 및 민간 차원의 화폐주조 금지 정책을 주장했던 것이다. 특히 가의는 민간에서의 구리 채굴과 화폐주조를 엄격하게 금지시켜야 한다고 하는 주장을 강력하게 한다. 즉 조정에서 구리 채굴권을 독점해야만 화폐 주조의 원료를 통제할 수 있다고 보았으며 더나가 민간에서의 화폐주조를 효과적으로 제지할 수 있다고 보았던 것이다. 조정이 비록 화폐의 원재료가 되는 구리를 독점했지만 국가에서 발행하는 법정화폐가 시장에서 확실하게 자리를 잡지 못하게 된 상황에서 민간에서는 여전히 법정화폐나 다른 구리제품을 원재료로 하여 사사로이 화폐를 주조하고 있는 실정이었다. 그렇기 때문에 민간에서의 화폐주조를 금지하는 정책은 그렇게 큰 실효는 거두지 못했다고 할 수 있다.[28)]

4. 맺는 말

이상과 같이 가의의 정치사상에 대하여 서한 초기의 상황과 국가기간산업 육성 및 각종 규제 정책을 중심으로 조명해보았는데, 이를 정리하면 다음과 같다.

한나라 초기의 정치상황은 황노사상의 무위 숭상과 조정의 중농정책 아래서 일면 번영과 안정된 모습을 보여주고 있는 것 같지만, 실제로는 국가에서 역점을 두고 추진한 중농억상정책이 그 실효를 거두지 못하면서 백성들의 삶은 매우 곤궁했다고 볼 수 있다. 그렇기 때문에 백성들은 더 이상 농업에 종사하지 않고 상업에 종사하는 추세를 보이기 시작한다. 그 결과 대량의 농업인구가 유실되는 현상이 발생하게 되었으며, 정부의 통제능력이 약화 되어 상업이 기형적으로 발전하는 현상이 발생하게 되어 상인의 숫

28) 蕭淸, 『中國古代貨幣思想史』, 臺北, 臺灣商務印書館, 1992년, 71~72쪽 참조.

자가 급격하게 증가하게 되는 사태를 초래하게 된다. 상업이 기형적으로 발전한 결과 사회적으로 사치를 조장하는 기풍이 만연하게 되어 국가경제와 정치질서에 심각한 타격을 주게 된다.

가의는 농민들의 생활이 곤궁하게 된 것과 국가가 비축한 양식이 부족하게 된 주요한 원인으로 조정의 농업홀시 정책이라고 생각했다. 그래서 가의는 민본의 관점에서 농업의 중시와 물자비축 정책을 시행할 것을 강력하게 주장하였던 것이다. 또한 가의는 농업을 중시하고 물자를 비축하는 정책의 구체적인 효과가 유비무환에 있다고 하는 점을 극력 강조한다. 한나라는 문제文帝시기에 내부적으로는 제후국들의 반란과 외부적으로는 흉노의 침략으로 인하여 내우외환의 상황에 직면하게 된다. 이러한 내우외환의 상황 속에서 가의는 국가적으로는 "국가적으로나 개인적으로나 비축된 물자를 보면 오히려 애통할 뿐입니다."와 같은 지경에 이르고 백성들의 삶은 극도로 곤궁한 나머지 부득이하게 농토와 자식을 내다 파는 지경에까지 이르게 된다고 보았다. 그렇기 때문에 이러한 내우외환을 제거하기 위하여 가의는 조정에서 물자를 충분하게 비축해야만 한다고 주장했으며, 그러할 경우에야 만이 국력을 비축하여 유사시에 대비할 수 있다고 역설했던 것이다.

가의는 상업과 수공업을 비롯한 말단이 되는 산업이 흥성하게 되면 백성들이 근본을 버리고 말단을 추구하는 경향이 두드러지게 많이 나타난다고 생각하였다. 이러한 현상은 반드시 농민들이 농토를 떠나 농업생산에 종사하지 않게 되어 결국에는 농토는 황폐해지고 곡식이 부족하게 되는 사태를 초래하게 될 것이라고 가의는 생각했다. 이와 같은 가의의 중농억상 정책의 관점에서 볼 때,

그가 제기한 농업을 중시하고 물자를 비축해야 한다고 하는 주장과 상업에 대한 탄압과 사치를 금지시켜야 한다고 하는 주장은 바로 가의가 농업이 국가의 기간산업이라고 하는 점을 분명하게 인식하고 있었다는 것을 나타내고 있다고 볼 수 있다. 또한 가의가 주목한 부유한 상인들의 사치스러운 행태를 통제하지 않을 경우 수반되는 사회적 질서의 파괴와 사치풍조의 만연은 국가를 위험에 빠뜨릴 수 있다고 분석한 점은 가의의 탁견이라고 할 수 있다.

가의는 조정이 구리 채굴을 국가에서 독점하는 정책을 시행한 후에 얻게 되는 일곱 종류의 이익뿐만 아니라 구리가 민간에 유포되어 발생하게 되는 세 가지 해악을 없앨 수 있다고 생각했다. 이와 같이 구리 채굴권을 국가에서 독점하고 민간에서의 화폐주조 금지령을 내릴 경우 한나라 조정은 당면한 제반 문제들을 해결할 수 있을 것이라고 가의는 생각했기에 그러한 주장했던 것이다.

참고문헌

司馬遷, 『史記』, 北京, 中華書局, 1982년.

班固, 『漢書』, 北京, 中華書局, 1990년.

賈誼, 『新書』, 『四庫全書』本.

王興國, 『賈誼評傳』, 南京, 南京大學出版社, 1992년.

傅筑夫, 『中國經濟史論叢』, 北京, 三聯書店, 1980년.

錢穆, 『國史大綱』上冊, 北京, 商務印書館, 1996년.

田昌五 外, 『秦漢史』, 北京, 人民出版社, 1993년.

蕭淸, 『中國古代貨幣思想史』, 臺北, 臺灣商務印書館, 1992년.

제3절 예론의 사상

1. 시작하는 말

한나라 시대의 초기는 진나라 시기의 악습이 직접적으로 계승되었기 때문에 사회적으로 좋지 않은 풍속이 만연했던 시기로, 사람들은 사치와 향락에 물들고 음탕한 기풍을 추구하며 허황된 권력을 숭상하는 등의 예의禮義에 어긋나고 심지어는 예의를 방치하는 분위기가 팽배해 있었다. 게다가 황노黃老사상을 바탕으로 한 방임정책의 시행은 앞서 언급한 좋지 않은 풍속의 만연 문제를 더욱 심화시켰을 뿐만 아니라 통치계층 가운데 존재했던 제후들의 참월 기풍을 더욱 광범위하게 유포시키는 결과를 초래했다.

가의賈誼는 이러한 병폐적인 문제들의 원인을 '리理'의 법칙이 훼손된 데에 있다고 보았다. 또한 정치적인 분야에 있어서 '리'의 존재는 반드시 '예치禮治'에 의해서 만이 완성될 수 있는 것으로 보아서, 오직 '예禮'가 있어야 만이 정치적·사회적·경제적 문제 등의 각 방면의 불안정한 상태를 해소할 수 있다고 생각했다. 이러한 '예'에 의해서 비로소 사람과 사람 사이의 합리적인 관계가 수립되고 사회질서가 바로 잡히고 유지될 수 있게 되어, 종국에는 조화로운 사회를 건설할 수 있게 되는 것이라고 가의는 생각했다.

가의의 '예'에 대한 사상의 맥락은 그가 십 팔세 되던 해에 만난 하남의 오공吳公이란 학자로부터 찾아 볼 수 있는데, 오공은 이사李斯와 같은 지역사람이며 그에게 학문을 배웠다고 전해진다. 이

사는 순자荀子의 제자였다는 사실을 통하여 가의의 사상 형성에 순자와 이사의 사상이 간접적으로 영향을 끼쳤다는 것을 유추해 낼 수 있다. 그렇기 때문에 가의의 '예론禮論' 사상은 실제적으로도 많은 부분에 있어서 순자의 '예론' 사상을 계승함과 동시에 그것의 외연을 확대하여 이론적 발전을 이룩한 것이라고 할 수 있다. 가의는 '예'를 통하여 새로운 국가질서를 창조했는데, 이러한 새로운 시스템은 한나라의 모든 계층이 준수하였던 규범이 되었던 것이다.

이상과 같은 가의의 예론 사상에 대하여 예론의 연원과 예의 가치와 효용 및 예의 특징을 중심으로 조명해보도록 하겠다.

2. 예론의 연원

공자는 '인仁'의 구체적인 실현을 자각적으로 추구하였으며, 이러한 '인仁' 정신의 투영을 통하여 '예禮'의 가치를 바로 정립했으며, '예'를 내재화 했다고 할 수 있다. 맹자는 공자의 '예'의 내재화의 경향을 계승하는 한편 진일보하여 반성적 사유를 통한 '예'의 근원적 탐색을 통하여 직접적으로 '예'를 '공경지심恭敬之心'·'사양지심辭讓之心'으로 언급한다. 또한 맹자는 '예'와 '의義'를 하나로 합하여 한 단어로 보았는데, 이는 더 이상 '예'의 형식적인 측면을 중시해하지 않았다는 것을 반증하는 것이라고 할 수 있다. 순자는 이러한 공자와 맹자의 '예'의 내재화 경향에 반대하는 한편 외적으로 '예'의 효용성을 극대화 시켜 '예'를 외재적인 것으로 만든다. 구체적으로 말하자면 순자는 '예'를 정치 시스템의 원칙과 기구로 만드는데, 이는 맹자에게서는 찾아 볼 수 없는 새로운 사상체계로 공자에게서도 역시 찾아 볼 수 없는 것이라고 할 수 있다.[1] 그렇기 때문에 공자의 '예'는 '인仁'에 근원을 두는 것으로서 일종의 도덕이라고 할 수 있으며, 맹자와 순자가 이를 계승하여 '예'를 내적으로는 자기성찰과 '심성心性'에 근원을 둔 개인 인격수양의 표준으로 삼는 한편 외적으로는 사회질서 유지와 천하통치의 기본 원칙으로 삼았던 것이다. 이와 같은 공자와 맹자 및 순자로 이어지는 선진유가의 계승과 발전 속에서 '예'의 본질적인 의미는 매우 심오해지고 형식적인 의미는 매우 광대해졌다고 할 수 있다.

가의의 '예'에 대한 사상적 연원은 오공이란 학자로부터 찾아 볼 수 있는데, 오공은 이사에게 학문을 배웠으며 또한 이사는 순자의 제자였기 때문에 가의의 '예론' 사상 형성에 순자의 사상이 간접적으로 영향을 끼쳤다는 사실을 유추해 낼 수 있다. 그렇기 때문에 가의의 '예론' 사상의 형성에 상당한 영향을 끼친 순자의 '예론' 사상에 대한 분석을 통하여 그 사상적 연원을 조명해보겠다.

순자가 생존했던 시기는 전국戰國시대 말기로 약육강식의 상황이 매우 분명하게 전개되고 있었던 시기였다. 순자는 당시의 현실 정치에 대한 심각한 인식을 가지고 있었기 때문에 더 이상 윤리도덕만으로는 시대적 문제를 해결할 수 없다고 판단하여 외재적 제약성을 가진 '예禮'에 의해서 현실 문제를 해결하고자 했다. 그렇기 때문에 순자는 '예'를 객관화 시키고 외재적인 것으로 만들어

1) 徐復觀, 『中國思想論集續編』, 臺北, 時報出版公司, 1982년, 443~465쪽 참조.

당시 사회에 있어서의 보편적 행위의 표준으로 만들고자 했으며, 동시에 정치적인 측면에 있어서는 제재의 수단으로 만들고자했던 것이다.

'예'는 순자의 사상체계에 있어서 모든 덕목의 총체적인 강령의 역할을 하고 있다고 할 수 있는데, 그 범위는 지극히 광대하여 위로는 군주의 치국방략으로부터 아래로는 개인의 입신처세의 방도에 이르며 먹고 마시며 기거하는 세세한 절목까지도 모두 아우르고 있다.[2)]

> 모든 기를 다스리고 마음을 기르는 방법은 예를 따르는 것보다 더 빠른 길은 없다.[3)]

> 예의는 나라를 잘 다스리는 규범이며, 강하고 굳세지는 근본이며, 위세를 펴는 길이며, 공적과 명성을 올리는 요체이다.[4)]

> 『예기』는 법의 근본이며 여러 가지 일에 관한 규정이다.[5)]

순자는 인간의 본성이 악하다고 생각했기 때문에 인간 세상에서는 반드시 수많은 분쟁이 발생하게 된다고 보아서 이러한 문제를 해결하기 위하여 '예'로써 인간들 사이에서 발생하는 모순과 분쟁을 종식시켜야 한다고 했다. 바로 이와 같은 부분에서 순자의 '예'의 기원을 찾아볼 수 있는 것이다.

---

2) 陳大齊, 『荀子學說』, 臺北, 中國文化大學出版部, 1989년, 163쪽 참조.
3) 『荀子』, 「修身」, "凡治氣養心之術, 莫徑由禮."
4) 『荀子』, 「議兵」, "禮者治辨之極也, 强固之本也, 威行之道也, 功名之總也."
5) 『荀子』, 「勸學」, "禮者法之大分, 群類之綱紀也."

예는 어디서 생겨났는가? 사람은 태어나면서부터 욕망이 있는데, 바라면서도 얻지 못하면 곧 추구하지 않을 수 없고, 추구함에 일정한 기준과 한계가 없다면 곧 다투지 않을 수 없게 된다. 다투면 혼란해지고 혼란해지면 궁핍해진다. 옛날의 군주들께서는 그러한 혼란을 싫어했기 때문에 예의를 제정하여 이들의 한계를 정함으로써, 사람들의 욕망을 충족시켜 주고 사람들이 원하는 것을 제공해주었던 것이다. 그리하여 욕망은 반드시 재물에 궁해지지 않도록 하고, 재물은 반드시 욕망에 부족함이 없도록 해, 이 두 가지가 서로 균형 있게 발전하도록 하였는데, 이것이 예가 생겨난 이유이다.[6]

구성원들 사이의 관계에 의해서 발생하는 사회적 분쟁은 반드시 바로잡아야 하는데, 이때 그러한 분쟁을 바로 잡을 수 있는 기준 혹은 근거가 바로 '예'인 것이다. 이와 같은 '예'에 의해서 한계를 분명하게 정하고 욕망을 충족시키고 필요한 것을 제공시켜주는 효과를 달성할 수 있게 되는 것이며, 욕망과 재화 사이의 모순을 해결하는 것이다. '예'의 응용범위는 매우 광범위하다고 할 수 있다. 그래서 순자는 "예의란 귀하고 천한 등급을 매겨 주고, 나이 많은 이와 적은 이의 차등이 있게 하고, 가난하고 부유한 사람과 신분이 가볍고 무거운 사람에 따라 모두 어울리는 대우를 하는 것이다."[7]라고 언급했던 것인데, 다시 말하자면 정치 · 윤리 · 사회경제 등 제반 분야가 모두 '예'의 관할 범주에 속한다고 말할 수 있

6) 『荀子』, 「禮論」, "禮起於何也? 曰: 人生而有欲, 欲而不得, 則不能無求. 求而無度量分界, 則不能不爭; 爭則亂, 亂則窮. 先王惡其亂也, 故制禮義以分之, 以養人之欲, 給人之求. 使欲必不窮乎物, 物必不屈於欲. 兩者相持而長, 是禮之所起也."

7) 『荀子』, 「富國」, "禮者, 貴賤有等, 長幼有差, 貧富輕重皆有稱者也."

는 것이다. 순자는 심지어 사회적 분업까지도 '예'의 범주에 포함시켰는데, 이와 같이 볼 수 있듯이 순자의 '예'에는 외재적인 의미와 도구적인 의미가 매우 진하게 윤색되어 있으며, 그것은 치국의 근본이 되고 위정의 전제가 되는 것이며, 인간의 물질적 욕구를 충족시켜주는 적절한 분배의 기준이 되는 것이라고 할 수 있다. 또한 순자의 '예'는 체계적인 등급제도로서의 성질도 갖춰져 있다고 할 수 있는데, 이는 사회 구성원들의 규범과 행동의 한계를 분명하게 규정짓는데서 잘 구현되어 있다고 할 수 있다. 이러한 것이 바로 '예'의 효능 가운데 구분의 기능인 것이다. 다시 말하자면 '예'의 준칙은 각자의 역할과 지위가 분명하게 구분되어져 있는 사회조직 속에서 각각의 계층 간의 구성원들이 서로 협조와 질서를 이룰 수 있는 관계를 형성케 하여 결국에는 여러 사람이 모여 살면서 하나로 조화되는 이상에 도달할 수 있게 하는 것이다.

> 그러므로 옛날에 성왕께서는 사람들의 본성이 악하여 음험하고 편벽되어 바르지 못하여, 혼란을 일으켜서 다스려지지 않는다고 생각했기 때문에 그들을 위해 군주의 권세를 세워서 이들 위에 군림하고, 예의를 밝혀 이들을 교화하고, 올바른 법도를 만들어 이들을 다스렸으며, 형벌을 무겁게 해서 이들의 악한 행동을 금하였다. 그렇게 함으로써 온 세상이 모두 잘 다스려지도록 하고 선함으로 모이도록 한 것이다. 이것이 성왕의 다스림이며 예의의 교화이다.[8]

위의 인용문에서와 같이 알 수 있듯이 '예'로서 혼란과 분쟁을

---

8) 『荀子』, 「性惡」, "故古者聖人以人之性惡, 以爲偏險而不正, 悖亂而不治, 故爲之立君上之埶以臨之, 明禮義以化之, 起法正以治之, 重刑罰以禁之, 使天下皆出於治, 合於善也. 是聖王之治而禮義之化也."

종식시키기 위해서는 반드시 군주의 권위가 확립되고, 윤리에 의한 교화가 이루어지고, 제도가 정비되어지고, 형벌의 제재가 제대로 시행되는 것에 의해야만 하는 것이다. 그렇기 때문에 순자의 '예'는 국가 전체의 정치·경제·법률의 요청을 그 안에 포괄하는 것이고, '예'의 대상은 자연히 신분의 귀천을 불문하고 모든 계층이 그것에 제약을 받는 것이라고 할 수 있다. 순자의 '예론'에 있어서 주목할 만한 가치는, 그가 예의·법도·형벌 모두를 성왕聖王의 예의 교화로 보았다는 것과 '예'와 '형벌'을 적용함에 있어서 적용의 대상을 구별하지 않았다고 하는 것에 있다고 할 수 있다. 다만 그 적용 대상의 선함과 불선함의 여부에 따라서 각기 다르게는 적용 했다. '예'에는 적극적으로 인격을 완성시키는 작용이 구비되어져 있으며, '법률'에는 소극적으로 금지와 제재 및 위협의 작용이 구비되어 있다고 할 수 있다. 그러므로 '예의'는 사람들을 교화시킬 수 있기 때문에 법률제도로써 다스릴 필요는 없다는 것이며, 법률제도는 사람들을 다스릴 수 있는 것이기 때문에 형벌로써 사람들의 행위를 제약시킬 필요는 없는 것이다. 그렇기 때문에 순자에 있어서의 '예'와 '법'은 단지 위계 등급이 다른 것인데, '예'의 등급이 '법'의 등급 보다 더 고차원적인 것이며 '법'의 근거가 되는 것이라고 할 수 있다. 반면 '법'은 '예'에 대하여 일종의 보조적인 성질을 가지고 있는 존재로 독립적인 지위는 없다고 할 수 있다. 순자는 '법'을 '예'에 포함시켜 '예'가 더욱 충분하게 사회적 통제력을 발휘할 수 있게 하는 한편 사회질서를 유지시켜주는 작용을 할 수 있게 했다.

3. 예의 가치와 효용

가의는 순자의 '예론' 사상을 계승함과 동시에 그것을 청사진으로 삼아서 '예치禮治'에 의한 신분질서 확립을 도모하는 한편 문란한 당시의 사회질서를 회복시키고자 했다. 가의는 「치안책治安策」에서 '예'적 질서를 '정경제定經制'라고 불렀는데, 이러한 명칭은 가의가 건립하려고 했던 '예'적 질서가 실제로는 정치·사회·인륜·경제활동 등의 광범위한 영역을 포함하고 있다는 사실을 일깨워준다. 가의는 '예'를 모든 인간 생활의 총체적인 요체로 삼는 한편 '예'로 정치·사회·경제 등을 포함한 인간의 모든 사회적 활동을 통합한다. 또한 가의가 이러한 '예'를 통하여 추구하고자 했던 궁극적인 목표는 중앙집권제의 확립과 군권君權의 강화였다고 할 수 있다. 그렇기 때문에 가의의 '예론'은 비록 순자와 같이 유가와 법가를 겸용하고 있지만 순자에 비하여 한층 더 농후한 법가의 색채가 드러난다고 할 수 있다.[9] 가의는 다른 측면에서 순자의 '예론' 사상을 발전시키는데, 그것은 바로 '예'를 통한 군권君權의 강화라고 하는 목적과 그것의 표현 형식에 치중했던 점이라고 할 수 있다. 다시 말하자면 '예'의 존귀함과 비천함을 분별하는 기능과 '예'의 내용에 대한 엄격한 규정과 요구에 초점을 맞췄다는 점이다.

기본적으로 가의와 순자는 '예'를 모든 인간 생활의 총체적인 요체로 간주했다는 점에서는 입장을 같이한다고 볼 수 있다. 『신서新書』, 「예禮」를 보면 처음부터 '예'의 두 가지 기능에 대하여

9) 王興國, 『賈誼評傳』, 南京, 南京大學出版社, 1992년, 104~107쪽 참조.

“예라고 하는 것은 스스로 바르게 행동하는 것이고, 백성들을 보살피는 도리이다.”[10]라고 언급하고 있다. 더나가 한층 더 상세하게 ‘예’의 내용을 서술하는데 다음과 같다.

> 그러므로 도덕과 인의는 예가 아니면 완성되지 않고, 가르쳐서 풍속을 바로잡는 것도 예가 아니면 완성되지 않으며, 다툼과 소송을 판별하는 데도 예가 아니면 결정이 나지 않는다. 군신 · 상하 · 부자 · 형제 사이에 있어서도 예가 아니면 (위아래가) 정해지지 않으며, 사관仕官의 학문이나 육예六藝를 배우며 스승을 섬김에 있어서도 예가 아니면 친해지지 않는다. 조정의 반열을 정하고 군대를 통솔하며 관직에 나가 법을 행사할 때에도 예가 아니면 위엄이 서질 않으며, 사당에 빌고 제사를 모시며 귀신에게 제물을 올리는 데도 예가 아니면 정성스럽지 못하고 장중하지 못하게 된다. 그러므로 군자는 공경하고 절도를 지키며, 물러나 사양함으로써 예를 밝힌다.[11]

> 예라는 것은 나라를 튼튼히 하고 사직을 안정시켜 군주로 하여금 그의 백성을 잃지 않게 한다. 군주가 군주 노릇을 하고 신하가 신하 노릇하는 것이 예의 바른 길이며, 위엄과 덕망이 군주에게 있는 것은 예의 명분이며, 존비와 대소와 강약에 따라 제자리를 지키는 것은 예의 분수이다. 예에 의하면 천자는 천하를 사랑하며, 제후는 자신의 지역을 사랑하며, 대부는 자신의 부하를 사랑하며 사와 서인은 각자의 집안을 사랑한다고 하였다. 사랑을 잃으면 인자하지

---

10) 『新書』, 「禮」, “禮者自行之義, 養民之道也.”

11) 『新書』, 「禮」, “故道德仁義, 非禮不成; 教訓正俗, 非禮不備; 分爭辨訟, 非禮不決; 君臣上下父子兄弟, 非禮不定; 宦學事師, 非禮不親; 班朝治軍, 涖官行法, 非禮威嚴不行; 禱祠祭祀. · 供給鬼神. 非禮不誠不莊. 是以君子恭敬撙節退讓以明禮.”

못하고 지나치게 사랑하면 의롭지 못하니, 그러므로 예라는 것은 존귀함과 비천함의 기준을 지키고 강함과 약함에 어울리도록 지키는 것이다.[12)]

위의 인용문들을 통하여 가의는 인간 세계의 모든 행위의 척도와 윤리관계 등 모든 것이 '예'의 규범을 벗어날 수 없다고 생각했다는 사실을 알 수 있게 된다. '예'는 인륜세계를 유지시켜주는 법칙이 되는 것이므로 내적인 도덕수양이나 풍속의 교화 및 양성, 소송 사안의 합리적인 판결이나 정치상의 군신관계 확립과 가족 구성원들 사이의 화목한 관계 정립 및 학문 연마의 자세와 태도, 행정 분야의 구체적인 시행계획이나 제사에 임하여 경건하고 진실한 태도를 유지하는 것 등을 포함하여 어느 것 하나도 '예'에 의해서 건립되지 않았거나 유지되지 않는 것은 없다고 할 수 있는 것이다.

'예'는 각각의 계층과 각종의 서로 다른 신분을 가진 사람들의 직분과 직책 등을 각자의 계층과 신분에 합당하게 구분하여 규정하며, 모든 국가나 개인 그리고 사회나 가정 등을 조직하고 유지시켜주는 기능을 가지고 있다고 할 수 있다. 예를 들자면, 군주와 신하는 제각기 신분에 맞는 지위가 주어져야 만이 비로소 '예'에 대한 정명正名이 실현되는 것이며, 위엄과 은덕은 모두가 군주에 의해서 베풀어지고 부여 되어야 만이 '예'에 대한 분명한 등급질

---

12) 『新書』, 「禮」, "禮者, 所以固國家, 定社稷, 使君無失其民者也. 主主臣臣, 禮之正也; 威德在君, 禮之分也; 尊卑大小彊弱有位, 禮之數也. 禮, 天子愛天下, 諸侯愛境內, 大夫愛官屬, 士庶各愛其家. 失愛不仁, 過愛不義, 故禮者所以守尊卑之經. 彊弱之稱者也."

서가 바로 잡히게 되는 것이며, 존귀하고 비천하거나 크고 작은 것이나 강하고 약한 것이 모두 제각기 그것에 합당한 위치에서 각각 그러한 본분을 지켜야 만이 '예'의 올바른 이치에 부합된다는 것이다.

바꿔 말하자면, '예'라고 하는 것은 여러 종류의 지위에 있는 사람들에 대하여 그러한 지위에 합당하게 본분을 지키는 것을 승인하는 것이며, 그러한 지위를 넘어서는 즉 본분에 맞지 않는 참월의 행위를 용인하지 않는 것이다. 또한 다른 사람에 대하여 마땅히 수행해야할 의무를 다할 수 있기를 요구하되 편파적이고 이기적이어서는 안 된다는 것을 요구한다. 사람들 모두가 제각각 자신의 본분을 지키고 자신의 직무에 충실하게 되면 그로인하여 상대적인 윤리관계가 성립되는 것이며, 또한 사람과 사람 사이에 합리적인 관계가 수립되는 것이다. 사회적으로도 상위 계층과 하위 계층 사이의 존귀하고 비천함의 기준을 지킬 수 있는 질서가 확립될 수 있다면 사회적 혼란은 발생하지 않게 될 것이다. 이와 같이 사회가 안정적인 상태를 유지할 수 있게 된다면 '예'를 정치 분야에 운용할 수도 있게 된다. 즉 통치자가 자신에게 주어진 권력을 합리적으로 운용하게 되면, 그로 인하여 결국에는 백성을 아끼고 사랑하는 마음을 실현시킬 수 있다는 것이다.

그렇기 때문에 '예'는 "천자는 천하를 사랑하며, 제후는 자신의 지역을 사랑하며, 대부는 자신의 부하를 사랑하며 사와 서인은 각자의 집안을 사랑한다."는 것을 규정하는 것이며, 또한 천자와 제후 사이의 상하 간의 신분상의 구분과 지켜야할 법도를 규정하기도 한다. 더나가 "군주는 인자하고 신하는 충성스러워야 하며, 부모는 자애해야 하고 자식은 효도해야 하며, 형은 사랑해주고 동생은 공경해야 하며, 남편은 온화해야 하고 부인은 온유해야 하며, 시어머니는 자비로워야 하고 며느리는 복종해야 한다."는 등등의 인륜도덕의 내용과 특질을 규정하기도 한다. 이와 같이 '예'는 그것이 포함하는 내용의 범위가 매우 광대한 것이기 때문에, 공경함・겸손함・양보함의 내적이며 외재적인 형태를 통하여 그것에게 주어진 사명, 즉 국가를 굳건히 만들고 사회를 안정시킨다고 하는 것을 완성해 가는 것이다.

가의가 '예'의 가치와 효용을 역설하는 가운데 특히 중시했던 부분은 군주와 신하 사이의 관계에 대하여 언급한 부분으로, '예'의 분별하는 기능에 논의의 초점을 맞추었다고 할 수 있다.

> 군주가 군주 노릇을 하고 신하가 신하 노릇하는 것이 예의 바른 길이며, 위엄과 덕망이 군주에게 있는 것은 예의 명분이며, 존비와 대소와 강약에 따라 제자리를 지키는 것은 예의 분수이다. 예에 의하면 천자는 천하를 사랑하며, 제후는 자신의 지역을 사랑하며, 대부는 자신의 부하를 사랑하며 사와 서인은 각자의 집안을 사랑한다고 하였다. 사랑을 잃으면 인자하지 못하고 지나치게 사랑하면 의롭지 못하니, 그러므로 예라는 것은 존귀함과 비천함의 기준을 지키고 강함과 약함에 어울리도록 지키는 것이다.[13]

위의 인용문과 같은 가의의 언급을 통하여 그의 관념 속에는 '예'의 주요한 기능이 바로 군주의 권위를 드러내고 강화시켜 그

---

13) 『新書』, 「禮」, "主主臣臣, 禮之正也; 威德在君, 禮之分也; 尊卑大小彊弱有位, 禮之數也. 禮, 天子愛天下, 諸侯愛境內, 大夫愛官屬, 士庶各愛其家. 失愛不仁, 過愛不義, 故禮者所以守尊卑之經. 彊弱之稱者也."

것을 확실하게 수립시키는 것에 있다는 사실을 알 수 있다.[14] 다시 말하자면, 군주의 존엄은 바로 이러한 '예'에 의해서 형성되어지는 것이라고 할 수 있는 것이다. 이러한 것에 기초하여 가의는 더욱 진일보한 계급관념을 당상 · 계단 · 땅으로 비유하여 제기한다.

> 군주의 존엄함은 비유하자면 당상과 같습니다. 만약 당상 아래 섬돌이 아홉 계단에 이른다면, 당상의 높이는 거의 여섯 자가 됩니다. 만약 당상 아래에 섬돌이 없으면, 당의 높이는 한자를 넘지 못할 것입니다. 천자는 곧 당상과 같고 여러 신하들은 섬돌과 같으며 백성들은 섬돌 아래의 땅과 같으니, 이는 그 높고 낮음을 비유한 것입니다. 그러므로 당상의 옆모서리가 땅에서 멀면 당상은 높고, 땅에서 가까우면 당상은 낮습니다. 높으면 기어오르기가 어렵고 낮으면 멸시당하기 쉬운 것은 당연한 이치입니다. 그러므로 옛날 성왕께서는 등급을 제정해서, 안으로 공 · 경 · 대부 · 사가 있고, 밖으로는 공 · 후 · 백 · 자 · 남이 있었습니다. 그 다음에 관청의 하급 관리와 아전을 두고, 이를 일반 백성들에게까지 적용해서 등급을 분명히 하며, 천자를 그 위에 두었습니다. 그러므로 그 존귀함은 미칠 수가 없었던 것입니다.[15]

가의는 "높으면 기어오르기가 어렵고 낮으면 멸시당하기 쉬운

---

14) 華友根, 『西漢禮學新論』, 上海, 上海社會科學院出版社, 1998년, 33쪽 참조.

15) 『新書』, 「階級」, "人主之尊, 辟無異堂陛. 陛九級者, 堂高大幾六尺矣. 若堂無陛級者, 堂高殆不過尺矣. 天子如堂, 群臣如陛, 衆庶如地, 此其辟也. 故堂之上, 廉遠地則堂高, 近地則堂卑. 高者難攀, 卑者易陵, 理勢然也. 故古者聖王制爲列等, 內有公卿大夫士, 外有公侯伯子男, 然後有官師小吏, 施及庶人, 等級分明, 而天子加焉, 故其尊不可及也."

것”의 이치에 통감하였기 때문에 당상・섬돌・땅의 비유를 통하여 ‘예’에 기초한 계급제도의 수립을 강력하게 주장했던 것이다. 가의는 이러한 계급제도를 통하여 수많은 신하들과 백성들에게 군주의 존엄을 높이고자 했던 것이다. 그래서 가의는 군주의 존엄함은 높은 곳에 위치한 당상과 같은 것이고, 여러 신하들의 지위는 당상 아래에 위치한 섬돌과 같은 급이고, 일반 백성들의 지위는 평지와 같은 급이라고 했던 것이다. 또한 가의는 군주와 일반 백성들 사이의 간극은 아홉 계층의 등급상의 차이가 있는 것이라고 하면서, 이러한 것을 바탕으로 사람들에게 군주의 권위는 지고무상至高無上한 것이라고 인식하게 만든다. 가의의 이와 같은 주장의 궁극적인 목적은 군주의 존엄함은 어떠한 형태의 침범이나 참월을 허용하지 않는다고 하는 인식의 주입에 있는 것이며, 한편으로는 군주의 권력을 더욱 공고하게 만들기 위하려는 의도도 있었다고 할 수 있다.

가의는 이러한 존귀함과 비천함에는 차등이 있으며 참월을 허용하지 않는 등급제도의 확립을 통하여 전제군주체제의 통치 질서를 정착시키고자 했던 것이다. 이와 같은 “제도를 정립해서 군주는 군주답게 하고 신하는 신하답게 하여 상위계층과 하위계층 사이에 차등이 있게 하고, 부자 육친이 각각 마땅함을 얻도록 한다.”[16]와 같은 사회적 분위기를 형성하면 간악한 사람들이 감히 허황되고 그릇된 일을 하지 못하게 될 것이며, 신하된 사람들은 군주에 대한 신뢰를 더욱 굳게 하게 되어 결국에는 “이러한 대업이 한번 정립되면 천하는 대대로 안정된다.”[17]고 하는 이상을 실

16) 『漢書』, 「賈誼傳」, “經制, 令君君臣臣, 上下有差, 父子六親各得其宜.”

현할 수 있다고 가의는 생각했던 것이다.

가의는 복식 · 표지 · 부절 등의 표식을 통하여 군주와 신하 사이의 등급을 엄격하게 구분하여 안정적인 정치질서의 수립에 도움을 주고자 했다.

> 귀천에 등급이 있고 복식과 지위에도 차등이 있어, 등급이 정해지면 각기 분수에 맞춰 단속한다. 사람마다 법도를 따름에 있어서 제멋대로 낮추면 책망을 하고, 위를 넘보면 처벌한다. 이에 관한 법령을 제정하여 숙지시키고 관직을 설치해서 관리한다. 이렇게 하면 천하의 사람들이 그 복장을 보고 귀천을 알게 되고, 그 표시를 보고 권세를 알게 되어, 사람들의 마음이 안정되고 제각기 등급별로 그 명목에 맞게 처신하게 한다. 그러므로 (복식과 품계의 구분이) 많아도 천하 사람들이 미혹되지 않고, 멀리까지 전해도 온 천하가 공경할 줄을 알게 될 것이다. 존비가 드러나고 상하가 구분되면 인륜에 법도가 있게 된다.[18)]

가의는 만일 군주가 신분과 등급상의 존귀함과 비천함을 분명하게 구분하고자 한다면, 반드시 계급 · 권력 · 의복 · 부절 등을 명확하게 구분해야만 한다고 생각했다. 그런 뒤에야 비로소 군주는 자신의 신하를 의심하지 않을 수 있는 것이며 신하들 역시 자신들의 군주에 대한 의혹을 갖지 않게 되는 것이라고 했다. 이와 같이

---

17) 『漢書』, 「賈誼傳」, "此業一定, 世世常安."

18) 『新書』, 「服疑」, "貴賤有級, 服位有等, 等級旣設, 各處其檢, 人循其度, 擅退則讓, 上僭則誅. 建法以習之, 設官以牧之, 是以天下見其服而知貴賤, 望其章而知其勢. 使人定其心, 各著其目, 故衆多而天下不眩, 傳遠而天下識祗. 卑尊已著, 上下已分, 則人倫法矣."

가의는 계급 · 권력 · 의복 · 부절 등을 엄격하게 구분하여 군주와 신하 사이의 상하 질서를 확립시키고자 했던 것이며,[19] "등급이 분명하면 아랫사람이 분수에 넘는 행동을 할 수 없고, 군주의 권력이 절대로 우세하면 신하가 과분한 생각을 하지 않게 된다."[20] 고 하는 시스템을 정착시켜서 결국에는 군주 독존의 목적을 달성할 수 있게 된다고 보았던 것이다.

4. 예의 특징

가의는 '예론' 사상에서 극단적일 정도로 군주에 대한 존중을 주장한다. 가의는 공자의 종법질서를 유지하기 위한 '예'의 등급제도 시스템을 철저하게 개선하고 순자의 '예' 사상을 발전시켜, 과거의 형식 속에 새로운 시대의 내용과 계급의식의 함의를 부여하여 봉건통치 시스템의 유효한 통치형식을 만들었다.[21] 가의의 이러한 구상은 매우 농후한 법가의 색채를 지니고 있다고 할 수 있다.[22] 이러한 주장의 이유로는 오직 법가만이 절대적으로 군주에 대한 존중을 강조했기 때문이며, 또한 군주와 신하 및 백성들 사이에 철저하리만큼 신분상의 높고 낮음의 차등을 두었던 것은 법가처럼 엄격하게 주장했던 학파가 없다는데 기인한다고 할 수

19) 王興國, 『賈誼評傳』, 南京, 南京大學出版社, 1992년, 100쪽 참조.
20) 『新書』, 「服疑」, "等級分明, 則下不得疑; 權力絶尤, 則臣無冀志."
21) 劉修明, 『儒生與國運』, 杭州, 浙江人民出版社, 1997년, 94쪽 참조.
22) 徐復觀은 가의의 禮와 선진유가의 禮 사이에 분명한 차이가 존재한다고 주장했다.
徐復觀, 『兩漢思想史』卷二, 臺北, 學生書局, 1985년, 99쪽 참조.

있는 것이다.

> 신발이 아무리 깨끗하다 해도 베게 위에 올려놓지 않으며, 모자가 아무리 낡았다 해도 신발 바닥에 깔지 않는다.[23]

> 군주와 신하의 관계가 마치 해와 별처럼 (분명하게 구분) 될 것이니, 신하는 군주에 견주려 하지 않을 것이고 천한 사람은 귀한 신분을 범하지 않으려 할 것이다. 아랫사람이 등급을 무시하지 않으면 윗사람의 자리가 존엄하게 되며, 신하가 등급을 넘지 않으면 군주의 자리가 안정되게 될 것이다. (그러므로) 조심스럽게 차례와 기강을 지켜 나가면 혼란이 생길 이유가 없다.[24]

상위계층과 하위계층 또한 존귀한 신분과 비천한 신분은 임의적으로 바꿀 수 없는 것이라고 하는 데서 가의가 역점을 두어 강조한 것이 바로 순자가 주장했었던 '구분'의 기능임을 알 수 있다. 당상·섬돌·땅의 비유를 통하여 구상했던 것은 바로 '구분'을 위해서였으며, 해·별·신발·모자의 대조 비유 역시 '구분'에 대한 강조를 드러내기 위함이라고 할 수 있는 것이다. 신분상의 존귀함과 비천함을 구분하는 제도가 이미 정착되고 통치 시스템이 원만하게 유지될 뿐만 아니라 윤리질서가 자리 잡히게 된다면 군주 독존의 목적은 달성될 수 있는 것이다.

각계각층의 요구에 부응하기 위하여 가의는 신하들의 체면을 세워줄 것과 "대부에게는 형벌을 적용하지 않는다."[25]라고 하는

---

23) 『新書』, 「階級」, "履雖鮮, 弗以加枕; 冠雖弊, 弗以苴履."

24) 『新書』, 「服疑」, "主之與臣, 若日之與星. 臣不幾可以疑主, 賤不幾可以冒貴. 下不淩等, 則上位尊; 臣不踰級, 則主位安; 謹守倫紀, 則亂無由生."

주장을 제기한다. 군주와 사대부 사이는 상호 간에 이해관계가 얽혀있는 이익 공동체이기 때문에, 가의는 "쥐를 잡고 싶지만 그릇이 깨질까 겁난다."[26]라고 비유를 통하여 사람들을 확연하게 구분되는 두 개의 다른 계급으로 나눌 것을 주장한다. 이러한 두 계급 즉 사대부계급과 서민계급은 형법을 적용하는 데에 있어서도 엄격하게 신분을 구분해서 적용해야 하는 것이 바로 가의가 역설했던 '구분'의 일면인 것이다. 또한 통치계급과 통치를 당하는 계급의 사회적 지위에 맞게 적용하는 형법의 차이를 엄격하게 구분하여 비천한 사람들이 존귀한 사람들의 특권을 당연시하게 만드는 한편 자신의 처지에 자족하면서 감히 참월을 하려는 마음 자체를 미연에 방지시키는데 '구분'의 목적이 있었다. 가의가 신하들의 체면을 세워줄 것을 주장한 것은 바로 당상·섬돌·땅으로 비유되는 각각의 계층을 하나로 연결된 고리로 보았기 때문이다. 즉 군주의 권위는 신하들의 적극적인 지지와 성원 위에서 세워지는 것이기 때문에, 그러한 신하들의 존엄이 바로 설 때에 군주의 권위와 존엄의 기초가 굳건해지는 것이 된다. 또한 이러한 시스템은 결국 '예'를 통한 절대적 군주 존중이라고 하는 정치질서를 수립하는 데에로 귀착되는 것이라고 할 수 있는 것이다.

이러한 것 외에도 가의는 행위의 합리적인 내용에 대한 규정을 제시하는데, 외적 행위의 합리적인 형식에 대한 표현을 서술한 것이라고 할 수 있다. 가의는 「용경容經」속에서 '예'가 외적인 행위 규범으로서의 중요하다는 것을 강조하며, 얼굴표정은 마음가짐에

25) 『漢書』, 「賈誼傳」, "刑不至大夫."

26) 『新書』, 「階級」, "欲投鼠而忌器."

서 나온다는 것을 설명한다. 즉 먼저 마음가짐을 바르게 해야 만이 얼굴표정을 바르게 할 수 있다는 것이다. 이러한 것은 내부에서 외부로 자연스럽게 발현하는 것이지만, 반대로 얼굴표정을 바르게 하는 것 역시 내재적 마음가짐을 바르게 할 수 있게 만드는 동인이 되는 것이다. 이와 같은 외부로부터 내부에로 강제하는 작용은 가의가 '예'에 대하여 언급한 내용 가운데 가장 커다란 의의가 있는 것이라고 할 수 있다. 즉 이러한 강제적 작용은 올바르고 정중한 '예'의 외적인 행위규범으로서의 합당한 모습을 드러내는 것이라고 할 수 있다.[27)]

가의가 언급한 '마음가짐과 표정에 대한 기준 志色之經'·'용모에 대한 기준 容經'·'시선에 대한 기준 視經'·'말에 대한 기준 言經'은 조정·제사·군대·상례 등은 각종 서로 다른 상황에서 각각 그러한 상황에 부합하는 마음가짐과 시선처리와 언변 및 행동거지를 함으로써 직면한 상황에 적절하게 반응하고 사안에 맞게 일을 처리해야 한다는 것을 의미한다. 가의는 이러한 것을 통하여 사람들이 "군신·상하·부자·형제·내외와 크고 작은 여러 일들에 이르기까지 각각 대처하는 거동과 방식이 있음."[28)]을 분명하게 인식하여 "경우에 따라 몸을 세우거나 구부리고, 손을 높이거나 낮추고, 안색과 목소리 등에 각각 알맞게 맞추는 것"[29)]을 숙지할 수 있게 하여, 어떤 순간이나 어떠한 장소에서도 가장 완정한 형태의 용모와 행동거지를 드러낼 수 있게 해야 한다고 했다. 바로 이러한

27) 徐復觀, 『兩漢思想史』卷二, 臺北, 學生書局, 1985년, 143쪽 참조.
28) 『新書』, 「容經」, "接君臣上下, 父子兄弟, 內外大小品事之各有容志也."
29) 『新書』, 「容經」, "身之倨佝, 手之高下, 顏色聲氣, 各有宜稱."

점에서 가의가 법가의 엄정하고 심각한 정신을 차용하여 유가사상 특히 순자의 '예론'을 윤색했음을 발견할 수 있을 것이다.

> 현명한 군주가 자리에 있으면 (사람들로 하여금 군주를) 두려워하게 하며, 은덕을 베풀 때는 군주를 사랑하게 한다. 나가고 물러남은 법도에 맞춰야 하며, 몸을 돌릴 때에는 법칙에 따라야 하며, 용모는 우러러볼 만해야 하며, 일처리는 본받을 만하게 해야 하며, 덕행은 모방할 만하게 해야 하며, 목소리는 즐거워야 하며, 동작에는 법도가 있고, 언어에는 조리가 있어야 한다. 이러한 것들로써 윗사람을 받들고 동료를 대접하며, 아랫사람을 다스리며 그 백성들을 보살펴야 한다.[30)]

위의 인용문을 통해서 알 수 있듯이 '예'의 외적인 행위규범에 대한 정형화된 형식과 요구는 단지 신분상의 존귀함과 비천함을 명확하게 구분하는 데에 그치지지 않고, 동시에 치국의 총체적인 방략이 되는 것이라고 할 수 있는 것이다.

순자의 '예법' 사상을 계승한 가의는 '예'의 기능에 주안점을 두는 동시에 '법'의 작용에도 관심을 집중했다. 가의는 '예'와 '법'의 작용에는 제각기 중시하는 바가 다르기 때문에 상호간에 대체를 할 수는 없는 것이라고 생각했다.

> 예는 앞으로 그렇게 되기 이전에 금하는 것이고, 법은 이미 그렇게 된 뒤에 금하는 것입니다. 이런 까닭에 법의 작용은 쉽게 볼 수

---

30) 『新書』, 「容經」, "明君在位可畏, 施舍可愛, 進退可度, 周旋可則, 容貌可觀, 作事可法, 德行可象, 聲氣可樂, 動作有文, 言語有章, 以承其上, 以接其等, 以臨其下, 以畜其民."

있으나, 예가 하는 기능은 알기 어렵습니다. 상을 내려 선을 권장하고 벌을 주어 악을 징계하는 것인데, 선왕께서는 금석처럼 단호하게 이런 정치를 집행했고, 사계절처럼 틀림없이 이런 명령을 실행했습니다. 이런 공정한 원칙에 의거해서 천지와 같이 사사로움이 없었으니, 어떻게 도리어 선왕이 (상과 벌을) 쓰지 않았다고 하겠습니까?[31]

가의는 새로운 시대적 조건 속에서 '예'와 '법'에 대한 겸용과 병존을 적극 주장한다. 즉 '예'와 '법'은 서로가 작용은 다르지만 겸용하여 선택적인 적용을 할 수 있는 것으로, 이를 통치행위의 두 수단으로 병용할 수 있다는 것이다. '예'와 '법'은 고대에서부터 줄곧 동시에 병용해왔던 것으로 오늘날에도 역시 의심의 여지없이 병용되고 있기는 하지만, '예'의 의미와 작용이 더욱 중요한 것이라고 가의는 주장했다. 또한 가의는 '예'에 의한 통치와 덕성에 의한 교화는 일치하는 것으로 보아서, 백성들에 대한 계도를 덕성에 의한 교화로 한다면 바로 "도덕과 교화로써 인도하면 덕과 교화가 넉넉히 퍼져서 백성들의 분위기가 즐거워진다."[32]와 같은 상황이 연출될 것이라고 했다. 반대로 법령에 의해서 처벌하는 방식으로 백성들을 통치한다면 "법률과 정령이 각박해져서 백성들이 애통해 한다."[33]는 상황만이 연출될 뿐이라고 했다.

---

31) 『漢書』, 「賈誼傳」, "夫禮者禁於將然之前, 而法者禁於已然之後. 是故法之所用易見, 而禮之所爲生難知也. 若夫慶賞以勸善, 刑罰以懲惡, 先王執此之政, 堅如金石, 行此之令, 信如四時. 據此之公, 無私如天地耳, 豈顧不用哉?"

32) 『漢書』, 「賈誼傳」, "德教洽而民氣樂."

33) 『漢書』, 「賈誼傳」, "法令極而民風哀."

장기적인 이익과 효과의 측면에서 보았을 때, '법'에 의한 강제적인 징벌은 백성들이 감히 그릇된 행위를 할 수 없게 만들 뿐이며, '예'에 의한 도덕교화는 백성들이 근본적인 차원에서 그릇된 행위를 하지 않게 하는 관념을 만들어 준다. 그러므로 백성들은 그릇된 행위에 대한 관념에 상응하는 행동을 하지 않게 되니, 이러한 것을 바로 "아직 싹트기 전의 악을 잘라낸다."[34]라고 하는 것이다. 그렇기 때문에 가의는 선진유가의 '덕'을 요체로 하고 법으로 보완한다고 하는 관념을 계승하여, 우선적으로 '예의'에 의한 교화를 실시하고 그다음에 '법'에 의한 처벌을 적용하자고 하는 관념을 제기하여, '법'이 통치행위에 있어서 일정한 역할을 하고 있음을 분명하게 주장한다. 가의는 이러한 주장을 통하여 '법'을 마땅히 폐지시켜야만 할 대상이 아닌 '예'와 함께 상호보완적 작용과 역할을 해야만 하는 대상으로 정착시킨다.[35] 이러한 측면에서 볼 때, 가의가 "백성들을 덕으로써 인도하고, 그들을 예로써 다스린다."[36]와 "백성들을 정령으로써 인도하고, 형벌로써 다스린다."[37]고 하는 관념을 서로 접목시키려고 했음을 어렵지 않게 발견할 수 있게 된다. 또한 가의는 '예'의 기능을 고차원적인 것으로 보았지만, 현실적으로 '예'의 적용범위에는 한계가 있을 수밖에 없었다. 이러한 약점은 가의로 하여금 유가의 관념과 법가의 관념을 현실정치에 적절하게 배합시킬 수밖에 없도록 만드는 한편 유가와 법가의 관념이 서로 배척하지 못하게 했으며, 예'가 적극적

34) 『漢書』, 「賈誼傳」, "絶惡於未萌."
35) 王鐵, 『漢代學術史』, 上海, 華東師範大學出版社, 1995년, 251쪽 참조.
36) 『論語』, 「爲政」, "道之以德, 齊之以禮."
37) 『論語』, 「爲政」, "道之以政, 齊之以刑."

으로 '법'의 영역에 침범하지 못하도록 하게 만들었던 것이다.

순자와 가의 두 사상가의 '예법' 사상의 비교를 통하여 알 수 있게 되는 사실은 바로 가의가 순자의 "예로써 법을 통섭한다."는 관념을 창조적으로 계승하여 발전시켰다는 점이다. 순자의 '예'는 '법'의 상위에 있는 존재라고 할 수 있는데, 이는 '법'이 '예'의 규범 아래에 통섭된 존재라는 것인 반면, 가의에게 있어서의 '법'의 지위는 거의 '예'와 대등한 위치에 있다고 볼 수 있으며, 그것들의 차별은 단지 적용하는 대상이 다르다는 데에 있다는 것이다. 그렇기 때문에 가의의 '예론' 사상 가운데 '법'의 지위는 순자의 그것과 비교했을 때 더욱 돋보이는 것이며, 이는 가의가 한나라 제국의 통치에 대한 필요성에 의해서 만든 새로운 관념체계라고 할 수 있을 것이다.

5. 맺는 말

이상과 같이 가의의 '예론'에 대하여 가의 예론의 연원과 예의 가치와 효용 및 예의 특징을 중심으로 조명해 보았는데, 이를 정리하면 다음과 같다.

가의의 '예'에 대한 사상적 연원은 오공이란 학자로부터 찾아볼 수 있는데, 오공은 이사에게 학문을 배웠으며 또한 이사는 순자의 제자였기 때문에 가의의 '예론' 사상 형성에 순자의 사상이 간접적으로 영향을 끼쳤다는 사실을 유추해 낼 수 있다. 가의의 '예론' 사상에 영향을 끼친 순자의 '예'는 국가 전체의 정치·경제·법률의 요청을 그 안에 포괄하는 것이고, '예'의 대상은 자연히 신분의 귀천을 불문하고 모든 계층이 그것에 제약을 받는 것이라고 할 수 있다. 또한 순자의 '예'에는 적극적으로 인격을 완성시키는 작용이 구비되어져 있으며, '법률'에는 소극적으로 금지와 제재 및 위협의 작용이 구비되어 있다고 할 수 있다.

순자에 있어서의 '예'와 '법'은 단지 위계 등급이 다른 것인데, '예'의 등급이 '법'의 등급 보다 더 고차원적인 것이며 '법'의 근거가 되는 것이라고 할 수 있다. 반면 '법'은 '예'에 대하여 일종의 보조적인 성질을 가지고 있는 존재로 독립적인 지위는 없다고 할 수 있다. 순자는 '법'을 '예'에 포함시켜 '예'가 더욱 충분하게 사회적 통제력을 발휘할 수 있게 하는 한편 사회질서를 유지시켜주는 작용을 할 수 있게 했다.

가의에게 있어서의 '예'라고 하는 것은 여러 종류의 지위에 있는 사람들에 대하여 그러한 지위에 합당하게 본분을 지키는 것을 승인하는 것이며, 그러한 지위를 넘어서는 즉 본분에 맞지 않는 참월의 행위를 용인하지 않는 것을 의미한다. 또한 '예'는 다른 사람에 대하여 마땅히 수행해야할 의무를 다할 수 있기를 요구하되 편파적이고 이기적이어서는 안 된다는 것을 요구한다. 즉 사람들 모두가 제각각 자신의 본분을 지키고 자신의 직무에 충실하게 되면 그로인하여 상대적인 윤리관계가 성립되는 것이며, 또한 사람과 사람 사이에 합리적인 관계가 수립되는 것이다. 사회적으로도 상위 계층과 하위 계층 사이의 존귀하고 비천함의 기준을 지킬 수 있는 질서가 확립될 수 있다면 사회적 혼란은 발생하지 않게 될 것이다. 이와 같이 사회가 안정적인 상태를 유지할 수 있게 된다면 '예'를 정치 분야에 운용할 수도 있게 된다. 즉 통치자가 자신에게 주어진 권력을 합리적으로 운용하게 되면 그로 인하여 결국에는 백성을 아끼고 사랑하는 마음을 실현시킬 수 있다는 것이다.

가의는 군주와 일반 백성들 사이의 간극은 아홉 계층의 등급상의 차이가 있는 것이라고 하면서, 이러한 것을 바탕으로 사람들에게 군주의 권위는 절대적인 것이라고 인식하게 만든다. 가의의 이와 같은 주장의 궁극적인 목적은 군주의 존엄함은 어떠한 형태의 침범이나 참월을 허용하지 않는다고 하는 인식의 주입에 있는 것이며, 한편으로는 군주의 권력을 더욱 공고하게 만들기 위하려는 의도도 있었다고 할 수 있다. 또한 가의는 존귀함과 비천함에는 차등이 있으며 참월을 허용하지 않는 등급제도의 확립을 통하여 전제군주체제의 통치 질서를 정착시키고자 했다. 이와 같은 "제도를 정립해서 군주는 군주답게 하고 신하는 신하답게 하여 상위계층과 하위계층 사이에 차등이 있게 하고, 부자 육친이 각각 마땅함을 얻도록 한다."와 같은 사회적 분위기를 형성하면 간악한 사람들이 감히 허황되고 그릇된 일을 하지 못하게 될 것이며, 신하된 사람들은 군주에 대한 신뢰를 더욱 굳게 하게 되어 결국에는 "이러한 대업이 한번 정립되면 천하는 대대로 안정된다."고 하는 이상을 실현할 수 있다고 가의는 생각했던 것이다.

가의는 '예'와 '법'이 새로운 시대적 조건 속에서 '예'와 '법'에 대한 겸용과 병존을 적극 주장한다. 즉 '예'와 '법'은 서로가 작용은 다르지만 겸용하여 선택적인 적용을 할 수 있는 것으로, 이를 통치행위의 두 수단으로 병용할 수 있다는 것이다. '예'와 '법'은 고대에서부터 줄곧 동시에 병용해왔던 것으로 오늘날에도 역시 의심의 여지없이 병용되고 있기는 하지만, '예'의 의미와 작용이 더욱 중요한 것이라고 가의는 주장했다. 또한 가의에게 있어서의 '법'의 지위는 거의 '예'와 대등한 위치에 있다고 볼 수 있으며, 그것들의 차별은 단지 적용하는 대상이 다르다는 데에 있다는 것이다. 그렇기 때문에 가의의 '예론' 사상 가운데 '법'의 지위는 순자의 그것과 비교했을 때 더욱 돋보이는 것이며, 이는 가의가 한나라 제국의 통치에 대한 필요성에 의해서 만든 새로운 관념체계라고 할 수 있을 것이다.

참고문헌

黃侃,『論語義疏』,『皇淸經解』本.

劉寶楠,『論語正義』,『續皇淸經解』本.

王先謙,『荀子集解』, 北京, 中華書局, 1992년.

王忠林,『荀子讀本』, 臺北, 三民書局, 1996년.

班固,『漢書』, 北京, 中華書局, 1990년.

賈誼,『新書』,『四庫全書』本.

陳大齊,『荀子學說』, 臺北, 中國文化大學出版部, 1989년.

王興國,『賈誼評傳』, 南京, 南京大學出版社, 1992년.

王鐵,『漢代學術史』, 上海, 華東師範大學出版社, 1995년.

華友根,『西漢禮學新論』, 上海, 上海社會科學院出版社, 1998년.

徐復觀,『兩漢思想史』卷二, 臺北, 學生書局, 1985년.

제4절 경제론

1. 시작하는 말

서한 초기에 시행되었던 방임주의 정책의 결과로 상업이 비약적으로 발흥하게 된다. 상업의 발전으로 인하여 서한 초기의 사회는 근본을 버리고 말단을 추구하는 풍조와 백성들 사이의 빈부격차가 심화되는 현상 및 음란하고 사치스러운 풍속이 유행하는 등의 기형적인 발전의 양상을 전개해나가게 된다.

문제文帝 재위시기에 이르러 이러한 사회적·경제적 모순 현상은 이미 매우 심각한 지경에 도달하게 된다. 가의賈誼는 이러한 사회적 풍조 즉 근본을 버리고 말단을 추구하며, 백성들이 서로 앞을 다퉈 사치를 일삼고 또한 농업생산 인구가 감소하는 한편 생산활동에 종사할 수 없는 인구가 증가하고 있는 상황 속에서 심각한 문제의식을 갖게 된다. 가의가 갖게 되는 문제의식을 구체적으로 언급하자면, 서한 사회의 사회경제적 질서의 붕괴와 도덕적 타락에 대한 염려와 국가재정 고갈의 위험성에 대한 것들이었다. 이러한 사항들 외에도 더욱 심각한 문제들은 바로 문제 재위시기에 자행된 민간에서의 불법화폐 주조 및 유통으로 인하여 촉발된 경제시스템의 대혼란이었다. 만일 이러한 혼란을 그대로 방치했을 경우 서한제국의 운명은 그야말로 풍전등화의 지경에 처하게 될 것은 자명한 사실이었다.

가의는 서한 초기 사회가 직면한 사회적·경제적 폐해현상에 대한 반성에서부터 착수하여 자신의 경제정책에 대한 청사진을 제시한다. 이러한 가의의 경제정책 청사진에 대하여 본문에서는 중농억상重農抑商 정책과 화폐 정책을 중심으로 조명해보도록 하겠다.

2. 중농억상 정책

가의의 중농억상重農抑商 정책 속에는 농사에 힘쓰고 수확물을 비축하며, 말단을 추구하는 것을 금지하고, 예禮로써 백성들에게 모범을 보인다고 하는 세 가지의 구체적인 내용이 포함되어 있다. 농사에 힘쓰고 수확물을 비축한다고 하는 것은 농업을 중시하는 것이고, 말단을 추구하는 것을 금지한다는 것은 상업을 억누른다는 것이고, 예禮로써 백성들에게 모범을 보인다고 하는 것은 덕德으로 백성들을 교화시킨다는 것이다.

농사에 힘쓰고 수확물을 비축한다고 하는 측면에 있어서 가의는 국가의 통치 질서와 백성들의 안위는 결국 백성들의 식량문제를 적절하게 해결해주느냐 그렇지 않으냐에 달렸다는 사실을 인식한다. 문제 재위 초기에 백성들은 생계유지가 힘들 정도로 식량이 부족한 상황에 직면하게 되는데 그 결과 천하는 매우 위급한 상황에 처하게 되며 민생은 도탄의 나락으로 빠지게 된다.

> 봄이 되어 초목과 모든 생물들이 모두 스스로 즐거워하고 있지만, 우리 백성들은 홀아비가 되거나 과부가 되고, 고아가 되거나 무의탁자 궁핍한자로 전락하거나 혹은 죽음에 이르게 된다.[1]

---

1) 『漢書』, 「文帝紀」, “方春和時, 草木群生之物皆有以自樂, 而吾百姓,

그렇기 때문에 국가경제에 있어서 가의는 국고 부족 현상의 근본적인 원인을 농업에 종사하는 자는 적은 반면 상업에 종사하는 자들이 많은데 있는 것으로 보았다.

> 지금은 근본을 배반하고 말단적인 것에 의지해서 먹고 사는 자가 매우 많으니 이는 천하를 크게 해치는 현상이요, 삶을 해치는 일에 종사하는 자가 아주 많으니 이는 천하의 큰 도적이며, 사치하고 음탕하고 화려한 풍속이 날로 성해지니 이는 천하의 큰 해악입니다.……생산하는 자는 아주 적은데 소비하는 자는 매우 많으니, 천하의 형세가 어찌 위태롭지 않겠습니까? 한 왕조가 나라를 세운 지 거의 30년이 되어 가는데도, 국가적으로나 개인적으로나 비축된 물자를 보면 오히려 애통할 뿐입니다. 그러기에 때 맞춰 비가 오지 않으면 백성들은 놀라서 어쩔 줄 모르게 되고, 흉년이 들어 수확이 없게 되면 관작을 팔고 자식을 팔겠다고 내놓는 지경이 됩니다.[2]

위의 인용문에서와 같이 가의는 농업이 국가경제의 근간이 되는 것이고 상업이나 공업은 국가경제의 말단이 되는 것이라고 생각했다. 가의가 재세했던 시기는 한나라 초기로 극단적인 경제 위기 상황은 한고비를 넘기고 점진적으로 경제가 회복되어가는 추세였으나, 사람들이 근본을 망각하고 말단이 되는 것을 추구한 결

鰥、寡、孤、獨、窮困之人, 或阽於死亡."

2) 『新書』, 「無蓄」, "今背本而以末食者甚衆, 是天下之大殘也; 從生之害者甚盛, 是天下之大賊也; 汰流淫佚侈靡之俗日以長, 是天下之大祟也.……生之者甚少, 而靡之者甚衆, 天下之勢, 何以不危? 漢之爲漢幾四十歲矣, 公私之積, 猶可哀痛也. 故失時不雨, 民且狼顧矣. 歲惡不入, 請賣爵鬻子."

과 농업인구의 유실로 인하여 경작지를 모두 경작할 수 없었으며, 농업생산에 종사하는 사람들은 줄어든 반면 소비자는 대폭적으로 증가하여 국가와 일반 백성들은 곡식과 물자를 충분하게 비축할 수 없었다. 그리하여 가의는 "국가적으로나 개인적으로나 비축된 물자를 보면 오히려 애통할 뿐"이라고 하는 곤궁한 상황에 처하게 되고, 일반 백성들은 사치와 향락에 빠져 "육신은 편하고 즐거운 것처럼 하지만 방탕한 마음을 품고 있어서, 구차스런 그들의 생각대로 방탕한 사치를 한다."[3]는 풍조가 만연 하게 된다고 보았으며, 만일 이러한 상황이 개선되지 않는다면 반드시 사회적 정치적 질서에 동요가 발생할 것이라고 보았다. 그렇기 때문에 가의는 농사에 힘쓰고 수확물을 비축해야만 한다고 강력하게 주장했던 것이다.

농업중시 정책의 핵심은 상업에 종사하던 농민들을 본업인 농사에 전념할 수 있도록 적극 독려하여 농업생산력과 생산량을 증가시키는 데 있었으며[4], 물자 비축은 농업생산품과 물자를 비축하여 국가재정을 건실하게 만들어서 비상시의 수요에 대비하는 것에 중점을 두었다. 다시 말하면 농업의 중시는 국가재정의 근본을 확충하기 위한 정책이었으며, 물자의 비축은 국가재정의 임기응변을 위한 정책이었다고 할 수 있는 것이다. 이러한 두 가지 정책은 상호 보완적인 것이라고 말할 수 있는데, 즉 이들은 국가경제의 근본을 강건하게 만들고 사회를 안정시키는 데 있어서 최선의 방책이라고 할 수 있는 것이다.

---

3) 『新書』, 「瑰瑋」, "形佚樂而心縣愆, 志苟得而行淫侈."

4) 王興國, 『賈誼評傳』, 南京, 南京大學出版社, 1992년, 194쪽 참조.

> 물자를 쌓아 비축하는 것은 천하 백성들의 큰 목숨이 달린 일입니다. 곡식이 많고 재물이 남아돈다면 무엇을 한들 안 되겠습니까? (성을)공격하면 빼앗을 수 있고 수비를 한다면 견고하게 지킬 수 있을 것이며, 전쟁을 하면 반드시 이길 것이고, 먼 지역(에 사는 사람들)을 귀순하도록 회유하면 불러서 찾아오지 않을 사람이 누가 있겠습니까? 관자가 말하기를 "창고가 차있으면 예절을 알게 되고, 입고 먹을 것이 넉넉하면 영화와 치욕을 알게 된다."고 했습니다. 백성들의 삶이 넉넉하지 못했는데도 세상이 잘 다스려진 경우는 옛날부터 지금까지 들어 본 적이 없습니다. 옛사람의 말에도 "남자 한 명이 농사를 짓지 않으면 굶주리는 이가 있고, 여자 한 명이 베를 짜지 아니하면 추위에 떠는 사람이 있다."고 하였습니다. 생산하는 데에는 일정한 때가 있는데, 이를 무절제 하게 사용하면 물자는 소진되고 맙니다. 옛날에 천하를 다스리던 분들은 아주 주도면밀해서 충분히 비축해두고 있었습니다.[5]

가의는 물자를 비축하는 것이 국가의 명맥을 이어가는 데에 있어서 매우 중요한 사안이라고 역설한다.[6] 그래서 가의는 만일 국가가 중농정책을 펴서 곡식과 물자를 여유 있게 비축한다면 바로 사회는 부유해지고 국가는 안정적으로 다스려지게 된다고 한 것이다. 그렇기 때문에 가의는 천하를 부유하고 안정되게 한다는 기치를 내거는 한편 「논적저소論積貯疏」에서 "천하의 백성들을 부유

---

5) 『新書』, 「無蓄」, "夫蓄積者, 天下之大命也. 苟粟多而財有餘, 何嚮而不濟? 以攻則取, 以守則固, 以戰則勝, 懷柔附遠, 何招而不至? 管子曰: '倉廩實, 知禮節; 衣食足, 知榮辱.' 民非足也, 而可治之者, 自古及今, 未之嘗聞. 古人曰: '一夫不耕, 或爲之飢; 一婦不織, 或爲之寒.' 生之有時, 而用之無節, 則物力必屈. 古之爲天下者至悉也, 故其蓄積足恃."

6) 周桂鈿, 『秦漢思想史』, 石家庄, 河北人民出版社, 2000년, 69쪽 참조.

하고 풍족하게 만들려고 한다면 물자가 충분히 여유 있어야 하고 백성들은 십 년 분량의 식량이 있어야 한다."라고 언급한 것처럼 백성들 삶을 윤택하게 만들어주는 것을 위민정책의 지상목표로 삼았던 것이다. 가의가 상소를 올린 후 기원전 2년에 문제文帝는 친히 백성들이 농업생산에 전념할 것을 독려한다.

> 문제는 즉위 후 몸소 근검절약을 실천하는 한편 항상 백성들의 안정된 삶을 생각했다. 당시의 백성들은 전국시대가 종료된 지가 얼마 되지 않았기 때문에 모두가 하나 같이 근본을 져버리고 말단을 추구하였다. 가의는 상소를 올려 말하기를 "……이제 백성들이 농사일에 돌아가도록 인도하여서 모두가 근본이 되는 일에 전념토록 해야 합니다. 그리하여 천하의 모든 사람들이 제각기 스스로 농사를 지어 먹고 살게 해야 하며 말단이 되는 재주나 부리면서 놀고 먹고사는 백성들을 경작지로 돌아가게 만들게 되면, 재화를 충분하게 비축할 수 있게 되어 사람들이 그러한 것을 즐거워할 것입니다."…… 그래서 문제께서 진언에 감복하여 처음으로 적전籍田을 열고 몸소 경작함으로써 백성들에게 농사를 권면했다.[7]

문제文帝는 천하의 근본이 되는 농업에 힘쓸 것을 주창하였는데, 그러한 노력의 결과 무제武帝 즉위 초기까지 한나라 사회는 모든 백성들이 풍족하고 여유로운 삶을 구가했다. 도성의 창고는 곡식으로 넘쳐났고 도읍에서 유통되는 화폐는 수백만 냥에 달하여 이

7) 『漢書』, 「食貨志」, "文帝卽位, 躬修儉節, 思安百姓. 時民近戰國, 皆背本趨末, 賈誼說上 '……今毆民歸之農, 皆著於本, 使天下各食其力, 末技游食之民, 轉而緣南晦, 則蓄積而人樂其所矣.'……於是上感誼言, 始開籍田, 躬耕以勸百姓."

루 헤아릴 수 없었으며, 대형 창고의 곡식들은 겹겹이 쌓여 습기가 차서 부패되어 못 먹을 지경이었다고 하는 상황이 연출 되었다.[8] 이와 같이 알 수 있듯이 가의의 중농정책은 충분히 그 실효를 거두었다고 할 수 있다.

가의는 당시 상인들의 이윤추구 행태가 과도한 지경에 이르러서 농업생산에 막대한 지장을 초래하여 그 결과 백성들이 농업생산품을 충분히 사용할 수 없게 만드는 한편 세속적으로 음탕하고 사치스러운 풍조를 조성하여 사회의 미풍양속을 심각하게 해친다고 생각했다.[9] 그렇기 때문에 가의는 말단이 되는 것을 금지해야 한다고 극력 주장했던 것이다. 즉 상업을 억압하여 사치품의 유통을 금지시키고 사치스럽고 간사하고 음탕한 사회적 풍조를 쇄신시키고자 하였던 것이다.

> 일용품마다 복잡하게 무늬를 아로새기고 정교하게 만든 기물들이 날마다 생겨나니, 백성들은 튼튼한 것을 버리고 교묘하게 장식하는 일에만 힘써 서로 경쟁하고 있습니다. 하루면 만들던 것이 지금에 와서는 열흘이 걸려도 쉽게 만들 수 없지만, 1년은 쓸 수 있었던 것이 지금은 반년이면 부서지고 맙니다. 시일을 들여 정교하게 만들었어도 써보면 쉽게 망가지고 맙니다. 또 농사를 짓지 않는 많은 사람들이 농민들이 생산해낸 식량을 축내고 있으니, 이것이 바로 천하가 궁핍한 까닭입니다. 그러므로 백성들에게 말단적인 일을 하게 하면 백성들이 크게 빈곤해지지만, 백성들에게 근본적인 일을 하게 하면 백성들은 크게 부유해지는 것입니다.[10]

---

8) 『漢書』, 「食貨志」 참조.

9) 王興國, 『賈誼評傳』, 南京, 南京大學出版社, 1992년, 186쪽 참조.

10) 『新書』, 「瑰瑋」, “夫雕文刻鏤, 周用之物繁多, 纖微苦窳之器, 日變而起,

가의는 백성들이 복잡한 무늬를 아로새기고 정교하게 만든 기물을 선호하고 우아한 수를 놓은 의복을 숭상하면 결국에는 그들이 근본적인 일을 버리고 말단적인 일을 추구하게 되어 사회에는 방탕하고 사치스러운 풍속이 발생한다고 생각했다. 그래서 그는 사치품의 생산은 사회적 생산력의 근저를 이루는 인력과 자원의 심각한 낭비라고 보았으며, 이는 필연적으로 "경작하는 사람은 하나인데, 그것에 의지해 먹고사는 사람은 열이나 된다."고 하는 곤궁한 상황을 연출하게 될 것이라고 판단했기에, 극력 사치품이나 쓸데없는 장식품 등의 생산을 금지할 것을 역설하는 한편 검약한 생활을 미덕으로 숭상하는 사회적 분위기로 복귀할 것을 주장했다. 그러므로 가의는 모든 사람들이 제각기 분수에 맞는 소비생활을 하며 근검절약하고 농업을 근본으로 삼으며 사치스러운 사회적 풍조를 배제 할 때에 비로소 국가경제는 건실해질 것이라고 했던 것이다.[11]

가의는 사회적 폐해의 근본원인이 바로 사치스러운 풍조에 있다는 것을 파악하고 사치스러운 풍조의 발생 원인을 백성들의 상·하의 신분질서를 구분하지 않는 예의제도가 없는 것에서 찾았다. 그렇기 때문에 부유한 사람이나 대상인들의 복식이 왕공 대부의 복식과 똑같은 참월 현상이 발생하게 되는 지경에 이르게 되었던 것이다. 만일 엄격하게 상·하의 신분질서를 구분 짓는 예의

民棄完堅, 而務雕鏤纖巧, 以相競高. 作之宜一日, 今十日不輕能成; 用一歲, 今半歲而弊. 作之費日挾巧, 用之易弊. 不耕而多食農人之食, 是天下之所以困貧而不足也. 故以末予民, 民大貧; 以本予民, 民大富."

11) 趙靖, 『中國經濟思想通史』 第1卷, 北京, 北京大學出版社, 1991년, 514~515쪽 참조.

제도가 있었다면 복식이나 기물의 사용에 차별이 있었을 것이며, 그에 따라 백성들이 감히 참월을 하지 못하게 됨은 물론 일체의 사치스러운 소비물품들은 자연히 수요자가 없게 되어 쓸모가 없게 될 것이라고 가의는 생각했던 것이다.

다른 한편으로 가의는 기이한 기술과 교묘한 재주에 해당되는 말단적인 것을 추구하는 백성들은 제대로 된 일자리를 찾지 못하게 되고 시장에서 장사하는 상인들 역시 장사를 통하여 그다지 큰 이윤을 남기지 못한다면 결국에는 자연히 농사일에게로 돌아갈 것이라고 생각했다. 그리하여 가의는 당시의 폐해를 바로잡기 위한 일환으로 한나라 건국 초기부터 이어져 내려온 무위자연의 방임주의적인 황노黃老사상에 젖어 있는 사회적 분위기를 쇄신하고자 새로운 정책을 제시한다. 가의가 제시한 새로운 정책이란 바로 예禮를 핵심으로 하는 사상을 경제정책에 접목시킨 것으로서, 예의제도의 확립을 통하여 백성들의 규범을 바로 잡아주고 백성들을 교화하여 인도하는 한편 계층 간의 복식과 장식 등에 차별을 두는 시스템을 통하여 상·하 계층 간의 신분질서를 구분 짓는 것 등이 그것이다. 가의는 이러한 경제정책을 통하여 백성들이 마음 속에서부터 검약하고 소박한 풍조를 숭상하고 덕성과 정의를 존귀하게 여기는 것을 미덕으로 여기게 만들고자 했던 것이다.

> 세상이 음탕하고 사치스럽게 되어 교묘한 속임수로 이익을 얻는 자를 지혜로운 사람이라 하고, 함부로 법을 어기고 커다란 간악함을 숨기는 자를 (오히려) 이치를 깨달은 사람이라고 여기게 되었습니다. 그러므로 사악한 인간들이 날마다 생겨나고 간교한 속임수들이 불어나도 막을 수가 없으니, 죄인이 아래에 숱하게 쌓여가서 멈

> 출 때가 없습니다. 군주와 신하가 서로 범하고 상하 계층 간의 신분질서를 구분 짓는 것이 없어지는 것은 제도가 없기 때문에 생기는 것입니다. 이제 사치스런 풍속을 없애고 절약하고 검소하게 살도록 하는 정책을 써서, 타고 다니는 수레에 제한을 두며 의복이나 기물에도 제각기 규범을 정해야 합니다. 제한 규정이 정해지면 군주와 신하의 사이가 현격하게 차이나고, 상하 계층 간의 신분질서가 확실하게 구분 지어지게 될 것입니다. (이 제반 규정에서) 마음대로 낮춰도 문책을 하고, 자신의 등급을 넘어도 징벌해야 합니다. 이와 같이 하면 사치스러운 풍조가 생겨날리 없고, 지능적인 속임수가 일어나지 않으며 간악한 도적들도 저절로 그치게 되리니, 백성들은 죄에서 멀어지게 될 것입니다.[12)]

예의제도에 의해서 상・하의 신분질서가 확연하게 구분되어 지고 사회구성원 각자가 자신의 신분지위에 맞게 분수를 지킨다면 "등급이 정해져 각기 분수에 맞춰 단속하니 사람들이 제각기 법도를 따른다."[13)]고 하는 사회적 분위기가 형성될 것이며, 이로 인하여 사회 구성원들의 교만 방자한 행위와 분수에 맞지 않는 사치스러운 행태가 모두 사라지게 됨으로써 결국에는 사회구성원들 사이에 검약과 소박함을 추구하는 분위기가 조성되어 사회가 안정될 것이다. 예의제도와 윤리강상은 인간의 행위 규범으로서 사회

---

12) 『新書』, 「瑰瑋」, "世淫侈矣, 飾知巧以相詐利者爲知士, 敢犯法禁昧大姦者爲識理, 故邪人務而日起, 姦詐繁而不可止, 罪人積下衆多而無時已. 君臣相冒, 上下無辨, 此生於無制度也. 今去淫侈之俗, 行節儉之術, 使車輿有度, 衣服器械各有制數. 制數已定, 故君臣絶尢, 而上下分明矣. 擅退則讓, 上僭者誅, 故淫侈不得生, 知巧詐謀無爲起, 姦邪盜賊自爲止, 則民離罪遠矣."

13) 『新書』, 「服疑」, "等級旣設, 各處其檢, 人循其度."

시스템의 중요한 구성요소이며 정치체제의 운영원리라고 할 수 있다. 이러한 예禮에는 사람들의 욕구를 양성하고 충족시켜주며 사람들의 정서와 본성을 절도에 맞게 조절해주며 각종의 사회질서를 올바르게 구분 지어주며 사람들로 하여금 원만한 공동생활을 유지시켜주는 기능이 있다. 그렇기 때문에 가의는 예禮로 백성들의 욕구를 절도에 맞게 충족시켜주고 신분의 귀함과 천함의 차별이 있다는 것과 어른과 아이의 서열이 있다는 것과 존엄하고 비천함에 구별이 있고 또한 그러한 것들에는 제각기 정해진 지위가 있다는 것을 일깨워줘야 한다고 생각했으며, 한걸음 더나가 천박한 이익과 보잘것없는 자질을 경시하는 풍조를 양성해야 한다고 생각했다. 그리하여 천하가 적합하고 조화로운 상태에 이르게 된다면 일체의 사치스러운 풍조와 이익을 추종하는 사회적 행태를 종식시켜 결국에는 건강하고 부유한 국가를 만들 수 있다고 생각했던 것이다.

3. 화폐 정책

가의는 한나라 초창기에 가장 첨예하고 절박한 경제문제로는 두 종류가 있다고 생각했다. 당시 한나라 사회에 심각하게 경제문제를 야기 시켰던 요인은 바로 국가적인 차원에서 물자비축이 이루어지지 않았던 것과 민간에서 불법으로 주조된 화폐의 유통이었다고 할 수 있다. 민간에서 불법으로 주조되고 유통된 화폐로 인하여 국가의 화폐제도가 근저에서부터 흔들리게 되는 상황이 발생하게 된다. 그래서 가의는 백성들을 농사로 복귀시켜서 물자를 비축시켜야 한다는 주장 이외에 구리의 유통을 금지시켜야 한다는 주장을 제기 한다. 즉 국가에서 화폐의 주재료가 되는 구리의 유통을 조절하고 제어하는 방법을 통하여 화폐 주조권을 장악해야 한다고 하는 주장을 했던 것이다.[14)]

한나라 초기에는 법으로 정한 표준에 맞는 동전과 함량미달의 동전이 함께 유통되었다. 그 결과 동전의 종류가 매우 많아지게 되었는데, 특히 공개적으로 누구나 화폐를 주조하여 유통시킬 수 있다고 하는 정책을 추진한 이후부터는 모양과 중량이 국가에서 정한 표준치에 미치지 못하는 열악한 화폐가 사회에 범람하는 현상이 발생하게 되어 결국에는 화폐제도에 막대한 지장을 초래하게 된다. 또한 화폐에 중량의 차이와 품질의 차이로 인하여 발생하게 되는 폐단에는 차별적 물가 현상이 발생하여 시장질서에 혼란을 가중시키는 한편 무역활동에도 커다란 혼란을 조성시키는 상황을 초래하게 되었다.

> 또한 세상의 백성들이 돈을 사용하는 것이 현마다 다르고 군마다 다릅니다. 어떤 곳에서는 가벼운 돈을 사용할 때 100전에다 약간 더 보태기도 하고, 가볍고 작은 돈은 (법으로 정한 표준 돈과) 다르게 사용하며, 어떤 곳에서는 무거운 돈을 사용하여 같은 단위로 받지 아니합니다. 법으로 정한 표준 동전이 없는데 관리가 성급하게 이를 통일하려 한다면, 대단히 번거로워서 백성들이 감당하지 못하고 역량이 부족하여 할 수도 없으며, 형세 또한 실행할 상황이 되지 못합니다. 그렇다고 이를 내버려둔 채로 엄하게 따지지 않는

14) 胡寄窗, 『中國經濟思想史』中卷, 上海, 上海人民出版社, 1978년, 16쪽 참조.

> 다면, 각 군현이 다르고 시중의 가게마다 (사용하는 돈이) 같지 않으며, 작고 큰돈의 쓰임이 달라서 화폐에 관한 법조문이 크게 어지러워집니다. 만일 제대로 된 방법이 없다면 어떻게 해야 되겠습니까?[15)]

법으로 정한 표준에 맞는 동전 제도가 확립되지 않았었기 때문에 당시의 사회에는 제각기 다른 화폐가 유통되고 있었다. 또한 국가에서 공개적으로 누구나 화폐를 주조하여 그것을 유통시킬 수 있다고 하는 법률을 제정한 후부터 화폐 시스템은 더욱 혼란에 빠지게 되었다. 그렇기 때문에 가의賈誼는 정부가 반드시 전국적으로 통용될 수 있는 화폐 즉 법으로 정한 표준에 맞는 화폐를 만들어야 한다고 생각하였으며, 그 외의 함량미달의 화폐나 위조 화폐 등은 모두 수거하여 폐기처분해야만 한다고 생각했다. 또한 그는 어떤 시기나 어떤 장소에서도 반드시 법으로 정한 표준에 맞는 화폐만을 통용시켜야 한다고 역설 하는 한편 이러한 과정을 통해서만이 비로소 국가에서 법으로 정한 표준에 맞는 화폐의 통용 시스템을 확립할 수 있다고 생각했다.

문제文帝 재위시기에는 법으로 정한 표준에 맞는 화폐의 통용 시스템이 확립되지 못했었으며, 또한 국가에서 공개적으로 누구나 화폐를 주조하여 그것을 유통시킬 수 있다고 하는 정책이 시행되었기 때문에 백성들은 임의로 화폐를 주조하여 유통시키고 있었

15) 『新書』, 「鑄錢」, “且世民用錢, 縣異而郡不同. 或用輕錢, 百加若干. 或用重錢, 平稱不受. 法錢不立, 吏急而一之乎? 則大煩苛而民弗任, 且力不能而勢不可施. 縱而弗苛乎? 則郡縣異而市肆不同, 小大異用, 錢文大亂. 夫苟非其術, 則何嚮而可哉?”

다. 이러한 화폐는 반드시 구리와 주석을 주원료 사용하여 주조해야만 하는데, 만일 감히 납이나 철을 섞어서 화폐를 주조하는 자들은 이마에 죄명을 새기는 형벌을 받게 되었다. 그러나 일반 백성들이 주조한 화폐에는 반드시 납과 철 등의 성분들이 섞여 있는 추세였는데, 이는 그들이 화폐주조를 통하여 이익을 남기기 위한 방편으로 상용하는 작태였다. 그렇기 때문에 가의는 문제文帝가 시행한 화폐정책이 실제로는 백성들을 함정에 빠트리는 것이라고 생각했던 것이다.

> 일을 하다보면 재앙을 부르는 수가 있고 법률에는 농간을 부리는 경우가 있습니다. 오늘날 가난한 백성들에게 돈을 주조하게 하는 형세를 보면, 제각기 자기네 집 울타리 안에 숨어 돈을 만듭니다. 그들이 약간의 부정한 방법으로 많은 이익을 차지하는 것을 금한다고 (그들을 잡아다) 날마다 묵형에 처한다 해도, 그러한 상황은 그치지 않을 것이니 백성들이 그렇게 되는 것이 당연합니다. 명백하게 법률을 제정하여 백성들에게 알려 돈을 주조하게 하면서, 관리들은 쫓아가 그들을 잡아들입니다. 이는 결국 백성들에게 함정을 놓는 것으로, 이보다 심한 경우가 어디 있겠습니까? 빨리 수습하지 않으면 백성들의 상황은 아주 나빠질 것입니다. 전에는 돈을 주조하는 것을 금지하는 법을 만들어 죽을죄를 짓는 자가 늘어나더니, 이제는 또 공개적으로 돈을 주조할 수 있도록 하는 법을 만들어 묵형을 받는 자가 많아지니, 법이 약간 다르기는 하지만 큰 차이가 없습니다. 백성들이 한참 함정에 빠져 있는데, 주상께서는 이들을 건져주지 않을 것입니까?[16)]

---

16) 『新書』, 「鑄錢」, "夫事有召禍, 而法有起姦. 今令細民操造幣之勢, 各隱屛其家而鑄作. 因欲禁其厚利微姦, 雖黥罪日報, 其勢不止, 民理然也.

화폐의 명목상 가치와 그것의 실질적 가치는 마땅히 서로 부합되어야 하는 것이다. 또한 주조된 화폐는 유통수단으로서의 기능을 하는데, 이는 그것의 명목상의 가치에 의해서 작용을 발휘하게 되는 것이다. 즉 화폐의 실질적 가치와 그것의 명목상의 가치는 서로 맞아 떨어지는 것이기 때문에 화폐의 명목상의 가치에 의해서 상품과 교환할 수 있게 되는 것이라고 할 수 있다. 만일 화폐의 주조비용이 그것의 명목상의 가치보다 적게 소요된다면 화폐를 주조하는 사람은 상당히 많은 이윤을 남길 수 있게 되는 것이다. 그렇기 때문에 비록 화폐 주조에 있어서 납이나 철 등의 다른 성분을 섞어서 주조하는 행위는 이마에 죄명을 새기는 형벌에 처해지는 죄에 해당된다고 하여도 백성들은 여전히 납이나 철 등을 섞어서 화폐를 주조하는 등의 눈속임 수단을 통하여 많은 이익을 남기고자 하였다.

만일 법을 준수한다고 하는 각도에서 본다면 이와 같이 법에 저촉되는 범법행위를 조장할 수 있게 하는 법률 시스템은 실제로는 백성들이 범법행위의 유혹에 빠져들 수밖에 없게 만드는 맹점을 가지고 있었다.[17] 가의는 바로 이러한 법률의 맹점에 대하여 심각하게 우려를 하고, 만일 이러한 법률 시스템이 지속적으로 유지된다고 한다면 화폐제도에 커다란 혼란이 발생함과 동시에 백성들 사이에 간악하고 사악한 풍조의 만연이 수반될 것이라고 생각했다.

夫白著法以請之, 則吏隨而掩之. 爲民設阱, 孰積於是? 上弗蚤圖之, 民勢且盡矣. 曩禁鑄錢, 死罪積下; 今公鑄錢, 黥罪積下, 雖少異乎, 末甚也. 民方陷溺, 上且弗救乎?"

17) 趙靖, 『中國經濟思想通史』 第1卷, 北京, 北京大學出版社, 1991년, 516~517쪽 참조.

다른 한편으로 가의는 문제文帝가 시행한 국가에서 공개적으로 누구나 화폐를 주조하여 그것을 유통시킬 수 있다고 하는 정책은 국가의 경제적인 분야에 잠재적 위험성을 수반할 수 있는 것으로 판단하였다. 그래서 가의는 문제文帝에게 상소문을 올려서 국가적인 차원에서 백성들이 제멋대로 화폐를 주전할 수 없도록 조치를 취하여 화폐 주조의 방임으로 인하여 초래될 세 가지의 재앙을 사전에 방지할 것을 간언한다.

> 구리가 민간에 유포되면 천하의 재앙이 되니, 무엇 때문에 이렇게 말하는가? 구리가 민간에 유포되면 백성들 가운데 돈을 주조하는 이들이 반드시 납과 철을 섞게 되어, 이마에 죄명을 새기는 형벌을 받게 되는 사람들이 날로 늘어날 것이니 이것이 첫째 재앙이다. 구리가 민간에 유포되면 동전의 위조가 그치지 않아서 쓰이는 돈을 믿지 못하게 되고 백성들이 더욱 서로 의심하게 되니 이것이 둘째 재앙이다. 구리가 민간에 유포되면 구리를 채굴하는 사람들이 농토를 버리게 되고, 집에서 돈을 주조하는 사람들은 그 농사짓는 일을 덜하게 되어 곡식을 수확할 수 없어 곧 굶주리게 될 것이니, 이것이 셋째 재앙이다.[18]

서한시대 초기의 사람들은 화폐사용의 편리함과 효과를 처음 경험하기 시작하였기 때문에 당시 대부분의 사람들은 화폐를 주조하게 되면 많은 돈을 벌 수 있을 것이라고 생각하여 자신들의

---

18) 『新書』, 「銅布」, "銅布於下, 爲天下菑, 何以言之? 銅布於下, 則民鑄錢者, 大抵必雜石鉛鐵焉, 黥罪日繁, 此一禍也. 銅布於下, 僞錢無止, 錢用不信, 民愈相疑, 此二禍也. 銅布於下, 采銅者棄其田疇, 家鑄者損其農事, 穀不爲則鄰於飢, 此三禍也."

본업을 팽개치고 너나 할 것 없이 모두 화폐주조에만 주력하게 된다. 이러한 결과 사회적으로 근본적인 일을 버리고 말단적인 일을 추구하는 풍조가 만연하게 되고 농사짓는 일은 뒷전으로 밀리게 되어서 일단 한번 자연재해가 발생하게 되면 그 피해자자들을 구제할 수 없는 상황이 출현하게 된다. 그렇기 때문에 가의는 세 가지 재앙을 제기하여 민간에서 자행되는 화폐주조를 방임할 경우 그것이 국가재정이나 경제에 파급될 영향에 대하여 경고를 한 것이다.

조정에서 백성들이 사적으로 화폐를 주조하는 것에 대하여 방임한다면, 백성들은 더욱 많은 이익을 남기기 위하여 자주 위험을 무릅쓰고 모험을 감행하는 행위도 서슴지 않고 할 것인데, 구체적으로는 동으로 주조해야 하는 화폐에 납이나 철과 같은 성분을 섞거나 위조 화폐를 주조 하는 것이다. 이러할 경우 조정에서는 그들을 잡아서 이마에 죄명을 새기는 형벌을 내리게 되는데, 이러한 것은 분명히 정부의 조치가 백성들을 범법행위로 유도하게 된 셈이라고 할 수 있는 것이다. 또한 조정에서의 민간의 화폐주조에 대한 방임의 결과 위조화폐가 날이 갈수록 증가하게 되어 백성들 사이에 서로 기만하는 풍조가 만연하게 되어 교역행위에서 상호간에 신뢰가 없어지게 되어 결국은 화폐의 공신력이 파괴되는 결과가 초래된다. 이러한 결과 사회 전반에 걸쳐 금융시스템의 혼란과 차질이 발생하게 되며 또한 이러한 상황 속에서 백성들 사이에는 일확천금 풍조가 만연하게 되어 많은 사람들이 농사짓는 일을 내팽개치고 구리를 채굴하여 화폐를 주조하는 일에 종사함으로써 농업생산에 막대한 지장을 주게 된다.[19] 가의의 이러한 의견은 조정을 옹호하기 위한 입장에서 제기한 것일 뿐만 아니라 실제적으로도 화폐정책의 폐단을 정확하게 간파한 결과에서 제기된 것이라고 할 수 있는 것이다.

가의는 이러한 세 가지 재앙의 폐해를 없애기 위하여 우선 조정에서 화폐의 주조권한을 회수해가야 한다고 하는 한편 백성들이 구리를 채굴하여 사적으로 화폐를 주조하는 것을 엄격하게 금지시켜야 한다고 생각했다.[20] 이러한 조치들이 유효적절하게 시행되면 조정은 일곱 종류의 이득을 얻을 수 있다고 하였다.

> 이제 커다란 재앙을 제거하고 일곱 가지 복을 이룰 수가 있다. 무엇을 일곱 가지 복이라고 하는가? 조정에서 구리를 거둬들이고 민간에 유포시키지 않으면, 백성들이 돈을 주조하지 않아 이마에 죄명을 새기는 형벌을 받는 자가 적어질 것이니, 이것이 첫 번째 복이다. 구리가 민간에 유포되지 않으면 위조 동전이 많아지지 않아서 백성들이 쓰이는 돈에 대하여 서로 의심하지 않으니, 이것이 두 번째 복이다. 구리가 민간에 유포되지 않으면 구리를 채굴할 수 없고 돈을 주조 할 수 없게 되어 백성들이 다시 돌아와 밭을 갈게 되니, 이것이 세 번째 복이다. 구리가 민간에 유포되지 않으면 구리가 모두 조정에 돌아오게 되니, 조정에서 비축된 구리를 가지고 (동전의 가치) 경중을 조절할 수 있다. 돈의 가치가 떨어지면 정책적으로 거둬들이고, 돈의 가치가 올라가면 정책적으로 유통을 시킨다. 돈은 반드시 조절되고 재화는 반드시 형평을 찾게 될 것이니, 네 번째 복이다. 나라에 비축된 구리를 가지고 병기를 만들어 고위직 신하들에게 주는데, 크고 작음과 많고 적음을 각각 제도로 규정

19) 徐復觀, 『兩漢思想史』卷二, 臺北, 學生書局, 1985년, 152쪽 참조.
20) 王興國, 『賈誼評傳』, 南京, 南京大學出版社, 1992년, 204쪽 참조.

> 하여 귀천을 구별하고 상하의 차이를 두게 되면 등급이 분명해질 것이니, 이것이 다섯 번째 복이다. 비축된 구리를 가지고 각종 물품을 관리하고 수요 공급을 조절하여 잉여분을 거둬들이면, 관청은 반드시 풍족하게 되고 말단 계층의 상공업자들은 곤궁하게 될 것이니, 이것이 여섯 번째 복이다. 비축된 구리를 가지고 방치되었던 재물을 정돈해서 흉노의 백성을 빼앗아 오면 적이 반드시 무너지리니, 이것을 일러 일곱 번째 복이라고 한다.21)

이와 같이 국가에서 독점하게 되는 구리 채굴산업으로 인하여 수반되게 되는 일반 백성들의 사적인 구리 채굴금지의 조치는 일곱 종류의 이익을 국가에 주게 된다. 즉 경제적인 측면에서는 먼저 화폐 주조의 통일적인 관리로 인한 함량미달의 위변조 화폐의 유통을 금지 시킬 수 있으며 민간에서의 동전 주조로 인해서 발생하게 되는 각종의 범죄현상들을 해소시킬 수 있는 이익이 발생한다는 것이다. 그 다음은 법으로 정한 표준에 맞는 화폐의 통용 시스템의 제도적 확립을 통하여 화폐유통의 정상적인 흐름이 보장될 수 있는 이익이 발생한다는 것이다. 또한 백성들의 근본을 망각하고 말단이 되는 것을 추구하는 풍조를 종식시키고 그들로 하여금 농사짓는 일에 전념할 수 있게 하여 농업생산을 증대시킬 수

21) 『新書』, 「銅布」, "今博禍可除, 七福可致. 何謂七福? 上收銅, 勿令布下, 則民不鑄錢, 黥罪不積, 一. 銅不布下, 則僞錢不繁, 民不相疑, 二. 銅不布下, 不得采銅, 不得鑄錢, 則民反耕田矣, 三. 銅不布下, 畢歸於上, 上挾銅積以御輕重, 錢輕則以術斂之, 錢重則以術散之, 則錢必治, 貨物必平矣, 四. 挾銅之積, 以鑄兵器, 以假貴臣, 小大多少, 各有制度, 以別貴賤, 以差上下, 則等級明矣, 五. 挾銅之積, 以臨萬貨, 以調盈虛, 以收倍羨, 則官必富, 而末民困矣, 六. 挾銅之積, 制吾棄財, 以與匈奴逐爭其民, 則敵必壞矣. 此謂之七福."

있는 이익이 발생한다는 것이다. 그 다음은 통용되는 화폐의 수량을 제어하여 화폐의 가치를 조절할 수 있는 이익이 발생한다는 것이다. 끝으로 사회적으로 재화가 균등하게 배분되어 빈부의 격차가 줄어들게 되어 국가의 재정수입을 충족시킬 수 있는 이익이 발생한다는 것이다.

정치적인 측면에서는 민간에서의 구리 채굴권을 국가에서 전면 회수한 이후로 국가적인 차원에서 무기제조를 통제 및 관리하게 됨으로써 국가의 군사력이 강화될 수 있는 이익이 발생하게 됨과 동시에 귀족의 신분과 권위 및 지위의 상징인 기물들의 제작을 통하여 각급 귀족들의 신분과 지위를 분별함으로서 봉건국가의 신분질서를 유지하고 이를 바탕으로 국가의 내정을 더욱 공고히 안정시킬 수 있는 이익이 발생한다는 것이다. 그 다음은 구리로 화폐를 주조함으로써 흉노의 백성들을 한나라의 영향권 속으로 귀순시킬 있어서 흉노의 세력을 약화시킬 수 있는 이익이 발생하게 된다는 것이다.[22]

이러한 일곱 가지의 복福 가운데 가의가 제기한 것은 바로 매우 치밀하고 계획화 된 고차원적인 시대적 금융개혁 방안으로서 화폐의 안정적인 공급을 기반으로 위변조 화폐의 생산 및 유통을 근절시키는 것을 통하여 산업발전을 촉진시키고 국가의 경쟁력을 제고시키는 것에 있었던 것이라고 할 수 있는 것이다.

당시 문제文帝의 관념 가운데에는 여전히 '화폐의 상품화'라고 하는 사유체계가 굳건하게 자리 잡혀 있었으며[23], 자신이 총애하

22) 趙靖, 『中國經濟思想通史』第1卷, 北京, 北京大學出版社, 1991년, 519쪽 참조.

던 등통鄧通의 참언에 미혹되어 있는 상태였기 때문에 이상과 같은 가의의 금융개혁 방안은 채택되지 못하게 된다. 가의의 금융개혁 방안은 문제文帝시기에는 전혀 빛을 보지 못하다가 무제武帝의 시대에 와서야 "조정에서 구리를 거둬들이고 민간에 유포시키지 않는다."고 하는 주장이 비로소 하나하나 실현된다. 결국은 무제武帝시기의 치세업적으로 미루어 보았을 때, 이와 같은 가의의 화폐정책은 경제발전의 요구에 확실하게 부합되는 사상체계였다는 것이 입증되었다고 할 수 있는 것이다.

4. 맺는 말

가의의 경제사상은 한나라 초기의 무위자연의 방임주의적인 경제정책의 폐해를 개선시키기 위해서 제기된 것으로 '중농억상重農抑商' 정책을 구체적인 개혁의 청사진으로 제시하는 한편 화폐제도에 대해서도 구체적인 개혁의 시나리오를 제시한다. 이러한 두 가지의 개혁방안은 가의의 경제사상에 있어서 이론적 근간이 되는 것이라고 말할 수 있는 것이다.

'중농억상重農抑商' 정책은 문제文帝가 적전籍田을 열고 몸소 경작함으로써 백성들에게 농사를 권면하고 이를 국가행정의 중점적인 업무로 설정한 이후 후세의 제왕들 모두는 이러한 문제의 통치철학을 계승하였다. 가의가 제기한 '중농억상重農抑商' 정책에는 백성들을 교화시키기 위한 목적도 내포되어 있는데, 이는 농사를 권장

23) 張建群, 「賈誼思想與西漢文帝政治改革關係研究」, 『孔孟月刊』, 第36卷第9期, 臺北, 1998년, 25쪽 참조.

하고 물자를 비축하고 말단이 되는 일들을 금지시키는 한편 예의 제도를 통하여 백성들의 규범을 바로 잡아줄 것을 강조함으로써 백성들이 마음속에서부터 검약하고 소박한 풍조를 숭상하고 덕성과 정의를 존귀하게 여기는 것을 미덕으로 삼게 하는 사회적 분위기를 조성하고자 했던 것이다. 그렇기 때문에 가의의 '중농억상重農抑商' 주장은 경제사상에 한정 되는 것만이 아닐뿐더러 더욱 깊은 문화적인 의의가 있는 것이라고 할 수 있는 것이다. 아울러 이와 같은 백성을 교화시킨다고 하는 의미로서의 경제정책의 주장은 이후로 한나라 역대 군주들의 통치 시책의 표준으로 자리매김을 하게 된다.

화폐제도 정책은 한나라 초기에 이미 오랜 역사를 가진 금속화폐 유통 시스템에 대하여 가의가 제시한 일대 개혁의 시책이라고 할 수 있다. 화폐 시스템은 한나라 초기에 이르기까지 아직 정확한 화폐관념이나 화폐제도가 확립되지 못했기 때문에 화폐로 인해서 발생되는 문제점이 상당히 많았음에도 불구하고 당시의 화폐제도는 여전히 오락가락 갈피를 못 잡고 있는 실정이었다. 특히 문제文帝 즉위 후 5년 만에 발생한 유통화폐의 부족으로 인해서 발생한 농산물과 시장상품 가격의 폭락은 사회적으로 수많은 위변조 화폐의 주조 현상을 촉발시킨다. 이는 당시의 조정에서 급히 민간에서의 화폐주조를 허가하여 민간에서 주조된 화폐를 통하여 유통화폐의 부족분을 보충하고자 한 시책이었으나, 오히려 화폐유통 질서에 혼란만 가중시키게 되는 결과를 초래하게 된다. 가의는 이러한 문제점들에 대하여 강력한 대책 수립을 요구하는 간언을 올림으로써 개혁을 기대하였다.

가의는 이러한 문제들에 대한 대책의 일환으로 자신의 저작인 『신서新書』에 「동포銅布」, 「주전鑄錢」이라고 하는 두 편의 논문을 써서 화폐문제에 대한 정밀한 분석과 개선방안을 내놓는다. 가의가 제시한 화폐문제의 해결방안 가운데 가장 우선적인 사안은 민간에서의 화폐주조를 전격적으로 금지시킴으로써 법으로 정한 표준에 맞는 화폐 시스템을 확립시켜 위변조 화폐를 퇴출시키는 것에 있었다. 아울러서 민간으로부터 화폐 주조권과 구리 채굴권 모두를 국가가 환수하여 화폐를 단일하게 주조하고 그것의 유통을 제어해야 한다는 주장도 병행하였다. 그렇지만 애석하게도 가의의 이러한 화폐제도 개혁방안은 문제文帝 시기에는 채택되지 못하고 무제武帝 시기에 이르러서 비로소 빛을 발하게 된다.

▌참고문헌

班固, 『漢書』, 北京, 中華書局, 1990년.

賈誼, 『新書』, 『四庫全書』本.

王興國, 『賈誼評傳』, 南京, 南京大學出版社, 1992년.

胡寄窗, 『中國經濟思想史』 中卷, 上海, 上海人民出版社, 1978년.

趙靖, 『中國經濟思想通史』 第1卷, 北京, 北京大學出版社, 1991년.

徐復觀, 『兩漢思想史』卷二, 臺北, 學生書局, 1985년.

周桂鈿, 『秦漢思想史』, 石家庄, 河北人民出版社, 2000년.

張建群, 「賈誼思想與西漢文帝政治改革關係研究」, 『孔孟月刊』, 第36卷 第9期, 臺北, 1998년.

제4장

동중서의 유학사상

제1절 천인감응론

1. 시작하는 말

선진시기이래 제자백가의 학설들은 대부분 당면한 시대적 문제에 대한 해결방법을 모색하기 위한 대안으로부터 시작된다. 이러한 결과 학술과 정치의 경계는 매우 모호해지게 된다. 이러한 현상은 점진적으로 만연되어 특히 전제정치체제가 확고히 자리를 잡게 되는 통일된 제국이 건립된 후부터는 학술의 자유는 그 빛이 퇴색되어갔다. 학자들은 자신의 학설을 확대시키기 위해 자신의 학설을 황제에게 추천했으며 더한 경우는 자신의 학설을 황제의 통치에 필수 불가결한 정책으로 만들기 위해 많은 노력을 기울이기도 했다. 그리하여 사상과 현실사무의 관계는 융합의 양상을 띠게 된다. 동중서董仲舒의 사상 역시 이러한 환경 속에서 형성되어진다. 또한 동중서의 사상은 현실 문제를 그 사상의 귀착점으로 삼는 반면, 추상적인 천인관계天人關係의 문제를 자신의 사상체계 정립의 기초로 삼는다.

동중서는 서한시기의 사상가로 그가 제창한 유가사상의 학설만을 존숭해야 한다고 하는 '독존유술獨尊儒術'은 중국학술사상에 중대한 영향을 끼쳤다. 그래서 일부학자들은 공자, 주자와 함께 동중서를 중국학술사상사에 있어서 지대한 영향을 끼쳤던 주요한 삼대 사상가의 하나로 꼽기도 한다. 동중서의 사상 체계는 당시 유행하고 있었던 음양오행학설이 그 기본적인 골간을 이루고 있으며, 이러한 학설을 바탕으로 천인감응설天人感應說로 특징을 지울 수 있는 천인관계론을 건립한다. 그런 후에 동중서는 이러한 이론들을 바탕으로 선진유학의 인성론, 윤리론, 정치론 등의 문제에 대한 해석 작업을 통하여 새로운 의미를 부여한다.

이상과 같은 동중서의 천인관계론에 대하여 본문에서는 천인감응설의 이론적 기반 분석과 천인감응설을 중심으로 분석해보도록 하겠다.

2. 천인감응설의 이론적 기반 분석

철학에서 중요한 영역으로 다루고 있는 문제 가운데의 하나는 어떤 사실이나 현상에 대하여 설명을 하고자 할 때 반드시 선행되어야 할 작업이 있는데, 그것은 바로 개념의 분석이다. 마찬가지로 동중서의 천인감응설에 대하여 정확하게 이해하고 조명하기 위해서는 반드시 그 이론체계 속에서 사용되고 있는 개념들에 대한 체계적인 분석이 필요하다고 판단된다. 동중서의 천인감응설의 이론적 기본 틀을 형성하고 있는 개념들은 천天·기氣·음양陰陽·오행五行·재이災異 등이며, 이러한 개념들에 대한 분석은 동중서의 천인감응설을 이해할 수 있는 중요한 단서가 되기 때문에 개념들 하나하나를 명확하게 분석해보도록 하겠다.

동중서에 있어서의 천天은 전통적 관념을 계승한 측면과 자신의 독특한 사유를 반영한 측면이 혼재되어 있는 양상을 보이고 있는데, 이는 역사적인 배경과 개인적인 사고방식 및 주관적인 목적 등의 세부적인 요소에 기인한 것으로 볼 수 있다. 이렇게 복잡한 양상을 띠고 있는 동중서의 천天관념에는 여러 종류의 함의가 담겨져 있는데 구체적으로 살펴보면 다음과 같다.

첫째는 최고신의 의미이다. 여기에서 말하는 최고신이란 고대로부터 전해져 내려오는 상제를 의미함과 동시에 상제의 조정을 의미하기도 한다. 상제의 조정에는 일신日神·월신月神·풍신風神·우신雨神 등의 자연신들이 포진되어 있다. 그래서 동중서는 "천天은 여러 신神들의 군주이다. 여러 신들의 왕으로 가장 존귀한 존재이다."[1]라고 언급했던 것이다. 그렇다면 천天이 과연 어떻게 존귀한 대우를 받겠는가? 당시 종묘에서 거행되는 기타의 제사는 사계절의 변화에 의거해서 진행되지만 교제사에서 거행되는 천에 대한 제사는 새해의 첫날 진행하는 것이 일반적인 관행이었다. 또한 만일 나라에 국상이 발생했다면 종묘의 제사는 일체 중지가 되지

---

1) 『春秋繁露』, 「郊義」, "天者, 百神之君也, 王者之所最尊也."

만 천에 대한 제사만큼은 국상과 무관하게 진행되었다. 그래서 동중서는 "오직 천에 대한 제사만이 국상을 초월해 진행된다."[2]라고 언급한 것이다. 이와 같이 천이 존귀한 존재로 대접을 받은 이유는 바로 천이 최고의 신이었기 때문이다.

둘째로 만물의 근본이다. 『시경詩經』에 "하늘이 여러 백성들을 낳으셨으니, 사물이 있으면 법칙이 있다. 백성들은 불변하는 마음을 가져, 이 아름다운 덕을 좋아 한다"[3]라고 하는 언급이 있는데, 여기에서의 천은 종교적 색채를 탈피한 진일보한 형태로서 만물의 근본이라는 의미로서 다가온다. 또한 『장자莊子』에 있는 "천지라는 것은 만물의 부모가 된다."[4]라고 하는 언급은 천이 만물의 근본이라는 의미에 더욱 힘을 실어준다. 동중서에 있어서 천이 만물의 근원이라고 하는 주장[5] 속에는 대체로 『시경』과 『장자』에서 주장하는 천의 특색이 보존되어 있으나 주관적 목적에 있어서는 그것들과 약간의 다른 점을 보이고 있다. 예를 들어 「현량대삼책賢良對三策」에 있는 "저는 천이 만물의 근본이라고 들었습니다."[6]라는 언급과 『장자』의 견해는 유사하지만 동중서는 다시 천에 "널리 백성들을 사랑하고 개인의 사적인 욕망을 없앤다."고 하는 도덕적 의미를 부여하여 "성인은 천을 본받아 도道를 세운다."는 주장의 근거를 만든다. 『춘추번로春秋繁露』에 "천지는 만물의 근본이고 각각의 조상들이 태어나도록 한 터전이다. 천지는 트이고 넓어

2) 『春秋繁露』, 「郊義」, "唯天爲越喪而行事."
3) 『詩經』, 「大雅」, "天生蒸民, 有物有則, 民之秉彝, 好是懿德"
4) 『莊子』, 「達生」, "天地者, 萬物之父母."
5) 王永祥, 『董仲舒評傳』, 南京, 南京大學出版社, 1995년, 98쪽 참조.
6) 『漢書』, 「董仲舒傳 · 擧賢良對策」, "臣聞天者群物之祖也."

서 끝을 볼 수가 없고 그 덕은 모든 곳을 밝게 비추고, 지나간 햇수가 많이 쌓였어도 길이길이 이어져 끝이 없다."라는 언급과 그 뒤에 이어서 "천은 최상의 밝음을 분출한다."와 "땅은 최고의 어두움을 깔리게 한다."라는 언급 그리고 "군주와 신하, 아버지와 자식, 남편과 아내의 길은 모두 천지에서 이끌어낸 것이다."와 같은 언급에서 볼 수 있듯이 동중서의 이러한 주장의 목적은 윤리관에 우주론적 근거를 제공하기 위한 것에 있었던 것이다.

셋째로 도덕적 의미이다. 동중서는 만물의 생성이 되풀이되는 과정 속에 도덕이 충만 되어져 있다고 보았다. 동중서는 "인仁의 아름다움은 천天에 달려 있다. 천은 인仁의 표본으로 천은 만물을 지켜주고 길러주며 이미 탈바꿈하게 하고서 제대로 살아가게 하고 또 길러주고서도 틀을 갖추도록 한다. 이처럼 (천은) 하는 일의 공적은 끝이 없지만 한 주기의 매듭이 지어지면 다시 시작하고 모든 움직임이 사람에게로 집중되고 사람을 위해 이루어진다. 천天의 뜻을 살펴보면 끝과 한계가 없는 인仁이다. 사람은 천으로부터 명령을 받고 천으로부터 인仁을 받아서 그런 인仁을 펼친다."[7]라고 했는데, 이것은 그가 천의 인仁을 심성론적인 측면에서 조명하지 않았다는 것을 의미한다. 동중서는 사람이 "천으로부터 인仁을 받아서 그런 인仁을 펼친다."라는 각도에서 인仁을 조명하는데, 이는 『중용中庸』의 인간의 도道가 곧 하늘의 도라고 하는 천과 사람이 하나로 관통한다는 이론과 같은 맥락을 형성한다고 볼 수 있

7) 『春秋繁露』, 「王道通三」, "仁之美者在於天, 天, 仁也. 天覆育萬物, 旣化而生之, 有養而生之, 事功無已, 終而復始, 凡擧歸之以奉人, 察於天之意, 無窮極之仁也. 人之受命於天也, 取仁於天而仁也."

다. 다만 『중용』에서는 심성론을 가볍게 간과하지는 않은 반면 동중서는 심성론을 그다지 중시하지 않았는데, 이것은 바로 그의 관심의 초점이 개인의 도덕수양에 있지 않고 사회와 정치의 문제에 있었다는 것을 의미한다. 그러므로 "끝과 한계가 없는 인仁"의 천天은 사회와 정치적 상황에 대한 합리적인 근거를 제공하기 위한 매개체로서 역할을 하는 것이다.

넷째로 자연으로서의 의미이다. 동중서는 사계절이나 음양 등의 자연현상으로 천을 말하기도 하는데 이것이 바로 천의 자연적인 의미이다. 동중서는 "하늘의 도道는 다음과 같이 진행된다. 봄은 따뜻하여 만물을 태어나게 하고, 여름은 더워서 만물을 자라게 하고, 가을은 서늘하여 만물을 시들어 죽게 하고, 겨울은 추워서 만물을 움츠려들어 숨게 한다. 이처럼 따뜻함 · 더움 · 서늘함 · 추움의 기가 각각 다르지만 (생명의 탄생과 결실이라는) 목적을 공유하므로 모두 다 천이 한 해의 사업을 완수하게 하는 바탕이 된다."[8] 비록 동중서가 사계절의 변화로 천을 언급하기는 했지만, 그의 의도는 사계절에 대하여 단순히 자연현상으로서의 묘사에 있지 않고 사계절의 따뜻함 · 더움 · 서늘함 · 추움이라는 특성으로 경사 · 수상 · 징벌 · 중형의 정치행위를 설명하는데 있었다.[9] 이외에 동중서는 "천지 운행의 규칙은 음陰이 한번 주도하고, 양陽이 한번 주도하는 것이다. 양陽은 천天이 베푸는 덕을, 음陰은 천天이 내리는 형벌을 대변한다."[10]라고 하여 음양으로써 천을 언급하기

8) 『春秋繁露』, 「四時之副」, "天之道, 春暖以生, 夏暑以養, 秋淸以殺, 冬寒以藏, 暖 · 暑 · 淸 · 寒, 異氣而同功, 皆天之所以成歲也."

9) 周桂鈿, 『董學探微』, 北京, 北京師範大學出版社, 1989년, 87쪽 참조.

10) 『春秋繁露』, 「陰陽義」, "天地之常, 一陰一陽. 陽者, 天之德也; 陰者, 天

도 했다.

끝으로 군주의 화신이라는 의미이다. 천이 군주의 화신이라는 의미는 동중서에 의해 제기된 새로운 이론으로 그의 천에 관한 여러 종류의 함의 가운데 가장 중요한 이론이라고 할 수 있다.

> 천은 높은 곳에서 자리 잡고 있으면서 비와 이슬을 내려 보내고, 제 모습을 숨기지만 해와 달로 빛을 내뿜는다. 위치가 높기에 존엄한 존재로 생각되고, 비와 이슬을 내리기에 진실한 사랑을 펼치는 것으로 여겨지게 되고, 모습을 감추기에 현묘한 존재로 생각되고, 빛을 내뿜기에 명철한 존재로 생각된다. 위치가 존귀하고 작용이 인자하며 숨어서 신묘하고 드러나 빛나는 것은 천의 기능이다. 그러므로 사람의 주인이 된 자는 천의 기능을 본받는다. 즉 안으로 제 모습을 구중궁궐에 깊숙이 감추어서 신묘한 존재로 여겨지게 되고, 밖으로는 구석구석 들여다보아 명철한 존재로 여겨지게 된다. 또 여러 현명한 신하에게 일을 맡겨서 좋은 성과를 거두어들이지만 제 스스로 일에 골치를 썩이지 않으니 존엄한 존재로 생각되고, 여러 부류의 사람을 보호하지만 개인적 기쁨이나 성냄에 따라 상주고 벌주지 않으니 자애로운 존재로 생각된다.[11)]

위의 인용문에서 말하고자 하는 요지는 바로 "사람의 주인이 된 자는 천의 기능을 본받는다."에 있는데, 이러한 것이 바로 동중

之刑也."

11) 『春秋繁露』, 「離合根」, "天高其位而下其施, 藏其形而見其光. 高其位, 所以爲尊也; 下其施, 所以爲仁也; 藏其形, 所以爲神; 見其光, 所以爲明. 故位尊而施仁, 藏神而見光者, 天之行也. 故爲人主者, 法天之行, 是故內深藏, 所以爲神; 外博觀, 所以爲明也; 任群賢, 所以爲受成; 乃不自勞於事, 所以爲尊也; 汎愛群生, 不以喜怒賞罰, 所以爲仁也."

서가 생각한 가장 이상적인 군주의 모습이었다. 그러나 그는 이러한 이상적인 군주의 모습을 현실의 군주에게 직접 요구할 수는 없었다. 그래서 그는 먼저 이러한 이상적인 군주의 모습을 천에 투영시킨 후에 군주가 천을 본받을 것을 요구하는 방법을 씀으로서 자신의 요구에 설득력을 더했다.[12] 다른 한편으로는 천에게 이상적인 군주의 모습을 부여하여 현실의 군주가 국가의 정무를 처리할 때 반드시 천을 본받아야만 하며 절대로 천도나 천의 뜻에 위배되는 통치행위는 안 된다고 하였다. 이러한 요구 속에는 자연스럽게 군주의 권한에 대하여 종교적 색채를 띠는 제한을 두고 있는 사실을 발견할 수 있을 것이다.

기氣는 동중서의 사상 속에서 체계적인 사고와 천인감응설의 이론 성립에 있어서 필수 불가결한 요소 가운데의 하나이다. 이렇게 동중서의 천인감응설의 이론 체계에 있어서 중요한 요소의 하나로 자리 잡고 있는 기氣에는 여러 종류의 함의가 담겨져 있는데, 구체적으로 살펴보면 다음과 같다.

먼저 우주만물을 낳아 기른다는 의미이다. 이러한 기능을 갖추고 있는 기氣를 동중서는 원기元氣라고 불렀다. 그는 원기에 대하여 "왕이 모범을 보이면 원기가 균형을 이루어, 때에 맞게 바람이 불고 비가 내리고, 경성景星과 같은 상서로운 별자리가 나타나고, 황룡이 지상으로 내려온다. 반대로 왕이 제 할 일을 하지 못하면 위로는 하늘에 변괴가 나타나고 재앙의 조짐이 동시 다발적으로 일어난다."[13]라고 언급했다. 이와 같이 동중서는 원기元氣와 天천

---

12) 徐復觀, 『兩漢思想史』, 卷二, 臺北, 學生書局, 1985年, 374쪽 참조.
13) 『春秋繁露』, 「王道」, "王正, 則元氣和順, 風雨時, 景星見, 黃龍下; 王不

을 동등한 것으로 보는 한편 원기가 우주만물을 낳아 기른다고 보았다. 또한 원기는 우주만물에 유포되어 있는데, 이러한 원기의 유포가 순조로울 경우에는 때에 맞게 바람이 불고 비가 내리지만, 유포가 순조롭지 못할 때는 "위로는 하늘에 변괴가 나타나고 재앙의 조짐이 동시 다발적으로 일어난다."는 상황이 발생한다. 또한 동중서는 "천지의 기氣는 서로 결합하여 일체를 이루었다가 음과 양으로 나뉘고 사계절로 쪼개어지고 오행으로 펼쳐진다."[14]라고 언급했는데 여기에서 결합하여 일체를 이루는 "천지의 기"가 바로 원기인 것이다.

다음으로 천과 인간을 연결한다는 의미이다. 기氣가 천과 인간을 연결한다는 의미는 동중서의 천인감응론의 이론 체제를 지탱해주는 기본적인 요소라고 할 수 있다. 동중서는 "천에는 기쁨과 성냄의 기氣가 있고 슬픔과 즐거움의 마음이 있어서 사람과 서로 딱 들어맞고 종류도 같으니 천과 사람은 동일하다고 할 수 있다. 봄에는 기쁨의 기氣가 넘치므로 만물이 태어나고, 가을에는 성냄의 기氣가 넘치므로 만물이 시들어가고, 여름에는 즐거움의 기氣가 넘치므로 만물이 자라나고, 겨울에는 슬픔의 기氣가 넘치므로 만물이 숨게 된다. 이 네 가지는 천天과 인간에게 공통으로 나타나는 현상이어서 그 이치와 작용도 동일하다."[15]라고 하는 한편 또 "음

正, 則上變天, 賊氣並見."

14) 『春秋繁露』, 「五行相生」, "天地之氣, 合而爲一, 分爲陰陽, 判爲四時, 列爲五行."

15) 『春秋繁露』, 「陰陽義」, "天亦有喜怒之氣, 哀樂之心, 與人相副, 以類合之, 天人一也. 春, 喜氣也, 故生; 秋, 怒氣也, 故殺; 夏, 樂氣也, 故養; 冬, 哀氣也, 故藏; 四者天人同有之."

양의 기氣는 천天에도 존재하고 사람에게도 존재한다. 사람에게는 좋아함과 싫어함, 기쁨과 성냄으로 표현되고, 하늘에서는 따뜻함과 차가움, 추위와 더위로 나타난다."[16]라고 언급한 바와 같이 사람에게 기쁨과 즐거움과 성냄과 슬픔이 있는 것처럼 천에도 봄 여름 가을 겨울이 있어 이것들이 서로 상응할 수 있도록 氣가 연결을 한다는 것이다.

음양陰陽관념은 동중서의 천인감응 사상체계에 있어서 오행五行관념과 함께 이론적 토대의 기초를 이루고 있다. 동중서의 음양陰陽관념은 다음과 같이 여러 가지의 함의를 담고 있다.

동중서는 음양은 天에도 있고 사람에게도 있는 것이라고 주장했다. 그는 "음양의 기氣는 천天에도 존재하고 사람에게도 존재한다. 사람에게는 좋아함과 싫어함, 기쁨과 성냄으로 표현되고, 하늘에서는 따뜻함과 차가움, 추위와 더위로 나타난다."[17]라고 하는 한편 또 "봄과 여름의 주도적인 양기나 가을과 겨울의 주도적인 음기는 천에게 중요할 뿐만이 아니라 사람에게도 중요하다."[18]라고 말했는데 이러한 음양의 의미는 앞에서 언급한 천과 인간을 연결하는 기氣의 의미와 같은 것이라고 할 수 있다. 또한 동중서는 음양陰陽의 운행으로 사계절 순환의 법칙을 설명하기도 한다. 동중서의 사상체계 속에서 사계절의 변화는 음양의 작용 때문에 발생하는 것으로 묘사되어 있는데, 예를 들면 "천의 운행의 중대한 규칙

16) 『春秋繁露』, 「如天之爲」, "陰陽之氣在上天亦在人, 在人者爲好惡喜怒, 在天者爲暖淸寒暑."

17) 『春秋繁露』, 「如天之爲」, "陰陽之氣在上天亦在人, 在人者爲好惡喜怒, 在天者爲暖淸寒暑."

18) 『春秋繁露』, 「天辨在人」, "而春夏之陽, 秋冬之陰, 不獨在天, 亦在於人."

은 상반성을 띠는 것이다. 예컨대 한꺼번에 출현하지 않는데 음과 양의 경우가 그러하다."[19]와 같은 경우이다.

또한 동중서는 양陽이 덕이고 음陰이 형벌이라는 주장도 한다. 음양으로 형벌과 덕을 설명하는 사례는 『관자管子』와 『대대예기大戴禮記』에 이미 언급되어 있지만 동중서의 때에 이르러 커다란 진전을 보인다. 동중서는 "양陽은 권위의 자리로 나왔다가 그런 자리로 들어가지만, 음은 공위의 자리로 나왔다가 그런 자리로 들어간다. 따라서 이처럼 하늘은 양에 의지하지 음陰에 의지하지 않고 덕을 좋아하지 형벌을 좋아하지 않는다."[20]라고 했는데, 이것은 천이 덕을 좋아하지 형벌을 좋아하지 않는 원인이 바로 양은 권위의 자리로 나왔다가 그런 자리로 들어가는 것을 논하지 않고 음은 공위의 자리로 나왔다가 그런 자리로 들어가는 것을 논하지 않는 것에 있다는 사실을 의미하는 것이다.

동중서가 언급한 오행五行은 목木·화火·토土·금金·수水의 순서로 이루어져 있다. 즉 목木이 오행의 시작이고 수水가 오행의 끝이 되고 토土가 오행의 중간이 된다. 동중서는 "나무로 인해 불이 생기고, 불로 인해 흙이 생기고, 흙으로 인해 쇠가 생기고, 쇠로 인해 물이 생기고, 물로 인해 나무가 생긴다. 이것은 아버지와 자식의 사이를 나타낸다."[21]라고 하는 도식의 오행상생설五行相生說

---

19) 『春秋繁露』, 「陰陽出入上下」, "天之大數, 相反之物也, 不得俱出, 陰陽是也."

20) 『春秋繁露』, 「陰陽位」, "陽出實入實, 陰出空人空, 天之任陽不任陰, 好德不好刑, 如是也."

21) 『春秋繁露』, 「五行之義」, "木生火, 火生土, 土生金, 金生水, 水生木, 此其父子也."

을 주장한다. 오행상생의 원래 의미는 일상생활 속에서 얻어진 경험[22]에서 연상된 것이지만 동중서는 이러한 오행상생의 의미에 우주론적 의미를 부여한다. 구체적으로 말하면 동중서는 오행의 운행에는 끊임없이 생성하고 변화하면서 성장하고 번식하는 과정에서 반복하는 생명의 순환성의 의미가 담겨져 있다고 생각한 것이다. 그래서 그는 나무로 인해 불이 생기고, 불로 인해 흙이 생긴다는 등은 부모가 자식을 낳는 것과 같은 원리로 보았던 것이다. 부모로 인해 자식이 생긴다는 것은 인류의 생명을 끊임없이 생성시킨다는 의미이고, 오행상생은 자연의 생명을 끊임없이 생성시킨다는 의미이다. 이러한 순환의 과정을 동중서는 하늘의 도道라고 했다.

재이혹응론災異感應論은 동중서의 시대에 이르러 비로소 완전한 이론체제를 갖추게 된다. 또한 이러한 이론에 의해서 감응론 유형의 천일합일론의 체제가 비로소 완정한 형태로 탄생하게 되는 것이다. 그렇다면 도대체 재災는 어떤 것이며 이異는 무엇이란 말인가? 이것에 대하여 동중서는 다음과 같이 언급했다.

> 천지에 있는 모든 사물에 보통 있었을 수 없는 사건이 나타나게 되면, 그것을 '사변'異이라 하고 규모가 작은 경우 '이상 현상'災이라고 한다. 둘 가운데 이상 현상이 늘 먼저 일어나고 사변은 뒤따라

22) 예를 들어 나무로 인해 불이 생긴다는 것은 목재가 가연성을 지닌 것이기 때문에 불이 발생한다는 의미이고, 불로 인해 흙이 생긴다는 것은 어떤 사물이든 불로 연소된 뒤에 재가 남는다는 의미이고, 흙으로 인해 쇠가 생긴다는 것은 금속 성분을 땅에서 발굴한다는 의미이고, 쇠로 인해 물이 생긴다는 것은 금속이 액체로 변한다는 의미이고, 물로 인해 나무가 생긴다는 의미는 물이 식물을 생장시킨다는 의미이다.

> 출현한다. 이상 현상이 천의 질책이고 경고이고, 사변은 천의 징벌이자 위력이다. 천이 경고를 했는데도 사람들이 알아차리지 못하면 위력을 행사하여 사람들이 두려움에 빠지게 만든다. 『시경』에 "하늘의 위력을 겁낸다."는 말은 대략 이와 같은 것을 의미한다. 이상 현상과 사변의 근원은 한결같이 국가의 실책으로부터 생겨난다. 국가의 실책이 처음으로 가시화되려고 하면 하늘이 이상 현상을 일으켜 경고하여 다가올 위험을 알려준다. 경고를 했는데도 정치인들이 고칠 줄 모르면 사변을 일으켜 사람들을 놀라게 하고 두렵게 만든다. 그럼에도 불구하고 여전히 두려워할 줄 모르면 재앙이 일어난다. 이런 경과를 보면 우리는 천의 의지가 사랑에 있지 사람들을 위험에 빠뜨려 그들을 다치게 하는 데 있지 않음을 알 수 있다.[23)]

하늘은 재이災異를 통하여 자신의 의지를 보여준다. 그러나 하늘의 의지는 구체적으로 인간 세계에 드러날 수 있는 것이 아니기 때문에 감응론 출현에 직접적인 영향을 주지는 못한다. 이러한 사상은 사람의 이성에 호소하는 것이 아니고 신앙심에 호소하는 것이기 때문에 그 효과의 정도는 신앙심의 깊고 얇음에 의해 결정된다. 또한 천은 비록 최고의 주재자이지만 아무 이유 없이 사람들에게 위력을 행사하지 않는다. 즉 만일 사람들이 큰 잘못을 하지 않는다면 천天은 재해를 내리지 않는다는 것이다. 설사 사람들이

---

23) 『春秋繁露』, 「必仁且智」, "天地之物, 有不常之變者, 謂之異, 小者謂之災, 災常先至, 而異乃隨之. 災者, 天之譴也, 異者, 天之成也, 譴之而不知, 乃畏之以成, 詩云: "畏天之成", 殆此謂也. 凡災異之本, 盡生於國家之失, 國家之失乃始萌芽, 而天出災害以譴告之; 譴告之, 而不知變, 乃見(現)怪異以驚駭之; 驚駭之, 尙不知畏恐, 其殃咎乃至. 以此見天意之仁, 而不欲陷人也."

천의 위력에 두려움을 느낄 수 있더라도 그것은 사람들을 구제하기 위한 것이다. 그러므로 동중서는 "천의 의지가 사랑에 있다"고 말하는 것이다.

이와 같이 볼 때 동중서가 언급한 재이災異의 주요한 작용은 군주의 내적 자기반성과 마음에서 징계하는 소리를 내기 위함이라는 사실을 확인할 수 있다. 바꿔 말하면 재이론災異論을 수단으로 하여 도덕적 목적을 달성하려고 한 사실을 파악할 수 있는 것이다. 이른바 "이상 현상과 사변의 근원은 한결 같이 국가의 실책으로부터 생겨난다."는 언급은 국가의 실책이 인위적인 요인에 의해서 발생한다는 사실을 강조하는 한편 인간의 의식행위가 자연계의 이변을 일으킬 수 있다는 것이다. 이러한 이변의 관념은 천과 인간은 같은 종류라는 가설의 이론적 근거가 된다.

3. 천인감응설

천인감응天人感應은 동중서의 철학사상의 핵심이라고 할 수 있다. 이러한 천과 인간은 감응이 발생할 수 있다는 주장은 동중서가 가장 먼저 제기한 것이 아니고, 선진시기에 이미 광범위하게 퍼져 있던 학설이었다. 다만 동중서에 의해서 이러한 학설이 비교적 상세하게 논증되고 해석되어졌던 것이며 발전되어졌던 것이다.

주계전周桂鈿과 같은 경우 동중서가 논증한 천인감응은 세 부분으로 나누어 볼 수 있다고 했다.[24)]

24) 周桂鈿, 『中國傳統哲學』, 北京, 北京師範大學出版社, 1991년, 7~8쪽 참조.

먼저 천과 인간은 동류라고 하는 것을 증명하려 한 것이다. 동중서는 만물은 모두가 하늘이 낳은 것이라고 생각했으며, 인간도 만물 가운데의 하나이기 때문에 그것의 생성 역시 인간 자신에 근원하는 것이 아닌 것이라고 언급했던 것이다. "인간을 키울 수는 있으나 만들 수는 없다. 인간을 만든 것은 하늘이다."[25] 인간이 천을 닮은 것은 마치 아이가 아버지를 닮은 것과 마찬가지로, 천과 인간은 하나하나 서로 상응하는 것이며, 이러한 점에 대한 구체적인 사례는 「인부천수人副天數」에 나와 있는 바와 같이, 인간의 작은 관절이 삼백 육십 개 있는 것은 일 년의 날짜가 삼백 육십 일 있는 것과 서로 부합하고, 큰 관절이 열두 개 있는 것은 일 년의 개월 수가 열두 개 있는 것과 서로 부합하며, 인체에 오장이 있는 것은 오행과 서로 부합하고, 육체에 사지가 있는 것은 일 년에 사계절이 있는 것과 서로 부합하는 것이 그 좋은 예이다. 또한 이러한 것들 외에도 인간에게 기쁨 노여움 슬픔 즐거움이 있는 것은 하늘에 따뜻하고 덥고 춥고 차가움이 있는 것과 서로 부합한다는 것이다. 이와 같이 천과 인간은 동류이기 때문에 이 둘 사이에는 감응이 발생할 수 있다는 것이다.

다음은 동중서는 선대 학자들의 동류는 상응한다는 사상을 계승하여 천과 인간은 동류이며 서로 감응을 할 수 있다고 했다.

> 만약 평지에 물을 끌어댄다면 그것은 마른 땅으로 가지 않고 젖은 곳으로 흘러간다. 땔감을 가지런히 해놓고 그곳에다 불을 붙이면 그것은 젖은 나무더미에 옮겨 붙지 않고 마른 나무더미에 잘 탄

25) 『春秋繁露』, 「爲人者天」, "爲生不能爲人, 爲人者天也."

다. 모든 자연물이나 자연 현상은 자신과 다른 것을 피하고 자신과 같은 것끼리 어울린다. 따라서 기氣가 같으면 서로 모이고 음音의 진동수가 같으면 공명 현상이 일어나니, 이와 같은 효험이 너무나도 명백하다.[26)]

동중서는 묵자의 천지설에 대하여 매우 호의적인 평가를 했는데, 그 이유는 바로 묵자가 천은 의지가 있다고 여겼기 때문이다. 이러한 천과 인간은 서로 감응할 수 있다고 동중서는 생각했으며, 이러한 묵자의 천지설이 동중서의 천인감응설을 탄생시키는 촉진제의 역할을 했다고 생각되어진다. 또한 동중서는 『여씨춘추呂氏春秋』, 「유시람有始覽 · 응동應同」의 견해를 찬동함과 동시에 이러한 견해를 바탕으로 「동류상동同類相動」가운데 감응론을 더욱 정교하게 다듬는다. 「유시람有始覽 · 응동應同」의 천인감응설에 대한 견해는 "무릇 제왕이 장차 흥성하려 하면 하늘은 반드시 먼저 상서로운 조짐을 백성들에게 보여준다. …… 재앙과 축복이 그곳으로부터 오는 것이니, 백성들은 이를 운명이라고 여기고 있으니, 어떻게 그러한 것을 알겠는가?"[27)]와 같은데, 이는 새로운 제왕이 흥기하려 할 때, 천은 반드시 먼저 그러한 징조를 백성들에게 알려준다는 것이다. 이러한 징조들의 출현은 백성들이 하늘의 의도를 이해시키기 위해서임과 동시에 하늘의 뜻에 순응케 하기 위함이며, 만일 백성들이 하늘의 뜻에 순응한다면 그들은 축복을 받게 되지

---

26) 『春秋繁露』, 「同類相動」, "今平地注水, 去燥就濕, 均薪施火, 去濕就燥. 百物去其所與異, 而從春所與同, 故氣同則會, 聲比則應, 其驗然也."

27) 『呂氏春秋』, 「有始覽 · 應同」, "凡帝王者之將興也, 天必先見祥乎下民.……禍福之所自來, 衆人以爲命, 安知其所."

만, 순응하지 않을 경우 재앙을 받게 된다는 것이다.

끝으로 동조 반응 가운데서 천인감응설을 끌어냈다는 것이다. 악기를 예로 들자면, 같은 파동의 악기는 서로 공명 현상을 발생시킬 수 있어서 상호 간에 감동을 주는데, 이는 무형의 소리를 통하여 상호간에 영향을 주는 것이다. 마찬가지로 천과 인간은 무형의 기氣를 통하여 상호간에 감응이 발생하게 된다는 것이다. 천은 기를 통하여 인간과 감응하는 반면 인간은 기를 통하여 정감을 천에 전한다. 다시 말하자면 천과 인간의 매개자는 바로 기라고 하는 것이다.

> 하늘과 땅 사이에는 음기와 양기가 가득 차있다. (이러한 기가) 늘 인간을 적시고 있는 것은 물이 어류를 적시는 것과 비슷하다. 기가 물과 다른 점은 볼 수 있는가 없는가에 있을 뿐인데 기는 고요하기도 하고 어른거리기도 한다. 인간은 하늘과 땅 사이에 살고 있는데 이 점은 어류가 물에 잠겨 있는 것과 비슷하다. 기와 물, 둘 사이에 질적 차이는 없지만 기가 물보다 희박하고 유연하다. 물이 기와 비슷한 점이 있듯이 진흙이 물과 닮은 점이 있다. 하늘과 대지 사이에는 마치 텅 빈듯하나 실제로는 기로 꽉 차 있다.[28]

기氣는 매우 미세한 존재로서 인간의 감각기관으로 포착할 수 없기 때문에 인간은 흔히들 하늘과 땅 사이가 텅 비어있는 것처럼 생각하지만, 실제로는 천지간에 음양의 기氣가 충만해 있다는 것

---

28) 『春秋繁露』, 「天地陰陽」, "天地之間, 有陰陽之氣, 常漸人者, 若水常漸魚也. 所以異於水者, 可見與不可見耳, 其澹澹也. 然則人之居天地之間, 其猶魚之離水, 一也. 其無間若氣而淖於水. 水之比於氣也, 若泥之比於水也. 是天地之間, 若虛而實."

이다. 일상생활 속에서 흐린 날 관절염 환자가 더욱 통증을 느끼게 되는 것은 동중서의 주장에 의하면 관절염 환자와 천의 음기가 서로 통했기 때문이며, 이러한 사례를 근거로 인간과 천이 서로 감응한다는 것을 증명했다. 또한 동중서는 음양을 지기地氣와 천기天氣로 변화시켜 자연현상과 인체의 반응을 해석했다. 즉 "양은 하늘의 기고 음은 대지의 기다. 따라서 음양의 작용으로 인간의 발에 병이 생기고 목구멍이 뻣뻣해지면, 땅의 기는 위로 올라가 구름과 비가 되고, 하늘의 형상도 그것과 상응하게 된다."[29] 동중서는 음기와 양기의 운행과 작용에 의해서 인간의 병 역시 그것에 수반하여 흥기하고, 음기가 상승하여 비와 구름이 되는 것처럼 기상도 역시 그것에 수반하여 호응하고 변화를 한다고 했던 것이다. 감응 역시 무형의 기氣를 통해서 생성되는 것이기 때문에 인간은 전혀 지각하지 못하는 사이에 천과 감응을 하게 된다는 것이다.[30]

기氣 자체는 동중서에게 있어서는 정신적 의지의 속성을 가지고 있었다고 할 수 있다. 동중서는 "하늘에는 기쁨과 성냄의 기가 있고 슬픔과 즐거움의 마음이 있어서 사람과 서로 딱 들어맞고 종류도 같으니 하늘과 사람은 동일하다고 할 수 있다."[31]라고 언급한 바와 같이 기氣에는 기쁨 성냄 슬픔 즐거움이 있으며, 인간과 천은 기氣에 속하기 때문에 천의 기쁨 성냄 슬픔 즐거움의 기氣와 인간의 기쁨 성냄 슬픔 즐거움의 기氣는 서로 부합되는 것이라고 할

29) 『春秋繁露』, 「人副天數」, "陽, 天氣也; 陰, 地氣也. 故陰陽之動, 使人足病, 喉起, 則地氣痹起, 則地氣上爲雲雨, 而象亦應之也."

30) 周桂鈿, 「董仲舒天人感應論的眞理性」, 『中國哲學』第7期, 北京, 人民大學出版社, 2001년, 69쪽 참조.

31) 『春秋繁露』, 「陰陽義」, "天亦有喜怒之氣, 哀樂之心, 與人相副."

수 있는 것이다.

> 인간에게 봄의 기가 없으면, 어떻게 두루 사랑하고 대중을 끌어 안을 수 있겠는가? 인간에게 가을의 기가 없다면, 어떻게 엄격함을 내세워 공적을 마무리 지을 수 있겠는가? 인간에게 여름의 기가 없다면, 어떻게 아름답게 성장하여 삶을 즐길 수 있겠는가? 인간에게 겨울의 기가 없다면, 어떻게 죽은 자를 슬퍼하고 상실의 고통을 위로할 수 있겠는가?[32)]

동중서는 인간의 기쁨 성냄 슬픔 즐거움을 천의 봄 여름 가을 겨울에 부합시킴으로써 각종의 다른 감정을 표현해냈으며, 그 뒤에 다시 천의 기쁨 성냄 슬픔 즐거움의 표현을 인간의 봄 여름 가을 겨울의 기氣에 부합시킨다.

> 하늘에 기쁨의 기가 없다면, 어떻게 날씨가 따뜻하여 봄에 만물이 태어나 자랄 수 있겠는가? 하늘에 성냄의 기가 없다면, 어떻게 날씨가 서늘하여 가을에 만물이 시들어 죽어가게 할 수 있겠는가? 하늘에 즐거움의 기가 없다면, 어떻게 양기를 소통시키며 여름에 만물이 자라서 커나가게 할 수 있겠는가? 하늘에 슬픔의 기가 없다면, 어떻게 음기를 자극시켜서 겨울에 만물이 움츠려들어 활동을 줄이도록 할 수 있겠는가?[33)]

---

32) 『春秋繁露』, 「天辨在人」, "人無春氣, 何以博愛而容衆? 人無秋氣, 何以立嚴而成功? 人無夏氣, 何以盛養而樂生? 人無冬氣, 何以哀死而恤喪?"

33) 『春秋繁露』, 「天辨在人」, "天無喜氣, 亦何以暖而春生育? 天無怒氣, 亦何以淸而秋殺就? 天無樂氣, 亦何以疏陽而夏養長? 天無哀氣, 亦何以激陰而冬閉藏?"

이와 같이 동중서는 천의 기쁨 성냄 슬픔 즐거움의 기氣로써 봄 여름 가을 겨울을 표현함과 동시에 만물의 생육과 성장 및 쇠약해짐 그리고 사망에 대해서도 표현해내고 있다. 아울러 동중서는 "하늘에는 기쁨 성냄 슬픔 즐거움의 표현이 있고, 인간에게도 봄 가을 겨울 여름의 시절이 있다. 이에 하늘과 인간은 서로 상응하는 성질의 기를 가진 동류이다."[34]라고 언급한 바와 같이 천과 인간은 동류이기 때문에 서로가 감응할 수 있다는 것이며, 천과 인간은 서로 같은 정신적 의지를 갖고 있다고 설명한 것이다. 동중서는 천에 의식적인 활동이 있고 음양을 통하여 천과 인간의 각 방면을 모두 연결하여 천과 인간 사이를 합하여 하나로 만들고자 했던 것이다.

동중서는 선진유가의 관점을 계승하여 '천인동류'·'천인감응'설을 제기함과 동시에 이러한 것들을 기반으로 '천인합일'의 사상을 도출해낸다. 동중서는 천·음양·사시·오행 등 자연현상을 윤리화 하여 일월성신의 운행과 사계절의 교체와 음양의 변화가 모두 하늘의 의지의 표현이라고 생각했다. 자연의 변화와 사회적 현상의 상호 결합은 천에게 인륜도덕의 관념을 부여하게 되기 때문에 천의 의지적 성질과 도덕성이 드러나게 되는 것이다. 또한 동중서는 투철한 도덕의식을 겸비한 사명감이 강렬한 사람으로서 공자와 맹자의 '천인합일'설과 심성론을 군주에게 접목시키고자 했다. 이러한 시도는 매우 지나친 요구로서 실현 가능성이 떨어지는 시도였다고 할 수 있는데, 이는 통치자에게 심성수양의 공부를

---

34) 『春秋繁露』, 「天辨在人」, "天乃有喜怒哀樂之行, 人亦有春秋冬夏之氣者, 合類之謂也."

수행할 것을 요구하는 것은 그 효과에 있어서 한계가 있을 수밖에 없기 때문이다. 그렇기 때문에 동중서는 천의 권위를 빌려서 감응과 재이에 대한 언급을 통하여 군주가 하늘의 변화에 민감하게 반응함과 동시에 그러한 자연현상을 통한 경고들을 매개로 군주의 행위에 제약을 가하려고 했던 것이다. 또한 이를 통한 인정仁政의 시행을 열망했던 것인데, 이것이 바로 동중서가 주장한 '천인합일'의 목적이 된다.

4. 맺는 말

이상과 같이 동중서의 천인관계론에 대하여 천인감응설의 이론적 기반 분석과 천인감응설을 중심으로 살펴보았는데, 이를 정리하면 다음과 같다.

동중서의 천인감응설의 이론적 기본 틀을 형성하고 있는 개념들은 천 · 기 · 음양 · 오행 · 재이 등인데, 먼저 동중서에 있어서의 '천天'은 전통적 관념을 계승한 측면과 자신의 독특한 사유를 반영한 측면이 혼재되어 있는 양상을 보이고 있으며, 여러 종류의 함의를 담고 있다. 즉 최고신의 의미, 만물의 근본의 의미, 도덕적 의미, 자연으로서의 의미, 군주의 화신이라는 의미가 바로 그것이다.

기氣는 동중서의 사상 속에서 체계적인 사고와 천인감응설의 이론 성립에 있어서 필수 불가결한 요소 가운데의 하나로, 이러한 기에는 여러 종류의 함의가 담겨져 있다. 즉 우주만물을 낳아 기른다는 의미와 천과 인간을 연결한다는 의미가 바로 그러한 것들이라고 할 수 있다. 또한 음양 관념은 동중서의 천인감응 사상체계에 있어서 오행관념과 함께 이론적 토대의 기초를 이루고 있다고 할 수 있다. 이러한 음양 관념에는 음양은 천에도 있고 인간에게도 있는 것이라는 것과 양이 덕이고 음이 형벌이라는 것 등의 여러 가지의 함의가 담겨져 있다. 동중서는 오행상생의 의미에 우주론적 의미를 부여하는데, 그는 오행의 운행에는 끊임없이 생성하고 변화하면서 성장하고 번식하는 과정에서 반복하는 생명의 순환성의 의미가 담겨져 있다고 주장했다. 또한 동중서가 언급한 재이의 주요한 작용은 군주의 내적 자기반성과 마음에서 징계하는 소리를 내기 위함인데, 이는 재이론을 수단으로 하여 도덕적 목적을 달성하려고 한 것이라고 할 수 있다. 또한 그는 재이론을 통하여 국가의 실책이 인위적인 요인에 의해서 발생한다는 사실을 주지시키는 한편 인간의 의식행위가 자연계의 이변을 일으킬 수 있다는 것을 일깨워준다.

동중서의 천인감응은 다음과 같은 세 부분으로 나누어 볼 수 있는데, 먼저 천과 인간은 동류라고 하는 것을 증명하려 한 것이다. 즉 인간이 천을 닮은 것은 마치 아이가 아버지를 닮은 것과 마찬가지로, 천과 인간은 하나하나 서로 상응하는 것이며, 인간에게 기쁨 노여움 슬픔 즐거움이 있는 것은 하늘에 따뜻하고 덥고 춥고 차가움이 있는 것과 서로 부합한다는 것이다. 이와 같이 천과 인간은 동류이기 때문에 이 둘 사이에는 감응이 발생할 수 있다는 것이다.

선대 학자들의 동류는 상응한다는 사상을 계승하여 동중서는 천과 인간은 동류이며 서로 감응을 할 수 있다고 했다. 즉 동중서는 묵자의 천지설을 천인감응설의 기반으로 삼는 한편 『여씨춘추

』의 견해를 계승발전 시켜서 감응론을 더욱 정교하게 다듬었다. 또한 동조 반응 가운데서 천인감응설을 끌어냈다는 것이다. 즉 동중서는 같은 파동의 악기는 서로 공명 현상을 발생시킬 수 있어서 상호 간에 감동을 주는데, 이는 무형의 소리를 통하여 상호간에 영향을 주는 것처럼 천과 인간은 무형의 기를 통하여 상호간에 감응이 발생하게 된다고 했던 것이다. 또한 그는 천과 인간은 동류이기 때문에 서로가 감응할 수 있다는 것이며, 천과 인간은 서로 같은 정신적 의지를 갖고 있다고 설명했다. 결과적으로 동중서는 천에 의식적인 활동이 있고 음양을 통하여 천과 인간의 각 방면을 모두 연결하여 천과 인간 사이를 합하여 하나로 만들고자 했던 것이다.

이상과 같은 동중서의 천인관계의 학설을 오늘날의 관점에서 보았을 때 천과 인간의 관계를 견강부회한 측면이 적지 않은 곳에서 발견되는 한편 일정부분에 있어서는 신학목적론의 색채가 농후하게 느껴지기도 한다. 그렇지만 당시의 시대적 상황을 고려했을 때 동중서의 천인관계론은 당시로서는 가장 선진적인 자연과 인간에 관한 이론체계였다고 말할 수 있을 것이다. 바로 이점이 동중서의 천인관계론이 갖는 시대적 의의인 것이다.

▌참고문헌

朱公遷, 『詩經義疏』, 『四庫全書』本.

劉文典『莊子補注』, 昆明, 雲南人民出版社, 1991년.

許維遹, 『呂氏春秋集釋』, 北京, 文學古籍刊行社, 1955년.

蘇輿, 『春秋繁露義證』, 北京, 中華書局, 1992년.

班固, 『漢書』, 北京, 中華書局, 1990년.
周桂鈿, 『董學探微』, 北京, 北京師範大學出版社, 1989년.
王永祥, 『董仲舒評傳』, 南京, 南京大學出版社, 1995년.
徐復觀, 『兩漢思想史』, 卷二, 臺北, 學生書局, 1985년.
周桂鈿, 『中國傳統哲學』, 北京, 北京師範大學出版社, 1991년.
周桂鈿, 「董仲舒天人感應論的眞理性」, 『中國哲學』第7期, 北京, 人民大學出版社, 2001년.

제2절 정치론

1. 시작하는 말

동중서의 정치사상 가운데 가장 중요한 관념은 바로 '천天'이라고 할 수 있는데, 그렇기 때문에 동중서의 정치사상을 이해하는 관건적 요소는 바로 그의 '천' 관념의 내용을 이해하는데 있다고 할 수 있다. 동중서의 '천' 관념은 상당히 복잡하다고 할 수 있는데, 그러한 '천' 관념의 전반적인 모식을 인식할 수 있는 방법으로는 '천'과 관련된 문헌자료의 분석을 통하는 것이 주요한 루트가 될 수 있다고 생각한다. 동중서는 '천'이 모든 문제를 해결해줄 수 있는 답안이기 때문에 '천' 사상이 수립된다면 모든 우주와 인생의 문제 역시 해결된다고 생각했다. 정치사상 역시 이러한 사상관념의 범주 속에 들어간다고 할 수 있다. 동중서는 '천'을 천하 만물의 기원이면서 최종적인 판단의 준거로 삼았는데, 그러한 이유는 바로 인간의 생명은 '천'에서 온 것이고, 세계의 운행 역시 '천' 자체의 운행이기 때문이다. 그래서 그는 "천이 변하지 않으면, 도 역시 변하지 않는다."라고 말했던 것이다. 이렇게 볼 때 '천'은 동중서 정치사상의 총체적인 원리가 되는 것이라고 할 수 있다.

동중서의 정치사상의 근간을 형성하고 있는 '천'관념을 매개로 한 '천'과 군권의 관계에 대한 분석과 군주와 백성의 관계에 대한 분석 및 지식인과의 관계 그리고 제후와 외국에 대한 관계설정 문제를 보충한다면 한층 더 심도 있고 다양한 형태의 정시사상의 모식을 조명할 수 있으리라고 판단한다.

이상과 같은 동중서의 정치사상에 대하여 본문에서는 다음과 같은 도식을 중심으로 살펴보도록 하겠다. 우선 동중서 정치사상의 총체적인 근간으로서의 천天관념의 분석을 통하여, 천으로 만물의 존재원리에 대하여 해석을 하고, 군주의 권력은 바로 천이 부여해준 것이라는 점을 분석함과 동시에 '천'이 군주의 권력을 회수해 갈 수 있다는 점을 살펴보겠다. 또한 이러한 관념들을 바탕으로 하여 동중서가 주장한 군주의 백성 통치방식에 대하여 군주와 백성의 관계를 중심으로 조명하고, 백성에 대한 통치의 일환으로 수립한 경제정책에 대하여 살펴보도록 하겠다. 아울러서 동중서 정치사상의 중요한 핵심이라고 할 수 있는 군주와 그의 통치를 보좌해주는 지식인과의 관계설정에 대하여 분석을 진행해보도록 하겠다. 그리고 끝으로 제후들에 대한 정책과 외국과의 관계설정에 대한 문제를 심층 고찰해보도록 하겠다.

2. 천과 군권의 관계

동중서의 사상 가운데 있어서 인간의 구조는 '천'과 매우 유사한 것이라고 할 수 있으나, '천'의 구조를 가지고 그것을 인간에게 견강부회 한 것은 아니다. 그러한 이유는 바로 인간은 '천'에서 나온 존재이기 때문에 인간은 '천'과 동류라고 하는 것이다. 인간은 '천'에서 생긴 존재이기 때문에 많은 부분에 있어서 '천'과 유사한 것이다. '천'은 인간의 조상이며, 인간은 '천'이 낳은 존재라는 것이 인간의 출현에 대한 해석이 되는 것이다. 인간이 '천'에서 왔기 때문에 '천'과 인간은 서로 간에 영향을 주고받는 것이며 또한 그들 사이에는 '기氣'가 존재한다. '천'은 만물의 근원이면서 인간 생명의 기원이 되는 것이기에 인간은 반드시 군주에 의해서 통치되어야만 한다는 것이다. 이는 '천'의 권능에는 한계가 있기 때문인데, '천'은 인간을 낳기만 할 뿐 인간의 교양은 반드시 후천적인 왕도교화를 통해서만 가능한 것이기에, 군주가 예의법도를 제정하여 다스려야 한다는 것이다.

그렇다면 이러한 '천'은 과연 어디에서 온 존재라는 것일까? 이러한 의문에 대하여 동중서는 '원元'의 관념을 제기한다.[1] '원'은 천지가 있기 전에 이미 존재하고 있었던 것으로, '원'이라고 하는 것은 만물의 본원이 되며 인간의 '원' 역시 그 안에 있는 것이다. '천기天氣'가 음양을 분별하게 되는데, 이러한 것이 천지의 시작임과 동시에 사계절의 순환과 오행의 '기' 및 인간의 활동을 생산하는 것이다. 또한 인간과 '천'은 동일한 '원'에 근본을 둔다. 그러나 인간이 비록 '천' · '기'에서 생겨난 존재이면서 '천' · '기'를 받들

---

1) '원' 관념에 대한 학자들의 해석은 다음과 같다. 먼저 徐復觀과 같은 경우 "음양이 나오는 곳은 기인데, 이것을 원기라고 한다. …… 천도는 음양이고, 음양이 나오는 원기는 그 층차가 자연히 천도의 위에 있는 것이다. …… 동중서 마음속의 원년의 원은 실제로는 원기의 원으로 간주된다."라고 해석하고 있다. 徐復觀, 『兩漢思想史』卷二, 臺北, 學生書局, 1985년, 354~355쪽 참조. 馮友蘭 같은 경우는 "동중서가 말하는 '원'은 도대체 무엇이란 말인가? 우리는 이것에 대하여 명확한 설명을 할 수가 없다. 그러나 분명한 것은 동중서의 사상체계 가운데 '원'은 일종의 물질성의 실체가 되지 못한다는 것이다. 즉 '원'을 '원기'로 해석하게 되는데, 이러한 '원기'는 의식과 도덕성질을 가진 것이라는 것이다."라고 해석하고 있다. 馮友蘭, 『中國哲學史新編』, 臺北, 臺灣商務印書館, 1996년, 70~71쪽 참조.

어야 하지만 '천원天元'을 얻을 수는 없는 것이다. 또한 인간의 모든 것은 '천명'에 근거해서 생긴 것이기 때문에 일체의 자연현상 역시 '천'과 '명'이 결정하는 것으로 '천명'을 위배할 수 없다는 것이다.

동중서에 의하면 인간은 '천'에 의해서 제약을 받을 수밖에 없는 존재인데, 군주 역시 인간이기 때문에 군주도 '천명'의 결정 범주에 속하게 되는 존재인 것이다. 아울러 인간은 '천'의 제약을 받기 때문에 군주에 의한 통치를 받는다고 하는 사실을 받아들일 수밖에 없는 것이다. 군주가 '천'에 의해 제약을 받기 때문에 집권자는 천도를 준수함으로써 천하를 다스리게 되는 것이다. 그러므로 통치의 도리는 단 하나 즉 '천'을 본받는 것이며, 선왕은 '천'을 본받아 천하를 통치한 것이기 때문에 선왕을 본받는 것과 『춘추春秋』로부터 통치의 도리를 터득한다는 것이다.

동중서가 언급한 '명命'의 관념은 군주의 '천명'은 군주가 되는 것이고, 일반적인 사람들 자신에게도 '명'이 있는데, 이는 일반인의 '명'이 되는 것이다. 또한 동중서는 만일 '천명'을 받은 군주가 덕을 상실하게 되면 바로 '재이災異'가 발생하게 된다고 했는데, 이러한 '재이'는 덕을 상실했기 때문에 발생하는 것으로 '천'과 인간 사이의 덕을 혼란하게 만드는 한편 음양오행의 조화를 깨트려 각종의 비정상적인 현상을 발생케 한다고 했다.

동중서의 사상체계 속에서 제국 군주의 정권의 정당성은 '천'에 근원을 두는 것이라고 할 수 있는데, 이때의 '천'과 인간은 일체로서 천인지간의 권력관계는 '천'이 가장 우선이고 그 차선이 군주이며 백성이 그 다음이다. 이는 매우 중요한 관념인데, '천'과 인간의 관련은 분리할 수 없는 것으로 정치는 단지 인간들 사이의 사무만이 아닌 '천'과 인간의 관련업무 가운데의 일부분이라는 것이다. 그렇기 때문에 동중서는 인간세계의 권력 구조에 대해서만 언급한 것에 그치지 않고 '천'으로부터 인간의 권력에 이르는 체계를 언급했던 것이다. 즉 그는 "천자는 하늘로부터 천명을 받았다."[2]라고 했는데, 이는 '천'이 '천명'을 군주에게 내려주고, 군주는 '천명'을 받아서 인간 세계를 통치하고 관리한다고 하는 의미인 것이다. 이처럼 군주의 지위와 권력은 '천'에서 비롯된 것이지 백성들로부터 부여받은 것은 아닌 것이다. 이러한 관념체계는 일종의 '군권천수君權天授' 혹은 '군권신수君權神授'라고 말할 수 있다. 동중서는 '천'·군주·백성의 세 계층은 관계가 "백성의 바람을 억제 시키고 군주의 의지를 신장시키고 또한 군주의 의지를 억제시키고 하늘의 뜻을 신장시킨다."[3]는 것과 같은 것으로 이루어졌다고 생각했다. 이러한 관념은 『춘추』에서 말하는 "백성은 군주를 추종해야 하고, 군주는 하늘을 추종해야 한다."에서 온 것으로 동중서의 사상체계 속에서 더욱 확대 되어 "백성의 바람을 억제 시키고 군주의 의지를 신장시키고 또한 군주의 의지를 억제시키고 하늘의 뜻을 신장시킨다."는 형태로 진화하여 나타나는 것이다.

군주는 '천'의 인간세계 대리자로서, 만일 이러한 인간세계의 대리자인 군주가 덕을 상실하게 된다면 '천'은 그의 권력을 박탈하고 새로운 대리자를 선정할 수 있다고 동중서는 생각했다.[4] 덕

2) 『春秋繁露』, 「順命」, "天子受命於天."

3) 『春秋繁露』, 「玉杯」, "故屈民而伸君, 屈君而伸天."

4) 이와 같은 '천'에 의한 군주의 권력 박탈 관념은 은·주 교체기에 '천명불상天命不常' 관념에 기인하는 것이라고 할 수 있다. 김혜승, 『유교의

을 상실한다고 하는 것은 군주가 백성들을 통치할 때, '인덕仁德'에 부합하는지의 여부를 의미하는 것이다. '천'은 어떻게 인간 세계의 대리자 즉 군주에게 만족함이나 불만족함을 표시하는 것일까? '천'의 뜻은 직접적인 언어로 표출되는 것이 아니고 상서로운 조짐을 내려주거나 재앙을 내려주는 것을 통하여 보여주는 것이다. 그러므로 동중서는 "제왕이 미래에 출현하려고 하면 상서로운 조짐이 먼저 나타나고, 머지않아 사라지려고 하면 요망한 이변 현상이 먼저 나타난다."[5]라고 하여 군주의 흥망성쇠와 관련하여 인간 세상에는 상서로운 조짐과 재앙이 발생하게 된다고 주장했던 것이다.

군주의 덕이 천지를 덮으면 '천명'이 마땅하게 일어나게 되는데, 이는 통치자가 덕이 있으면 '천'은 상서로운 조짐을 내려주는 반면 통치자가 덕이 없으면 '천'은 재이를 내려준다는 것과 일맥상통하는 것이라고 할 수 있다. 음양오행의 운행이 정상적이면 천하는 조화롭고 기후는 일상적이게 된다. 즉 음양오행의 정상적인 운행 속에서는 사물은 일정한 시기와 상황에 맞게 출현하게 되는 것으로 이는 덕에 부합되는 것이다. 그러나 음양오행의 운행이 순조롭지 못하게 되면 재난과 변고가 발생하게 되고, 이는 결국 덕에 부합되지 못하는 것이 된다. 인간의 행위 역시 마찬가지로 정상적인 상황 아래서는 인의예仁義禮를 말하며, 군주는 언행거지가 일정하게 되고 관리들을 백성을 위한 정책을 시행하게 된다. 그렇

뿌리를 찾아서』, 서울, 지식의 풍경, 2001년, 69쪽 참조.

5) 『春秋繁露』, 「同類相動」, "帝王之將同也, 其美祥亦先見; 其將亡也, 妖孽亦先見."

기 때문에 '재이'가 출현했을 때는 인간의 행위가 덕에 부합되지 못하기 때문에 인간의 행위가 덕에 부합되도록 요구하여 이러한 비정상적인 자연현상을 소진시키려고 하는 것이다. 동중서는 만일 통치자가 비정상적인 행태를 지속적으로 일삼게 되어 상황이 악화 되면 '재이'는 더욱 심화 되는 것이며, 결국에는 '천명'이 다른 사람에게로 넘어가게 된다고 했는데, 이는 원래의 군주가 통치자의 지위를 상실하게 되는 것이기 때문에 군주는 반드시 덕에 귀의해야 한다고 했던 것이다.

> 따라서 어떤 사람의 은덕이 백성을 편안하고 즐겁게 만들 수 있으면 하늘이 그에게 왕권을 부여한다. 이와 달리 왕이더라도 그의 해악이 백성의 재산을 빼앗고 손상시킨다면 하늘은 그이에게서 왕권을 빼앗는다.[6]

군주가 덕에 귀의하는 것을 통하여 '천'과 인간 사이의 정상적인 운행의 순서가 회복되어지는 것이다. 동중서는 이와 같은 '천명불상天命不常'의 관념을 통하여 집권자의 정권유지에 대한 커다란 위협적인 견해를 표명했던 것이다.[7]

현실정치 상황 속에서 물리적 의미 '천'은 일체의 자연현상 원리를 해석해주고, 도덕적 의미의 '천'은 정치적인 부분이나 처세적인 부분에 근본적인 목적과 이상적인 경계를 제공해준다. 그러나 이러한 이상은 구속력이 없는 이상일 뿐이다. 종교적 의미의

---

6) 『春秋繁露』, 「堯舜不擅移, 湯武不專殺」, "故其德足以安樂民者, 天予之; 其惡足以賊害民者, 天奪之.."

7) 徐復觀, 『兩漢思想史』卷二, 臺北, 學生書局, 1985년, 297쪽 참조.

'천'은 '천'과 인간 및 종교와 정치를 신앙의 형태로 연결하여 정치적 사안에 대하여 종교적 방식으로 결정하려는 시도를 한다. 그래서 종교정치라는 것은 정치가 많은 종교의식과 종교적 관념으로 변질되어 운행되는 것이다. 이와 같은 도덕적 의미의 '천'과 종교적 의미의 '천'은 동중서의 정치사상에 있어서 매우 중요한 지위를 점하고 있다고 할 수 있다.

3. 백성에 대한 통치 방식

동중서의 사상체계 속에서의 '천'과 군주는 '천'과 천자의 관계로 이루어져있으며, 또한 '천명'을 내리는 자와 '천명'을 받는 자의 관계이고 군주와 백성은 통치자와 통치를 받는 자의 관계이다. 백성은 '천'이 내려준 존재이며, 군주는 '천'이 선택한 백성들의 통치자로서, 군주는 백성들을 잘 대해줘야 할 의무가 있다. 그렇지 않으면 '천'은 '천명'을 회수함과 동시에 다른 사람을 군주로 임명한다고 동중서는 생각했다. 동중서의 사상체계 속에서 보여지는 '천'과 군주와 백성의 도식은 '천' → 군주 → 백성의 형태로 이루어져 있다.

> 『춘추』의 원칙에 따르면 백성은 군주를 추종해야 하고, 군주는 하늘을 추종해야 한다. …… 그러므로 (『춘추』의 세계에서는) 백성의 바람을 억제 시키고 군주의 의지를 신장시키고 또한 군주의 의지를 억제시키고 하늘의 뜻을 신장시킨다. 이것이 바로 『춘추』세계의 커다란 기준이다.[8)]

동중서의 정치사상 가운데 핵심문제는 바로 천자의 직권이라고 할 수 있다. '천인관계天人關係'의 체계 속에서 군주와 백성은 모두 인간인데, 어떻게 해서 한쪽은 군주가 되고 다른 한쪽은 백성이 되는 것인가? 이러한 군주와 백성의 구별은 '천명'의 유무에 달린 것이고, 이러한 '천명'의 유무는 또한 덕이 있는지의 여부에 달린 것이다.

군주의 백성에 대한 직분은 한편으로는 그들을 예악으로 교화시키는 것이고, 다른 한편으로는 법도로써 그들을 다스리는 것이라고 할 수 있다. 규정과 칭호의 관념에서 출발했을 때, 군주가 만백성을 통치하고자 한다면 먼저 백성의 본질을 파악해야 한다는 것이다. 동중서는 이러한 규정과 칭호의 관념에서 출발하여 규정과 칭호의 관념을 바르게 하여 『춘추』의 사상을 뽑아내고자 했던 것이다. 동중서는 이러한 사상을 '천'에 접목시키고자 했다. 동중서는 규정과 칭호는 성인聖人이 제정한 것이며, 성인은 '천'의 뜻을 근거로 그러한 규정과 칭호를 제정한 것이라고 생각했다. 성인은 규정과 칭호를 근거로 마땅히 있어야할 내용을 규정했는데, 이는 군주와 백성들의 규정과 칭호 및 그 함의를 포함하고 있는 것이다. 동중서는 백성들의 본질에 대하여 '명瞑'으로 즉 몽매함으로 이해했는데, 이는 군주의 교화를 통하여 선한 존재로 거듭나게 될 수 있다는 것을 의미한다. 예를 들자면 잠들어 있는 사람은 다른 사람의 깨우는 소리에 의해서 잠에서 깨어나 의식을 회복할 수 있는 것과 같은 이치라고 할 수 있다.[9]

---

8) 『春秋繁露』, 「玉杯」, "春秋之法, 以人隨君, 以君隨天. …… 故屈民而伸君, 屈君而伸天, 春秋之大義也."

왕은 백성이 찾아와 의지한다는 뜻이고, 군주는 자신에게 소속된 무리를 잃지 않는다는 뜻이다. 그래서 (누군가가) 수많은 백성들이 (자발적으로 자신에게) 찾아오게 하고 온 세상에 가득 찬 무리의 지지를 얻을 수 있는 인물이라면 천하에서 어느 누구도 그 사람에 대적할 길이 없다.[10]

동중서는 천자나 제후왕은 윗자리에 있으면서 '천'의 인함을 가진 사람을 지칭하는 것이라고 보았으며, 그들은 모든 백성들의 마음을 얻고 온 천하가 흠모하는 존재로서 백성들 모두가 앞을 다투어 그들에게 귀의한다고 생각했다. 이는 맹자가 언급한 "어진 사람은 대적할 사람이 없다."[11]라고 하는 것과 같은 의미이다. 이러한 사실을 통해서 동중서가 언급하는 천자나 혹은 제후왕은 이미 숭고한 도덕수양을 갖춘 윗자리에 있는 사람임을 예단할 수 있다. 이러한 군주와 백성의 관계는 인간의 마음과 육체의 관계와 매우 유사하다고 할 수 있는데, 이는 고대인들이 육체는 마음의 지시에 의해서 행동하는 것이라고 생각한 소치라고 할 수 있다. 군주가 만일 "효도와 공경을 소중히 하고 예절과 직분을 달가워하며 사랑과 염치를 중시하고 재물과 이익을 경시한다."[12]라고 한다면 백성들은 자연히 아래에서도 착한 짓을 하게 되는 것이다.

백성들이 제대로 된 군주에 의해서 통치 받기 위해서는 무엇보다도 먼저 군주 자신의 정서와 성품이 올바르게 되어야만 한다.

---

9) 薩孟武『中國政治思想史』, 臺北, 三民書局, 1967년, 208~209쪽 참조.

10) 『春秋繁露』, 「滅國上」, "王者, 民之所往. 君者, 不失其群者也. 故能使萬民往之, 而得天下之群者, 無敵於天下."

11) 『孟子』, 「梁惠王上」, "仁者無敵."

12) 『春秋繁露』, 「爲人者天」, "貴孝弟而好禮義, 重仁廉而輕財利."

비록 동중서에게 있어서의 군주와 백성들 사이에는 정치적인 관계로 연결되어 있지만, 그 출발점은 여전히 '천'에 연결되어져 있기 때문에 군주는 '천'의 뜻을 계승하여 백성을 교화시켜야만 한다고 하는 것이다. '천'이 비록 백성을 낳아서 백성은 선한 성품을 가질 수 있지만 그들의 성품은 온전히 선한 것은 아닌 것이다. 즉 백성들의 인성에는 선함도 있고 악함도 있기 때문에 선함이 많고 악함이 적거나 혹은 선함이 적고 악함이 많을 수 있는 것이다. 그러나 인성은 역시 선함을 향하는 것이라고 할 수 있다. 이와 같은 사실로 미루어 본다면 후천적으로 선함으로 향하는 능력이 강할 경우 선한 쪽으로 가게 되고, 후천적으로 악함으로 향하는 능력이 강할 경우 악한 쪽으로 기울어지게 된다는 것을 알 수 있게 된다.

동중서는 인성에 대하여 본성과 선함의 관계를 벼와 쌀로 비유한다.

> 성은 벼에 비유되고, 선은 쌀에 비유될 수 있다. 쌀이 벼 안에서 생겨나더라도 벼 단계는 아직 온전하게 쌀과 동일시될 수 없다. 이처럼 선과 쌀은 사람이 하늘의 생성 작업을 이어받아서 외적인 노력을 들여서 완성시키는 것이므로 하늘이 생성하는 내적 계기 안에서 완결되는 것은 결코 아니다.[13]

즉 쌀은 벼에서 나오는 것이지만 그렇다고 해서 벼를 쌀이라고 부르지는 않는다는 것처럼 선함은 본성에서 나오는 것이지만 본

13) 『春秋繁露』, 「深察名號」, "性比於禾, 善比於米. 米出禾中, 而禾未可全爲米也. 善出性中, 而性未可全爲善也. 善與米, 人之所繼天而成於外, 非在天所爲之內也."

성 자체를 선함이라고 하지는 않는다는 것이다. 동중서는 비유의 방법을 통하여 인성에 대하여 언급하면서, 한편으로는 인간의 본성은 선한 가능성을 갖고는 있지만 온전한 선함을 갖추기 위해서는 군주의 예악에 의한 교화가 반드시 필요하다고 했다. 군주의 통치는 반드시 인간의 선천적인 정욕과 애증을 기반으로 시행되어야 하는 것으로, 이러한 것이 바로 동중서 정치실행의 출발점이 되는 것이다.

동중서의 정치사상 가운데 통치의 원칙에 대해서는 언급하자면 한마디로 말해서 '천'의 통치원리를 본받는 것이라고 할 수 있다. 즉 덕을 주로 하고 법률을 보조로 하는 것으로서 사상의 교화를 주로하고 법률과 예의규범을 보조 수단으로 한다는 것이다. 군주의 통치에 관한 총체적인 원칙은 바로 '천'의 통치원리를 본받는 것으로 덕을 주로하고 법률을 보조로 하는 것에 있다. 그렇기 때문에 사상적인 측면에 있어서 가장 중요한 것은 '육예六藝'의 학문으로 백성들이 선함을 향하여 나갈 수 있도록 인도해야 함과 동시에 예의와 법률로서 보조를 해야 하는 것이다. 이처럼 덕을 위주로 하고 법률로 보조하는 것은 비유하자면 천도天道에 음기陰氣와 양기陽氣가 병존하고 있지만, 일반적으로 양기를 위주로 하는 것과 같은 것으로 군주 역시 덕과 법률을 가지고 있지만 덕을 위주로 해야 한다는 것이다. 또한 동중서는 덕의 중요성에 대하여 역설했지만 덕만을 베풀 것을 주장하지 않고 법률을 필요할 때 시의적절하게 적용해야 함도 강조했다.

동중서는 백성들을 통치함에는 우선적으로 그들을 부유하게 만들어주고 난 뒤에 교육을 시켜야 한다고 생각했다. 또한 그는 만일 백성들을 부유하게 만드는 것이 여의치 않을 경우 최소한 그들이 빈곤한 지경에 처하지 않게 해야 한다고 했다. 동중서는 공자의 "빈곤함은 걱정하지 않고 고루 분배되지 않음을 걱정한다."[14] 라고 하는 언급을 인용했는데, 이는 사회적 재화를 조정에서 균등하게 골고루 분배해야 하는 것을 의미하는 것이지만, 그렇다고 해서 일률적으로 평등하게 배분하라는 의미는 아니고 신분계층에 맞춰 분배하라는 의도가 담겨져 있다고 할 수 있다. 동중서는 귀천에도 차등이 있으며 백성들이 제각기 계급제도의 규정에 의거해서 신분에 맞는 물질적 향유를 누려야 한다고 생각했다.

> 성인이 하는 일은 제방을 쌓는 것과 닮았다. 그는 제도를 정비하고 예절을 마련한다. 그 결과 고귀한 신분과 비천한신분이 등급으로 구분되고 옷과 장신구가 제도에 의해 착용되고 조정에도 품계를 두고 지역 공동체에도 나이에 따라 서열을 두게 되면 백성들은 양보를 하게 되어 결코 다투는 일이 없게 된다. 이것은 백성들을 통일시키는 바탕이다.[15]

동중서는 공자의 "군자는 이익을 독점해서는 안 되며 일반 백성의 몫을 남겨 두어야 한다."[16]는 언급을 인용하여 권력자가 백성들과 이익을 다퉈서는 안 된다고 했다. 그래서 그는 "현명한 성왕께서는 하늘이 한 바에 따라 한계를 제도로 만들었다. 이에 많

14) 『春秋繁露』, 「度制」, "不患貧而患不均."

15) 『春秋繁露』, 「度制」, "聖人之道, 衆堤防之類也. 謂之度制, 謂之禮節. 故貴賤有等, 衣服有制, 朝廷有位, 鄕黨有序, 則民有所讓而不敢爭, 所以一之也."

16) 『春秋繁露』, 「度制」, "君子不盡利以遺民."

은 봉록을 받는 자라면 모두 자잘한 곳에서 나는 이익을 차지할 수도 없고 일반 백성들과 이익을 다투는 생업에 종사해서도 안 된다. 이것은 하늘이 정한 이치다."[17]라고 했는데, 이와 같이 하게 되면 사회를 안정적으로 통치할 수 있게 된다는 것이다.

동중서는 군주가 백성들의 노역을 경감시켜주고 대지주의 토지 독점 문제를 해결하여 백성들 사이에 빈부의 격차를 줄여야 한다고 하였으며, 백성들이 재화를 축적할 수 있도록 소금과 철 등의 천연자원에 대한 전매를 폐지할 것을 주장했다. 이러한 정책들은 동중서가 일반 백성들의 경제적 수준을 향상시키기 위해 고심한 끝에 제시한 정책들이라고 할 수 있다. 동중서가 언급한 군주와 백성의 관계설정에 있어서 최종적인 목적은 군주가 백성들을 아끼고 사랑하는 것이고 백성들은 군주를 공경으로 모시는 것에 있었다고 할 수 있다. 이러한 목적을 달성시키기 위해서 동중서는 '천'의 권위로 군주를 제약하려고 했으며, 교육을 통하여 백성들의 도덕성을 제고시키고자 했던 것이다.

4. 군주와 지식인의 관계

동중서의 정치사상 가운데 가장 핵심적인 요소는 정부 시스템을 사대부 계층으로 구성해야 한다는 주장이다. 이러한 사대부들의 지식체계는 『춘추공양春秋公羊』과 음양오행사상이 그 구심점의 역할을 하고 있다. 사대부 계층은 동중서의 정치사상 가운데 중요

17) 『春秋繁露』, 「度制」, "明聖者象天所爲, 爲制度, 使諸有大奉祿亦皆不得兼小利, 與民爭利業, 乃天理也."

한 부분을 차지하고 있는데, 동중서는 군주가 현명한 신하를 얻어 군주와 신하가 일심동체가 될 때 비로소 국가의 통치가 원활하게 될 수 있다고 생각했다. 그래서 군주는 반드시 사대부 계층을 양성하고 사대부의 수를 늘려야하는 것이며, 그 일환으로 태학을 건립하여 사대부들을 길러내야 한다고 했다. 태학에서의 연구범위는 '육예'와 공자의 학설만으로 제한했으며, 재학생들 가운데 시험을 통하여 정부에 필요한 유능한 인재를 선발하였다. 또 다른 유능한 인재를 선발하는 방법으로는 천거제도가 있었다. 이러한 시스템은 기존에 존재하고 있었지만 동중서는 이러한 시스템의 효용성을 매우 강하게 강조했다.

'육예'는 태학에서 가르치는 주요한 과목이었으며, 이는 춘추전국시대 이래로 전해져 내려온 '육예'의 전통과 해석이 결합되어진 것이다. 그렇기 때문에 음양오행 및 잡가의 해석학적 전통이 남아 있었던 것이다. 당시의 지식인들은 이러한 의식형태를 흡수했으며, 이러한 관념들을 제국 전체의 운영과 발전의 방향으로 삼았던 것이다. 동중서는 음양과 오행의 관점으로 만물의 구성을 보았으며, 사물과 사물의 관계 역시 그러한 관점을 중심으로 파악했다. 오행이라고 하는 것은 사물을 구성하는 다섯 가지의 원소로서, 그것들 사이에는 즉 금·목·수·화·토 사이에는 상생과 상승의 관계로 이루어져 있다. 동중서는 인간 세상의 운행은 즉 정치를 포함한 모든 운행은 반드시 오행의 상생과 상승의 법칙을 준수해서 진행되는 것이라고 보았다.

> 천지의 기는 서로 결합하여 일체를 이루었다가 음과 양으로 나누고 네 계절로 쪼개어지고 오행으로 펼쳐진다. 행이란 나아가는

길이다. 그 길이 같지 않기 때문에 다섯 가지 길이라고 한다. 오행은 다섯 가지의 직무를 가리킨다. 바로 옆에 붙어있는 두 행은 상생의 관계고, 하나를 건너뛴 두 행은 상승의 관계다. 따라서 이러한 관계를 잘 관리해야 한다. 이러한 관계를 어기면 혼란스러워지고 이 관계를 잘 준수하면 질서 있게 된다.[18]

동중서는 음양의 관계에 대해서 음이 양을 이길 수도 있고 양이 음을 이길 수도 있다고 보았다. 그러나 양의 기운이 매우 강력하게 되더라도 음은 완전히 소실되는 것이 아니고, 음의 기운이 매우 강하게 되더라도 양이 완전하게 소실되는 것은 아니다. 이 둘은 상존과 상충의 관계라고 할 수 있으며, 동중서의 견해에 의하면 양이 음을 이기는 것이 정도이지만 때로는 음이 양을 이기는 경우도 출현한다고 했다.[19] 또한 동중서는 제국의 정치적 운용은 반드시 이와 같은 음양오행의 관념을 준수하여 이루어져야 한다고 생각했다.

동중서의 정치사상 가운데 있어서 관직 체계는 사대부들을 중심으로 조직되었는데, 그러한 조직 체제는 '천도'를 모방하여 구성되었는데, 그의 『천인삼책天人三策』 속에서는 군주 → 조정 → 관료 → 백성 → 천하의 도식으로 나타나 있다. 군주로부터 백성에 이르는 중간에 관직 체계가 존재하는데, 이러한 체계는 백성들을

18) 『春秋繁露』, 「五行相生」, "天地之氣, 合而爲一, 分爲陰陽, 判爲四時, 列爲五行. 行者行也, 其行不同, 故謂之五行. 五行者, 五官也, 比相生而間相勝也. 故爲治, 逆之則亂, 順之則治."

19) 음양의 관념을 변증법의 존재형식으로 보는 관점도 있다. 이러한 변증법적 관점은 선진사상사에서 이미 출현했다고 한다. 宮哲兵, 『晩周辨證法史硏究』, 上海, 上海古籍出版社, 1988년, 47쪽 참조.

다스리고 교화하는 기능을 담당하고 있다. 이러한 체계에 대해서는 『춘추번로春秋繁露』, 「관제상천官制象天」에 자세하게 기술되어져 있는데, 간략하게 언급하자면 삼공三公과 구경九卿, 이십 칠 대부大夫와 팔십일 원사元士로 모두 백 이십 명으로 이루어진 관직 시스템이다.

동중서의 정치사상 속에서의 군주의 실제적인 통치는 무위無爲의 통치를 추구하는 것이었다고 할 수 있다. 그는 "군주가 권력을 내려놓고서 자신의 권세를 유지한 적은 없었고, 귀천의 차등이 없으면서 자신의 지위를 온전하게 한 적이 없다."[20]라고 언급하고 있는데, 이는 군주가 반드시 군왕의 권력을 장악해야 하며 한시도 그러한 권력을 놓아서는 안 되는 것임을 강조하는 것이며, 신분상의 귀천의 차등을 반드시 두어야 함을 역설하면서, 만일 그렇지 않을 경우 군주의 지위를 보전하지 못한다는 것을 강조한 것이다. 또한 이러한 신분상의 귀천의 차등은 예의와 법도로서 제정해야 하는 것이라고 했다. 동중서는 "이렇기 때문에 군주가 된 자는 자신의 시은권을 굳건하게 지켜서 백성들을 자신에게 달라붙게 만들고 자신의 권력을 잡아서 신하를 규제해야 한다."[21]고 했는데, 시은권施恩權을 굳게 지킨다는 것은 군주의 내재적 요구에 해당하는 것이고, 자신의 권력을 잡는다는 것은 외재적 운용을 의미한다고 볼 수 있다. 또한 동중서는 군주는 인간사에 대하여 매우 정밀한 변별능력을 가지고 있어야 한다고 했다. 무위의 통치는 완벽한

---

20) 『春秋繁露』, 「王道」, "未有去人君之權, 能制其勢者也; 未有貴賤無差, 能全其位者也."

21) 『春秋繁露』, 「保位權」, "是故爲人君者, 固守其德, 以附其民; 固執其權, 以正其臣."

제도적 뒷받침과 군주의 뛰어난 능력을 기초로 해서 시행될 수 있는 것이며, 이러한 무위의 통치는 '천'의 법칙을 모방하여 만든 것이라고 할 수 있다.

동중서는 또 다른 방식으로 무위에 대하여 언급하는데, 바로 '귀신貴神'이다. '신神'이란 것은 그것이 어떻게 그렇게 된 것임을 알지 못한다는 의미인데, 마찬가지로 군주는 음에 거하면서 양에서 실행해야 한다는 것이다. 즉 양은 군주의 지위에 있으면서 권력을 행사함을 의미하고, 음은 일을 진행하는 과정을 의미한다. 이러한 것 역시 무위의 통치술이라고 할 수 있는 것이다.

동중서는 군주가 덕을 상실했을 때뿐만 아니라 신하가 참월을 했을 때에도 하늘이 '재이'를 내린다고 하였다. 그렇다면 '천'이 어떻게 인간 세계의 대리자인 천자에 대하여 만족하는지 그렇지 않은지를 표시할까? '천'의 뜻은 직접적인 말을 통하여 표출되는 것이 아니고 상서로운 조짐과 재앙을 통해서 표출되는 것이기 때문에 제왕이 흥성하거나 멸망의 길을 가게 될 때는 반드시 인간 세상에 상서로운 조짐이나 재앙이 출현한다는 것이다. 그래서 그는 "제왕이 미래에 출현하려고 하면 상서로운 조짐이 먼저 나타나고, 머지않아 사라지려고 하면 요망한 이변 현상이 먼저 나타난다."[22]고 했던 것이다. 그렇다면 누가 이러한 '천'의 뜻을 헤아려 해석하는 것일까? 동중서는 유학자들에 의해서 해석되어져야 한다고 했다. 동중서나 유향劉向과 같은 학자들이 『한서漢書』, 「오행지五行志」에서 '재이'에 관한 해석들을 해놓은 것을 바탕으로 추론

22) 『春秋繁露』, 「同類相動」, "帝王之將同也, 其美祥亦先見; 其將亡也, 妖孽亦先見."

해볼 때, 일정한 학식과 도덕을 겸비한 학자에 의해서 '재이' 현상이 해석되었다는 사실을 파악할 수 있다. 이러한 해석은 동일한 사상의 훈습을 받은 사대부들의 정신적인 연대감을 형성시켜줬는데, 이러한 점들이 바로 사대부들을 양성하는 주요한 원인으로 작용했던 것이다. 다시 말하자면 이러한 유학자들의 '재이'에 대한 해석은 '천'의 권위를 통하여 천자의 권력에 일정한 제약을 가하려 했던 당시의 지식인들의 염원이 담겨져 있었던 것이라고 할 수 있다.

동중서의 정치사상에는 『춘추』와 음양오행사상이 융합되어져 있는데, 이는 천자의 정치권력을 그러한 사상체계 속에 넣으려는 의도 역시 담겨져 있다고 판단된다. 이와 같은 유가의 학설은 제왕의 권력을 지도하고 감독하고 제한하는 역할을 할 수 있는 것이다. 즉 동중서의 목적 역시 『춘추』와 음양오행의 이론을 근거로 『춘추』의 윤리질서에 부합하는 정치권력의 운용 시스템을 건립하는데 있었던 것이라고 할 수 있다. 천자의 권력은 '천'으로부터 온 것이고, 이러한 권력의 합리성은 덕에 있는 것이라고 할 수 있다. 마찬가지로 '천명'의 부여와 그 대상은 항상 바뀔 수 있는데, 그러한 근거는 바로 덕을 유지하고 있는지의 여부에 관련되어 있는 것이다.

5. 제후에 대한 정책과 대외정책

동중서가 언급한 제후에 대한 정책과 이국에 대한 정책은 『춘추번로』에 다음과 같이 잘 나타나 있다.

『춘추』의 세계는 정립한 원칙에 따르면, 천자는 하늘과 대지에 제사 드리고, 제후는 토지 신과 곡식 신에게 제사 드리지만 분봉 받은 영토 밖의 산천의 신에게는 제사 지내지 않는다. 천자가 건재할 때 제후는 독단적으로 토지를 취득할 수 없고, 독단적으로 영토를 타인에게 분봉할 수 없고, 독단적으로 천자에게 소속된 대부를 체포할 수 없고, 천자가 즐기는 음악과 무용을 공연할 수 없고, 천자가 거두는 세금을 징수할 수 없고, 천자를 대변하는 인물과 필적할 수 없다. 신하와 자식들은 군주와 아버지를 거슬리거나 죽이려는 마음을 품어서는 안 된다. 만일 그들이 그렇게 계획한다면 그 자체만으로도 처형의 대상이 된다. 대부는 자신의 지위를 세습시킬 수 없다. 대부는 군주의 명령을 따르기만 할 뿐이다. …… 가까운 이를 친하게 대우해서 먼 이를 오게 하니 가까운 이를 먼저 하지 않고 먼 이를 이르게 하는 경우는 아직 없었다. 그러므로『춘추』의 작자는 노나라와 중원 국가가 상충할 때 전자를 우선으로 하고 후자를 차선으로 여긴다. 또 중원과 사방의 이민족이 상충할 때 전자를 우선으로 하고 후자를 차선으로 여긴다. 이것은 가까운 데에서 시작하는 것을 말한다.[23]

한나라 초기의 제후는 그 존재만으로도 중앙정부에 위협적인 요인이었다. 그래서 동중서가 군주와 신하의 구분을 특별하게 강조한 것도 그러한 제후들의 위협적인 요인을 염두에 둔 맥락에서 나온 것이라고 할 수 있는 것이다. 또한 중원과 주변의 이민족 국

23) 『春秋繁露』,「王道」, "春秋立義, 祭天地, 諸侯祭社稷, 諸山川不在封內不祭. 有天子在, 諸侯不得專地, 不得專封, 不得專執天子之大夫, 不得舞天子之樂, 不得致天子之賦, 不得適天子之貴. 君親無將, 將而誅. 大夫不得廢置君命. …… 親近以來遠, 未有不先近而致遠者也. 故內其國而外諸夏, 內諸夏而外夷狄, 言自近者始也."

가들과의 관계에 대해서 동중서는 이민족 국가들은 중원에 비하여 문화적으로 낙후해 있기 때문에 그들에게는 강력한 변화의 요인이 존재하지 않는다고 생각했다. 또한 그는 이민족 국가들의 변화 역시 피동적이기 때문에 문화를 이용하여 점진적으로 감화시켜 중원에 순응하게 만들어야 한다고 주장했던 것이다.[24] 천자나 제후는 함께 천하를 다스리기는 하지만 각자에게 주어진 직권은 분명한 차이가 존재한다. 춘추시대의 제후들은 그 세력이 매우 강력했던 반면 천자의 통치력은 매우 미약했었기 때문에 천자의 권위를 강조했던 것이다. 이러한 현상은 한나라 초기의 정치적 상황과 매우 흡사했었지만, 경제景帝와 무제武帝시대를 거치면서 천자의 권력은 점차 공고해져 간다. 동중서의 이러한 관념은 천자의 권위를 더욱 공고하게 만들어주는 수단으로 변모하게 된다.

만일 『춘추』의 봉건제도 정신 및 동중서가 언급한 제후제도의 설립 원리에 의한다면 제후제도는 마땅히 있어야만 하는 것이다. 동중서는 제후제도의 문제는 천자와 제후왕 사이의 권력의 균형을 어떻게 유지하느냐에 있는 것으로, 단지 도덕관념이나 사상으로서 제약한다는 것은 공허한 메아리에 불과한 것으로 아무런 실효성이 없다고 생각했다. 제후는 천자의 아래에 있는 한 국가의 군주로 『춘추』의 대부분의 언급은 천자와 제후 및 제후와 제후들 사이의 관계설정에 대한 것으로 채워져 있다고 할 수 있다. 춘추시대의 정치제도는 중앙과 지방분봉제도 시스템이었다고 할 수 있는데 이를 봉건제도라고도 한다. 동중서는 『춘추』의 학설을 계승하였기 때문에 그는 자연히 봉건제도를 지지했던 것이다.

24) 周桂鈿, 『董仲舒評傳』, 南寧, 廣西教育出版社, 1995년, 122쪽 참조.

천자의 아래에 있는 제후 역시 자신이 통치하는 국가의 관직 시스템을 정교하게 갖추고 있는데, 이러한 제후국의 관리들은 어떻게 선발하는 것일까? 만일 중앙정부에서 양성하고 그들을 제후국의 관리로 임명한다면 중앙집권제로 변모하기 쉽게 되어 제후의 권력은 명목상에만 존재하는 것이 될 것이다. 또한 만일 제후국의 관리들을 제후국 자체에서 양성하고 자체적으로 임명하게 된다면 중앙정부의 권위는 쉽게 무시될 것이고 제후들의 권세는 크게 신장될 것이다. 이와 같은 문제점에 대하여 동중서는 다음과 같은 방안을 제시한다.

> 나무의 줄기 즉 천자의 위세를 강화시키고, 가지 즉 제후왕의 권세를 약화시키고 본류에 있는 자를 중시하고 곁가지에 있는 자를 경시한다. 네 번째 지침이다. 범죄로 진행될 수 있는 행위와 그렇지 않은 행위를 구별하고 같은 종류의 차이를 밝힌다. 다섯 번째 지침이다. 탁월한 재능의 역할을 논의하고 탁월한 분야의 능력을 구별한다. 여섯 번째 지침이다. …… 나무의 줄기 즉 천자의 위세를 강화시키고, 가지 즉 제후왕의 권세를 약화시키고 본류에 있는 자를 중시하고 곁가지에 있는 자를 경시하면, 군주와 신하의 직분이 뚜렷하게 나뉘게 된다. 범죄로 진행될 수 있는 행위와 그렇지 않은 행위를 구별하고 같은 종류의 차이를 밝히면, 옳고 그름의 기준이 뚜렷하게 된다. 탁월한 재능의 역할을 논의하고 탁월한 분야의 능력을 구별하면, 모든 관원의 서열이 매겨지게 된다.[25)]

25) 『春秋繁露』, 「十指」, "强干弱枝, 大本小末, 一指也. 別嫌疑, 異同類, 一指也. 論賢才之義, 別所長之能, 一指也. …… 强干弱枝, 大本小末, 則君臣之分明矣. 別嫌疑, 異同類, 則是非著矣. 論賢才之義, 別所長之能, 則百官序矣."

동중서의 나무의 줄기와 가지 및 본류에 있는 자를 중시하고 곁가지에 있는 자를 경시한다는 언급은 천자와 제후의 관계를 지칭하는 것이라고 할 수 있다. 또한 그는 천자와 제후의 관계는 군주와 신하라고 하는 관계설정을 분명하게 구분 지어야 한다고 했는데, 그러한 관계설정의 방법론으로는 본류에 있는 자를 중시하고 곁가지에 있는 자를 경시한다는 것이 있다는 것을 제시하고 있다. 그러나 천자가 어떠한 방법으로서 본류에 있는 자를 중시하고 곁가지에 있는 자를 경시한다고 하는 것을 유지할 수 있는가에 대해서 동중서는 법가의 사상을 참고하여 천자가 권력과 통치술을 적절하게 운용하고, 태학을 설립하여 중앙정부에서 인재를 육성하는 방법 등을 대안으로 제시한다.

한나라 초기의 대외정치 상황은 흉노의 위협이 매우 심각한 상태였다고 할 수 있다. 그러나 동중서는 이러한 점에 대해서는 역점을 두어 정책대안을 제시 하지 않는다. 동중서는 자신의 사상체계 속에서 "그러므로 『춘추』의 작자는 노나라와 중원 국가가 상충할 때 전자를 우선으로 하고 후자를 차선으로 여긴다. 또 중원과 사방의 이민족이 상충할 때 전자를 우선으로 하고 후자를 차선으로 여긴다. 이것은 가까운 데에서 시작하는 것을 말한다."[26]라는 점을 강조하는 한편 문화적 우월성의 측면에서 출발하여 "사방의 이민족이 몇 차례 통역을 해가면서 중원지역의 국가로 조회를 온다."[27]는 상황이 되기를 희망했던 것이다. 그러나 흉노의 한나

26) 『春秋繁露』, 「王道」, "故內其國而外諸夏, 內諸夏而外夷狄, 言自近者始也."

27) 『春秋繁露』, 「王道」, "四夷傳譯而朝."

라에 대한 위협은 매우 심각했기에 직접적인 무력충돌은 피할 수 없는 상황에까지 이르게 되었다. 그렇지만 동중서는 무력의 사용에 대하여 반대의 입장을 견지하면서 전대의 정책을 계승하여 화친을 주장한다. 이처럼 동중서는 이민족과의 대외관계에 있어서 전쟁의 수단을 사용하지 말 것을 강력하게 주장하는데, 그러한 주된 목적은 바로 백성들을 아끼고 사랑하는 데에 있었던 것이라고 할 수 있다. 그렇지만 이러한 사상은 피동적으로 흉노의 수용여부를 기대할 수밖에 없었기 때문에 강력한 반격의 책략을 수립할 수 없었다. 그렇기 때문에 이러한 대외정책은 무제에게 채택되지 못하는 신세로 전락하고 만다.

6. 맺는 말

이상과 같이 동중서의 정치사상에 대하여 '천'과 군권의 관계, 백성에 대한 통치 방식, 군주와 지식인의 관계, 제후에 대한 정책과 대외정책을 중심으로 살펴보았는데, 이를 정리하면 다음과 같다.

동중서의 사상체계 속에서 제국 군주의 정권의 정당성은 '천'에 근원을 두는 것이라고 할 수 있는데, 이때의 '천'과 인간은 일체로서 천인지간의 권력관계는 '천'이 가장 우선이고 그 차선이 군주이며 백성이 그 다음이다. 이러한 도식은 '천'으로부터 인간의 권력에 이르는 체계를 언급한 것이라고 할 수 있다. 즉 그는 '천'이 '천명'을 군주에게 내려주고, 군주는 '천명'을 받아서 인간 세계를 통치하고 관리한다고 하는 의미인 것이다. 이러한 관념체계는 일종의 '군권천수' 혹은 '군권신수'라고 말할 수 있다. 군주는 '천'의 인간세계 대리자로서, 만일 이러한 인간 세계의 대리자인 군주가 덕을 상실하게 된다면 '천'은 그의 권력을 박탈하고 새로운 대리자를 선정할 수 있다고 동중서는 생각했다. 또한 '천'의 뜻은 직접적인 언어로 표출되는 것이 아니고 상서로운 조짐을 내려주거나 재앙을 내려주는 것을 통하여 보여주는 것이기 때문에 군주의 흥망성쇠와 관련하여 인간 세상에는 상서로운 조짐과 재앙이 발생하게 된다고 주장했던 것이다.

동중서는 군주가 백성들의 노역을 경감시켜주고 대지주의 토지독점 문제를 해결하여 백성들 사이에 빈부의 격차를 줄여야 한다고 하였으며, 백성들이 재화를 축적할 수 있도록 소금과 철 등의 천연자원에 대한 전매를 폐지할 것을 주장했다. 이러한 정책들은 동중서가 일반 백성들의 경제적 수준을 향상시키기 위해 고심한 끝에 제시한 정책들이라고 할 수 있다. 동중서가 언급한 군주와 백성의 관계설정에 있어서 최종적인 목적은 군주가 백성들을 아끼고 사랑하는 것이고 백성들은 군주를 공경으로 모시는 것에 있었다고 할 수 있다. 이러한 목적을 달성시키기 위해서 동중서는 '천'의 권위로 군주를 제약하려고 했으며, 교육을 통하여 백성들의 도덕성을 제고시키고자 했던 것이다.

사대부 계층은 동중서의 정치사상 가운데 중요한 부분을 차지하고 있는데, 동중서는 군주가 현명한 신하를 얻어 군주와 신하가 일심동체가 될 때 비로소 국가의 통치가 원활하게 될 수 있다고 생각했다. 그래서 군주는 반드시 사대부 계층을 양성하고 사대부의 수를 늘려야하는 것이며, 그 일환으로 태학을 건립하여 사대부들을 길러내야 한다고 했다. 태학에서의 연구범위는 '육예'와 공자의 학설만으로 제한했으며, 재학생들 가운데 시험을 통하여 정부에 필요한 유능한 인재를 선발해야 한다고 하였다. 또한 그는 유능한 인재를 선발하는 방법으로는 천거제도를 적극 활용해야 한다고 주장했는데, 이러한 시스템은 기존에 존재하고 있었지만 동중서는 이러한 시스템의 효용성에 더욱 커다란 의미를 부여했던 것이다.

동중서는 군주와 신하의 구분을 특별하게 강조했는데, 이는 제후들의 위협적인 요인을 감안한 것에서 나온 것이라고 할 수 있다. 또한 중원과 주변의 이민족 국가들과의 관계에 대해서 동중서는 이민족 국가들은 중원에 비하여 문화적으로 낙후해 있기 때문에 그들에게는 강력한 변화의 요인이 존재하지 않는 다고 하였으며, 이민족 국가들의 변화 역시 피동적이기 때문에 문화를 이용하여 점진적으로 그들을 감화시켜 중원에 순응하게 만들어야 한다고 했다.

동중서는 천자와 제후의 관계는 군주와 신하라고 하는 관계설정을 분명하게 구분 지어야한다고 했는데, 그러한 관계설정의 방법론으로는 본류에 있는 자를 중시하고 곁가지에 있는 자를 경시한다는 것이 있다는 것을 제시하고 있다. 또한 이러한 것을 유지할 수 있는 방법에 대해서 그는 법가의 사상을 참고하여 천자가 권력과 통치술을 적절하게 운용하고, 태학을 설립하여 중앙정부에서 인재를 육성하는 방법 등을 대안으로 제시한다. 또한 동중서는 이민족과의 대외관계에 있어서 전쟁의 수단을 사용하지 말 것을 강력하게 주장하는데, 그러한 주된 목적은 바로 백성들을 아끼고 사랑하는 데에 있었던 것이라고 할 수 있다.

참고문헌

蘇輿, 『春秋繁露義證』, 北京, 中華書局, 1992년.

班固, 『漢書』, 北京, 中華書局, 1990년.

周桂鈿, 『董學探微』, 北京, 北京師範大學出版社, 1989년.

周桂鈿, 『董仲舒評傳』, 南寧, 廣西教育出版社, 1995년.

徐復觀, 『兩漢思想史』, 卷二, 臺北, 學生書局, 1985년.

馮友蘭, 『中國哲學史新編』, 臺北, 臺灣商務印書館, 1996년.

薩孟武 『中國政治思想史』, 臺北, 三民書局, 1967년.

宮哲兵, 『晩周辨證法史硏究』, 上海, 上海古籍出版社, 1988년.

김혜승, 『유교의 뿌리를 찾아서』, 서울, 지식의 풍경, 2001년.

제5장

양웅의 유학사상

제1절 교육론

1. 시작하는 말

서한말기 성제 재위시기에 장락궁과 임화전, 그리고 미앙궁의 동사마문에 화재가 발생하고, 다시 몇 개월 뒤에 패릉의 성덕원 동궐에 또 화재가 발생했다. 당시의 한나라 조정은 성제의 모후인 왕태후의 동생 세 사람이 차례로 정권을 장악하여 왕씨 일족이 전횡을 일삼고 있었는데, 이러한 화재는 왕씨 일족의 전횡에 대한 경고이자 그들이 장차 국가에 큰 피해를 준다고 하는 징조라고 당시의 사람들은 생각했다.

이와 같이 서한말기 대변혁의 시대를 살아가고 있었던 양웅은 당시 사회에서 발생했던 다양한 형태의 사건들과 관련하여 자신만의 독창적인 견해를 제기한다. 특히 그는 당시 사회에서 유행하고 있었던 여러 종류의 학설이나 주장들이 성인의 가르침이나 도리에 위배되며 심지어는 일반 백성들을 호도하고 있음을 목격하고 이러한 현상을 바로잡기 위하여 『법언』을 저술했다. 양웅은 『법언』을 통하여 자신의 정치 · 경제 · 사회 · 역사 · 문화 · 교육 · 군사 등 제반 제도와 문물에 대한 견해를 밝히고 있는데, 그 가운데 특히 정치와 역사 및 교육에 관한 그의 사상은 눈여겨 볼만 하다고 할 수 있다.

유가사상 가운데 모든 실천에 관한 사항은 모두 교육에 의거하여 이루어진다고 말할 수 있다. 유가의 정통주의자임을 표방했던 양웅의 교육사상에 관한 논의는 마땅히 인성론을 기초로 하여 그 논의가 이루어져야 한다고 생각한다. 양웅은 다듬어지지 않은 재질로써 인성을 언급하였는데, 즉 그의 인성에는 선함과 악함이 혼재되어 있다고 하는 주장은 인간이 선하게 될 수도 있고 악하게 될 수도 있다고 하는 사실을 설명할 수는 있다. 그러나 이러한 주장은 선함을 수양하는 근거로서 도덕주체의 문제를 해결하지는 못한다. 물론 인성의 선악문제는 본래 이론의 실천에 반드시 필요한 것은 아니지만, 인간이 변혁의 시대에 직면하여 그가 추구하는 시대상의 모식은 그 다음 시대를 인도하는 방향이 되는 것이기 때문에 반드시 해결해야할 급박한 문제인 것이다. 그렇기 때문에 인간이 선하거나 악할 수 있는가의 문제와 어떻게 선하거나 악하게 되는가의 문제는 우선적으로 해결해야할 시급한 문제의 범주에 속하게 되는 것이라고 할 수 있다.

양웅은 시대적 상황의 요청에 의해서 학문을 닦고 훌륭한 스승을 모시는 것 및 마음속에 성인을 모시는 것이 인간이 선하게 될 수 있는 것임과 동시에 선함의 근거가 되는 것이라고 생각했다. 그렇기 때문에 양웅은 오경을 존숭하고 성인의 말씀을 따르는 것을 학문을 하는 것으로 삼았는데, 그러한 주요 목표는 선한 본성을 수양하여 올바른 인간의 모습을 이룩하여 성인의 덕과 말씀으로 도덕실천을 하는 것에 있었던 것이다.

서한말기에 유학의 정통주의를 표방했던 양웅의 사상체계에 있어서 교육론은 그의 인성론과 수양론을 이해하는 데에 있어서 빠져서는 안 될 매우 중요한 이론체계라고 할 수 있다. 그러므로 본문에서는 양웅의 교육사상을 인성론에 기초한 교육론과 교육의 기능과 목표 및 오경과 공자의 가르침에 근거한 교육을 중심으로 논의를 진행해 보도록 하겠다.

2. 인성론에 기초한 교육론

양웅은 비록 노자사상의 영향을 매우 깊게 받았으나, 『법언』에서 자신이 유가의 학자임을 분명하게 밝히고 요임금 순임금 문왕 공자와 맹자를 정도로 여기며 오경을 정통의 전적으로 존숭하여서 기타 제자백가의 학설에 대하여 비판적인 태도를 견지한다. 양웅은 순자에 대해서는 "같은 문도이기는 하나 길을 달리하는 자라고 생각한다."[1]라고 하는 입장을 표명하고, 맹자에 대해서는 누누

---

1) 『法言』, 「君子」, "同門而戶也."

이 숭상하는 입장을 표명하는데 이는 공자의 도를 직접적으로 계승했다고 생각했기 때문이며, 자기 자신 역시 맹자를 계승했다고 여긴 까닭이라고 할 수 있다. 그렇다면 양웅의 맹자와 순자의 인성론에 대한 이해는 상당한 정도의 수준일 것이라는 것이 마땅하다고 할 것이다. 심성론은 맹자 학설의 중점과 기초를 이루고 있기 때문이다. 『맹자』에서만 심성에 관한 언급이 서른 두 차례에 걸쳐 보이고 있는 것이 그러한 것을 반증해주고 있다고 할 수 있다.

양웅이 맹자에 대하여 숭상하는 태도를 보이고 있기는 하지만, 그자신은 맹자가 언급한 성선설이 바로 인간의 가치의식에 대한 견해임을 파악하지 못하고 있거나, 또한 그것에 대하여 반드시 동의하거나 반대의 의견을 가지고 있어야 함에도 불구하고, 『법언』 속에서 찾아볼 수 있는 인성에 관한 언급은 극히 적은 분량에 불과하다고 할 수 있다.

> 사람의 타고난 본성에는 선함과 악함이 섞여 있다. 선한 것을 닦아나가면 선한 사람이 되고 악한 것을 닦아나가면 악한 사람이 된다. 기라는 것은 선이나 악으로 가게 만드는 말과 같은 것이 아니겠는가![2]

> 배움이란 타고난 본성을 닦기 위한 것이다. 보고 듣고 말하는 것과 몸가짐과 생각하는 것 다섯 가지는 타고난 본성에 갖추어져 있다. 배우면 이 다섯 가지가 올바르게 되고, 배우지 않으면 기울어지

2) 『法言』, 「修身」, "人之性也善惡混. 修其善則爲善人, 修其惡則爲惡人. 氣也者, 所以適善惡之馬也與!"

게 된다.[3)]

여러 새들 가운데 봉황과 여러 짐승들 가운데 기린은 외형과 성질이 본래부터 다릅니다. 어찌 사람들 가운데 성인의 경우와 같겠습니까?[4)]

이상과 같은 언급들 외에도 보조적으로 심성의 작용에 관한 언급들이 있으나, 그다지 정밀한 논의는 아니라고 생각한다.

양웅이 언급한 본성은 매우 모호한 개념이라고 판단되어지는데, 본성과 외형을 상대적인 것으로 보는 한편 성인의 본성과 여러 사람들의 본성이 다르지 않은 것으로 보는 것이 그 대표적인 사례라고 할 수 있다. 본성에는 보고 듣고 말하는 것과 몸가짐과 생각하는 기능이 있지만, 이러한 기능은 선함과 악함하고는 전혀 상관이 없다고 할 수 있다. 선함과 악함이 섞여 있다고 하는 것은 선할 수도 있고 악할 수도 있다고 하는 것이 혼재되어 나누어지지 않은 상태로서 마음대로 조각할 수 있는 성질의 것이라고 할 수 있는 것이다. 양웅은 본성에 재질의 의미가 있다고는 언급하지 않았으나, 쇠와 옥을 갈고 다듬어서 만드는 것을 학문을 실행하는 것에 비유하여 언급하곤 했다.

공자께서는 안연과 같은 훌륭한 인물을 만들어 내셨다.[5)]

3) 『法言』, 「學行」, "學者, 所以修性也. 視 · 聽 · 言 · 貌 · 思, 性所有也. 學則正, 否則邪."
4) 『法言』, 「問明」, "群鳥之於鳳也, 群獸之於麟也, 形性. 豈群人之於聖乎?"
5) 『法言』, 「學行」, "孔子鑄顔淵矣."

> 무릇 칼을 가진 사람은 칼날을 갈아야 하고, 옥을 가진 사람은 잘 다듬어야 합니다. 갈고 다듬지 않는다면 무슨 소용이 있겠습니까? 갈고 다듬음으로 인해 타고난 좋은 성질이 발휘되는 것입니다.[6]

위의 인용문 가운데 언급 되어진 성질은 공자가 언급한 "바깥의 꾸밈과 본질이 잘 어울린다."[7]의 의미에 가까운 것이라고 할 수 있는데, 이는 곧 어떠한 수식이나 가공을 거치지 않은 본질을 지칭하는 것으로 반드시 수양을 거쳐야 만이 비로소 완벽해지는 것이다. 그렇기 때문에 확실하게 알 수 있는 것은 양웅이 자신을 수양하는 것으로써 본성을 언급했다고 하는 사실이다.

> 자신을 수양하는 것을 활로 삼고, 생각을 바르게 하는 것을 화살로 삼으며, 의로움을 세우는 것을 과녁으로 삼아, 자세를 바르게 한 이후에 쏜다면, 쏘는 것마다 반드시 명중할 것이다.[8]

선함을 닦는다고 하는 것은 선으로써 기준을 삼아서 본성을 수양한다는 것으로 곧 선한 사람이 되는 것을 의미한다. 반대로 악으로써 기준을 삼아서 본성을 수양하게 되면 곧 악한 사람이 되는 것이다. 이렇게 볼 때, 인간의 본성은 선하게도 될 수 있고 악하게도 될 수 있는 것으로 곧 인간은 선할 수도 있고 악할 수도 있다는 것이다.

---

6) 『法言』, 「學行」, "夫有刀者礲諸, 有玉者錯諸, 不礲不錯, 焉攸用? 礲而錯諸, 質在其中矣."

7) 『論語』, 「雍也」, "文質彬彬."

8) 『法言』, 「修身」, "修身以爲弓, 矯思以爲矢, 立義以爲的, 奠而後發, 發必中矣."

그렇다면 선함과 악함이 혼재되어 있는 혼란한 상태로서 아직 재질을 갈거나 다듬지 않은, 즉 선하게 되거나 악하게 될 가능성만 있는 상황으로 선악이 실존하지 않는 상황은 반드시 다음과 같은 두 종류의 의문에 봉착하게 된다. 즉 선함을 알고 악함을 안다고 하는 것은 무엇인가? 또한 선함을 수양하거나 악함을 수양한다고 하는 것의 근거는 어디에 있는가? 양웅은 이러한 의문에 대하여 기氣로써 선악으로 가는 말로 삼는다고 했지만, 여전히 본성의 도덕주체의 문제에 대한 해석으로는 부족했다. 즉 그러한 말을 모는 사람이 어떻게 모는 것인가? 라고 하는 문제는 여전이 남는 것이다. 그러므로 기氣와 본성의 관계 등은 곤란이 잇따르게 되는 것이다. 맹자가 기를 기른다고 하는 양기養氣로써 덕을 완성하는 도덕실천의 방법론을 삼은 것에서와 같이 기氣는 생명력의 표현이며 정감의 작용이 되는 것이다. 여기에서 바로 맹목적인 충동은 반드시 이성의 작용을 통한 인도가 필요한 것이 되기 때문에 "뜻은 기의 거느리는 것이고, 기는 몸에 가득 차 있다. 무릇 뜻이 가장 우선이 되고 기는 그 다음이다."[9], "그러한 뜻을 간직하면서도 그 기를 난폭하게 하지 않는다."[10], "나는 나의 호연지기를 잘 기른다."[11] 라고 말하는 것이다. 그러나 양웅이 언급한 기氣는 그 의미와 작용이 불분명하기 때문에 그의 인성론에 커다란 공백을 남겨 놓게 만든다.

양웅은 본래 본성의 선함과 악함의 여부로서 자신의 사상적 이

---

9) 『孟子』, 「公孫丑上」, "夫志, 氣之帥也; 氣, 體之充也. 夫志至焉, 氣次焉."

10) 『孟子』, 「公孫丑上」, "持其志, 無暴其氣."

11) 『孟子』, 「公孫丑上」, "我善養吾浩然之氣."

론기초를 삼지 않았다. 그는 인간이 선하거나 악하게 될 수 있는 것은 반드시 본성의 선함과 악함의 여부로써 해결할 수 있는 성질의 것이 아니라고 생각했다. 인간의 선하고 악할 수 있는지의 여부는 만일 본성의 선함과 악함의 여부로서 해결할 수 있게 된다면, 그것은 쉽게 인과론적 추론을 조성하게 된다. 즉 그 본성이 선하다고 하는 것은 인간이 선할 수 있다는 것이며, 본성이 악하다고 하는 것은 인간이 악할 수 있다는 것이다. 이와 같이 교육의 효과는 반드시 낮은 단계까지 떨어지게 되어 그 중요성은 크게 감소될 것이다. 양웅은 이러한 측면에서부터 인간이 선할 수 있고 악할 수 있는지의 문제를 보았는데, 이는 실질적으로 그의 교육론에 유리하게 작용했다. 이러한 것 외에 본성의 선함과 악함으로서 인간의 선할 수 있고 악할 수 있는지의 여부를 해결한다고 하는 것은 곧 본성의 선함과 악함이 인간의 선할 수 있고 악할 수 있는지의 여부를 결정짓는 최고의 조건이 된다는 것이다. 이러한 조건은 실제로 인간의 선할 수 있고 악할 수 있는지의 문제에 대한 해답의 소재를 제공하기 위한 것이다. 그렇기 때문에 인간의 최종적인 의도는 인간의 선할 수 있고 악할 수 있는지의 문제를 해결하려는 것에 있는 것이지, 본성의 선함과 악함의 문제를 해결하려는데 있는 것은 아니다. 만일 인간의 선할 수 있고 악할 수 있는지의 문제에 대한 해답을 얻을 수 있다면, 구태여 실존적인 본성의 선함과 악함 여부의 문제에 대하여 규명하려고 노력할 필요가 없는 것이다.

양웅은 이처럼 선함과 악함이 혼재되어 있다고 하는 주장을 인간의 선할 수 있고 악할 수 있는지 여부의 문제에 대한 답안으로 삼았던 것이다. 그렇기 때문에 양웅은 본성의 선함과 악함의 문제에 대하여 많은 언급을 할 필요성을 느끼지 못했던 것이라고 할 수 있다. 성인의 본성이 여러 사람들의 본성과 다르기 때문에 학습의 효과가 쌓이면 일반적인 사람들 역시 성인의 경지에 도달할 수 있게 되는 것이다.

> 공자는 주공을 배운 사람이요, 안연은 공자를 배운 사람이다.[12)]

> 뽕나무 벌레의 애벌레가 죽어서 나나니벌을 만났다. 나나니벌이 그를 보고 날 닮아라. 날 닮아라. 하니, 하루하루 지나는 동안에 나나니벌을 닮았다.[13)]

이처럼 학문을 닦는 것의 효과와 의의는 지극히 원대하게까지 발휘될 수 있는 것이다.

맹자가 본성이 선하다고 언급 것은 도덕의식 측면에서 말한 것이라고 할 수 있다. 맹자가 언급한 "인간의 본성이 선한 것은 마치 물이 아래로 흘러가는 것과 같다."[14)]라고 하는 주장은 본성의 실존적인 측면에서 그것이 선하다고 한 것은 아니라고 할 수 있다. 맹자는 본심으로써 본성을 언급하는데, 즉 인의예지仁義禮智는 모두 인간의 도덕심이 필연적으로 요구하는 것이며, 측은하게 여기는 마음은 모든 인간이 가지고 있는 것이다. 그렇기 때문에 성선설과 인간이 선할 수 있다고 하는 관계는 더 이상 앞에서 언급한 것처럼 인과성의 관계가 정립되지를 않게 되는 것이다. 이러한

---

12) 『法言』, 「學行」, "孔子習周公者也, 顔淵習孔子者也."

13) 『法言』, 「學行」, "螟蛉之子, 殖而逢, 蜾蠃祝之曰: 類我, 類我. 久則肖之矣."

14) 『孟子』, 「告子上」, "人性之善也, 猶水之就下也."

본성의 선함은 인간이 선할 수 있는 필연적인 보증이 되는 것이며, 인간의 심령이 반드시 선을 도덕의 최종목적으로 삼는 것이기 때문에 인간은 반드시 선하게 될 수가 있는 것이다. 그래서 공자는 "내가 인하게 되고자 하면 곧 인이 찾아온다."[15]라고 말했던 것이다. 이와 같이 볼 때, 맹자는 본심의 도덕의식은 필연적으로 선을 향하는 것이기 때문에 인간이 선하게 될 수 있다고 하는 보증이 되는 것이며, 양웅이 성인의 외형과 성질이 일반적인 사람들과 다르지 않다고 하는 사실로서 수양이 가능하다고 했으며, 이것을 인간이 선할 수 있다고 하는 것의 보증으로 삼았던 것이다.

양웅의 인성론은 사실상 그의 교육사상의 구심점이라고 할 수 있다. 그러한 교육사상의 내용은 교육의 기능과 목적 및 학문을 하는 방법에 치중되어 있다고 할 수 있다. 바꿔 말하자면 맹자가 언급한 밖에서 나에게 녹아져 들어오는 것과 같은 부분에 치우쳐져 있다고 할 수 있는 것이다. 이와 같은 양웅의 주장은 순자의 학설과 유사한 점이 많다고 할 수 있다. 순자는 성악설을 주장하였는데, 그는 인간의 선함은 인위적인 조작에 의해서 가능해지는 것, 즉 교육에 의해서 가능하다고 했다.

> 반드시 스승과 법도의 가르침이 있은 뒤에라야 바로잡히게 되는 것이며, 예의가 있음으로서 비로소 다스려지게 되는 것이다.[16]

순자는 인간의 본성이 악한 것이라고 하는 실존적인 측면에서

---

15) 『論語』, 「述而」, "我欲仁, 斯仁至矣."

16) 『荀子』, 「性惡」, "必將待師法然後正, 得禮義然後治."

인간이 악하게 될 수 있다고 주장했다. 만일 이익을 좋아하고 듣기 좋은 소리와 보기 좋은 빛깔을 좋아하는 것을 추구하는 악한 본성을 따른다면 쟁탈과 폭력과 음란함이 생기게 되어 결국 인간사회는 혼란하게 되기 때문에 반드시 스승과 법도와 예의로써 제한해야 하는 것이다. 그렇다면 인간의 악한 본성을 고쳐서 선하게 할 수 있는 것인가? 라고 하는 의문이 제기 될 수 있다. 이에 대해서는 순자는 다음과 같이 언급했다.

> 무릇 본성이라고 하는 것은 사람이 태어날 때부터 자연적으로 이루어진 것으로, 후천적인 학습이나 노력에 의해서 이루어질 수 있는 것이 아니다.[17)]

위의 인용문에서 언급한 바와 같이 본성은 고칠 수가 없는 것이며, 또한 이것은 순자의 입장에서 보았을 때 명백한 사실이라고 할 수 있는 것이다.

순자가 역설한 예의에 의해서 "본성을 변화시켜 인위를 일으킨다."[18)]고 하는 것은 실제로는 일종의 압제 작용이라고 할 수 있는데, 이러한 외재적인 구속력은 본성의 본래적인 악한 성분을 봉쇄하게 되는 것이다. 나무는 먹줄을 좇음으로 곧게 되지만 결코 나무의 본성을 바꿀 수는 없는 것처럼 물리적 현상의 변화일 뿐이다. 그렇기 때문에 순자의 본성은 선하게 될 수 있다고 하는 것은 반드시 "일반적인 사람에게는 누구에게나 다 인의와 법도를 알 수 있는 소질이 있고, 또 인의와 법도를 실천할 수 있는 재능이 갖추

---

17) 『荀子』, 「性惡」, "凡性者, 天之就也, 不可學, 不可事."

18) 『荀子』, 「性惡」, "化性起僞."

어져 있다."[19]라는 주장으로 보충을 해줘야만 하는 것이다. 그렇다면 이러한 소질과 재능은 어떠한 성질에 속하는 것인가? 라고 하는 의문이 제기될 수 있다. 이에 대하여 순자는 선입견을 없애고 집중해서 마음이 고요한 상태가 되도록 해야 한다고 하는 마음의 상태를 제시하여 비교적 확정적으로 설명을 시도하였다.

양웅 역시 마음에 대하여 언급하는데, 다음과 같다.

> 어떤 사람이 신묘함에 대해 물으니, 신묘함은 마음의 작용입니다. 라고 대답했다. 그가 이 말에 대하여 물으니, 마음이란 하늘에 대해 깊이 생각하면 하늘을 알게 되고, 대지에 대해 깊이 생각하면 대지를 알게 됩니다. 천지란 본래 신묘해서 헤아리기 어려운 것이나, 마음이 그에 대해 깊이 숙고하면 헤아려 알 수 있는 바가 있으니 사람에 대해서야 어떠하겠습니까? 또 인간사나 인륜에 대해서야 어떠하겠습니까? 라고 대답했다. 그가 성인에 대해깊이 생각함에 대해 묻겠습니다. 라고 하니, 옛날에 공자는 문왕에 대해 깊이 생각해 문왕의 경지에 도달했고, 안연은 공자에 대해 깊이 생각해 공자의 경지에 거의 도달했습니다. 신묘함은 마음이 깊이 생각하는 것에 있을 따름입니다. 라고 대답했다. 하늘의 신묘한 광명은 사방을 비추고 모든 것에 통하며, 하늘의 순수한 정기는 만물을 만들어 내며, 만물은 각각의 부류를 이룬다. 사람의 마음은 진실로 신묘하지 않은가! 잡고자 하면 존재하며, 놓아버리면 없어진다.[20]

---

19) 『荀子』, 「性惡」, "塗之人也, 皆有可以知仁義法正之質, 皆有可以能仁義法正之具."

20) 『法言』, 「問神」, "或問神. 曰: 心. 請問之. 曰: 潛天而天, 潛地而地. 天地, 神明而不測者也. 心之潛也, 猶將測之, 況於人乎? 況於事倫乎? 敢問潛心於聖. 曰: 昔乎, 仲尼潛心於文王矣, 達之; 顏淵亦潛心於仲尼矣, 未達一間耳. 神在所潛而已矣. 天神天明, 照知四方. 天精天粹, 萬物作類. 人心其神矣夫? 操則存, 舍則亡."

양웅이 언급한 이러한 마음은 의지의 작용이라고 할 수 있는데,[21] 그것의 대상은 그것이 동경하는 바의 목표이다. 그렇기 때문에 "공자는 문왕에 대해 깊이 생각해 문왕의 경지에 도달했고, 안연은 공자에 대해 깊이 생각해 공자의 경지에 거의 도달했습니다."라고 했던 것이며, 신묘함이라고 하는 것은 바로 깊이 생각하는 것의 표현인데, 이는 또한 마음이 하나의 대상을 동경할 때에 마음의 신묘한 경지가 드러나게 되는 것이다. 그래서 "신묘함은 마음이 깊이 생각하는 것에 있을 따름이다."라고 하는 것이다. 한 사람이 성인을 마음속 깊이 생각하는 동경의 대상으로 삼는 것으로 인해서 그의 마음이 이러한 성인의 신묘함이 사방을 비추는 것을 인식할 수 있게 되어 수많은 변화에 대응 할 수 있게 되는 것이다. 그렇기 때문에 이러한 마음은 일종의 인식작용이 아닌 것으로, 그 자체에 대하여 언급하자면 그것과 선악의 관계에 대해서는 찾아볼 수 없게 되는 것이다.

양웅이 제기한 "잡고자 하면 존재하며, 놓아버리면 없어진다."라고 하는 언급은 맹자가 제기한 "구하면 얻을 것이고, 놓아버리면 잃게 된다."[22]라고 하는 언급처럼, 인간이 본래적으로 가지고 있는 인의仁義의 마음을 지칭하는 것으로 마음을 보존한다는 의미라고 할 수 있다. 그러나 양웅이 언급한 마음은 바로 성인에 대해 깊이 생각한 후에 드러나는 그 신묘함에 대한 것이기 때문에 맹자의 본심으로 본성을 말한다고 하는 것과는 차이가 있다고 할 수 있으며, 순자의 선입견을 없애고 집중해서 고요한 상태가 된다고

---

21) 徐復觀, 『兩漢思想史』卷二, 臺北, 學生書局, 1985년, 515쪽 참조.

22) 『孟子』, 「盡心上」, "求則得之, 舍則失之."

하는 마음과도 분명한 차이가 존재한다고 할 수 있는 것이다. 그렇기 때문에 양웅이 언급한 마음은 본성의 선하고 악하다는 것과는 직접적인 관련이 없다고 볼 수 있는 것이다.

3. 교육의 기능과 목표

양웅의 교육에 대한 관심은 그의 사상체계 속에서 매우 중요한 위치를 점하고 있다. 양웅의 『법언』은 「학행」을 첫 시작 편으로 하고 있는데, 이는 『논어』가 「학이」를 처음 편으로 하고 『순자』가 「권학」을 시작 편으로 한 것과 같은 의미로 사용되었음을 발견할 수 있다. 이러한 것은 양웅이 학문에 대하여 특별히 중시했음을 표시하는 것이라고 할 수 있다. 양웅은 당시 서한말기의 사회에 횡횡하던 궤변사설이 백성들을 미혹시키는 상황을 종식시키기 위하여 『법언』을 저술하여 당시 사회의 학풍에 새로운 활력을 불어넣고자 하였다. 또한 그는 당시의 오경박사 시스템이 교육과 학술사상을 농단하는 것에 대하여 비판을 진행함과 동시에 그것을 바로잡고자 했다.[23)]

> 학문이란 실행하는 것이 최상이요, 말로 논하는 것이 그 다음이며, 남을 가르치는 것은 또 그다음이다.[24)]

> 만약 공자의 가르침을 다시 펼치고자 한다면 지금의 유자들로

---

23) 徐復觀, 『兩漢思想史』卷二, 臺北, 學生書局, 1985년, 516쪽 참조.
24) 『法言』, 「學行」, "學, 行之上也; 言之次也; 敎人, 又其次也."

하여금 목탁이 되게 하여 이를 널리 전하게 하는 것이 가장 좋은 방법이다.[25)]

스승이란 사람들의 모범이 되는 자다. 그러나 요즘 세상에는 마땅히 모범이 되어야 할 자가 모범이 되지 못하는 경우도 적지 않은 듯하다.[26)]

이상의 인용문 모두는 당시의 오경박사에서 가르침을 전하는 상황에 대하여 일침을 놓은 것이다. 이러한 것들은 비록 학술사의 문제가 되지만, 또한 이러한 문제는 양웅의 교육사상의 내용에 영향을 끼치게 된다. 양웅은 "사람으로서 배우지 않으면 비록 근심스러운 일은 없을지라도 새나 짐승과 무슨 다른 것이 있겠는가?"[27)]라고 하여 인간에게 금과 옥 같은 재질이 있기 때문에 그것을 잘 주조하거나 가공한다면 완성된 형태의 제품을 만들 수 있는 것처럼 교육을 통하여 완성된 인간이 될 수 있는 것으로 보았다.

어떤 이가 학문을 닦는다고 해도 유익할 것이 없습니다. 타고난 본성을 어찌하겠습니까? 라고 물으니, 아직 제대로 생각하지 못하셨군요. 무릇 칼을 가진 사람은 칼날을 갈아야 하고, 옥을 가진 사람은 잘 다듬어야 합니다. 갈고 다듬지 않는다면 무슨 소용이 있겠습니까? 갈고 다듬음으로 인해 타고난 좋은 성질이 발휘되는 것입니다.[28)]

---

25) 『法言』, 「學行」, "如將復駕其說, 則莫若使諸儒金口而木舌."

26) 『法言』, 「學行」, "師者, 人之模範也. 模不模, 範不範, 爲不少矣."

27) 『法言』, 「學行」, "人而不學, 雖無憂, 如禽何?"

28) 『法言』, 「學行」, "或曰: 學無益也, 如質何? 曰: 未之思矣. 夫有刀者礱諸, 有玉者錯諸, 不礱不錯, 焉攸用? 礱而錯諸, 質在其中矣."

뽕나무 벌레의 애벌레가 죽어서 나나니벌을 만났다. 나나니벌이 그를 보고 날 닮아라. 날 닮아라. 하니, 하루하루 지나는 동안에 나나니벌을 닮았다. 빠르구나, 칠십 제자들이 그들의 스승인 중니를 닮은 것이.[29]

어떤 이가 세상에는 연금술을 말하는 이가 있는데, 황금을 주조할 수가 있는 것입니까? 라고 물으니, 군자를 만나면 사람 만드는 것을 묻지, 황금 만드는 것을 묻지 않는다고 들었습니다. 라고 했다. 그러자 그가 사람도 만들어낼 수가 있는 것입니까? 라고 물으니, 공자께서는 안연과 같은 훌륭한 인물을 만들어내신 것이지요. 라고 대답했다. 그가 놀라면서 좋도다! 황금 만드는 것을 물었다가 사람 만드는 것에 대해 듣게 되었구나! 라고 말했다.[30]

위의 인용문들 가운데 가는 것과 다듬는 것・닮는 것・주조하는 것이 강조하는 것은 모두 외재적인 작용에 의해서 고쳐질 수 있다는 사실이다. 그렇기 때문에 학문을 하는 방법은 훌륭한 스승을 모시는 것과 유익한 서적을 구하는 것이 매우 중요한 것이다. 이러한 견해는 순자가 주장한 성인의 예의와 올바른 법도를 갖춰야 한다고 하는 것과 매우 유사한 점이 발견 된다. 그래서 양웅이 비록 "나는 순자가 우리 유가와 같은 문도이기는 하나 길을 달리하는 자라고 생각한다."[31]라고 언급을 했을지라도, 후대의 많은

29) 『法言』, 「學行」, "螟蛉之子, 殖而逢, 蜾蠃祝之曰: 類我, 類我. 久則肖之矣. 速哉, 七十子之肖仲尼也."

30) 『法言』, 「學行」, "或問: 世言鑄金, 金可鑄與? 曰: 吾聞覿君子者, 問鑄人, 不問鑄金. 或曰: 人可鑄與? 曰: 孔子鑄顔淵矣. 或人踧爾曰: 旨哉! 問鑄金, 得鑄人."

31) 『法言』, 「君子」, "吾於孫卿, 與見同門而異戶也."

학자들이 양웅의 교육사상이 순자로부터 비롯된 것이라고 말한 것이다.[32)]

학문에 힘쓰기 위해서는 반드시 먼저 좋은 스승을 모시는 것에 힘써야 한다. 그것은 바로 인간이 스승을 모범으로 삼기 때문이다. 스승을 모시는 것에는 도리가 있어야 하고 정당하여야 하는 것이기 때문에 큰 도리를 알고 있는 스승을 모시는 것에 노력을 기울여야만 하는 것이다. 일반적으로 얄팍한 지식을 자랑하며 미사여구만 그럴싸하게 늘어놓는 사람은 좋은 스승이라고 할 수가 없는 것이다.

> 스승이여, 스승이여! 스승이 아이들 장래의 운명을 결정하는 것이로구나. 학문에 힘쓰려거든 좋은 스승을 구함에 힘쓰는 것보다 더 중요한 것이 없다. 스승이란 사람들의 모범이 되는 자다. 그러나 요즘 세상에는 마땅히 모범이 되어야 할 자가 모범이 되지 못하는 경우도 적지 않은 듯하다.[33)]

> 어떤 사람이 작은 일들을 모두 아는 자를 스승이라고 말할 수 있겠습니까? 라고 물으니, 그런 자를 어찌 스승이라고 할 수가 있겠습니까! 천하에 작은 일들은 셀 수도 없이 많습니다. 그 많은 각각의 것을 알고 있는 자들을 스승이라고 할 수가 있겠습니까? 스승의 존귀함은 그 근본이 되는 큰 도리를 알고 있다는 것입니다. 작은 일들을 아는 스승이라면 역시 부족한 것이 아니겠습니까? 라고 말했다.[34)]

---

32) 勞思光, 『新編中國哲學史』卷二, 臺北, 三民書局, 1986년, 125쪽 참조.
33) 『法言』, 「學行」, "師哉! 師哉! 桐子之命也. 務學不如務求師. 師者, 人之模範也. 模不模, 範不範, 爲不少矣."

배움으로써 자신을 닦고, 깊이 사색함으로써 생각을 정밀하게 하며, 벗과 더불어 권면해 연마해 나가고, 명예를 얻음으로써 존숭을 받고, 이 같은 일을 나태하지 않게 하면서 생애를 마친다면, 학문을 좋아한다고 말할 수 있을 것이다.[35]

학문을 추구하는 목적은 결코 벼슬자리에 나가는 것에 있지 않고, 선한 본성을 수양하여 올바른 인간이 되는 것에 있는 것이다. 그래서 양웅은 "성인은 도를 중시하며 봉록을 가벼이 여긴다. 보통 사람들은 봉록을 중시하며 도를 가벼이 여긴다."[36]라고 하였는데, 이는 당시 오경박사의 학생들이 학문을 추구하는 목적이 "시험문제를 출제하고 과를 나누어 관리를 등용함."[37]에만 있는 것을 질책하는 의미를 담고 있는 것이라고 할 수 있다.

4. 오경과 공자의 가르침에 근거한 교육

한나라 무제시기 이래로 유가사상은 점진적으로 명목상 주도적인 지위를 차지하게 되어간다. 공자 사후 공문의 제자들은 제각기 흩어져 자신의 학파를 형성하게 되는데, 자장을 중심으로 한 학파나 자사의 학파 및 자하의 학파 등이 있었다.[38] 여기에 선

---

34) 『法言』, 「問明」, "或問: 小每知之, 可謂師乎? 曰: 是何師與? 是何師與? 天下小事爲不少矣, 每知之, 是謂師乎? 師之貴也, 知大知也. 小知之師亦賤矣."

35) 『法言』, 「學行」, "學以治之, 思以精之, 朋友以磨之, 名譽以崇之, 不倦以終之, 可謂好學也已矣."

36) 『法言』, 「五百」, "聖人重其道而輕其祿, 衆人重其祿而輕其道."

37) 『法言』, 「學行」, "發策決科."

진제자의 사상이 더해지고, 유가사상과 선진제자사상이 상호 영향을 주고받는 경향은 갈수록 증가하는 추세였다. 구체적으로 법가와 황노사상 그리고 음양가 등이 유가사상의 체계 속에 스며들었던 것이다. 서한시기의 여러 유가학파는 제각기 문파를 형성하고 있었으며, 각 문파에서 설파하는 경전은 공인본이 아닌 진나라시기의 분서를 피해 구두로 전해지던 경전이 주류를 이루고 있던 형편이었다. 그렇기 때문에 오경박사가 설립된 최초의 목적은 바로 동중서가 올린 현량대책에서 볼 수 있듯이 제자백가의 학설을 종식시키고 유학사상을 통일하여 법도를 밝힌다고 하는 것에 있었다. 이러한 결과 제자백가의 학설은 결국 사장될 수밖에 없었던 것이다. 국가에서 설립한 오경박사에서는 과거에 있었던 오경에 대한 자유로운 해석에 대하여 국가에서 정한 해석에만 권위를 인정했다.[39)]

양웅은 공자와 오경을 숭상하여 이를 언행과 처세의 기준으로 삼았으며, 또한 이것들을 『법언』을 구성하는 중심축으로 삼고 있다.[40)] 이러한 현상은 동중서가 제자백가의 학설을 내쫓았던 커다란 추세에 기인한 것이지만, 당시 동중서의 춘추학을 으뜸으로 삼던 경학에서는 일반적으로 음양오행설이 뒤섞인 학설이 만연해 있었다. 이러한 현상은 양웅이 보기에는 제자백가의 학설이 각자 제멋대로 성인을 속이는 등 궤변과 사설이 난무하고 있는 상황이었다. 그래서 양웅은 그러한 상황에 대하여 개탄하고 맹자의 가르

---

38) H.G. 크릴, 이성규 역, 『공자 인간과 신화』, 서울, 지식산업사, 1983년, 86~87쪽 참조.

39) 徐復觀, 『中國經學史的基礎』, 臺北, 學生書局, 1995년, 76쪽 참조.

40) 徐復觀, 『兩漢思想史』卷二, 臺北, 學生書局, 1985년, 504쪽 참조.

침과 뜻을 본받아서 『법언』을 저술하여 성인의 도를 새롭게 일신하고자 했던 것이다. 양웅이 비록 오경을 칭송하여 학자들에게 반드시 오경을 전적으로 삼을 것을 호소했지만, 학문에 힘쓰는 것은 반드시 먼저 훌륭한 스승을 모셔야 함을 강조했다. 이는 아마도 당시 오경박사의 경학 해석과 강설 및 학풍에 대하여 상당히 많은 이견이 있었기 때문이라고 생각한다.

오경은 고대 요임금 순임금 문왕 무왕의 정치와 교화에 관한 경험을 기록해놓은 것으로, 본래는 귀족교육의 기본교재로 만든 것이었다. 이를 공자가 그것의 의미와 가치를 재정리하여 제자들의 교육과 학습을 위한 자료로 사용했던 것이다. 이러한 작업은 문화사적으로나 교육사적으로 매우 위대한 공헌이라고 할 수 있다. 이러한 교재는 고대로부터 오랜 세월 동안 반성과 실천을 통하여 축적되어져 온 인생의 지혜를 담고 있는 것이라고 할 수 있다. 이러한 경전을 통하여 후대의 학자들은 다양한 지적전통을 흡수할 수 있었던 것이며, 이러한 것이 바로 양웅이 말했던 일상적인 생명을 유지시켜주는 데에 반드시 필요한 늘 먹는 밥인 것이다. 공자는 『시경』의 시들은 "사람들의 감흥을 일으켜 줄 수 있고, 사물을 올바로 볼 수 있게 하며, 남과 잘 어울릴 수 있게 하고, 잘못을 원망할 수 있게 한다."[41]라고 했으며, 또 "시에서 흥취를 갖게 되고, 예로써 자립하게 되고, 악에서 자기를 완성시키는 것이다."[42]라고 했다. 이와 같이 볼 때 오경은 공자학파의 강의 교재로 사용되었던 것임을 알 수 있다.

---

41) 『論語』, 「陽貨」, "可以興, 可以觀, 可以群, 可以怨."
42) 『論語』, 「泰伯」, "興於詩, 立於禮, 成於樂."

> 책을 보는 것은 산을 보거나 물을 보는 것에 비유할 수 있다. 태산에 올라보면 뭇 산들이 그저 울퉁불퉁 이어지는 구릉에 불과하다는 것을 알게 되니, 하물며 작은 언덕 따위야 어떠하겠는가! 넓은 바다에 나가보면 장강이나 황하조차 그저 흙탕물에 지나지 않음을 알게 되니, 하물며 물이 마른 연못 따위야 어떠하겠는가! 배를 버리고 물을 건너고자 하는 사람은 없을 것이다. 마찬가지로 오경을 버리고 도를 이루고자 하는 사람은 없을 것이다. 늘 먹는 밥을 버리고 특이한 음식을 찾는 자가 어찌 참된 맛을 안다고 하겠는가? 대성인의 가르침을 내버려 두고 제자들의 언설을 좋아한다면 어찌 참된 도를 안다고 하겠는가?[43)]

양웅은 당시 오경 이외의 여타의 저작들에 대하여 한마디로 "뭇 산들이 그저 울퉁불퉁 이어지는 구릉에 불과하다는 것을 알게 된다."와 "장강이나 황하조차 그저 흙탕물에 지나지 않음을 알게 된다."라고 언급한 것처럼 한참 뒤떨어지는 것으로 보았으며, 더 나가 언덕이나 마른 연못이나 특이한 음식에 비견했던 것이다. 양웅이 언급한 하찮은 저작들은 대부분 전국시대 제자백가들의 저서들로서, 그는 『노자』에 대해서 "인과 의를 던져버리고, 예와 학을 없애버리라고 함."[44)]이라고 평했으며, 『장자』에 대해서는 "군주와 신하 사이의 의를 무시하라고 함."이라고 언급했으며, 『회남자』와 『사기』에 대해서는 "정말로 잡박하다."[45)]고 평했으며, 추연

---

43) 『法言』, 「吾子」, "觀書者譬諸觀山及水, 升東嶽而知衆山之邐迤也, 況介丘乎! 浮滄海而知江河之惡沱也, 況枯澤乎! 舍舟航而濟乎瀆者, 末矣; 舍五經而濟乎道者, 末矣. 棄常珍而嗜乎異饌者, 惡睹其識味也? 委大聖而好乎諸子者, 惡睹其識道也?"

44) 『法言』, 「問道」, "搥提仁義, 絶滅禮學."

45) 『法言』, 「問神」, "雜乎雜."

에 대해서는 "학설이 지나치게 요원해서 믿을 수가 없다."[46]라고 평하고 있으며, 신불해와 한비자에 대해서는 "각박하고 험악해서 교화함이 없다."[47]고 평가 했으며, 공손룡에 대해서는 "수만 마디의 궤변으로 법칙을 삼았다."[48]라고 평가했다. 결국 양웅은 제자백가에 대하여 "장자와 양주는 지나치게 방탕하고 얽매이는 바가 없어 도덕규범을 지키지 않으며, 묵자와 안영은 지나치게 검소해 예악을 폐하기에 이르며, 신불해와 한비자는 각박하고 험악해 교화함이 없고, 추연의 학설은 지나치게 요원하여 믿을 수가 없다."[49]라고 여겼다. 그렇기 때문에 제자백가의 주장은 모두 믿을 수 없으며, 제대로 된 이론체계라고 하기에는 부족하다고 했던 것이다. 오직 오경만이 제대로 된 이론체계로서, 이러한 오경의 가르침을 잘 따라서 성인의 도를 실천하는 것이 바로 진정한 앎의 도리가 되는 것이라고 양웅은 생각했던 것이다.

양웅은 성인이 만든 경전을 천지에 비유했는데, 그는 천지가 만일 그 크기를 헤아릴 수 있고 그 깊이를 측정할 수 있는 것이라면 그것이 만물을 덮고 있는 것도 대단한 높이는 아닐 것이며 만물을 떠받치고 있는 것도 대단한 두께는 아닌 것이라는 점을 알 수 있게 되지만, 인간의 유한한 지식으로는 천지의 덕을 모두 알 수는 없는 것이라고 했다. 만일 유한한 지식으로 천지의 덕을 알 수가 있다면, 천지의 덕은 유한한 것으로 변하게 되어 만물의 성곽이

---

46) 『法言』, 「五百」, "迂而不信."

47) 『法言』, 「五百」, "險而無化."

48) 『法言』, 「吾子」, "詭辭數萬以爲法."

49) 『法言』, 「五百」, "莊楊蕩而不法, 墨晏儉而廢禮, 申韓險而無化, 鄒衍迂而不信."

될 수가 없다는 것이다. 성인이 만든 경전은 이와 같은 것이기 때문에 알기 쉽게 풀이될 수 있는 성질의 것이 아니다. 그렇기 때문에 공자 사후에 경전의 오묘한 도리를 배우려는 사람들이 경전을 더욱 어렵게 느꼈던 것이다.

오경은 천도와 정치에 관한 사항 및 사무 처리와 예의를 지키고 말과 행동거지를 신중히 하는 것과 품은 뜻을 계발해주는 등의 우주와 인생 전반에 걸친 오묘한 도리가 갖춰져 있는 것이기 때문에 배우는 사람은 정교하고 세밀하며 오묘한 진리를 깨우치기 위해서는 오경을 버리고는 그 어떤 것도 깨우칠 수가 없는 것이다.

> 어떤 사람이 오경은 모두 다 웅변입니까? 라고 물으니, 오직 오경만이 웅변이라고 할 수 있습니다. 천도의 이치에 관해서는 『역경』보다 더 잘 말한 것이 없고, 정사에 관해서는 『서경』보다 더 잘 말한 것이 없으며, 몸가짐에 대해서는 『예기』보다 더 잘 말한 것이 없고, 마음의 실정에 대해서는 『시경』보다 더 잘 말한 것이 없으며, 세상사의 이치에 대해서는 『춘추』보다 더 잘 말한 것이 없습니다. 이러한 오경을 제외하고는 어떠한 언변도 모두 보잘것없습니다. 라고 대답했다.[50]

경전의 내용은 성인 만든 것으로, 복희씨는 팔괘를 처음 그렸고, 문왕은 그것에 육십사괘를 더하였으며, 공자는 시 삼백 편을 선정하여 편찬했으며 춘추를 저술했는데, 이러한 것 모두는 바로 마땅한 때가 되어 만든 것이다. 이러한 것들을 성인이 마땅한 시기가

---

50) 『法言』, 「寡見」, "或問: 五經有辯乎? 曰: 惟五經爲辯. 說天者莫辯乎易, 說事者莫辯乎書, 說體者莫辯乎禮, 說誌者莫辯乎詩, 說理者莫辯乎春秋. 舍斯, 辯亦小矣."

되어서 만들었다고 하는 언급은 성인의 도를 떠받치고 있는 경전은 반드시 시의에 부합해야 하며 그것이 시대에 따라서 더해지거나 덜어내 진다는 것을 의미한다고 할 수 있다.

5. 맺는 말

이상과 같이 양웅의 교육사상에 대하여 인성론에 기초한 교육론과 교육의 기능과 목표 및 오경과 공자의 가르침에 근거한 교육을 중심으로 논의를 진행해보았는데, 이를 정리하면 다음과 같다.

양웅은 본래 본성의 선함과 악함의 여부로서 자신의 사상적 이론기초를 삼지 않았다. 그는 인간이 선하거나 악하게 될 수 있는 것은 반드시 본성의 선함과 악함의 여부로써 해결할 수 있는 성질의 것이 아니라고 생각했다. 인간의 선하고 악할 수 있는지의 여부는 만일 본성의 선함과 악함의 여부로서 해결할 수 있게 된다면, 그것은 쉽게 인과론적 추론을 조성하게 된다. 즉 그 본성이 선하다고 하는 것은 인간이 선할 수 있다는 것이며, 본성이 악하다고 하는 것은 인간이 악할 수 있다는 것이다. 양웅은 이러한 측면에서부터 인간이 선할 수 있고 악할 수 있는지의 문제를 보았는데, 이는 실질적으로 그의 교육론에 유리하게 작용했다.

양웅은 이처럼 선함과 악함이 혼재되어 있다고 하는 주장을 인간의 선할 수 있고 악할 수 있는지 여부의 문제에 대한 답안으로 삼았던 것이다. 그렇기 때문에 양웅은 본성의 선함과 악함의 문제에 대하여 많은 언급을 할 필요성을 느끼지 못했던 것이라고 할 수 있다. 그는 성인의 본성이 여러 사람들의 본성과 다르기 때문에 학습의 효과가 쌓이면 일반적인 사람들 역시 성인의 경지에 도달할 수 있게 되는 것이라고 생각했다.

양웅의 인성론은 사실상 그의 교육사상의 구심점이라고 할 수 있다. 그러한 교육사상의 내용은 교육 기능과 목적 및 학문을 하는 방법에 치중되어 있다고 할 수 있다. 즉 맹자가 언급한 밖에서 나에게 녹아져 들어오는 것과 같은 부분에 치우쳐져 있다고 할 수 있는데, 이러한 양웅의 주장은 순자의 학설과 유사한 점이 많다고 할 수 있는데, 즉 그는 인간의 선함은 인위적인 조작에 의해서 가능해지는 것, 즉 교육에 의해서 가능하다고 했던 것이다.

양웅은 당시 서한말기의 사회에 횡횡하던 궤변사설이 백성들을 미혹시키는 상황을 종식시키기 위하여 『법언』을 저술하여 당시 사회의 학풍에 새로운 활력을 불어넣고자 하였다. 또한 그는 당시의 오경박사 시스템이 교육과 학술사상을 농단하는 것에 대하여 비판을 진행함과 동시에 그것을 바로잡고자 했다. 또한 양웅은 "사람으로서 배우지 않으면 비록 근심스러운 일은 없을지라도 새나 짐승과 무슨 다른 것이 있겠는가?"라고 하여 인간에게 금과 옥 같은 재질이 있기 때문에 그것을 잘 주조하거나 가공한다면 완성된 형태의 제품을 만들 수 있는 것처럼 교육을 통하여 완성된 인간이 될 수 있는 것으로 보았는데, 이것이 바로 그의 교육 목표가 되는 것이라고 할 수 있는 것이다. 또한 그는 학문을 추구하는 목적은 결코 벼슬자리에 나가는 것에 있지 않고, 선한 본성을 수양하여 올바른 인간이 되는 것에 있다고 했다.

양웅은 공자와 오경을 숭상하여 이를 언행과 처세의 기준으로 삼았으며, 또한 이것들을 『법언』을 구성하는 중심축으로 삼고 있다. 이러한 현상은 동중서가 제자백가의 학설을 내쫓았던 커다란 추세에 기인한 것이지만, 당시 동중서의 춘추학을 으뜸으로 삼던 경학에서는 일반적으로 음양오행설이 뒤섞인 학설이 만연해 있었는데, 이러한 현상은 양웅의 시야 속에서는 제자백가의 학설이 각자 제멋대로 성인을 속이는 등 궤변과 사설이 난무하고 있는 상황이었던 것이다. 그렇기 때문에 양웅은 그러한 상황에 대하여 개탄하고 맹자의 가르침과 뜻을 본받아서 『법언』을 저술하여 성인의 도를 새롭게 일신하고자 했던 것이다. 또한 제자백가의 주장은 모두 믿을 수 없으며, 제대로 된 이론체계라고 하기에는 부족하다고 했던 것이다. 오직 오경만이 제대로 된 이론체계로서, 이러한 오경의 가르침을 잘 따라서 성인의 도를 실천하는 것이 바로 진정한 앎의 도리가 되는 것이라고 양웅은 생각했던 것이다.

참고문헌

黃侃, 『論語義疏』, 『皇淸經解』本.
焦循, 『孟子正義』, 『焦氏遺書』本.
王先謙, 『荀子集解』, 北京, 中華書局, 1992년.
汪榮寶, 『法言義疏』, 北京, 中華書局, 1996년.
徐復觀, 『兩漢思想史』, 臺北, 學生書局, 1985년.
徐復觀, 『中國經學史的基礎』, 臺北, 學生書局, 1995년.
祝瑞開, 『兩漢思想史』, 上海, 上海古籍出版社, 1989년.
勞思光, 『新編中國哲學史』卷二, 臺北, 三民書局, 1986년.
H.G. 크릴, 이성규 역, 『공자 인간과 신화』, 서울, 지식산업사, 1983년.

제2절 정치론

1. 시작하는 말

중국의 진정한 통일제국은 진나라시기부터 시작되었다고 할 수 있다. 상나라나 주나라 정권은 수많은 제후국의 수장의 역할을 했었으며, 제후국과 그들의 수장은 친족관계로 연결되어 있었다. 진나라에 의한 통일제국의 건국은 그 후로 이천 여 년에 걸쳐서 중국의 운명에 지대한 영향을 끼치게 된다. 진나라에 의한 통일은 봉건제도처럼 각국에 혈연관계에 있는 사람들을 제후로 파견하여 중앙정부와 평면적으로 결합된 정치체제의 출현을 철저하게 봉쇄하는 효과를 가져왔다.

진한시기 통일제국의 건립은 군주와 신하의 관계에 새로운 전기를 마련하는 계기가 되었는데, 즉 군주와 신민 사이에는 종속관계가 형성되어 신민은 군주에게 예속되었으며, 군주는 정치적으로 신민계층의 지위를 통솔하는 입장에 있게 된다. 진시황의 수많은 정치적 조치들은 제도상에 있어서 봉건제도를 폐지하고 군현제를 시행하여 중앙집권체제를 공고히 하였던 것에 잘 나타나 있다. 이러한 조치는 중국만의 독자적인 정치시스템으로서 청나라 말기까지 이어지게 된다. 문화적인 측면에서는 문자를 통일시키는 조치를 단행하여 결과적으로 각각의 지역에 존재하던 각종각양의 지역문화들을 하나로 융합시키는 계기를 마련하게 된다. 이러한 대변혁은 역사발전의 이정표가 되었을 뿐만 아니라 정치사적으로도 일대 혁신적인 사건이었다고 할 수 있다.

양웅은 서한말기에 생존했었는데, 당시의 정치현실은 외척세력이 정치권력을 제멋대로 휘두르며 간신배무리가 득세하여 정치를 농단하던 매우 혼란한 상황이었다. 양웅이 과거의 역사적 사실에 대하여 언급한 것은 그러한 역사적 사실을 통하여 경각심을 높이기 위해서였다고 할 수 있다. 진나라가 육국을 통일하고 한무제가 사방의 이민족을 복종시킨 이후로부터 양웅의 시대에 이르기까지 이백 여년의 세월이 흘러 한제국의 운명이 쇠락해가는 시점에서 그는 진나라와 한나라의 흥망에 대한 해석을 통하여 자신의 현실정치의 변화에 대한 느낌과 견해를 투영해 보였던 것이다.

서한시기의 유학사상을 전반적으로 종합 정리하여 자신만의 사상체계를 이룩한 양웅의 정치사상은 서한말기의 정치현실을 이해하는 관건적인 요소라고 할 수 있으며, 서한시기의 유학사상과 동한시기의 유학사상을 연결시켜 주고 있는 연결고리로서 그 중요성은 충분하다고 판단된다. 그러므로 본문에서는 양웅의 정치사상에 대하여 성인의 통치와 예악교화에 의한 치국을 중심으로 논의를 진행해 보도록 하겠다.

2. 성인의 통치

양웅이 『법언』에서 나타낸 정치사상은 기본적으로 예악문화에 의한 교화를 중시하는 것이었으며, 구체적으로는 법도와 국가기강의 확립을 통하여 고대의 성왕이 통치하던 이상국가의 실현을 염원하는 것이었다. 이러한 양웅의 정치에 대한 견해는 완전히 공자의 정치사상과 일맥상통하는 것이라고 할 수 있다.

어떤 사람이 "태고 시절에는 법이 없이도 평화롭게 다스려졌다고 합니다. 법이 세상을 다스리는 수단은 아닌 듯합니다."라고 말했다. 그러자 "방법이나 도리가 없는 태고 시절에는 사람들의 생활도 동물적이어서 성인은 좋다고 하지 않았다. 그런 까닭에 법은 복희씨 때에 시작되어 요임금 때에 완성 된 것이다. 복희씨도 요임금도 아닌 다른 사람이었다면 예의에 결점이 많아 후세의 성인이 쓰지 않았을 것이다."[1]

요임금이나 순임금 문왕에게로 가는 사람은 정도요, 요임금・순임금・문왕이 아닌 데로 가는 사람은 타도이다. 군자는 정도로 향하여 갈 것이지 타도로 가서는 안 된다.[2]

어떤 사람이 무위에 대해 물으니, 무엇 때문에 인위적으로 일을 하겠습니까? 옛날 순임금과 우임금은 요임금의 지위를 물려받아 요임금의 도를 그대로 행했는데, 법도가 밝혀지고 예악이 현저하게 드러났으며, 소매를 늘어뜨리고서 두 손을 마주 잡고 아무 일도 하지 않으면서 천하의 백성들이 풍부하게 번영하는 모습을 지켜보는 것이 바로 무위입니다. 탕왕은 걸왕의 뒤를 잇고 무왕은 주왕의 뒤를 이었는데, 법도는 이미 폐기되고 예악은 어그러진 상태였으니, 편안히 앉아서 천하 백성들이 죽어가는 것을 보고 있는 것이 무위라고 할 수 있겠습니까? 라고 말했다.[3]

---

1) 『法言』, 「問道」, "或曰: 太上無法而治, 法非所以爲治也. 曰: 鴻荒之世, 聖人惡之, 是以法始乎伏犧而成乎堯, 匪伏匪堯, 禮義哨哨, 聖人不取也."
2) 『法言』, 「問道」, "適堯舜文王者爲正道, 非堯舜文王者爲它道, 君子正而不它."
3) 『法言』, 「問道」, "或問無爲. 曰: 奚爲哉! 在昔虞夏襲堯之爵, 行堯之道,

양웅이 언급하고 있는 법은 제도를 만들 수 있는 것을 가리키는 것이며, 인의仁義가 쌓여서 법도를 밝히는 것이기 때문에 고대의 성인들은 세상을 통치하는 데에 있어서 법도의 수립을 가장 우선적인 임무로 삼았던 것이다.

도가학파를 제외한 선진시기의 정치사상은 모두가 유위有爲의 통치를 주장했었다. 그 가운데에서도 유가학파는 국가의 통치는 반드시 현명한 군주에 의해서 이루어져야 한다는 사실을 더욱 강조했다. 유가사상의 본질적인 의미는 도덕주체의 가치를 중시하는 것에 있었는데, 즉 인간의 문제에 대하여 큰 관심을 가지고 있었으며 자신의 생명에 대해서도 역시 비중 있는 관심을 가지고 있었다. 이러한 것들 외에도 가장 중시했던 부분은 아무래도 도덕세계의 건립에 있지 않았나 하고 판단한다. 그들은 이와 같은 도덕세계의 건립을 최종적인 목적으로 삼기 때문에 자기반성 가운데에서 개인의 도덕생명의 발휘를 통한 완성을 추구하는 것이지, 자신만의 홀로 선함 속에서 그러한 목적을 달성할 수 있게 되는 것은 아니라는 것이다.

하늘이 만물을 생성하였으니 생성된 모든 만물에는 저마다 각기 법칙을 가지고 있게 되는 것이다. 즉 생명이 있는 존재건 생명이 없는 존재이건 간에 하늘에 수놓아져 있는 뭇별들처럼 반드시 그 운행의 원리와 궤적이 있는 것이다. 이와 같은 광범위하면서 조화롭게 상호작용을 하는 모든 존재자들은 제각기 능동적이면서 또 수동적인 능력을 가지고 있으며, 반드시 목적성을 구비한 유력

法度彰, 禮樂著, 垂拱而視天下民之阜也, 無爲矣. 紹桀之後, 纂紂之餘, 法度廢, 禮樂虧, 安坐而視天下民之死, 無爲乎?”

한 수단을 가지고 모든 존재자의 질서와 평형을 유지시킨다. 천도天道관념은 바로 이러한 이유 때문에 건립되었으며, 이러한 천도로써 인도人道를 설명한다. 또한 유가에서는 백성들의 일상생활에 질서가 있고 예의가 있기를 희망하는 염원을 성왕의 치세에 기대하였으며, 그의 덕성에 의해서 그러한 기대가 이루어질 수 있는 것으로 보았다. 그러므로 만일 군주가 하늘과 같은 존재라면, 그는 백성들을 양육해야 하는 것이다. 그 대표적인 사례가 요임금・순임금・우임금・탕왕・문왕・무왕 등의 치세이며, 이들의 치세는 곧 백성들의 민심이 향하는 것의 전형적인 사례가 되었던 것이다. 그래서 공자는 요임금에 대하여 "오직 하늘만이 크다고 하였는데, 요임금은 그것을 본받았도다. 너무나 광대해서, 백성들은 그것을 이름 지을 수도 없었다."[4]라고 언급했으며, 순임금에 대해서는 "애쓰지 않고도 잘 다스린 분은 순임금이라 할 것이다. 어찌 하겠나? 자신을 공손히 하고 바르게 남쪽을 향해 앉아 계셨을 따름이었다."[5]라고 언급했던 것이다. 공자가 언급한 요임금과 순임금의 덕성은 바로 이와 같았던 것이다.

선진유가는 백성들의 좋아하고 싫어하는 것과 고통스러워하고 즐거워하는 것을 정치의 목적과 지표로 삼았으며, 정치를 행하는 사람들의 정치적 성과의 득실을 평가하는 기준으로 삼았다. 그래서 "하늘은 우리 백성들로부터 통하여 보시고, 하늘은 우리 백성들로부터 통하여 들으신다."[6]라고 하는 관념을 이용하여 천하의

4) 『論語』, 「泰伯」, "唯天爲大, 唯堯則之. 蕩蕩乎! 民無能名焉."
5) 『論語』, 「衛靈公」, "無爲而治者, 其舜也與? 夫何爲哉, 恭己正南面而已矣."
6) 『尙書』, 「泰誓」, "天視自我民視, 天聽自我民聽."

백성들을 이해했던 것이다. 군주가 하늘과 같은 존재라고 한다면, 본래는 그 덕의 가장 왕성한 것으로 규정하는 것이다. 하늘로써 군주를 규정한다는 것은 바로 군주의 권력 및 명망은 본래 그 지위에 의해서 규정되는 것이 아니고 민심의 향배에 따른 하늘의 뜻에 의해 규정되는 것이다. 군주가 하늘과 같은 존재라면 마땅하게 백성들이 좋아하고 싫어하는 것을 따라야 하지만, 백성들의 좋아하는 것과 싫어하는 것이 때로는 옳지 않을 수도 있기 때문에 군주는 반드시 하늘의 가르침으로 모든 백성들을 교화해야 하는 것이다. 또한 이러한 목적을 달성하기 위해서는 군주 된 사람은 반드시 스스로를 수양해야만 하는 것이다. 이처럼 덕성이 있는 사람만이 비로소 백성들의 삶을 안정되게 만들 수 있는 것이기 때문에 먼 나라에서도 이러한 소문을 듣고 사람들이 몰려오게 되는 것이다. 마찬가지로 양웅의 정치에 대한 도리는 바로 자기 자신의 수양을 정치 확립의 근본으로 삼는 것에 있었다고 할 수 있다.

> 어떤 사람이 나라를 다스리려면 어떻게 하는 것이 좋겠습니까? 라고 묻자, 정치를 확립해야 한다고 대답했다. 어떤 사람이 또 그러면 정치를 확립하는 데 어떻게 하는 것이 좋겠습니까? 라고 묻자, 정치의 근본은 위정자 자신에게 있다. 위정자가 바른 것을 잡고 흔들리지 않으면 정치는 확립될 것이라고 대답했다.[7]

> 어떤 사람이 큰 것에 대해 물으니, 작은 것이라고 대답했다. 어떤 사람이 또 먼 것에 대해 물으니, 가까운 것이라고 대답했다. 어

7) 『法言』, 「先知」, "或問: 何以治國? 曰: 立政. 曰: 何以立政? 曰: 政之本, 身也, 身立則政立矣."

떤 사람이 그 말의 뜻을 깨닫지 못하니, 천하는 큰 것이지만 그것을 다스리는 방법은 미묘한 도에 있다. 얼마나 작은 것인가? 사해는 멀리까지 퍼져있지만 그것을 다스리는 것은 천자의 마음이다. 얼마나 가까운 것인가? 라고 말했다.[8)]

천하는 매우 광대한 것이고 백성들은 매우 많지만 그것을 다스리는 도는 바로 마음에 있는 것이다. 이러한 마음의 함의는 마땅히 "하늘이 덮어주고 땅이 실어 주어 모든 만물이 생겨나고 자라는 것이지만 그 생겨나고 자라는 것의 공이 완성되는 것은 하늘과 땅의 마음인 사람이 있어서 되는 것이다. 모든 백성이 사람으로서의 도에 살 수 있게 되는 것은 천자가 위에 있어 이끌어 줌으로써 이루어지는 것이다. 천자가 천하의 모든 백성을 통치할 수 있는 것은 자기의 마음을 바르게 하여 미치게 함으로써 이루어지는 것이다."[9)]라고 하는 것 가운데의 마음으로 규정해야 한다. 즉 이러한 마음은 마땅히 백성들의 마음을 자신의 마음으로 삼는 다고 하는 함의를 가지고 있다고 할 수 있다. 사람들을 자신의 덕성으로 교화시킬 수 있다면 이는 무력으로 사람들을 복종시키는 것 보다 더욱 높은 경지에 있게 되는 것이다. 그렇기 때문에 양웅은 "천자가 크고 넓어서 그 끝을 알 수 없는 성인의 덕으로써 교화하여 먼 나라의 사람들까지 다 그 덕을 사모하고 조회에 참가하게 하는 것이 가장 좋은 정치이다. 정의로움이 빛나는 군대로써 사방의 무도한 나라를 정벌하는 것은 그 다음 가는 정치이다. 야만족이 중원

---

8) 『法言』, 「孝至」, "或問: 大. 曰: 小. 問: 遠. 曰: 邇. 未達. 曰: 天下爲大, 治之在道, 不亦小乎? 四海爲遠, 治之在心, 不亦邇乎?"

9) 『法言』, 「孝至」, "天地之得, 斯民也; 斯民之得, 一人也; 一人之得, 心矣."

에 침입하여 천자의 관리와 백성을 움직여 맞서 싸우느라 나라의 힘을 다 기울이고 군대를 약화시키는 따위는 가장 좋지 않은 정치이고 그 아래는 없다."[10]라고 언급했던 것이다.

양웅의 국가통치자에 대한 견해는 공자가 계강자에게 대답한 "정치란 올바르게 한다는 것입니다. 선생님께서 올바르게 이끄신다면, 누가 감히 올바르지 않겠습니까?"[11]라고 하는 언급과 "군자의 덕이 바람과 같다면 소인의 덕은 풀과 같은 것이라, 풀 위에 바람이 불면 반드시 쓸리게 마련입니다."[12]라는 언급 및 "덕으로 정치를 하는 것은 마치 북극성은 제자리에 있고 여러 별들이 이를 떠받들며 돌고 있는 것과 같다."[13]라고 하는 것과 유사하다고 할 수 있다.

양웅의 구체적인 정치 시행은 요임금이 구족을 화목하게 하고 온 세상이 화평하게 되어 백성들을 고루 밝게 잘 다스린 것을 본받아서 하는 것에 그 중점이 있었다. 그렇기 때문에 양웅은 군자가 나라를 다스림에는 먼저 완벽한 정치시스템을 수립하여 훌륭한 신하들로써 국가의 기강을 확립하고, 이를 바탕으로 예악의 교화를 잘 시행하게 되면 국가사회 전반에 걸쳐서 선량한 도덕 분위기가 만연하게 되는데, 여기에 법령을 보조적인 수단으로 추가하면 국가 통치는 완성된다고 했던 것이다.

---

10) 『法言』, 「孝至」, "芒芒聖德, 遠人咸慕, 上也; 武義璜璜, 兵征四方, 次也; 宗夷猾夏, 蠢迪王人, 屈國喪師, 無次也."

11) 『論語』, 「顔淵」, "政者, 正也. 子帥以正, 孰敢不正?"

12) 『論語』, 「顔淵」, "君子之德風, 小人之德草. 草上之風, 必偃."

13) 『論語』, 「爲政」, "爲政以德, 譬如北辰, 居其所而衆星共之."

어떤 사람이 군주는 법령을 배우지 않으면 안 됩니까? 라고 묻자, 군자가 나라를 다스릴 때에는 정치의 근본인 기강을 단단히 잡아 펴고 백성의 교화에 세밀하게 마음을 써야한다. 백성을 인으로써 이끌면 아랫사람들은 서로 해치는 일이 없어질 것이다. 군주 자신이 청렴하고 검소하면 아랫사람들은 서로 도둑질하는 일이 없어질 것이다. 군주가 늘 정직하게 행동하면 아랫사람들은 서로 속이지 않을 것이다. 예의로써 자신을 바르게 하면 아랫사람들은 덕으로써 양보하게 될 것이다. 이러한 일이 군자가 배워야 할 마땅한 것이다. 만약 법을 범하는 사람이 있을 경우에는 군주 자신이 지휘하지 않더라도 재판을 담당하는 관리가 있는 것이다.[14)]

어떤 사람이 어지러운 정무를 곤혹스럽게 여겨 물으니, 그것을 그물과 벼리라고 대답했다. 어찌하여 그물과 벼리에 있냐고 묻자, 그물을 이루고 있는 큰 벼리를 강이라 하고, 작은 벼리를 기라고 한다. 큰 벼리를 당기고 작은 벼리를 가지런히 하면, 그물의 눈은 다 팽팽하게 펴지는 것이다. 만약 강과 기가 각각 그 역할을 다 하지 않는다면 비록 그물망이 있다고 하더라도 어떻게 한 눈으로 제대로 된 그물을 갖출 수 있겠는가? 라고 대답했다.[15)]

강綱과 기紀라고 하는 것은 비유하자면 최측근의 신하라고 할 수 있는데, 이처럼 양웅은 국가에 유능하고 현명한 신하가 있어야 함을 매우 중시하였으며, 이는 법령보다 우선적으로 필요하다고

---

14) 『法言』, 「先知」, "人君不可不學律令. 曰: 君子爲國, 張其綱紀, 謹其教化. 導之以仁, 則下不相賊; 莅之以廉, 則下不相盜; 臨之以正, 則下不相詐; 修之以禮義, 則下多德讓. 此君子所當學也. 如有犯法, 則司獄在."

15) 『法言』, 「先知」, "或苦亂. 曰: 綱紀. 曰: 惡在於綱紀? 曰: 大作綱, 小作紀, 如綱不綱, 紀不紀, 雖有羅網, 惡得一目而正諸?"

생각했다. 그러므로 그는 "나라를 바로 잡으려면 무엇을 먼저 해야 합니까? 자신의 행실이 올바르면 남도 또한 그것을 따르는 것이다."[16]라고 언급 했던 것이다. 즉 군주가 먼저 자신을 올바르게 하여 신하들을 대한다는 것으로, 이는 먼저 자신을 다스린 뒤에 백성들을 다스린다는 것이다. 또한 양웅은 법령의 역할은 도덕에 의한 감화 뒤에 이루어져야 한다고 생각했다. 이처럼 도덕을 우선하고 법령을 뒤로 하는 것은 유가학파의 전통적인 주장이며, 유가는 특히 엄하고 잔혹한 형벌로 백성들에게 해를 끼치는 것을 금기시했다. 그렇기 때문에 양웅은 진나라의 천의에 위배되는 가혹한 법률을 비판했던 것이며, 이러한 혹독한 법률로 인하여 멸망을 초래했다고 생각했다.

> 진나라는 가혹한 형벌로 엄격하게 천하를 다스렸으나 관리들은 그 법령을 어겼다. 그리고 진나라의 가혹한 형벌로 나라를 통치하는 방법은 성인의 예악에 의한 정치를 거스르는 것이다. 진나라는 성인의 도를 저버리는 동시에 크게 천지의 도에 거슬렀다. 그리하여 천지도 또한 진나라의 기대를 저버림이 컸다.[17]

> 어떤 사람이 진나라의 법령에 바탕을 두고 청렴한 정치를 행한다고 하면 태평성대를 실현시킬 수 있겠습니까? 라고 묻자, 그것을 거문고와 비파에 비유하면, 정나라와 위나라의 음란한 음악을 순임금 시대에 음악을 관장하던 기에게 연주하게 하여도 또한 그것으로 순임금의 음악인 소소를 이룰 수는 없을 것이다.[18]

---

16) 『法言』, 「先知」, "正國何先? 曰: 躬工人績."

17) 『法言』, 「寡見」, "秦之有司, 負秦之法度; 秦之法度, 負聖人之法度. 秦弘違天地之道, 而天地違秦亦弘矣."

진나라의 법령이 천지가 만물을 낳고 길러주는 것처럼 만백성들을 교화하고 양육하는 있지 않았으며, 그 법률제도의 본질은 매우 가혹하고 포악했기 때문에 성인은 이러한 법령에 의하지 않고 그것을 변혁시켜버린 것이다.

3. 예악교화에 의한 치국

덕에 의한 정치는 반드시 인성론을 기초로 해서 언급되어져야 한다. 양웅이 "변화는 그것으로 할 수 있다."[19]와 "그 선을 닦으면 선인이 된다."[20] 및 "뽕나무 벌레의 애벌레가 죽어서 나나니벌을 만났다."[21]라고 언급한 것에서와 같이, 그는 인간이 교화되고 학습을 할 수 있다는 사실을 긍정했다. 이러한 사실은 인성이 선할 수도 있고 악할 수도 있다고 하는 이론에 기초했기 때문이다. 그러나 인간이 반드시 교화되고 학습을 받을 수 있다고 하는 것은 이러한 인성은 선할 수도 있고 악할 수도 있다고 하는 이론의 기초위에 건립된 것은 아니다. 즉 인성이 선할 수도 있고 악할 수도 있다고 하는 것은 단지 인간이 교화를 받는 것을 접할 수도 있고 접하지 못할 수도 있다는 것만을 추론시킬 수 있을 뿐이기 때문이다. 일반적으로 인간이 성현의 경지에 도달할 수 있는 것은 인성

18) 『法言』, 「寡見」, "或曰: 因秦之法, 清而行之, 亦可以致平乎? 曰: 譬諸琴瑟鄭衛調, 俾夔因之, 亦不可以致蕭韶矣."

19) 『法言』, 「先知」, "化其可以."

20) 『法言』, 「修身」, "修其善則爲善人."

21) 『法言』, 「學行」, "螟蛉之子殖而逢蜾蠃."

이 선할 수 있다고 하는 것만으로 보증될 수 있는 것이 아니라, 반드시 인간이 성현의 경지를 이룩해야 한다고 하는 목적에 기초한 교화를 통해서만이 가능하다고 하는 것이다. 이처럼 자연히 본심으로써 본성이 선하다고 하는 것을 유추해낼 수 있게 되는 것이다. 양웅은 이러한 점을 간과했기 때문에 그의 이론은 결국에는 인의仁義는 외재하는 것이라고 하는 측면으로 기울어지게 되었던 것이다.

예악제도는 유가정치사상의 대표적인 이론체계라고 말할 수 있을 것이다. 이와 같은 예악제도에 관한 공자의 논의는 상당히 많은 편이라고 할 수 있으며, 공자가 설계하였던 사회 역시 예악의 교화가 보편적으로 이루어진 사회라고 할 수 있다. 양웅은 먼저 교화를 하고 후에 법률로 보충할 것을 주장했는데, 그는 교화를 시행하는 데는 예악제도보다 더 적당한 것은 없다고 생각했다.

> 하늘이 처음으로 백성을 내림에 눈으로는 보게 하고 귀로는 듣게 하였다. 그렇기 때문에 보고 듣는 것의 본보기로 예와 악을 만들었다. 만약 예와 악을 물리치고 인간이 보고 듣고자 하는 것을 제멋대로 하게 한다면, 비록 백성이 있을지라도 이제 다시 어떻게 그것을 막을 수가 있겠는가?[22]

> 진실로 천하를 다스리면서 예법의 명문과 다섯 가지 가르침에 의하지 않는다면, 황제나 요임금·순임금과 같은 옛날의 성왕도 나에게 있어서는 사마귀나 혹과 같은 불필요한 존재라고 생각된다.[23]

---

22) 『法言』, 「問道」, "天之肇降生民, 使其目見耳聞, 是以視之禮, 聽之樂. 如視不禮, 聽不樂, 雖有民, 焉得而塗諸."

23) 『法言』, 「問道」, "允治天下, 不待禮文與五教, 則吾以黃帝堯舜爲疣贅."

성인은 실용적인 것에다가 문식을 더하는 것이다. 마차나 의복을 다르게 만들어 귀천의 구별을 짓고, 무늬와 색채로써 존비를 밝히고, 노래와 음악으로 그 덕을 기리고, 시와 서의 기록으로 그 공적을 빛나게 한다. 제기가 바르게 진설되지 않고, 구슬과 비단의 예물이 분수에 맞지 않고, 거문고와 비파가 연주되지 않고, 종과 북이 울리지 않는다면, 나는 성인의 존재 가치를 인정할 수가 없었을 것이다.[24)]

성인이 천하를 다스리는데 있어서는 예악을 기준으로 하여 행한다. 예악이 없이 살아가는 인간은 새나 짐승과 같다. 성인의 예악과는 다른 풍속 아래에서 생활하는 자는 중원이 아닌 야만족에 지나지 않는다.[25)]

위의 인용문들 가운데 예악의 작용은 「악기」에 언급되어 있는 것처럼 "예로써 그 뜻을 이끌고, 악으로써 그 소리를 화평하게 하고, 정치로써 그 행동을 한결같게 했으며, 형벌로써 그 간사함을 막았다. 이렇듯 예・악・형벌・정치의 네 가지는 서로 다르다고 할지라도 그것이 이루고자 하는 궁극적인 목적은 하나이다. 즉 백성들의 마음을 통일하여 치국의 도를 이룩하도록 하는 것이다."[26)] 와 같이 정서를 조절해주는 의미만 가지고 있을 뿐만이 아니라, 정서를 소통시켜주는 의미도 가지고 있는 것이다. 만일 예악이 없

24) 『法言』, 「先知」, "聖人文質者也. 車服以彰之, 藻色以明之, 聲音以揚之, 詩書以光之. 籩豆不陳, 玉帛不分, 琴瑟不鏗, 鐘鼓不抎, 則吾無以見聖人矣."

25) 『法言』, 「問道」, "聖人之治天下也, 礙諸以禮樂, 無則禽, 異則貊."

26) 『禮記』, 「樂記」, "禮以道其志, 樂以和其聲, 政以一其行, 刑以防其奸. 禮樂刑政, 其極一也; 所以同民心而出治道也."

다고 한다면 곧 정서는 소통될 수가 없게 되고 결국에는 짐승과 같게 되는 것이다. 이와 같이 볼 수 있듯이 예악이라고 하는 것은 모두 인간의 감정을 순화시키면서 의로움에 맞게 사용할 수 있게 해주는 것이다. 또한 예악의 작용은 일탈을 막아줄 수가 있는 것이다.

> 개울에는 둑이 있어서 물이 넘치는 것을 막고, 그릇에는 정해진 형태가 있어 모양의 가지런하지 않음을 막는다. 이것으로 보더라도 예절의 교육이 인간다움을 벗어나는 일을 막는 데에 그보다 더 좋은 것이 없음을 알 수 있다.[27)]

공자의 통치술은 소극적으로는 법령과 형벌에 의한 제재를 경시했으며, 적극적으로는 예악에 의한 교화를 중시하는 경향이 있었다.[28)] 공자는 늘 "시에서 흥취를 갖게 되고, 예로써 자립하게 되고, 악에서 자기를 완성시키는 것이다."[29)]라고 언급했으며, 또 "정령으로써 인도하고 형벌로써 다스리면 백성들은 형벌을 면하려고만 하지 수치를 모르게 된다. 덕으로써 인도하고 예로써 다스리면 백성들은 수치를 알게 되고 또 바로잡히게 된다."[30)]라고 언급한 것처럼, 양웅 역시 이와 같은 공자의 통치에 관한 도리를 본받아 자신의 견해를 피력해나간다.

---

27) 『法言』, 「五百」, "川有防, 器有範, 見禮教之至也."

28) 蕭公權, 『中國政治思想史』(上), 臺北, 聯經出版事業公司, 1990년, 67쪽 참조.

29) 『論語』, 「泰伯」, "興於詩, 立於禮, 成於樂."

30) 『論語』, 「爲政」, "道之以政, 齊之以刑, 民免而無恥; 道之以德, 齊之以禮, 有恥且格."

한나라 시기의 유학자들이 언급한 예악은 학술적인 측면의 이론으로서 의미뿐만이 아니라 실질적으로 그 특별한 시대적 의미를 가지고 있었다. 예악제도는 주나라 문화의 특징적인 부분이라고 할 수 있다. 전국시대의 제후국들 가운데 주나라 문화의 영향을 깊게 받은 나라일수록 그 국력은 매우 미약했었다. 예를 들자면 공자의 조국인 노나라의 경우가 그러하며, 반대로 진나라나 초나라의 경우처럼 줄곧 오랑캐취급을 받았던 나라들일수록 국력은 매우 강성했었다. 진나라의 효공은 상앙의 변법을 채용하여 정치개혁을 한 결과 진나라를 일약에 강대한 제후국의 반열에 올려놓는다. 진시황은 육국을 통일한 후에 "법률로 교화하고 관리로 스승을 삼는다."[31]라고 하는 원칙을 만들었는데, 이러한 원칙은 이천 여년의 중국정치사에 있어서 학정의 표본으로 형성된다.

한나라 개국시조인 고조는 평범한 서민계층 출신의 인물로 본래 문화적 소양이 부족했던 탓에 그가 채택한 정치제도는 대부분 진나라의 구습을 계승하였으며, 황노사상의 영향으로 번잡한 새로운 정치시스템으로 백성들을 피곤케 하는 행위를 하지는 않았다. 문제와 경제의 치세 때에는 황노사상의 풍조가 더욱 만연하여 무위에 의한 통치를 선명하게 표방했다. 그렇기 때문에 한나라 초기의 정치제도는 그 시스템적인 측면에서는 법가적인 모식을 띠고 있었으나, 치국의 정신적인 측면에 있어서는 역시 도가적인 색채가 강했다. 이와 같이 한나라 초기에는 법가적인 색채와 도가적인 색채가 미묘하게 결합한 사상이 주류를 이루고 있었다고 할 수 있다. 법률이라고 하는 것은 단지 인간의 행동을 규제하는 기능만이

31) 『史記』, 「李斯列傳」, "以法爲教, 以吏爲師."

있을 뿐 교화의 의미는 없다고 할 수 있다. 또한 도가사상 가운데에서의 교화는 유위有爲에 해당 되는 것이기 때문에 황제가 소매를 늘어뜨리고서 두 손을 마주 잡고 아무 일도 하지 않으면서 천하를 다스렸다고 하는 것과 노자의 인의仁義를 끊어버린다고 하는 주장에는 부합하지 않는 것이다. 이처럼 예악의 교화를 어떻게 회복 시켜야 하는 것인가가 당시 유학자들의 고민 가운데 가장 큰 것이었으며, 더나가 유가의 정치이론이 가장 우선적으로 해결해야 할 문제였던 것이다. 그렇기 때문에 그들은 반드시 예악의 교화기능을 새롭게 제기하여 유가의 정치이론을 실현시켜야만 했던 것이다.

한나라 고조 시기의 숙손통叔孫通은 고대의 예악제도와 진나라의 풍속을 채택했다고 하였으며,[32] 문제文帝시기에는 가의가 "제도를 정비하고 예악을 중흥시키면, 그런 뒤에 제후들은 제자리를 잡게 되고 백성들은 순박하게 되어 서로 간에 소송하는 일이 없게 될 것이다."[33]라고 한 것처럼 유가의 정치이상은 이미 제기되기 시작했다. 무제武帝시기에 이르러서는 동중서가 결국에 독존유술정책을 실현시키게 되어 예악에 의한 교화를 중시하게 되었으며, 이에 따라 지식인들은 법가에 대한 반대의 입장을 적극적으로 표방하게 된다. 양웅은 비록 노자 사상의 영향을 깊이 있게 받았지만, 그는 노자의 인의仁義를 끊어버리고 예악을 폐지하라고 하는 주장에 대해서는 비판적 입장을 표명한다.

---

32) 『漢書』, 「叔孫通傳」, "采古禮與秦儀.."

33) 『漢書』, 「賈誼傳」, "定制度, 興禮樂, 然後諸侯軌道, 百姓素樸, 獄訟衰息.."

노자의 도덕론은 나도 취할 바가 있다. 그러나 인의를 던져 버리고, 예학을 없애 버리라고 한 것에 이르러서는 나는 아무것도 취할 것이 없다.[34]

어떤 사람이 무위에 대해 물으니, 무엇 때문에 인위적으로 일을 하겠습니까? 옛날 순임금과 우임금은 요임금의 지위를 물려받아 요임금의 도를 그대로 행했는데, 법도가 밝혀지고 예악이 현저하게 드러났으며, 소매를 늘어뜨리고서 두 손을 마주 잡고 아무 일도 하지 않으면서 천하의 백성들이 풍부하게 번영하는 모습을 지켜보는 것이 바로 무위입니다. 탕왕은 걸왕의 뒤를 잇고 무왕은 주왕의 뒤를 이었는데, 법도는 이미 폐기되고 예악은 어그러진 상태였으니, 편안히 앉아서 천하 백성들이 죽어가는 것을 보고 있는 것이 무위라고 할 수 있겠습니까? 라고 말했다.[35]

재정정책 측면에 있어서 양웅은 토지제도의 개혁과 납세제도의 변화를 통하여 백성들의 삶을 윤택하게 만들 것을 주장했다.

군주된 사람은 백성들을 번창하게 하고 재물을 풍족하게 하며, 도를 밝히고 의로움을 펼치며, 제왕의 사업을 성취하고 천지가 만물을 화육하는 것을 이루며, 곡물을 주식으로 하는 화하의 백성들을 빛나게 하고 안정되게 해야 할 것이다.[36]

---

34) 『法言』, 「問道」, "老子之言道德, 吾有取焉耳. 及捶提仁義, 絶滅禮學, 吾無取焉耳."

35) 『法言』, 「問道」, "或問無爲. 曰: 奚爲哉! 在昔虞夏襲堯之爵, 行堯之道, 法度彰, 禮樂著, 垂拱而視天下民之阜也, 無爲矣. 紹桀之後, 纂紂之餘, 法度廢, 禮樂虧, 安坐而視天下民之死, 無爲乎?"

36) 『法言』, 「孝至」, "君人者, 務在殷民阜財, 明道信義, 致帝者之用, 成天地之化, 使粒食之民粲也, 晏也."

정전의 전제가 이상적인 전제이며, 육체에 형벌을 가하는 육형이 이상적인 형벌이다. 정전제는 공전을 백성들이 다 함께 경작하는 것이고, 육형이란 공공장소에서 백성들과 함께 그 죄인을 처벌하는 것이다.[37]

수확의 십분의 일을 거두는 것이 천하의 공정한 세법이다. 그보다 많으면 걸왕과 같은 폭정을 하는 셈이고, 그보다 적으면 맥인들과 마찬가지로 문명 없는 야만의 사회가 된다.[38]

이러한 주장들에는 비록 어떠한 형태의 새롭고 획기적인 견해가 드러나 있지는 않지만, 양웅은 상업 활동에 종사하는 상인들에 대해서는 매우 심각하게 비난을 함과 동시에 혐오했다. 양웅은 상인들을 모기와 같은 무리들이라고 폄하했는데, 모기들이 인간의 피를 빨아먹는 것처럼 상인들 역시 일반 백성들의 고혈을 빨아서 자신들의 이익만을 챙기기에 급급한 무리들이기 때문에 그들을 모기와 같은 존재라고 폄하했던 것이다. 이러한 양웅의 주장은 소금과 철이 국가에서 전매되었던 무제 시절에 국가의 재정을 담당했던 상홍양桑弘羊의 주장과는 매우 커다란 차이를 보이고 있었다. 그만큼 양웅의 경제관은 상당히 보수적인 색채를 띠고 있었다고 볼 수 있다.

어떤 사람이 한 무제 때 재무를 담당했던 상홍양은 소금과 철의 전매로 이익을 독점해 국가의 재정을 풍족하게 한 바 있습니다. 그

37) 『法言』, 「先知」, "井田之田, 田也. 肉刑之刑, 刑也. 田也者, 與衆田之. 刑也者, 與衆棄之."

38) 『法言』, 「先知」, "什一, 天下之中正也. 多則桀, 寡則貊."

런데 어찌하여 전매 정책을 실시하지 않는 것입니까? 라고 하니, 이를 아버지와 자식으로 비유해보자면, 아버지를 위해 자식의 이익을 독점해 이익을 낸 것이니 자식은 어떻게 되겠습니까? 큰 가뭄이 지속되자 무제 때 재정을 담당했던 또 다른 관리였던 복식이라는 사람이 상홍양을 희생으로 바치면 하늘이 비를 내려줄 것이라고 했던 말도 지당하지 않습니까? 라고 말했다.[39]

양웅의 정치사상은 대체로 공자의 정치사상을 직접 계승했다고 볼 수 있다. 비록 그가 처한 현실적 상황 속에서 다른 학파의 학설을 수용하고 또 그것의 영향을 받은 사실 즉 그의 사상 속에 작지만 법가의 관념이 섞여 있는 사실을 부정할 수는 없을지라도, 그가 요임금이나 순임금 및 주나라 문왕과 무왕의 태평성대를 이룬 치세를 본받아서 덕에 의한 정치와 예악에 의한 교화를 통하여 자신의 주장을 구체적으로 실현하려고 했던 측면에서 본다면, 양웅은 확실히 공자 학설의 내용과 모식에서 벗어날 수 없었다고 볼 수 있다. 그리고 학설의 규모와 깊이 측면에서 볼 때, 그가 공자의 학설에 대하여 장악한 부분은 분명히 한계가 있다고 볼 수 있다.[40] 그렇지만 양웅이 『법언』을 저술하게 된 것에는 근본적으로 정치적인 동기가 있다고 할 수 있는데, 이는 한나라 당시의 학풍이 대부분 정치적 여건의 영향을 받지 않을 수 없었기 때문이라고 할 수 있다.

유가의 학설이 독존의 지위에 머물게 된 이후로 유학은 자주 정

39) 『法言』, 「寡見」, "或曰: 弘羊榷利而國用足, 盍榷諸? 曰: 譬諸父子, 爲其父而榷其子, 縱利, 如子何? 葡式之雲, 不亦匡乎?"

40) 徐復觀, 『兩漢思想史』卷二, 臺北, 學生書局, 1985년, 509쪽 참조.

치권력에 의해서 권력유지의 수단으로 이용되는 신세로 전락하게 되며, 한편으로는 명목상 선진시기의 공자와 맹자의 유학을 계승했다고 하는 사실을 표방한다. 그러나 한나라 시기의 유학은 천인감응 이론과 음양오행설 및 재이설을 이용하여 통치계급을 만족시키는 한편 그들이 누리고 있는 지위를 유지하게 만들어주는 이론적 근거로 변모하게 된다. 양웅이 처했던 시대적 상황은 왕망의 정치적 변혁이 진행되었던 시기로, 시대적 상황의 변화에 대하여 더욱 민감했던 때에 그는『법언』과『태현』을 저술하여 시대적 상황에 의해 초래된 재앙을 피하고자 하는 세태에 영합하지 않았으며, 오히려 복고적인 경향을 누차에 걸쳐서 표방했다.

이처럼 양웅이 논의했던 내용들은 공자의 견해를 크게 벗어나지 못하는 창의적인 견해였다고는 말할 수 없다. 대부분의 사람들이 겉으로는 유가의 사상을 표방하면서 안으로는 법가의 사상을 추종하던 복잡하고 다양한 시대에 비록 양웅은 미관말직으로 봉직하면서 현실정치에 있어서 어떠한 역할도 할 수는 없었지만, 그가『법언』에서 표방했던 사상 특히 정치방면의 사상은 그 순수함과 정당함이 돋보인다고 할 수 있을 것이다. 이러한 양웅은 양한시기 유가의 사상가였던 육가나 가의 동중서 등과 비교해보아도 대 사상가로서 전혀 손색이 없다고 할 수 있을 것이다.

4. 맺는 말

이상과 같이 양웅의 정치사상에 대하여 성인의 통치와 예악교화에 의한 치국을 중심으로 논의를 진행해보았는데, 이를 정리하면 다음과 같다.

양웅이 『법언』에서 나타낸 정치사상은 기본적으로 예악문화에 의한 교화를 중시하는 것이었으며, 구체적으로는 법도와 국가기강의 확립을 통하여 고대의 성왕이 통치하던 이상국가의 실현을 염원하는 것이었다. 이러한 양웅의 정치에 대한 견해는 완전히 공자의 정치사상과 일맥상통하는 것이라고 할 수 있다.

양웅의 구체적인 정치 시행은 요임금이 구족을 화목하게 하고 온 세상이 화평하게 되어 백성들을 고루 밝게 잘 다스린 것을 본받아서 하는 것에 그 중점이 있었다. 그렇기 때문에 양웅은 군자가 나라를 다스림에는 먼저 완벽한 정치시스템을 수립하여 훌륭한 신하들로써 국가의 기강을 확립하고, 이를 바탕으로 예악의 교화를 잘 시행하게 되면 국가사회 전반에 걸쳐서 선량한 도덕 분위기가 만연하게 되는데, 여기에 법령을 보조적인 수단으로 추가하면 국가 통치는 완성된다고 했던 것이다. 또한 양웅은 국가에 유능하고 현명한 신하가 있어야 함을 매우 중시하였으며, 이는 법령보다 우선적으로 필요하다고 생각했다. 그래서 그는 군주가 먼저 자신을 올바르게 하여 신하들을 대해야 한다고 했는데, 이는 먼저 자신을 다스린 뒤에 백성들을 다스린다는 것이다.

예악제도는 유가정치사상의 대표적인 이론체계라고 말할 수 있을 것이다. 이와 같은 예악제도에 관한 공자의 논의는 상당히 많은 편이라고 할 수 있으며, 공자가 설계하였던 사회 역시 예악의 교화가 보편적으로 이루어진 사회라고 할 수 있다. 양웅은 먼저 교화를 하고 후에 법률로 보충할 것을 주장했는데, 그는 교화를 시행하는 데는 예악제도보다 더 적당한 것은 없다고 생각했다. 양웅은 예악의 작용이 백성들의 마음을 통일하여 치국의 도를 이룩하도록 하는 것처럼 정서를 조절해줄 뿐만이 아니라, 정서를 소통시켜주는 의미도 가지고 있다고 했다. 그렇기 때문에 그는 만일 예악이 없다고 한다면 곧 정서는 소통될 수가 없게 되고 결국에는 짐승과 같게 된다고 했다. 이처럼 예악이라고 하는 것은 모두 인간의 감정을 순화시키면서 의로움에 맞게 사용할 수 있게 해주는 것임과 동시에 일탈을 막아주는 기능도 있다.

이상과 같은 양웅의 정치사상은 대체로 공자의 정치사상을 직접 계승했다고 볼 수 있다. 비록 그가 처한 현실적 상황 속에서 다른 학파의 학설을 수용하고 또 그것의 영향을 받은 사실 즉 그의 사상 속에 작지만 법가의 관념이 섞여 있는 사실을 부정할 수는 없을지라도, 그가 요임금이나 순임금 및 주나라 문왕과 무왕의 태평성대를 이룬 치세를 본받아서 덕에 의한 정치와 예악에 의한 교화를 통하여 자신의 주장을 구체적으로 실현하려고 했던 측면에서 본다면, 양웅은 확실히 공자 학설의 내용과 모식에서 벗어날 수 없었다고 볼 수 있다. 그리고 학설의 규모와 깊이 측면에서 볼 때, 그가 공자의 학설에 대하여 파악한 부분은 분명히 한계가 있다고 볼 수 있다.

참고문헌

朱彬, 『禮記訓纂』, 『宜祿堂』淸刻本.

孫星衍, 『尙書今古文注疏』, 『平津館叢書』本.

黃侃, 『論語義疏』, 『皇淸經解』本.

司馬遷, 『史記』, 北京, 中華書局, 1982년.
班固, 『漢書』, 北京, 中華書局, 1990년.
汪榮寶, 『法言義疏』, 北京, 中華書局, 1996년.
徐復觀, 『兩漢思想史』卷二, 臺北, 學生書局, 1985년.
蕭公權, 『中國政治思想史』(上), 臺北, 聯經出版事業公司, 1990년.
祝瑞開, 『兩漢思想史』, 上海, 上海古籍出版社, 1989년.

제3절 인성론

1. 시작하는 말

대변혁의 시대였던 서한말기를 살아가고 있었던 양웅은 당시 사회의 현상들에 대하여 독특한 해석을 내놓는다. 특히 그는 서한사회에서 일세를 풍미하고 있었던 다양한 형태의 사상들이 성인의 가르침에 반하고 더나가 백성들을 현혹하고 있음을 발견하고 이러한 폐해를 개선하기 위하여 『법언』을 저술했다. 양웅은 『법언』을 통하여 자신의 도덕수양 · 정치 · 경제 · 사회문제 등에 대한 입장을 밝히고 있는데, 그 가운데 특히 도덕수양에 관한 그의 사상은 주목할 만 하다고 할 수 있다.

유가 사상가임을 내세웠던 양웅의 도덕수양에 관한 논의는 인성론을 기초로 하여 그 논의가 이루어져야 한다고 생각한다. 양웅의 인성에는 선함과 악함이 혼재되어 있다고 하는 주장은 인간이 선하게 될 수도 있고 악하게 될 수도 있다고 하는 사실을 설명할 수는 있어도 도덕수양의 문제를 해결하지는 못한다.

양웅은 학문을 연마하고 좋은 스승을 모시는 것과 마음속에 성인을 모시는 것이야말로 인간이 선하게 될 수 있는 첩경임과 동시에 선함의 근거가 되는 것이라고 생각했다. 그렇기 때문에 양웅은 오경五經을 존숭하고 성인의 말씀을 계승하는 것이 학문을 배우는 요체로 생각했는데, 그러한 주요 목표는 선한 본성을 수양하여 올바른 인간의 모습을 이룩하여 성인의 덕과 말씀으로 도덕실천을 하는 것에 있었던 것이다.

서한 말기 유학의 정통주의를 표방했던 양웅의 인성론은 선진시대의 인성론이 양한시대에 어떠한 모습으로 변화와 발전을 해나가고 있는지를 이해하는 데에 있어서 누락되어서는 안 될 매우 중요한 관건적인 이론체계라고 할 수 있다. 그렇기 때문에 본문에서는 양웅의 인성론 사상을 도덕실천의 문제와 성인을 본받은 본성의 수양 및 군자의 덕을 중심으로 논의를 진행해 보도록 하겠다.

2. 도덕실천의 문제

자신을 수양하는 목적은 도덕실천 공부의 축적을 통하여 이상적인 인격의 경지에 도달하는 것에 있다고 할 수 있다. 이러한 도덕실천은 어떻게 가능한 것인가는 반드시 선결해야할 두 가지 문제가 있는데, 하나는 이상적인 인격의 경지를 달성할 수 있다는 것을 보증할 수 있는가의 문제로 즉 모든 사람들이 전부 요임금이나 순임금 같은 성인 될 수 있다고 하는 근거는 무엇인가? 라고 하는 문제이다. 다른 하나는 도덕실천의 출발은 필연성이 있는 것인가 없는 것인가의 문제로 즉 이러한 필연성의 요구는 어디에 기인하는 것인가? 라고 하는 문제이다.

첫 번째 문제에 관해서는 본성의 선함과 악함의 논의로 해결의 실마리를 풀 수가 있다. 양웅은 본성이란 "사람의 타고난 본성에는 선함과 악함이 섞여 있다. 선한 것을 닦아나가면 선한 사람이 된다."[1]라고 주장하였으며, 또한 "여러 새들 가운데 봉황과 여러 짐승들 가운데 기린은 외형과 성질이 본래부터 다릅니다. 어찌 사람들 가운데 성인의 경우와 같겠습니까?"[2]라고 언급하고 있다. 또한 그는 성인은 호랑이와 같고 군자는 표범과 같고 달변인 사람은 너구리와 같다고 언급했다.

> 성인은 호랑이 가죽과 같으니 그의 문장은 호랑이 가죽 무늬가 빛나는 듯 아름답다. 군자는 표범의 가죽과 같으니 그의 문장은 표범 가죽의 무늬가 선명한 것과 같이 명백하다. 달변인 사람은 너구리 가죽과 같으니 그의 문장은 너구리 가죽 무늬가 빽빽한 것과 같이 번다하다. 너구리가 변하면 표범이 되고, 표범이 변하면 호랑이가 된다.[3]

여기에서의 '변함'은 바로 학문을 연마해가는 과정을 의미하는 것으로, 달변인 사람이 더욱 학문에 정진하면 군자가 될 수 있고, 군자가 더욱 노력하면 성인과 같이 될 수 있다고 하는 것을 말하는 것이다. 이처럼 양웅은 학문의 연마를 매우 특별하게 중시했는데, 그것은 바로 학습의 효과가 쌓이면 일반적인 사람들 역시 성인의 경지에 도달할 수 있게 되는 것이기 때문이었다.[4]

두 번째 문제에 대한 양웅의 견해는 「문도問道」에 잘 나타나 있다.

> 어떤 사람이 도에 대해 물으니, "도란 통하는 것으로, 어디라도 통하지 않는 곳이 없는 것입니다."라고 했다. 그가 "(성인의 도가

1) 『法言』, 「修身」, "人之性也善惡混. 修其善則爲善人."

2) 『法言』, 「問明」, "群鳥之於鳳也, 群獸之於麟也, 形性. 豈群人之於聖乎?"

3) 『法言』, 「吾子」, "聖人虎別, 其文炳也. 君子豹別, 其文蔚也. 辯人貍別, 其文萃也. 貍變則豹, 豹變則虎."

4) 祝瑞開, 『兩漢思想史』, 上海, 上海古籍出版社, 1989년, 255쪽 참조.

아닌) 다른 길로 가도 됩니까?"라고 물으니, "요·순·문왕에게 가는 길은 바른 도이며, 요·순·문왕이 아닌 곳으로 가는 길은 다른 도입니다. 군자는 바른길로 가지, 다른 길로 가지 않습니다."라고 말했다. 어떤 사람이 도에 대해 물으니, "도라는 것은 도로와도 같고 하천과도 같습니다. 수레나 배가 도로나 하천에서 밤낮을 가리지 않고 왕래합니다."라고 답했다.[5]

도道로써 도로와 하천을 삼았다는 말이 가리키는 것은 목적지에 도달하는 루트를 의미하는 것이다. 그래서 "도로가 비록 굽어 있다고 해도 중원으로 통하면 그 길을 따라가고, 하천이 비록 굽어 있다고 해도 바다로 통한다면 그 물을 따라서 갑니다."[6]라고 하는 것이다. 이처럼 성인의 경지에 도달할 수 있는 커다란 길을 가지 않을 수가 있는 것일까?

공자는 일찍이 "길을 가도 지름길을 지나가지 않는다."[7]고 언급하였으며, 또 "도에 뜻을 두고, 덕에 근거하고, 인에 의지하며, 예에서 노닐어야 한다."[8]라고 말하기도 했다. 공자는 "인에 의지한다."라고 하는 것으로 "도에 뜻을 둔다."라고 하는 것을 규정한다. 그리고 이러한 인仁은 외부에 존재하는 것이 아닌 "내가 인하게 되고자 하면, 곧 인이 찾아온다."[9]라고 하는 것처럼 본래는 인간

5) 『法言』, 「問道」, "或問道. 曰: 道也者, 通也, 無不通也. 或曰: 可以適它與? 曰: 適堯·舜·文王者爲正道, 非堯·舜·文王者爲它道. 君子正而不它. 或問道. 曰: 道若塗若川, 車航混混, 不舍晝夜."

6) 『法言』, 「問道」, "塗雖曲而通諸夏則由諸, 川雖曲而通諸海則由諸."

7) 『論語』, 「雍也」, "行不由徑."

8) 『論語』, 「述而」, "志於道, 據於德, 依於仁, 游於藝."

9) 『論語』, 「述而」, "我欲仁, 斯仁至矣."

의 본심 속에 존재하는 것이다. 그렇기 때문에 재아가 공자에게 삼년상을 물었을 때 공자가 네가 편안하겠느냐고 반문한 것은 바로 도덕주체의 인심仁心의 발로에 대한 물음으로, “자식은 태어나서 삼년이 된 뒤라야 부모의 품을 벗어날 수가 있다.”[10]는 것처럼 삼년상을 지키는 예는 자식의 부모에 대한 애절한 사랑의 마음에서 나오는 것이기 때문에 “맛있는 것을 먹어도 달지 않고, 음악을 들어도 즐겁지 않으며, 잘 지내고 있어도 편안치 않기 때문에 그렇게 하는 것이다.”[11]라는 것이다. 그러나 재아의 대답은 네! 편안합니다! 라는 것이었기 때문에 공자는 네가 편안하다면 그렇게 해라! 라고 했던 것이다.

그렇기 때문에 “도에 뜻을 두다”와 “덕에 근거 한다”는 것은 모두 도덕주체의 자유의지로부터 나오는 것으로, 반성적 판단을 거친 후에 결정되는 것이라고 할 수 있다. 이러한 도덕명령은 자기 내적 각성으로부터 비롯되는 것이기 때문에 도道에 의거해서 실행하거나 길을 가도 지름길을 지나가지 않는다고 하는 선택은 모두 이러한 마음에서 발로되는 것이다.

맹자는 “인에 머물고 의를 따른다.”[12]고 했는데, 이는 인한 마음을 본체로 삼고 의로움으로써 인한 마음을 사용하는 것을 의미하는 것이다. 즉 인仁은 의로움의 기초가 되는 것이고, 의로움은 인仁을 드러내는 것이기 때문에 인의仁義는 비록 외재적 행위일지라도 그것은 내재적인 자각과 도덕명령인 것이라고 할 수 있는 것

---

10) 『論語』, 「陽貨」, “子生三年然後免父母之懷.”

11) 『論語』, 「陽貨」, “食旨不甘, 聞樂不樂, 居處不安, 故不爲也.”

12) 『孟子』, 「盡心上」, “居仁由義.”

이다. 물고기와 곰발바닥을 앞에 두고 선택의 기로에 섰을 때 물고기를 버리고 곰발바닥을 선택할 수 있는 것도 바로 이러한 마음의 발로 때문인 것이다.

> 어떤 사람이 "인 · 의 · 예 · 지 · 신의 쓰임은 어떠합니까?"라고 물으니, "인은 주택이고, 의는 도로이며, 예는 의복이고, 지는 등불이며, 신은 부절입니다. 주택에서는 편안히 거하고, 도로를 따라 걸으며, 예의에 맞는 의복을 입고, 등불을 밝히며, 부절의 약속을 굳게 지킵니다. 군자는 함부로 행동하지 않지만, 행동하면 반드시 시의에 적절한 행동을 합니다."라고 답했다.[13)]

여기에서의 '쓰임'이라는 것은 그것의 기능적 측면을 의미하는 것이라고 할 수 있다. 그렇기 때문에 맹자가 언급한 "측은한 마음은 인이고, 부끄러움을 아는 마음은 의이고, 공경하는 마음은 예이고, 시비판단을 하는 마음은 지이다. 인 · 의 · 예 · 지라고 하는 것은 외부에서 나에게 녹아들어 오는 것이 아니고 내가 본래 가지고 있었던 것을 생각하지 않을 뿐이다."[14)]와 같은 차원의 것이 될 수는 없는 것이다. 그렇기 때문에 이러한 덕들은 본래 몸과 행동을 편안하게 해줄 수 있지만, 덕성이 결핍되면 도덕주체의 자유가 드러날 수 없게 된다. 그래서 양웅은 도덕수양의 즐거움을 외부에 구하지 않고 스스로에게서 구했지만, 그것에는 "안회의 즐거움은

---

13) 『法言』, 「修身」, "或問, 仁 · 義 · 禮 · 智 · 信之用. 曰, 仁, 宅也. 義, 路也. 禮, 服也. 智, 燭也. 信, 符也. 處宅, 由路, 正服, 明燭, 執符, 君子不動, 動斯得矣."

14) 『孟子』, 「告子上」, "惻隱之心, 仁也. 羞惡之心, 義也. 恭敬之心, 禮也. 是非之心, 智也. 仁義禮智, 非由外鑠我也, 我固有之也, 弗思耳矣."

내면적인 것”의 내재적인 근거와 같은 경지에 도달하기에는 부족하였던 것이다.

> 어떤 이가 “만약 내가 왕후와 같이 붉은 인수를 내려뜨리고 금으로 된 도장을 가질 수 있다면 그 즐거움은 이루 헤아릴 수가 없을 것입니다.”라고 말하니, “왕후의 즐거움은 안회의 즐거움만 같지 못합니다. 안회의 즐거움은 내면적인 것이고, 왕후의 즐거움은 외면적인 것입니다.”라고 했다.[15)]

왕후의 즐거움은 물질적 조건에 의한 외재적인 즐거움이고, 안회의 즐거움은 “늘 빈궁한자의 내면적인 즐거움”[16)]으로 감각적인 욕망을 없앤 뒤에 성인이 되기 위하여 본성을 수양하는 과정에서 생기는 만족감으로서 외재적인 것이 아닌 내재적인 즐거움인 것이다. 양웅이 언급하는 도덕은 그것의 실천이 주체적이고 의식적인 것에 있다고 하는 것을 밝히지 못하기 때문에, 나와 인의仁義 사이를 연결해주는 동력이 결핍되어 공허할 수밖에 없으며 늘 빈궁한 자의 내면적인 즐거움을 말하는 것으로, 그 의의는 그렇게 대단하다고 할 수는 없다.

안회는 성인의 가르침을 배우기 위해서 뜻을 세우고 열악한 생활환경을 감내하면서 결코 부귀영화에 마음이 흔들리지 않았다. 이처럼 안회가 안빈낙도하면서 자신의 신념을 바꾸지 않을 수 있었던 것은 바로 내심의 자발적인 요구 때문이었는데, 만일

---

15) 『法言』, 「學行」, “或曰: 使我紆朱懷金, 其樂不可量也. 曰: 紆朱懷金者之樂, 不如顔氏子之樂. 顔氏子之樂也內, 紆朱懷金者之樂也外.”

16) 『法言』, 「學行」, “屢空之樂”

그렇지 않았다면 편안치 못했을 것이다. 그렇기 때문에 만일 고난이 있다면 그것은 바로 "우러러볼수록 더욱 높고, 뚫을수록 더욱 굳다."[17], "공자의 탁월한 경지에 이르고자 하여 괴로웠던 것이다."[18]라는 이유 때문이다. 안회는 만일 공자의 도를 터득할 수 없었다면 비록 천하를 얻었다고 해도 즐겁지 않았을 것이며 마음이 편치 않았을 것이다.

양웅은 비록 내적인 즐거움과 외적인 즐거움을 통하여 안회가 이미 도에 상당히 가까웠다고 하는 점을 밝혔으나, 그가 더욱 중시한 점은 성인의 행위를 배우는 것에 있었다. 그러나 양웅은 성인의 행위를 배우는 것의 출발점은 자기 내심의 자각으로부터 비롯된다고 하는 사실을 간과했다고 할 수 있다.

3. 성인을 본받은 본성의 수양

양웅은 인간의 본성에는 선함과 악함이 혼재되어 있다고 하며 인간은 선천적으로 선하거나 악한 존재가 아니라고 한다. 양웅은 사람은 성인과 현인 및 보통사람으로 구분되어져 있다고 생각하여 수양의 목적이 자신의 덕을 닦는데 있으며, 자신의 덕을 닦는 요지는 바로 기질의 변화에 있다고 하는 주장을 한다. 또한 그는 수양의 목표가 성현이 되는 것에 있다는 사실을 밝혔다. 그래서 양웅은 "배움이란 타고난 본성을 닦기 위한 것이다."[19]라고 하며

---

17) 『論語』, 「子罕」, "仰之彌高, 鑽之彌堅."
18) 『法言』, 「學行」, "苦孔之卓之至也."
19) 『法言』, 「學行」, "學者, 所以修性也."

아울러 "배움이란 군자가 되기를 구하기 위한 것이다."[20]라고 언급했던 것이다. 양웅은 인품을 분별하는 기준으로 지혜와 덕행을 들었다.

> 성인의 재량은 천지와 같아 만물을 모두 품어 기를 수 있고, 현인의 재량은 산이나 언덕, 냇물이나 샘과 같아 천지의 일부로서 그 활동을 도울 수 있으며, 보통 사람들의 재량은 새와 짐승, 풀과 나무 등과 같아서 천지 안에서 산, 언덕, 냇물, 샘 등에 의지해 살아간다.[21]

성인은 천지에 비견될 수 있는 존재로서 천지와 더불어 덕을 합치할 수 있는 사람이며, 현인의 경우는 그 재질이 산이나 언덕처럼 높게 드러나고 냇물이나 샘처럼 윤택한 사람이라고 할 수 있다. 여기에서 말하는 재량 혹은 재질은 본성으로 해석될 수는 없는데, 그것은 "성인이란 천지에 비할 만한 덕이 있다."[22]에서 볼 수 있듯이 성인의 재질은 천지에 비견할 만한 덕이 있으며, 현인은 산천 보다 높고 윤택한 덕을 가지고 있으나 보통사람의 재질은 짐승과 초목과 같은 것이기 때문이다.

> 새나 짐승은 감정대로 움직이지만, 보통사람은 이와 다른 것이다. 현인은 보통사람과는 다르고, 성인은 다시 현인과도 다른 것이다. 예의가 만들어진 것도 까닭이 있는 것이다. 사람으로서 배우지 않으면 비록 근심스러운 일은 없을지라도 새나 짐승과 다를 것이 무엇이 있겠는가?[23]

20) 『法言』, 「學行」, "學者, 所以求爲君子也."
21) 『法言』, 「五百」, "聖人之材, 天地也. 次, 山陵川泉也. 次, 鳥獸草木也."
22) 『法言』, 「五百」, "聖人有以擬天地."

새나 짐승은 자신의 감정대로 움직이는 존재이다. 그러나 이와는 달리 보통사람은 본성을 수양할 수 있는 존재이다. 바로 이러한 점이 인간과 짐승의 가장 기본적인 구별이 되는 것이라고 할 수 있다. 성인이 예의를 만들고 현인이 그것을 널리 확대 보급시켜서 보통사람들이 그것에 의해서 자신의 본성을 수양하는 것이다. 이는 "성인은 옳지 않은 것은 듣지 않고 선함에서 벗어나는 것을 말하지 않는다. 현자는 듣는 것을 가리며 말하는 것도 가린다. 보통사람들은 보고 들음에 아무것도 가리는 바가 없다."[24]와 같기 때문에 보통사람은 감정대로 행동을 한다. 그렇기 때문에 반드시 성현이 예의를 제정하여 그들에게 규범을 만들어 준 것이다.

성인이나 현인 보통사람은 기본적인 자질에 있어서는 구별이 없지만, 인간의 본성적인 측면에서 볼 때는 모두가 선하게 될 수 있고 악하게도 될 수 있다고 하는 차이가 발생하게 된다. 새나 짐승은 자신의 감정이 욕구하는 바에 의해서 움직이는 존재로 인간과 짐승의 구별은 바로 성인이 만든 예의를 인식하고 실천할 수 있는 것에 있는 것이다. 그렇기 때문에 양웅은 "이 세상에는 세 가지 문이 있는데, 정욕에 따르는 사람들은 금수의 문으로 들어가고, 예의에 따르는 사람들은 인간의 문으로 들어가며, 심원한 지혜에 따르는 사람들은 성인의 문으로 들어간다."[25] 라고 주장했던

---

23) 『法言』, 「學行」, "鳥獸觸其情者也, 衆人則異乎! 賢人則異衆人矣, 聖人則異賢人矣. 禮義之作, 有以矣夫. 人而不學, 雖無憂, 如禽何?"

24) 『法言』, 「修身」, "聖人耳不順乎非, 口不肄乎善. 賢者耳擇口擇, 衆人無擇焉."

25) 『法言』, 「修身」, "天下有三門, 由於情慾, 入自禽門. 由於禮義, 入自人門. 由於獨智, 入自聖門."

것이다. 여기에서 '따르다'라고 하는 의미는 "어떻게 해야 비로소 곧은 길을 만나 그 길을 통해 앞으로 나아갈 수 있겠습니까?"[26]에서 볼 수 있는 것처럼 통한다는 의미이다. 또한 '문'은 본받는다는 의미라고 할 수 있다. 그렇기 때문에 정욕에 이끌려 물욕을 추구하기 위해 사는 사람은 바로 금수를 본받는 것이라고 할 수 있는 것이다. 예의에 이끌리는 사람은 현인을 본받는 사람이 되는 것이며, 심원한 지혜에 따르는 사람은 성인을 본받는 사람이라고 할 수 있는 것이다.[27]

성인이 성인으로 될 수 있는 까닭은 그의 재질 때문이 아니고 "천지에 비할 만한 덕이 있으므로 하늘·땅과 더불어 삼재가 되는 것이다."[28]에 있는 것이라고 할 수 있다. 그러므로 양웅은 "성인의 도는 마치 하늘과 같다."[29], "오직 하늘만이 진정으로 귀가 밝고, 오직 하늘만이 진정으로 눈이 밝다."[30]고 언급했던 것이다. 그래서 그는 성인을 이해 하고자 한다면, 곧 천지를 보면 된다고 했던 것이며, 아울러 천지란 본래 신묘해서 헤아리기 어려운 것이나 사방을 비추고 모든 것에 통한다고 한 것이다. 성인은 천지에 비할 만한 덕이 있으므로 예의를 제정하여 사람들을 교화하고 군주를 세우고 스승을 만들었던 것이다. 일반적인 사람들은 삶의 목적이 부귀영화를 추구하는 것에 있으며 자신의 한 몸과 자기 집안의

---

26) 『法言』, 「問道」, "焉得直道而由諸?"

27) 任繼愈, 『中國哲學發展史 - 秦漢』, 北京, 人民出版社, 1985년, 380~381쪽 참조.

28) 『法言』, 「五百」, "有以擬天地而參諸身乎."

29) 『法言』, 「君子」, "聖人之道若天"

30) 『法言』, 「問明」, "惟天爲聰, 惟天爲明."

행복만을 추구한다. 현인은 올바른 행동을 통하여 의로움을 추구할 수 있으며, 한 국가의 백성들의 평안한 삶을 도모한다.

> 어떤 사람이 보통사람에 대해 물으니, "보통사람이란 부유함과 귀함과 삶을 바라는 자들이고, 현자란 의로움을 구하는 자들이며, 성인이란 사람의 지혜로 헤아릴 수 없는 신묘한 경지에 든 사람입니다. 현인을 보면 보통 사람들을 이해할 수 있고, 성인을 보면 현인을 이해할 수 있으며, 천지를 보면 성인을 이해하게 됩니다. 이 세상에는 무엇을 좋아하는가에 따라 세 가지 부류가 있는데, 보통사람들은 남들이 자기를 따르는 것을 좋아하고, 현인들은 자신을 올바로 하는 것을 좋아하며, 성인은 자신을 사표가 되게끔 하는 것을 좋아합니다. 이 세상에는 그 살펴 단속하는 것에 따라 세 가지 부류가 있는데, 보통사람들은 자기 집안을 살펴 단속하고, 현인은 나라를 살펴 단속하며, 성인은 온 천하를 살펴 단속합니다."라고 했다.[31)]

여기에서의 성인과 현인 그리고 보통사람의 세 등급의 구분은 각자가 본받은 것에 의해서 정해진 것이라고 할 수 있다. 그렇기 때문에 보통사람은 학문을 수양하고 품성의 도야를 통해서 군자나 현인이 될 수 있는 것이다.

> 성인은 호랑이 가죽과 같으니 그의 문장은 호랑이 가죽 무늬가 빛나는 듯 아름답다. 군자는 표범의 가죽과 같으니 그의 문장은 표범 가죽의 무늬가 선명한 것과 같이 명백하다. 달변인 사람은 너구

---

31) 『法言』, 「修身」, "或問衆人. 曰, 富貴生. 賢者. 曰, 義. 聖人. 曰, 神. 觀乎賢人則見衆人, 觀乎聖人則見賢人, 觀乎天地則見聖人. 天下有三好, 衆人好己從, 賢人好己正, 聖人好己師. 天下有三檢, 衆人用家檢, 賢人用國檢, 聖人用天下檢."

리 가죽과 같으니 그의 문장은 너구리 가죽 무늬가 빽빽한 것과 같이 번다하다. 너구리가 변하면 표범이 되고, 표범이 변하면 호랑이가 된다.[32]

문식과 실질적인 것에 대해서 말하자면, 문식에는 표현이 있는데 그것은 꼭 실질적인 것과 같은 것이 아니다. 실질적인 것은 문식을 드러내는 것이기 때문에 성인의 문식은 빛나는 듯 아름답고 군자나 현인의 문식은 선명한 것과 같이 명백하며 보통사람의 문장은 빽빽한 것과 같이 번다한 것이다. 양웅은 사람이란 수양을 통하여 기질을 변화시킬 수 있다고 했는데, 즉 보통사람은 더욱 노력하면 군자나 현인이 될 수 있고 군자나 현인이 더욱 노력하면 성인이 될 수 있다고 보았던 것이다.[33] 그러나 양웅이 수립했던 성인의 상은 매우 지고하고 현묘한 모습을 지니고 있어서 맹자가 언급했던 누구나 다 요임금이나 순임금과 같은 성인될 수 있다고 할 때의 성인과는 다소 간극이 있어 보인다.

맹자가 일찍이 모든 사람이 다 요임금이나 순임금과 같은 성인 될 수 있다고 언급한 것은 바로 인간의 도덕심에 대한 것인데, 그것은 곧 선한 단서의 확충을 통하여 가능하다는 것이다. 즉 맹자는 인간의 마음이 지극한 선에 뜻을 둔다면 모두가 다 요임금이나 순임금과 같은 성인될 수 있다는 것으로, 이러한 마음(본심) 혹은 본성으로부터 선함을 보증 받게 되는 것이라고 생각했던 것이다. 그렇다면 인간이 정말로 모두다 요임금이나 순임금과 같은 성인

32) 『法言』, 「吾子」, "聖人虎別, 其文炳也. 君子豹別, 其文蔚也. 辯人貍別, 其文萃也. 貍變則豹, 豹變則虎."

33) 金春峰, 『漢代思想史』, 北京, 中國社會科學出版社, 1997년, 447쪽 참조.

의 경지에 도달할 수 있는 것인가에 대해서는 이러한 본심 혹은 본성이 선함을 보증해주지 못한다고 할 수 있는데, 그러한 이유는 바로 인간에게 있는 기질의 성 때문이라고 할 수 있다. 이러한 기질의 성 즉 기질지성氣質之性은 본심이나 본성의 선함이 외부로 발현되는 것을 막을 수 있기 때문이다. 이와 같이 요임금이나 순임금과 같은 성인될 수 있는 경지에 이르는 방도는 부득이하게 기질지성을 수양하는 것을 필요조건으로 삼아야 하는 것이다. 양웅은 하늘이나 신묘함이나 명철함으로 성인의 덕성과 언행을 형용하기를 즐겨했다고 볼 수 있는데, 이러한 양웅의 이론에서 볼 때 성인의 경지에 도달한다는 것은 실제로는 매우 어렵다고 볼 수 있다. 그 이유는 기질지성이 본심이나 본성의 선함이 외부로 발현되는 것을 방해하고 있기 때문이다. 그렇기 때문에 비록 너구리가 변해서 표범이 되고, 표범이 변해서 호랑이가 된다고 하는 언급은 기질을 변화시키는 것이 성인의 경지에 도달하는 필요조건이라고 하는 것이 되지만, 이러한 양웅의 이론과 맹자의 이론을 비교해 본다면 분명한 차이가 존재한다고 볼 수가 있는 것이다.

이처럼 성인의 경지는 비록 아름답지만 한편으로는 도달하기 매우 어려운 경지이기 때문에 양웅은 군자의 학문으로써 수양론의 중심을 삼고 군자를 구체적인 인격의 표상으로 삼았던 것이다.

4. 군자의 덕

군자는 공자의 덕치사상의 결정체라고 할 수 있다.[34] 군자는 공자의 사상 가운데 품성을 대표하는 명칭이면서 신분을 지칭하는 것이라고 할 수 있다. 즉 군자는 덕과 지위를 겸비한 완벽한 이상적인 인격의 소유자라고 할 수 있는 것이다. 군자는 저술을 하고 제자를 받아서 가르치는데, 시·서·예·악을 주요한 교과목으로 하여 제자들을 교육한다. 군자가 제자들을 이렇게 교육하는 목적은 수신과 덕을 이루는 경세치용의 학술사상을 수립하고 이러한 학술사상을 일반백성들에게 전수하여 지혜와 덕성을 겸비한 인재를 양성하기 위함에 있는 것이다. 그들은 학문을 배운 이후에 정치에 참여하여 자신들의 학문과 능력을 발휘하게 된다. 그렇기 때문에 군자라고 하는 단어 속에는 세 가지 의미가 담겨져 있는데, 하나는 옛날에 『시경』과 『상서』 속에서 유행하던 호칭으로, 서주시대에 존재하던 일정한 사회적 지위를 통칭하던 것이다.[35] 다른 하나는 공자가 언급한 군자로서, 이는 항상 소인과 대비되는 명칭으로 불려졌다. 군자는 앞서 언급한 사대부의 의미 이외에도 때로는 전문적으로 덕행을 지칭하기도 한다. 마지막으로 군자는 덕행을 겸비한 사람이라는 의미로 『논어』에 다음과 같이 잘 묘사되어 있다.

> 공자께서 자산에 대하여"군자의 도 네 가지를 지니고 있으니, 자신의 처신이 공손하였고, 윗사람을 섬김에 공경스러웠고, 백성을 다스림에 은혜로웠고, 백성을 부림에는 의로웠다."라고 말했다.[36]

---

34) 蕭公權, 『中國政治思想史』(上), 臺北, 聯經出版事業公司, 1990년, 64쪽 참조.

35) 『尙書』에서는 지위를 의미하는 명칭으로 쓰인 것을 찾아볼 수 있다. 『尙書』, 「周書·周官」, "有官君子", 또한 『詩經』에서는 덕을 지닌 사람을 통칭하는 의미로 쓰인 것을 찾아 볼 수 있다.

36) 『論語』, 「公冶長」, "子謂子産, 有君子之道四焉, 其行己也恭, 其事上也

공자가 말한 군자는 위에서 언급한 군자의 두 번째 의미와 세 번째 의미에 가깝다고 할 수 있는데, 특히 덕행이 있고 지위가 있는 사람을 가리킨다고 할 수 있다. 공자의 학문은 이상적인 인격을 만드는 것에 뜻을 두고 덕행으로써 지위를 획득하여 백성들의 삶을 평안하게 만들어 주는 것에 있다고 할 수 있다. 그러나 중국에서는 근현대시기에 들어서 전통학문과 신학문 사이에 충돌이 발생하게 되는데, 그때 많은 사상가들이 신학문의 입장에서 공자를 신랄하게 비판한다. 그들은 공자가 일반백성들의 삶은 도외시하고 군주의 전제정권만을 옹호했으며, 학문을 연마하는 목적이 관료의 양성에 있다고 하며 비난의 화살을 퍼부었다. 하지만 공자가 천하를 주유한 것은 현실정치에 참여하여 혼란에 빠진 세상을 구해보고자 하는 바람 때문이었으며, 그는 가슴속에 원대한 포부를 품었던 사람으로 어찌 바가지처럼 매달려 있기만을 원했을까?[37] 라고 하는 반론을 제기할 수 있는 것이다.

> 학문이란 왕 노릇 하는 자의 도를 배우는 것으로서, 이러한 유래는 오래되었다. 요임금 · 순임금 · 우왕 · 탕왕 · 문왕 · 무왕은 부지런히 배움에 힘썼으며, 공자도 일생 동안 쉼 없이 배움에 힘썼으니, 이러한 유래는 매우 오래된 것이다.[38]

공자는 비록 정치적 포부는 실현하지는 못했지만, 그가 제자들

敬, 其養民也惠, 其使民也義."

37) 『論語』, 「陽貨」, "吾豈匏瓜也哉? 焉能繫而不食?"

38) 『法言』, 「學行」, "學之爲王者事, 其已久矣. 堯 · 舜 · 禹 · 湯 · 文 · 武汲汲, 仲尼皇皇, 其已久矣."

을 교육시키는 목표는 그들을 군자다운 선비로 만들어 사익을 추구하지 않고 공익을 위하여 일하게 만드는 것에 있었던 것이다.

양웅이 말하는 군자의 학문은 공자의 이론을 계승한 것으로, 그는 통치하는 지위에 있는 사람은 반드시 덕행이 있어야 하지만 덕행이 있는 사람이 반드시 통치지위에 있을 필요는 없다고 주장했다.

> 어떤 사람이 성인의 도가 아닌 다른 길로 가도 됩니까?라고 물으니 "요 · 순 · 문왕에게 가는 길은 바른 도이며, 요 · 순 · 문왕이 아닌 곳으로 가는 길은 다른 도입니다. 군자는 바른길로 가지, 다른 길로 가지 않습니다."라고 말했다.[39)]

> 군자가 나라를 다스릴 때는, 그 다스림의 근본인 크고 작은 강령들을 세우고 교화에 마음을 기울입니다. 백성들을 인으로써 이끌면 아랫사람들이 서로를 해치지 않을 것이고, 군주 자신이 청렴하게 왕노릇을 한다면, 아랫사람들이 서로 도둑질하지 않을 것입니다.[40)]

> 군자는 벼슬에 나아가서는 그 의로움을 행하고자 하며, 벼슬에서 물러나 집에 머물 때에는 그 도를 밝히고자 합니다. 일을 하면서 지겨워하지 않고, 가르치면서 권태로워하지 않으니, 어찌 한가로이 남는 시간이 있겠습니까?[41)]

---

39) 『法言』, 「問道」, "或曰: 可以適它與? 曰: 適堯 · 舜 · 文王者爲正道, 非堯 · 舜 · 文王者爲它道. 君子正而不它."

40) 『法言』, 「先知」, "君子爲國, 張其綱紀, 謹其教化. 導之以仁, 則下不相賊, 蒞之以廉, 則下不相盜."

41) 『法言』, 「五百」, "君子仕則欲行其義, 居則欲彰其道. 事不厭, 教不倦, 焉得日?"

이상과 같은 양웅의 주장들은 대부분 덕을 이루는 것 및 처세의 태도에 그 중점을 두고 있는 것이라고 할 수 있다.

> 어떤 사람이 "군자는 입을 열어 말하면 곧 훌륭한 문장이 되고, 움직이면 덕 있는 행동을 이룬다고 하는데, 그것은 무슨 까닭입니까?"라고 물으니, "그 내부에 가득 찬 것이 밖으로 나타나기 때문입니다. 이는 마치 공수반이라는 목공의 명장이 도끼를 휘두르는 것이나, 예라는 명사수가 화살을 쏘는 것과 같이 자연스러운 것입니다. 군자는 꼭 필요하지 않으면 말하지 않지만 일단 말을 하면 반드시 적중하며, 꼭 필요하지 않으면 나서서 행동하지 않지만 일단 행동을 하면 반드시 적절합니다."라고 답했다.[42)]

군자가 입을 열어 말을 하면 문장이 된다고 하는 것은 그것이 멀리까지 전파될 수 있다는 것이고, 움직이면 덕이 있는 행동을 이룬다고 하는 것은 그의 일체의 행동거지가 적절하다는 것을 의미하는 것이다.

양웅이 제기한 문덕文德의 표현은 하나로써 그 도의 안을 채운 것이라고 할 수 있다. 군자의 명칭은 시세에 영합하여 벼슬자리를 얻는 것을 의미하지는 않는다. 시세에 영합하여 벼슬자리를 얻은 사람이 스스로 자신이 군자의 명칭을 얻었다고 생각하는 경우가 있는데, 이러한 군자의 개념 속에는 이미 통치하는 지위에 있는 사람이라고 하는 의미가 담겨져 있다고 볼 수 있다. 그러나 양웅은 통치지위로 군자를 말하는 것에 대하여 반대 했는데, 물론 벼

---

42) 『法言』, 「君子」, "或問: 君子言則成文, 動則成德, 何以也? 曰: 以其弸中而彪外也. 般之揮斤, 羿之激矢. 君子不言, 言必有中也, 不行, 行必有稱也."

슬자리 자체뿐만 아니라 그 지위가 의미하는 권력까지 포함하여 군자를 말하는 것에 반대했으며, 군자의 명칭은 덕으로 모든 것을 말해야 한다고 하였던 것이다. 아울러 양웅은 군자는 모든 덕을 귀하게 여기는 존재라고 할 수 있다고 생각했다.

> 도・덕・인・의・예는 우리 몸에 견주어 말할 수 있을 것이다. 대저 도란 이로써 우리의 나아가는 길을 인도하고, 덕은 이로써 수양한 바를 우리의 몸에 얻게 하며, 인은 이로써 사람으로 하여금 동물과는 다르게 해주고, 의는 이로써 시비를 판단해 적절하게 행동하게 해주며, 예는 이로써 규범에 합당한 행위가 몸에 배게 해주니, 이는 바로 하늘이 부여한 것이다. 이 모든 것은 합해지면 혼연일체가 되고, 나뉘면 흩어져 각각의 기능을 한다. 한 사람이 사지를 모두 아우를 수 있다면 그 몸이 온전할 것이다.[43)]

모든 덕이라고 하는 것은 인・의・예・지・신이 모두 발휘되는 것으로서, 인의 주택에서는 편안히 거하고, 의로움의 도로를 따라 걸으며, 예의에 맞는 의복을 입고, 지혜의 등불을 밝히며, 부절의 약속을 굳게 지켜서, 군자는 그의 행동거지 하나하나가 반드시 시의에 적절한 것이다. 이러한 모든 덕의 지극함이 윤리적인 분야에 표현 되는 것이 바로 부모에게 효도를 다하는 것으로 나타나는 것이다. 그러므로 양웅은 부모에게 효도를 다할 수 있다면 성인이라도 여기에 더 보탤 바가 없다고 말할 정도로 효도를 모든 덕행의 최고로 보았던 것이다. 또한 양웅은 "부모는 그 자식에게 하늘과

---

43) 『法言』, 「問道」, "道・德・仁・義・禮, 譬諸身乎? 夫道以導之, 德以得之, 仁以人之, 義以宜之, 禮以體之, 天也. 合則渾, 離則散, 一人而兼統四體者, 其身全乎."

땅 같은 존재이다."[44]라고 하여 아버지가 자식을 낳는 것은 마치 하늘이 만물을 낳는 것과 같고, 어머니가 자식을 키우는 것은 마치 땅이 만물을 양육하는 것과 같다고 보았다.

효도의 구체적인 내용은 바로 예禮를 다하는 것인데, 예禮는 근본을 바르게 하는 것이기 때문이다. 그래서 공자는 "부모가 살아 계실 적에는 예로써 봉양하고, 돌아가시면 예로써 장사지내고 예로써 제사를 모셔야 한다는 것이다."[45]라고 말했으며, 양웅 역시 "사람이면서 예가 없다면 어찌 덕을 갖출 수 있겠습니까?"[46]라고 언급하여 덕행은 예에서 이루어지는 것이라고 보았던 것이다. 부모를 봉양하고 돌아가시면 장사지내는 예는 양웅의 입장에서 보았을 때는 의로써 즉 의로움으로 규정될 수 있다. 그래서 양웅은 "예에 따라 부모를 봉양한다면 이미 가장 훌륭한 봉양이고, 예에 따라 장사지낸다면 이미 가장 훌륭한 장례이다."[47]라고 하여 예의 절차를 실질적인 측면에서 규정하였던 것이다.[48] 그렇기 때문에 그는 "꾸밈과 실질이 서로 부합되어야 비로소 예에 맞는다."[49]라고 언급한 것이다. 이와 같은 양웅의 주장들은 대부분 『논어』에서 언급되어진 효친의 요지에서 크게 벗어나지 않는 한계점을 가지고 있다고 볼 수 있다.

---

44) 『法言』, 「孝至」, "父母, 子之天地與."

45) 『論語』, 「爲政」, "生事之以禮, 死葬之以禮, 祭之以禮."

46) 『法言』, 「問道」, "人而無禮, 焉以爲德?"

47) 『法言』, 「學行」, "以其所以養, 養之至也. 以其所以葬, 葬之至也."

48) 金春峰, 『漢代思想史』, 北京, 中國社會科學出版社, 1997년, 446쪽 참조.

49) 『法言』, 「修身」, "華實副則禮."

5. 맺는 말

이상과 같이 양웅의 인성론 사상에 대하여 도덕실천의 문제와 성인을 본받은 본성의 수양 및 군자의 덕을 중심으로 논의를 진행해보았는데, 이를 정리하면 다음과 같다.

도덕실천은 어떻게 가능한 것인가는 반드시 선결해야할 두 가지 문제가 있는데, 하나는 이상적인 인격의 경지를 달성할 수 있다는 것을 보증할 수 있는가의 문제이며, 다른 하나는 도덕실천의 출발은 필연성이 있고 없는가의 문제로 즉 이러한 필연성의 요구는 어디에 기인하는 것인가? 라고 하는 문제이다. 첫 번째 문제에 관해서는 본성의 선함과 악함의 논의로 해결의 실마리를 풀 수가 있다. 즉 양웅은 학문의 연마를 매우 특별하게 중시했는데, 그것은 바로 학습의 효과가 쌓이면 일반적인 사람들 역시 성인의 경지에 도달할 수 있게 되는 것이기 때문이었다. 두 번째 문제에 대한 양웅의 견해는 바로 도덕명령은 자기내적 각성으로부터 비롯되는 것이기 때문에 도道에 의거해서 실행하거나 길을 가도 지름길을 지나가지 않는다고 하는 선택은 모두 본심에서 발로되는 것이라고 하는 것이다.

양웅은 사람은 성인과 현인 및 보통사람으로 구분되어져 있다고 생각하여 수양의 목적이 자신의 덕을 닦는데 있으며, 자신의 덕을 닦는 요지는 바로 기질의 변화에 있다고 하는 주장을 한다. 또한 그는 수양의 목표가 성현이 되는 것에 있다는 사실을 밝혔다. 또한 양웅은 사람이란 수양을 통하여 기질을 변화시킬 수 있다고 했는데, 즉 보통사람은 더욱 노력하면 군자나 현인이 될 수 있고 군자나 현인이 더욱 노력하면 성인이 될 수 있다고 보았던 것이다. 그러나 양웅이 수립했던 성인의 상은 매우 지고하고 현묘한 모습을 지니고 있어서 맹자가 언급했던 누구나 다 요임금이나 순임금과 같은 성인될 수 있다고 할 때의 성인과는 다소 간극이 있어 보인다.

양웅이 말하는 군자의 학문은 공자의 이론을 계승한 것으로, 그는 통치하는 지위에 있는 사람은 반드시 덕행이 있어야 하지만 덕행이 있는 사람이 반드시 통치지위에 있을 필요는 없다고 주장했다. 그래서 양웅은 군자의 명칭은 시세에 영합하여 벼슬자리를 얻는 것을 의미하지는 않는다고 하였던 것이다. 그러나 시세에 영합하여 벼슬자리를 얻은 사람이 스스로 자신이 군자의 명칭을 얻었다고 생각하는 경우가 있는데, 이러한 군자의 개념 속에는 이미 통치하는 지위에 있는 사람이라고 하는 의미가 담겨져 있다고 볼 수 있다. 이러한 점에 관하여 양웅은 통치지위로 군자를 말하는 것에 대하여 반대를 했는데, 물론 벼슬자리 자체뿐만 아니라 그 지위가 의미하는 권력까지 포함하여 군자를 말하는 것에 반대했으며, 군자의 명칭은 덕으로 모든 것을 말해야 한다고 하였던 것이다. 아울러 양웅은 군자는 모든 덕을 귀하게 여기는 존재라고 할 수 있다고 생각했다.

양웅은 모든 덕을 인·의·예·지·신이 모두 발휘되는 것으로 보아서, 군자는 그의 행동거지 하나하나가 반드시 시의에 적절한 것이라고 하였다. 또한 그는 이러한 모든 덕의 지극함이 윤리적인 분야에 표현 되는 것이 바로 부모에게 효도를 다하는 것으로 나타나는 것이라고 하였다. 그렇기 때문에 양웅은 부모에게 효도를 다할 수 있다면 성인이라도 여기에 더 보탤 바가 없다고 말할 정도로 효도를 모든 덕행의 최고로 보았던 것이다.

참고문헌

孫星衍, 『尙書今古文注疏』, 『平津館叢書』本.

黃侃, 『論語義疏』, 『皇清經解』本.

焦循, 『孟子正義』, 『焦氏遺書』本.

汪榮寶, 『法言義疏』, 北京, 中華書局, 1996년.

金春峰, 『漢代思想史』, 北京, 中國社會科學出版社, 1997년.

祝瑞開, 『兩漢思想史』, 上海, 上海古籍出版社, 1989년.

任繼愈, 『中國哲學發展史 - 秦漢』, 北京, 人民出版社, 1985년.

蕭公權, 『中國政治思想史』 (上), 臺北, 聯經出版事業公司, 1990년.

■ 참고문헌

[원전류]

朱彬, 『禮記訓纂』, 『宜祿堂』 清刻本.

孫星衍, 『尙書今古文注疏』, 『平津館叢書』 本.

朱公遷, 『詩經義疏』, 『四庫全書』 本.

李光坡, 『周易述注』, 『四庫全書』 本.

黃侃, 『論語義疏』, 『皇淸經解』 本.

劉寶楠撰, 『論語正義』, 『續皇淸經解』本影印.

朱熹, 『孟子章句集註』, 『海淵閣』 本.

焦循, 『孟子正義』, 『焦氏遺書』 本.

王先謙, 『荀子集解』, 北京, 中華書局, 1992년.

王忠林, 『荀子讀本』, 臺北, 三民書局, 1996년.

王先愼撰, 『韓非子集解』, 北京, 中華書局, 1998년.

劉文典, 『莊子補注』, 昆明, 雲南人民出版社, 1991년.

許維遹, 『呂氏春秋集釋』, 北京, 文學古籍刊行社, 1955년.

司馬遷撰, 『史記』, 北京, 中華書局, 1982년.

班固撰, 『漢書』, 北京, 中華書局, 1990년.

王利器撰, 『新語』, 北京, 中華書局, 1996년.

王利器, 『新語校注』, 北京, 中華書局, 1996년.

賈誼, 『新書』, 『四庫全書』 本.

蘇輿, 『春秋繁露義證』, 北京, 中華書局, 1992년.

汪榮寶, 『法言義疏』, 北京, 中華書局, 1996년.

黃暉, 『論衡校解』, 北京, 中華書局, 1995년.

董治安 編, 『兩漢全書』第一冊, 齊南, 山東大學出版社, 1999년.

黃宗羲, 『明夷待訪錄』, 『黃宗羲全集』第一冊, 杭州, 浙江古籍出版社, 1985년.

[중국자료]

董治安, 『先秦文獻與先秦文學』, 濟南, 齊魯書社, 1994년.
呂思勉, 『秦漢史』, 上海, 上海古籍出版社, 1983년.
顧頡剛, 『秦漢的方士與儒生』, 上海, 上海古籍出版社, 1978년.
錢穆, 『中國學術思想史論叢』(三), 臺北, 東大圖書公司, 1990년.
胡平生・韓自强編著, 『阜陽漢簡詩經硏究』, 上海, 上海古籍出版社, 1988년.
陳松長, 『長沙馬王堆西漢墓』, 上海, 上海古籍出版社, 1998년.
劉宗漢, 『郭店楚簡硏究』, 瀋陽, 遼寧教育出版社, 1999년.
李澤厚, 『中國古代思想史論』, 北京, 人民出版社, 1986년.
楊聯陞 主編, 『國史釋論』, 臺北, 食貨出版社, 1988년.
唐迪風, 『儒學思想大義』, 北京, 北平直隸書局, 1929년.
錢穆, 『國史大綱』上冊, 北京, 商務印書館, 1996년.
錢穆, 『國史大綱』下冊, 臺北, 國立編譯館, 1976년.
田昌五 外, 『秦漢史』, 北京, 人民出版社, 1993년.
蕭淸, 『中國古代貨幣思想史』, 台北, 臺灣商務印書館, 1992년.
侯外廬, 『中國古代思想史』, 北京, 三聯書店, 1950년.
楊向奎 外, 『中國古代哲學論叢』, 北京, 中華書局, 1957년.
賀凌虛, 『中國古代政治思想論集』, 南投, 霧峰出版社, 1970년.
戴君仁, 『梅園論學集』, 台北, 開明書店, 1970년.
羅光, 『中國哲學思想史 - 兩漢南北朝篇』, 台北, 學生書局, 1986년.
金春峰, 『漢代思想史』, 北京, 中國社會科學出版社, 1997년.
祝瑞開, 『兩漢思想史』, 上海, 上海古籍出版社, 1989년.
徐復觀, 『兩漢思想史』卷二, 臺北, 學生書局, 1985년.
王雲五, 『兩漢三國政治思想史』, 臺北, 臺灣商務印書館, 1969년.
王雲五, 『漢唐教學思想』, 臺北, 臺灣商務印書館, 1970년.
黃錦鋐, 『秦漢思想硏究』, 臺北, 學海出版社, 1979년.
周桂田, 『秦漢思想史』, 石家庄, 河北人民出版社, 2000년.

賀凌虛, 『中國古代政治思想論集』, 臺北, 霧峯出版社, 1970년.
馮友蘭, 『中國哲學史新編』, 臺北, 臺灣商務印書館, 1996년.
薩孟武, 『中國政治思想史』, 臺北, 三民書局, 1967년.
宮哲兵, 『晚周辨證法史研究』, 上海, 上海古籍出版社, 1988년.
薩孟武, 『儒家政論衍義』, 臺北, 東大圖書有限公司, 1982년.
任繼愈, 『中國哲學發展史-秦漢』, 北京, 人民出版社, 1985년.
徐復觀, 『儒家政治思想與民主自由人權』, 臺北, 學生書局, 1979년.
蕭公權, 『中國政治思想史』(上), 臺北, 聯經出版事業公司, 1990년.
周桂鈿, 『中國傳統哲學』, 北京, 北京師範大學出版社, 1991년.
錢穆, 『孔子與論語』, 臺北, 聯經出版事業公司, 1979년.
徐復觀, 『中國經學史的基礎』, 臺北, 學生書局, 1995년.
勞思光, 『新編中國哲學史』卷一, 臺北, 三民書局, 1986년.
勞思光, 『新編中國哲學史』卷二, 臺北, 三民書局, 1986년.
陳大齊, 『荀子學說』, 臺北, 中國文化大學出版部, 1989년.
傅筑夫, 『中國經濟史論叢』, 北京, 三聯書店, 1980년.
王鐵, 『漢代學術史』, 上海, 華東師範大學出版社, 1995년.
華友根, 『西漢禮學新論』, 上海, 上海社會科學院出版社, 1998년.
王興國, 『賈誼評傳』, 南京, 南京大學出版社, 1992년.
周桂鈿, 『董學探微』, 北京, 北京師範大學出版社, 1989년.
王永祥, 『董仲舒評傳』, 南京, 南京大學出版社, 1995년.
費孝通, 『鄉土中國』, 香港, 三聯出版社, 1991년.
張德勝, 『儒家倫理與秩序情結—中國思想的社會學詮釋』, 臺北, 巨流圖書公司, 1989년.
閻步克, 『士大夫衍生史稿』, 北京, 北京大學出版社, 2003년.
馬克思, 『馬克思恩格斯選集』 卷一, 北京, 人民出版社, 2001년.

[일본자료]

谷川道雄,『世界帝國の形成』, 東京, 講談社, 1977년.

[한국자료]

松丸道雄 외, 조성을 옮김,『중국사개설』, 서울, 한울아카데미, 1990년.

김혜승,『유교의 뿌리를 찾아서』, 서울, 지식의 풍경, 2001년.

H.G. 크릴, 이성규 역,『공자 인간과 신화』, 서울, 지식산업사, 1983년.

루이 알튀세르, 이진수 옮김,『레닌과 철학』, 서울, 백의, 1991년.

[논문자료]

李宗圭,「尋求思想統一——秦漢之際的社會思潮」,『中國文化月刊』, 第124期, 1990년.

陳弱水,「內聖外王觀念的原始糾結與儒家政治的根本思想疑難」,『史學評論』, 第三期, 1981년.

林俊宏,「老子政治思想的開展」,『政治科學論叢』, 第十期, 1999년.

陳麗桂,「融合道·法兼採陰陽的漢儒」,『中國學術年刊』, 第十七期, 1996년.

周桂鈿,「董仲舒天人感應論的眞理性」,『中國哲學』第7期, 北京, 人民大學出版社, 2001년.

『文物』1974년, 第1期.

『文物』1983년, 第2期.

찾아보기

ㄹ

ㅁ

ㅂ

ㅇ

ㅈ

ㅎ